바클레이 성경 주석

히브리서 야고보서

바클레이 성경 주석 10

히브리서 | 야고보서

1판 1쇄 발행 1973년 2월 15일
개정1판 1쇄 발행 2009년 11월 25일
지은이 윌리엄 바클레이
옮긴이 편찬위원회
발행인 한동인
펴낸곳 (주)기독교문사
등 록 제1- c0062호
주 소 서울 종로구 충신동 5-13
출판부 T. 741-5184~5 F. 744-1634
특판부 T. 744-1633 F. 744-1635
도매부 T. 741-5181~3 F. 762-2234
직영서점 기독교문사
서울 종로구 종로5가 412-2
T. 2266-2117~9 F. 2266-6397

책값은 뒤표지에 있습니다.
ISBN 978-89-466-0428-5 94230
978-89-466-0418-6(전12권) 94230

Web www.kclp.co.kr
e-mail kclp@kclp.co.kr

기독교문사는 독자와 함께 기독교 출판문화를 이끌어 가겠습니다.
공급처 기독교문사 도매부 T. 741-5181~3 F. 762-2234

바클레이 성경 주석 10

히브리서 야고보서

기독교문사

The Letters to the Hebrews and
The Letters of James

by William Barclay

This translation is published by agreement
with The Saint Andrew Press, Edinburgh.

Chirstian Literature Press
Seoul, Korea

한국어 판에 붙여서

본인의 책이 한국에서 출간될 뿐만 아니라 국경을 넘어서게 되어 말할 수 없이 기쁩니다.

멀리에서 이 책이 출간될 수 있도록 수고해 주신 분들과 애써 번역해 주신 분들에게 깊은 감사를 드립니다.

제가 기도하고 바라는 이 사업이 하나님 나라를 널리 펴는 데 일익이 되고 모든 한국 사람이 예수 그리스도를 구주로 받아들이는 데 큰 도움이 되었으면 합니다.

주후 1971년 8월 6일

글래스고 대학교에서

윌리엄 바클레이

개정판을 내면서

기독교는 말씀의 종교입니다. 말씀은 믿는 자에게 구원을 주는 하나님의 능력입니다. 이 진리는 모든 기독교인의 신앙의 벽이자 지름이며, 성경을 대하는 머릿돌이므로 기독교인은 이 진리를 가슴속에 새겨야 합니다.

이러한 성경관과 철저한 소명의식으로 기독교문사는 반세기가 넘는 세월 동안 말씀 반포와 기독교 양서 보급에 2대에 걸쳐 온 힘을 다해 왔습니다. 《바클레이 성경 주석》 개정판(전 12권)도 이러한 사명과 선교적 책무에 부합한 것이며, 외적으로는 그동안 많은 독자들의 호평과 주문 요청에 순응한 것입니다.

1955년 피난지 대구에서 "문서 출판과 보급을 통한 기독교 문화 창달"을 목적으로 설립된 기독교문사는 처음 시작할 때부터 한국 교회의 강단을 풍요롭게 만들기 위한 출판에 초점을 맞추었습니다. 그 결과 주석의 고전이라 할 수 있는 《매튜 헨리 성경 주석》(전 45권)과 《바클레이 성경 주석》(전 17권)이 발행되었고, 이로써 한국 교회의 대형 주석 시대가 열려 한국 교회 목회자와 신학자, 평신도가 성경을 연구하는 분위기를 조성하는 데 크게 기여했습니다.

1953년 영국에서 처음 출간된 본 시리즈는 1백 만 부 이상의 판매를 기록했고, 국내에서는 본사 주관으로 "바클레이 성경 주석 편찬위원회"를 구성하여 1971년부터 출판하기 시작했습니다. 이후 범교단적으로 많은 목회자들의 소중한 성경 연구서로 사용되어 설교에 큰 영향과 능력을 나타내었습니다.

본 주석의 구성과 특징을 살펴보면, 우선 이 주석은 구성 면에서 단순성이 돋보이며, 본문 해설도 용어화한 것이 특징이자 장점이라 할 수 있습니다. 빈번히 설교해야 하는 목회자와 성경을 더 잘 이해하여 가르치는 일과 생활에 적용하기를 원하는 교사나 평신도 모두에게 유익하고 적시에 활용되도록 기술되어 있습니다. 또 다른 특징은 권위 있는 전문 지식을 토대로 한 해박한 기독교 역사와 문화 정보가 광범위하게 포함되어 있다는 것입니다. 특히 1세기 팔레스타인과 헬라 로마의 역사 · 문화 · 지리적 배경을 해당 본문과 관련하여 소개함으로써 독자의 영적 시각을 넓혀 주고 있습니다. 특징 중 가장 흥미로운 요소는 본문과 연결해 적절하고 풍부한 예화, 예증을 곳곳에서 제공해 줌으로써 목회자는 물론 주일학교 교사, 평신도 모두가 은혜롭게 공감하고 활용할 수 있다는 것입니다.

본 총서의 구성의 핵심이라 할 수 있는 것은, 본문의 역사적 접근 방식을 통한 하나님의 구속사의 통찰적 이해와 독자 각자의 본분을 현실적 삶에 적용하도록 강조하고 그 실천을 독려하고 있다는 것입니다.

이와 같이 《바클레이 성경 주석》은 그 권위, 가치, 공헌 면에서 한국 강단과 성도들에게 영적 풍요로움과 함께 하나님을 아는 지식의 깊이를 더해 주었고, 견고한 신앙의 뿌리의 자양분이 됨으로써 그동안 많은 세월이 흘렀어도 독자에게서 변함없는 사랑과 관심을 받고 있습니다.

오류와 변질로 혼탁해진 한국 교회 강단에 영적인 풍성함과 깊이가 더해지기를 바라며, 《바클레이 성경 주석》이 설교자들의 성경 연구와 성도들의 신앙을 바르게 하는 데 변함없는 동반자가 되기를 소원합니다.

2009년 1월

기독교문사 대표 한 동 인

번역판을 내면서

전 세계에 널리 알려졌고 많은 목회자와 신학도, 성경 연구에 관심이 있는 평신도까지 지대한 영향과 은혜를 끼친 바클레이 박사의 성경 주석이 좀 늦은 감이 있기는 하나 우리말로 번역되어 나오게 된 것은 참으로 다행한 일이며 하나님께 감사드립니다.

원저자가 말했듯이 본 총서는 현재 신학의 집성을 전문적인 신학 용어가 아닌 평이한 말을 사용해 우리에게 성경의 참뜻을 십분 드러냈습니다. 또한 바클레이 박사의 해박한 지식이 이 총서에 담겨 있음을 쉽사리 발견할 수 있습니다.

우리말로 번역해 출간하는 데 원저자와 출판사의 양해를 얻었고, 더 나아가 호의와 협조를 아끼지 않은 바클레이 교수와 스코틀랜드 장로회 출판국에 깊은 감사를 드립니다.

이 번역판에 대하여 몇 가지 일러 둘 말이 있습니다.

첫째, 원저자는 본문을 헬라어에서 사역을 했는데 본 총서는 저자의 양해를 얻어 현재 우리나라에서 가장 널리 보급된 개역개정성경을 인용했습니다.

둘째, 빠른 출간을 위해 부득이 여러 명이 번역을 했고, 이에 따른 용어를 통일하기 위해 각별히 주의를 했으나 간혹 그렇지 못한 부분이 발견될 수도 있음을 양해 바랍니다.

마지막으로, 이런 거작의 번역 사업이 결코 쉬운 일이 아니고 많은 희생을 각오해야 하는 일인데 물심양면으로 적극적으로 도와주신 기독교문사 한영제 장로님께 교계와 번역위원회를 대신해 심심한 감사를 드립니다.

바클레이 성경 주석 편찬위원회

저술에 즈음하여

"일일 성경 연구 총서(Series of Daily Studies)"는 우연한 계기로 시작되어 출간된 것이라고 말하는 것이 옳을 것 같습니다. 스코틀랜드 교회가 쓰고 있던 총서가 바닥이 나자 곧 다른 총서가 필요했습니다.

본인이 사도행전에 대해 책을 써 달라는 요청을 받았을 때만 해도 그 이상 집필할 생각은 없었으나 한 권이 나오자 다른 책이 연이어 나오게 되었고, 마침내 전 신약성경 주해를 쓸 계획을 세우게 된 것입니다.

각 권으로 나온 주해가 특별한 장점이 있는 것은 아닙니다. 단지 독자가 신약성경과 본문 주해를 어느 곳이나 함께 가지고 다니기에 편리하고, 어느 곳에서나 읽을 수 있도록 한 것입니다.

본인이 주해를 하는 동안 모팻(Moffatt)과 웨이마우스(Weymouth)와 녹스(Knox)의 주석들을 줄곧 참조했으며, 《미국 개정표준역 성경(*American Revised Standard Version*)》, 《20세기 신약성경(*Twentieth Century New Testament*)》, 찰스 킹슬레이 윌리엄스(Charles Kingsley Williams)가 번역한 《쉬운 말 신약성경(*New Testament in plain Engish*)》이 본문으로 사용되었습니다. 출판을 시작한 이래 본인은 손필드(Hugh J. Schonfield)가 번역한 《정통 신약성경(*Authentic New Testament*)》을 철저히 참조했습니다.

본인에게 이 총서를 처음 시작하게 할 뿐만 아니라 계속하도록 특권을 허락한 스코틀랜드 교회 출판위원회에 심심한 사의를 표합니다. 특히 회장인 존경하는 맥도날드(R. G. Macdonald) 씨와 총무 앤드류 맥코시(Andrew McCosh) 씨의 끊임없는 격려와 지도 편달에 감사를 드립니다.

각 주해서가 연이어 출간됨에 따라 총서에 대한 이념이 뚜렷해졌습니다.

본 총서의 목적은 비전문적인 독자들이 성경을 이해하는 데 유용하게 하려는 것과 신약성경의 가르침이 오늘날의 일상생활과 활동에 부합하도록 하려는 데 있습니다.

이 총서의 궁극적인 목적은 리차드(Richard)의 유명한 기도에 잘 나타나 있습니다.

> 사람들이 좀더 분명하게 예수 그리스도를 알게 하고,
> 좀더 극진히 그를 사랑하게 하고,
> 좀더 가까이 그를 따르게 하고자 함이라.

이 기도가 총서를 만들 수 있게 한 나의 기도입니다.

윌리엄 바클레이

바클레이 성경 주석

히브리서

머리말

현대인에게 《**히브리서**》는 신약성경 중에서 가장 난해한 서신으로 실로 어느 시대에도 읽기 쉬운 서적은 아니었습니다. 이 서한은 어느 학자가 일부 학문 있는 학자들 앞으로 쓴 것이며, 이것을 이해하기 위해서는 구약성경과 히브리의 제사 제도에 대해서 일반인 이상의 지식이 필요했습니다. 그래서 당시의 사람들에게도 어려웠다면 오늘날 우리에게는 한층 어렵게 생각되는 것은 당연한 일입니다. 그러나 그 내용을 이해하고자 하는 노력이 보답되는 점에서는 신약성경 중에서 이 서한 이상의 것은 없습니다. 내가 알기로는 예수 그리스도의 아름다운 인간성과 거룩한 신성을 찬란하게 그려 냈다는 점에서 신약성경 중 이 서한이 가장 뛰어납니다. 《히브리서》는 확실히 어렵습니다. 그러나 독자는 이 위대한 책이 그 보고를 열 때까지 계속해서 탐구해 나갔으면 하는 것이 나의 간절한 기원이기도 합니다.

《히브리서》에 대한 문서는 많이 있는데 그 중에서도 이 주석서를 쓰기 위해서 늘 참고로 한 책이 몇 권 있습니다. 헬라어 독자에게는 《맥밀란 총서(*Macmillan Series*)》에 들어 있는 웨스트콧(B. F. Westcott)의 주석서가 훌륭합니다. 이것은 1889년에 쓰였지만 지금도 탁월한 연구서입니다. 《I. C. C. 주석(*International Critical Commentary*)》에 수록된 모팻(Moffatt)이 쓴 주석이 학문적으로 뛰어났기에 나는 이 책에서 많은 것을 배웠습니다. 영어 성경을 사용한 것 중에서는 《클라렌든 성경(*Clarendon Bible*)》 중 나버러(F. D. V. Narborough)가 쓴 것이 짧지만 매우 시사에 풍부해서 내용을 이해하는 데 도움이 됩니다. 《모팻 주석(*Moffatt Commentary*)》 가운데 로빈슨(T. H. Robinson)의 것은 그 두 가지 책 중에서 특히 뛰어나다고 할 수는 없지만 유익합니다. 《웨스트민스터 주석(*Westminster Commentary*)》 가운데 위컴(E. C. Wickham)이 저술한 주석서는 여러 모로 최고 수준입니다. 그 외에도 《히브리서》에 대한 수많은 연구서가 있습니다. 그 중에서도 스콧트(E. F. Scott)와 네르네(A. Nairne)의 책이 탁월합니다. 그리피스 토머스(W. H. Griffith Thomas)의 《**히브리서에 나타난 기독교 신앙의 비결**(*Let us go on, the Secret of Christian Progress in the Epistle to the Hebrews*)》에서는 얻는 바가 많습니다. 지금까지 출판된 《히브리서》의 연구서 가운데서 가장 뛰어난 것은 브루스(A. B. Bruce)가 쓴 《**기독교 신앙 최초의 해명서인 히브리서**(*The Epistle to the Hebrews, the first Apalogy for Christianity*)》입니다. 브루스는 최고의 성경 주석자로서 손꼽힙니다.

이외에 감사드리지 않으면 안 될 분으로 고인이 된 맥그레골(W. M. Macgregor)의 이름을 들고 싶습니다. 그는 본인이 트리니티 대학(Trinity College) 에 재학 중일 때 교수로 그에게 처음으로 들었던 《히브리서》에 대한 강의를 지금도 잊을 수가 없습니다. 이 강의는 내가 만난 신약성경의 최대 주석자인 그의 뛰어난 연구 성과였습니다. 본인의 주석서에 무엇이든지 유익한 것이 있다면 그것은 맥그레골 교수께 받은 영감에 의한 것입니다.

이외에도 많은 분의 도움이 있었습니다. 여기에 그 이름을 낱낱이 거론할 수는 없지만, 진심으로 감사드립니다. 지금까지 7년간 학생들에게 《히브리서》를 강의해야 하는 의무와 책임을 지고 왔습니다. 또한 여러 해 걸쳐 《히브리서》를 연구하기 위해 자료를 수집해 왔는데, 그 중에는 자료 출처를 기억할 수 없는 것도 있습니다. 남의 책에서 양해를 얻지 않고 인용한 것이 있다면 너그러운 마음으로 용서해 주기 바랍니다. 많은 사람들이 용기 있게 신약성경 가운데 위대한 이 책을 읽어 주기를 바랍니다. 아울러 이 책을 읽음으로써 하나님께 가까이 나아갈 수 있기를 원합니다. 그것이 바로 《히브리서》를 쓴 무명의 저자가 종교의 본질이라고 보고 있는 것이기 때문입니다.

1956년 9월

글래스고, 트리니티 대학에서

윌리엄 바클레이

| 차례 |

히브리서

서론

하나님의 자기 실현의 다양성

종교란 모든 사람에게 동일한 것이 아니며 동일할 수도 없다. 테니슨(Tennyson)은 "하나님은 여러 가지 방법으로 스스로를 실현하신다"고 말했으며 조지 러셀(George Russell)은 "별에 가려는 사람이 많은 것처럼 별에 도달하는 길도 여러 가지가 있다"고 말했다. "하나님께서는 하나하나의 마음에 이르는 비밀계단을 갖고 계시다"는 매우 참되고 아름다운 격언은 유명하다. 대략적으로 말해 종교라는 개념에는 네 가지 종류가 있다.

I. 어떤 사람들에게는 종교란 "하나님과 영적인 교제"다. 어떤 이는 그리스도와 밀접하고도 깊은 일체감을 체험해서 나는 그리스도 안에 살고 그리스도는 내 안에 사신다고 한다. 이는 사도 바울의 종교 개념이었다. 바울에게 종교란 하나님과 신비적인 결합 그것이었다.

II. 어떤 사람들에게는 종교란 "생활의 기준이며 그 기준에 도달하는 힘"이다. 종교는 올바른 생활을 하기 위한 법이며 그 법을 지키는 힘이다. 대체적으로 이는 야고보나 베드로의 종교관이라 할 수 있다. 결국 종교라는 것은 어떠한 생활을 해야 할 것인지를 사람들에게 제시하며 아울러 그 이상을 실현하는 힘을 부여한다.

III. 어떤 사람들에게는 종교란 "이성(理性)에 최고의 만족을 주는 것"이다. 사람의 마음은 하나님 안에서 쉴 수 있을 곳을 찾을 때까지 계속해서 탐구한다. "검토되지 않은 인생은 살 가치가 없다"고 플라톤(Plato)이 말했다. 어떤 사람들은 기어이 이성의 만족을 구하며 이해하지 못하고 사는 것보다는 차라리 죽는 편이 낫다고 생각한다. 여기에서 요한복음 1장이 이성의 참다운 만족에 대하여 종교를 해명한 세계 최대의 문서라고 할 수 있겠다.

IV. 어떤 사람들에게는 종교란 "하나님께로 가까워지는 길"이다. 즉, 종교란 하나님과 사람 사이에 개재하고 있는 장해와 소외감을 제거해서 살아 계신 하나님 앞으로 통하는 길을 열어 하나님께로 가까이 가게 한다. 이것은 히브리서 저자의 종교관이다. 이러한 사상이 그의 이성을 제압한다. 그는 하나님께로 인도하는 길을 열어 주는 이는 바로 그리스도라고 했다. 지금 그러한 그의 종교관은 히브리서 10장 19–23절에 요약되어 있다.

"그러므로 형제들아 우리가 예수의 피를 힘입어 성소에 들어갈 담력을 얻었나니 그 길은 우리를 위하여 휘장 가운데로 열어 놓으신 새로운 살 길이요 휘장은 곧 그의 육체니라. 우리가 마음에 뿌림을 받아 악한 양심으로부터 벗어나고 몸을 맑은 물로 씻음을 받았으니 참 마음과 온건한 믿음으로 하나님께 나아가자."

히브리서 저자가 한마디로 성경 제목을 기술하려 했다면 아마도 "**하나님께로 가까이 나아가자**" 였을 것이다.

두 개의 배경

히브리서 저자에게는 두 가지 사상적인 배경이 있었다.

I. "그리스적 배경"

플라톤(Plato) 이래, 즉 이 문서가 쓰이기 5백 년 이전부터 그리스인들은 실체와 그림자, 가시(可視)와 불가시, 유한과 무한을 대비시켜 이 세계란 어디엔가 존재하는 실체에 대한 불투명, 불완전한 그림자, 형(型)이라고 생각하였다. 플라톤에 의하면 어디엔가 완전한 **형** 또는 **개념** 또는 **원형**이 있고 이 세상에 있는 모든 것은 오로지 그 불완전한 표상에 지나지 않는다는 것이다. "세상을 창조하신 이는, 불변하고도 영원한 구상에 따라 창조의 역사를 행하셨으며 이 세상은 그 영원한 원형에 대한 모형에 지나지 않는다"고 플라톤은 말했다. 필론(Philo)도 플라톤의 사상을 계승해서 다음과 같이 말했다. "하나님께서는 당초부터, 아름다운 형은 아름다운 원형 없이는 존재할 수 없다는 것을 아셨으며, 감각으로 감지할 수 있는 물체는 원형 내지는 사상적인 실체를 떠나서는 완전해질 수 없다는 것을 알고 계셨다. 그리하여 하나님께서는 이 가시의 세계를 창조하실 때, 먼저 이상의 세계를 창조하시고 무형이면서도 영적인 하나님과 같은 원형을 따라 물질적인 세계를 형성하셨다." 인간이 이 지구상에서 알고 사용하는 법률에 대하여 키케로(Cicero)는 "우리는 참다운 법률이나 순수한 정의의 본질을 갖고 있지 못하다. 따라서 우리가 갖고 있는 것은 그림자뿐이며, 스케치에 지나지 않는다"고 말했다.

어느 곳엔가는 참된 세계가 있고 이 세상은 그 참된 세계의 희미한 그림자 또는 불완전한 모형에 지나지 않는다는 것이 대부분의 고대 사상가들이 지닌 생각이었다.

이 세상에서 우리는 단지 상상하고 모색하는 것뿐이며, 이 세상에서 우리는 오직 투영, 표상 그리고 불완전한 것과 더불어 일하는 것뿐이다. 그러나 눈에 보이지 않는 세계에는 실체, 완전한 것, 하나님께서 의도하신 바와 같은 완전한 세계가 있다는 것이다. 뉴맨(Newman)이 사망했을 때 그를 위하여 기념비를 세웠는데 그 기념비의 주춧대에는 라틴어로 "**그림자와 유사함에서 떠나 진리로**"(Ab umbris et imaginibus ad veritatem)라는 말이 새겨 있다. 이러한 표현을 그대로 받아들인다면 이 세상에서 우리가 해야 할 최대의 화제는 그림자와 불완전함에서 떠나 **실체**에 도달해야 한다는 사실이 명백하다. 예수 그리스도만이 우리에게 그렇게 할 수 있도록 하신다는 것을 히브리서 저자가 확실히 말하고 있다. 이 히브리서 저자가 그리스인을 향하여 말하고자 했던 것, 그리고 실제적으로 말하고 있는 바는 "당신들은 지금까지 실체를 찾아 구하고 있다. 그림자에서 떠나 진리에 이르려고 계속해서 노력해 오고 있다. 그러나 당신들에게 이러한 희망을 이루게 하시는 이는 예수 그리스도이시다"라고 한 것이다.

II. "히브리적 배경"

히브리서 저자의 사상적인 배경에는 유대적 배경도 있었다. 유대인은 하나님께 너무 지나치게 가까이 가는 것은 매우 위험한 일이라고 생각하고 있었다. 하나님께서는 모세에게 "아무도 나의 얼굴을 보고 살 수는 없으리라"(출 33:20)고 하셨고, 야고보는 브니엘에게 "내가 하나님과 대면하여 보았으나 내 생명이 보전되었다"(창 32:30)고 놀라서 말을 했다. 마노아는 방문객이 누구인지를 알았을 때 두려움으로 아내에게 이르기를 "우리가 하나님 얼굴을 보았기 때문에 반드시 죽음을 당할 것이다"라고 했다.

유대에서의 가장 엄숙한 날은 속죄의 날로 이날에는 일 년 중 단 한번만 대제사장이 하나님께서 거하시는 곳이라고 생각하는 지성소에 들어가게 되어 있었다. 이 지성소에는 대제사장 이외의 사람은 아무도 들어갈 수 없었으며 대제사장도 이날에 한해서만 출입할 수 있었다. 대제사장도 지성소에 들어가서 오래 머물러 있는 것을 율법으로 금하고 있었는데 "이스라엘을 공포 속에 넣지 않도록 한다"는 이유에서였다. 하나님의 성소에 들어가는 것은 매우 위험한 일로 그곳에서 오래 머무는 자는 죽음을 당할 위험이 있었기 때문이다.

이러한 사상의 배경에는 **계약**이라는 유대 사상이 있었다.

계약이란, 은혜가 풍성하신 하나님께서 당신의 주도성에서 사랑 받을 가치도, 자격도 없는 이스라엘 민족에 가까이 오셔서 이 백성과 특별한 관계를 맺으시려는 의사를 표시하셨음을 말한다. 이것은 이스라엘 민족이 특별한 의미로는 하나님의 백성이며 하나님께서는 이스라엘 백성의 하나님이 되셔서 이스라엘 백성이 하나님께로 가까워지는 특별한 길이 열렸다는 것을 의미한다. 그러나 하나님께 가까워지는 데는 조건이 있었는데, 백성이 하나님으로부터 받은바 율법을 지키는 일이었다. 이러한 관계가 어떻게 맺어지고, 이 율법이 어떠한 극적인 방법으로 받아들여졌는지는 출애굽기 24장 3-8절에 기록되어 있다. 이리하여 이스라엘 민족은 **율법을 지키는 한**은 하나님께로 가까워질 수 있었다. 율법을 지키지 않는 것은 죄가 되며, 죄를 범하면 그것이 하나의 장해가 되어 하나님께로 가까이 가는 길이 막혀 버렸다. 그리하여 이러한 장해를 제거하기 위하여는 레위족의 제사 제도와 희생을 바치는 여러 가지 의식이 정해졌다. 다시 말해 율법을 받은 인간이 죄를 범하고 하나님께로 가는 길이 폐쇄되었을 때, 희생양을 바쳐서 끊어졌던 관계를 회복하고 닫혀졌던 하나님께로의 길을 열어 가까이 가고자 했다.

그러나 실제로 모든 생활을 경험해 봤을 때, 희생은 그 목적을 완전히 이룰 수 없었다. 거듭 희생을 되풀이해서 바치곤 했지만 이를 집행하는 제사장 자신이 죄를 범하는 인간이므로 우선 자신을 위해 희생을 바치지 않으면 안 되었고, 동물의 희생이 인간의 죄의식을 완전히 제거할 수는 없었다. 이러한 연고로 희생을 되풀이하여 바치긴 했지만, 이러한 일 자체가 제사 제도 스스로를 효력 없는 것이라 입증하게 되었으며, 하나님과 인간 사이에 가로놓인 죄라는 장해물을 제거하고자 바쳐진 희생이 죄 앞에서 항상 그 효력을 상실하고 있었다.

온전한 제사장과 완전한 희생

인간이 필요했던 것은 **온전한 제사장과 완전한 희생**이었다. 이는 한 번 희생을 바치면 그로써 열린 하나님께로의 길이 두 번 다시 닫히지 않도록 역사할 수 있는 사람이었다. 히브리서 저자는 그리스도께서 하신 바가 바로 그것이라 했다. 그리스도께서는 곧 완전한 인간인 동시에 완전한 하나님이시므로 바로 완전한 제사장이시다. 예수께서는 인간으로서 우리 인간을 하나님께로 인도하시며 아울러 하나님으로서 하나님을 우리 인간에게 인도하신다. 그에게는 아무런 죄가 없다. 그가 스스로를 희생의 제물로 바쳤을 때 그것은 완전한 희생이었으므로 반복해서 바칠 필요가 없었다. 히브리서 저자는 유대인에게 다음과 같이 말했다. "그대들은 지금까지 완전한 희생을 바쳐 하나님께로 가까이 가는 길을 열어 하나님과 사이에 가로놓인 장해물을 제거하고 하나님과 정상적인 관계를 회복할 수 있는 완전한 제사장을 찾고 있었는데 그것을 행하실 수 있는 이는 바로 예수 그리스도 한 분뿐이다."

이와 같이 그리스인들에게 히브리서 저자가 이르기를 "그대들은 그림자에서 실체로의 길을 탐구해 오고 있지만 그것은 예수 그리스도 안에서 찾아낼 수 있는 것이다"라고 했고, 유대인에게는 "그대들은 자신들이 범한 죄로 폐쇄된 하나님께로의 길을 열어 줄 완전한 희생을 구하고 있지만 그것은 예수 그리스도 안에서만 찾을 수 있을 것이다"라고 했다. 히브리서 저자에게 예수는 실체와 하나님께로 가까이 인간을 인도하시는 유일한 분이셨다. 이것이 바로 이 편지의 중심 사상이다.

신약성경의 수수께끼

이로써 히브리서에 대해 분명해졌는데, 서론으로써 기타 여러 가지 문제점을 들추어 볼 때, 이 히브리서에는 많은 신비에 싸여 있다. 스콧트(E. F. scoott)는 "히브리서는 여러 가지 점으로 볼 때 신약성경의 수수께끼다"라고 썼는데, 이 편지가 언제, 누가 누구에게 것인지는 단지 상상 또는 모색해 보는 것 이외에는 알 도리가 없다. 이 편지에 대해서는 너무나도 분명치 않은 점이 많아서 사람들은 항상 어떤 종류의 의혹과 주저마저도 느꼈던 모양이다. 이 편지가 신약성경에 수록될 때까지는 오랜 세월을 요했다.

《무라토리 경전(*Muratorian Canon*)》이라고 하는 주후 170년경에 편찬한 신약성경의 책명에 히브리서는 포함되어 있지 않다. 알렉산드리아 학파의 유명한 학자인 클레멘트(Clement)와 오리게네스(Origenes)는 이 편지를 알고 매우 애독하고는 있었지만, 이것이 성경에 삽입되어야 할지 아닐지에 대해서는 의문점이 있다는 일치된 의견을 갖고 있었다. 아프리카의 지도적 역할을 했던 교부의 한 사람인 키프리안(Cyprian)은 이 편지에 대해서 일언반구도 하지 않았으며 터툴리아누스

(Tertullianus)는 정경(正經)으로 삽입하는 데는 의문을 갖고 있었다.

교회의 역사가로서 유명한 요세비우스(Eusebius)는 이 편지에는 문제점이 많다고 말한다. 4세기의 중엽, 즉 아다나시우스(Athanasius) 때에 와서 비로소 이 히브리서를 신약성경의 정경으로 받아들였는데, 루터 역시 이에 대해서는 확신하지를 못했다.

이러한 위대한 편지가 정경으로서 권위와 인정을 받는 데 이처럼 오랜 세월이 걸렸다는 것은 매우 이상한 일이라 할 수 있다.

신약성경을 배우는 데 그 연대, 저자, 독자에 대해서 알아야 할 필요가 있다. 자, 그럼 이러한 여러 가지 문제점에 대해 아는 범위 내에서 기술해 나가도록 하자.

언제 썼는가?

저작 연대는 이 편지 자체에서 알아내는 도리밖에 없겠다. 이 편지는 우리가 제2대라고 일컫는 기독교인 앞으로 쓰였다는 것은 분명하다 하겠다(2:3). 복음은 먼저 직접 주 예수의 말씀을 들은 사람들에게서 딴 사람에 전달되었다. 이것을 받은 사람들은 기독교 신앙의 초심자들이 아니며, 성장한 성도로서(5:12) 전날의 일들을 회상할 것을 권고 받은 점들로 보아(10:32) 신앙 연륜도 있었던 성도였으리라. 이 사람들은 과거에 눈부신 업적을 남겼고 위대한 순교자도 있었으며 순교자들의 일들을 돌이켜 보고는 감응을 받곤 했다(13:7).

저작 연대를 아는 가장 유력한 단서는 이 편지에 쓰인 박해가 그것이다. 아마 그들의 지도자들은 믿음으로 순교했음이 분명하다. 그리고 이 편지는 위대한 순교자들이 죽음을 당할 때의 일들을 기억하도록 권고 받고 있다(13:7).

이 편지를 받아 본 이들은 아직 피를 흘리는 저항을 해 본 일이 없으므로(12:4), 죽음의 위험을 당한 적이 없었다는 것도 분명하다. 더욱이 분명한 것은 재산을 약탈당했다(10:32-34)는 것으로 보아 고통은 받고 있었다. 또 이 편지는 머지않아 다가올 핍박을 예견했던 것도 사실이다. 그러한 모든 점으로 미루어 보아 이 편지의 저작 연대는 두 번의 대박해 중간이라고 하는 것이 옳겠다. 당시의 기독교인들은 실제로 핍박을 받지는 않고 있었지만, 주위 사람들에게서 백안시당하고 있었다. 당초 맨 처음의 박해는 주후 64년경 네로(Nero) 황제 시대에 일어났었고, 다음 두 번째 박해는 도미티아누스(Domitian) 황제 시대인 주후 85년경에 있었다. 그래서 이 편지는 이 두 연대의 중간 시대에 썼을 것이다. 과거의 대박해로 죽음을 당한 신앙의 용자들을 상기하고는 감응을 받고, 급기야는 다가올 박해에 대비해서 신앙 속에 굳건히 서는 사람들은 날마다 주위에서 증오와 적의를 받아 왔고 산발적으로 발생하는 학대를 견뎌 내고 있었다. 그리하여 저작 연대는 네로 황제와 도미티아누스 황제 시대의 사이로 아마도 후자의 시대에 가까운 무렵이었으리라 느껴진다. 그 연대를 주후 80년이라고 못 박아도 아마 그리 틀리지는 않을 것이다.

누구에게 썼는가?

다음 문제는 **히브리서**는 누구에게 썼는가 하는 것이다. 이것도 편지 그 자체에서 시사 받을 수밖에 별 도리가 없다. 한 가지 확언할 수 있는 것은 이 편지가 저명한 교회 앞으로 쓰인 것이 아니라는 사실이다. 그랬다면 교회명이나 지명이 완전히 말살되지는 않았을 것이다. 자, 그럼 여기서 우리가 확실히 아는 바를 열거해 보기로 하자. 이 편지는 오랜 역사를 가진 교회(5:12), 다시 말해 과거에 핍박을 경험한 교회(10:32-34) 앞으로 썼다. 이 편지는 한때 눈부신 역사로 점철되어 위대한 교사나 지도자를 배출했던 교회(13:7) 앞으로 썼다. 또 이 교회는 사도들이 직접 세우지는 않았지만(2:3) 애정과 관용으로 잘 알려진 교회(6:10)였다.

자, 이제 여기 직접적인 암시의 말이 있는데 편지의 마지막 인사의 부분을 읽어 보자. KJV에는 "이탈리아 사람들에게서 너희에게 문안하느니라"(13:24)라고 되어 있다. 보다 정확하게 번역한다면, 이는 "이탈리아에서 온 사람들에게서 너희에게 문안하느니라"이다. **호이 아포 테스 이딸리아스**(hoi apo tés Italias)다. 이 한 구절을 뽑아 생각하면 이탈리아**에서**나, 이탈리아**로**라고도 해석되겠다. 예를 들면, 내가 글래스고에 있다고 가정해서 해외의 어디엔가로 편지를 쓴다면 아마도 "글래스고에서 사람들이 문안드립니다"라고 쓸 것이다. 그러나 내가 해외에 있는 스코틀랜드인 거류지에서 편지를 쓴다면 "글래스고에서 온 이곳 사람들이 인사드립니다"라고 할 것이다.

이 짤막한 한 구절을 지극히 자연스럽게 해석해 보면 이 편지는 이탈리아에 집이 있는 어떤 사람이 어떠한 이유로 그 집을 떠나 해외에서 이탈리아**로** 쓴 것이라 할 수 있다. 이 편지는 이탈리아로 보내려고 쓴 것이며 이탈리아라고 하면 로마로 보낸 것이 거의 확실하지 않을까 한다. 그러나 이 편지는 확실히 로마 교회 전체 앞으로 쓴 것이 아니다. 로마 교회 앞으로 쓴 것이라면 그 명칭이 없을 리가 없지 않겠는가?

더욱이 우리가 이 편지를 읽고 받은 인상은 같은 마음을 갖고 있는 조그마한 그룹의 사람들, 특히 학식 있는 사람들 앞으로 쓴 것이라 할 수 있다. 5장 12절에서 읽어 가면 이 사람들은 기독교 신앙의 교사가 되고자 오랫동안 훈련을 받고 있었다는 것을 알 수 있다. 더욱이 이 **편지**는 구약성경에 대한 지식, 장막, 제사장의 희생에 대한 지식을 요구하고 있는 점으로 미루어 보아 어떤 학식 있는 사람이 학문 있는 사람들을 대상으로 쓴 것이라 할 수 있다.

이러한 여러 가지 점들을 종합해 보면 이 편지를 쓴 사람은 우리가 대학 교수라고 부를 만한 뛰어난 교사로서 로마에 있는 기독교 대학이나 이에 유사한 조그마한 그룹의 사람들 앞으로 썼다는 것을 알 수 있다. 저자는 이 사람들의 교사로서 편지를 쓸 당시는 이들과 떨어져 있어서 함께 있지 않는 동안 제자들이 신앙의 길에서 이탈하는 일이 없도록 하고자 이러한 편지를 쓴 것이 아니었을까.

이것은 편지라기보다는 담화 형식이라고 할 수 있다. 서두도 바울의 편지와 같이 서한 형식을 취한 것도 아니다. 그러나 마지막은 편지처럼 인사말로 끝내고 있다. 이 편지는 기독교 교회의 교사가 되고자 훈련 받던 조그마한 그룹의 사람들 앞으로 썼다 해서 틀린 말은 아닐 것이다. 저자는 이 사람들의 교사로서 이 사람들과 함께할 수가 없는 시기에 썼을 것이다.

누가 썼는가?

히브리서에 대한 문제점 가운데 가장 난점이라고 할 수 있는 것은 아마도 "누가 이 편지를 썼을까?" 하는 문제다. 이 점이 불확실했기 때문에 이 문서를 신약성경에 수록할 것인지의 여부를 오랫동안 결정짓지 못했으리라. 이 편지에는 당초에 단지 **히브리인에게**라는 제명만 붙여져 있었고 저자의 이름은 없었다. 당시에는 이 편지와 바울의 이름을 직접 관련시켜 생각한 사람은 아무도 없었다.

알렉산드리아의 클레멘트(Clement)는 이 편지의 문체가 바울의 문체와 다른 점으로 미루어 혹시 바울이 이 편지를 히브리어로 쓰고 누군가 헬라어로 번역한 것이라고 생각했다. 오리게네스는 "누가 히브리서를 썼는가 하는 것은 오로지 하나님만이 확실히 아신다"는 유명한 말을 했고, 터툴리아누스는 바나바가 썼을 것이라고 생각하고 있었다. 제롬은 "로마 교회는 이 편지를 바울의 것이라고는 생각하지 않고 있었다"고 말하고, 저자에 대해서는 "누구인지는 모르지만 히브리서를 쓴 사람"이라고 말하고 있다. 어거스틴도 이에 대해 같은 생각을 했었다. 루터는 이 편지의 사상이 바울의 것이 아니기 때문에 바울이 저자가 아닐 것이라고 말했고, 칼뱅은 "이 편지가 바울의 것이라고는 도저히 생각할 수 없다"고 했다. 교회사를 통해서 어느 시대이든지 이 편지가 바울이 썼다고 생각한 사람은 하나도 없다.

그렇다면 어찌하여 바울의 이름이 붙게끔 되었던 것일까? 그것은 지극히 단순한 이유로 생겼다. 신약성경이 그 최종적인 형태로 만들어질 때 어느 문서를 포함시키고 어느 것을 이에 포함시키지 않을지에 대해서는 당연한 일이기는 하지만 의론이 교환되었다. 그때 한 채택 기준을 사용했는데 문서의 저자가 사도의 한 사람인지, 적어도 사도들과 직접적인 관계가 있던 사람이었는지 하는 것이었다. 당시만 해도 히브리서는 온 교회를 통하여 널리 알려지고 애독되고 있었다. 많은 사람은 오리게네스처럼 하나님만이 그 저자가 누구인지를 아신다고 생각했는데, 그런데도 널리 애독하고 구하고 있었다. 그리하여 이 문서에 대하여 한 가지 해야 할 일이 있었는데 그것은 이 편지를 신약성경에 수록**해야 한다**는 것이었다. 그러나 그러려면 오직 한 가지 방법밖에 없었는데, 그 방법은 위대한 저자인 바울이 써냈던 13통의 서한 중 하나로 간주하는 일이었다. 그리하여 **히브리서**는 신약성경에 수록되었다. 실질적으로 이 편지는 매우 뛰어난 것이기는 하나 형식적으로는 바울이 쓴 것으로 되어 있었기 때문이다. 편지의 문체나 사고 형식이 바울의 것이 아니라는 것은 다 잘 알고 있던 터지만 저자가 누구인지 알지 못했고 더욱이 이 편지를 성경에 수록해야만 한다는 하나의 염원에서 바울이 쓴 것이라고 간주하게 되었다.

히브리서의 저자

저자가 누구인지 추측할 수 있겠는가? 이때까지 저자로서 많은 사람의 이름이 천거되어 온 바 있다. 이 많은 사람 중 세 사람만 살펴보기로 하자.

I. 터툴리아누스는 바나바가 히브리서를 썼다고 생각했다. 바나바는 키프로스(Cyprus) 섬에서 태어났는데, 키프로스 섬 사람들은 아름다운 헬라어를 말하는 것으로 유명하였으며 히브리서는 신약성경 중에서 가장 세련된 헬라어로 쓰였다. 바나바는 레위 사람으로(행 4:36) 이 편지의 중심 사상을 이루는 제사장의 제도나 제사의 제도 등에 대해서 신약 속에 나오는 당시의 모든 사람 가운데 어느 누구보다도 가장 잘 알고 있었을 것이다. 바나바는 **위안**의 아들이라고 불렸다. 위안이란 헬라어로는 **파라클레시스**(paraklesis)라고 하는데 히브리서는 그 스스로 **파라클레시스**의 말(13:22), 즉 **권고의 말**, **위안의 말**이라고 부르고 있다. 바나바는 또한 유대인이나 그리스인들에게 받아들여져서 유대 사상이나 그리스 사상에 정통한 몇 사람 중의 한 사람이었다. 이러한 여러 가지 점으로 보아 바나바가 이 편지를 썼다고도 했으나, 그가 썼다고 가정한다면 그것과 관련해서 왜 그의 이름이 기록되어 있지 않았느냐 하는 의문이 남는다.

II. 루터는 아볼로가 히브리서의 저자라고 했다. 신약성경에서 아볼로에 대한 기록을 보면, 그는 유대인으로 알렉산드리아에서 태어나서 언변이 좋고 성경에 능통한 사람이었다(행 18:24 이하; 고전 1:12, 3:4).

이 편지를 쓴 이는 분명히 성경에 대한 지식이 많고 웅변에 능하고 교양 있는 알렉산드리아 사람 같은 사고방식과 이론을 펴고 있다. 그래서 이 히브리서는 사상이나 그 배경에서 아볼로와 같은 사람이 썼다는 것이 분명하다.

III. 여러 가지 추측 가운데 가장 로맨틱한 것은 유명한 독일의 학자인 하낙(Harnack)이라고 할 수 있다. 그는 아굴라와 브리스길라가 둘이서 쓴 것이라고 생각했다. 아굴라는 교사였고(행 18:26) 로마에 있던 그들의 집은 교회였다(롬 16:5). 이 편지는 그 서두에 인사말 없이 시작했고 저자의 이름이 기록되어 있지 않은 것은 저자가 여자이며, 이 시대에 여자들은 가르치는 것을 금지당하고 있었기 때문이라고 하낙은 생각하고 있었다.

이상 여러 가지 추측을 해 보았지만 최종적으로 말할 수 있는 것은 1700년 전에 오리게네스가 말한 바와 같이 누가 이 히브리서를 썼는가 하는 것은 오직 하나님만이 아시는 일이라고 생각할 수밖에 없다. 우리에게 이 저자는 영원히 모습이 없는 소리에 지나지 않겠지만, 다른 것에 비할 바 없는 문체와 아름다움을 구사해서 예수님에 대한 이야기를 써냈던, 그 이름을 알 길 없는 저자에게 우리는 진심으로 감사를 드려야 한다. 예수 그리스도만이 저자에게나 우리에게도 실체로서의 길이며, 하나님께로 가까이 가는 길이다.

The Letters to the Hebrews 01

단편이 아니라 전모를

히브리서 1:1-3

1옛적에 선지자들을 통하여 여러 부분과 여러 모양으로 우리 조상들에게 말
씀하신 하나님이 2이 모든 날 마지막에는 아들을 통하여 우리에게 말씀하셨
으니 이 아들을 만유의 상속자로 세우시고 또 그로 말미암아 모든 세계를 지
으셨느니라 3이는 하나님의 영광의 광채시요 그 본체의 형상이시라 그의 능
력의 말씀으로 만물을 붙드시며 죄를 정결하게 하는 일을 하시고 높은 곳에
계신 지극히 크신 이의 우편에 앉으셨느니라

이 구절은 신약성경 속에 기록되어 있는 헬라어 가운데 가장 격조 높은 문체다. 고대 그리스 연설가가 즐겨 쓰기 좋아하던 문체라고 생각되는데 히브리인 저자는 아름답고 변화 많은 헬라어로 표현할 수 있는 어휘와 음률의 미를 유감없이 발휘했다. 여기서 **여러 부분**과 **여러 모양으로**라고 번역한 두 개 부사는 헬라어로는 폴루메로스(polumerōs)와 폴루트로포스(polutropōs)라는 단일어다. **폴루**(polu-)라는 어휘는 그같이 복합되는 경우에는 **많은**이라는 의미를 가진다. 그리스의 유명한 연설가, 이를테면 데모스테네스(Demosthenes) 같은 사람들이 그

러한 격조 높은 형용사를 연설문의 서두에 구사했다는 것은 흔히 있는 일이었다. 히브리서 저자는 지금부터 말하려는 바가 바로 하나님께서 인간에게 주시는 절대적인 최고의 계시므로 그에 알맞은 가장 고상한 최고의 표현을 써서 자신의 사상을 나타내야 한다고 느꼈을 것이다. 여기에 매우 흥미로운 일을 볼 수 있다. 이 편지를 쓴 사람은 그리스의 웅변술로 훈련되어 기독교인이 된 후로도 배운 바를 버리지 않고 **지니고 있던 모든 특수한 재능을 예수 그리스도를 위한 봉사에 사용**했다는 점이다.

수도사(修道士)가 된 곡예사의 훌륭한 성도 이야기는 널리 알려졌다. 그는 하나님께 바칠 것이 자신에게 아무것도 없다고 느꼈다. 어느 날 어떤 사람이 이 곡예사가 교회로 들어가 성모 마리아상 앞에 서 있는 것을 보았다. 그는 잠시 망설이는 듯하더니 자신이 가진 모든 것을 성모에게 바치겠다고 결심하고는 자신이 익힌 모든 곡예를 힘껏 베풀기 시작하였다. 곡예를 끝내고는 사모하는 마음으로 무릎을 꿇고 기도드리고 있으니 성모 마리아상에 생명이 통해 생시와 같이 마리아가 주춧대에서 내려와 지니고 있는바 모든 것을 바친 곡예사의 이마에 흐르는 땀을 부드럽게 닦아 주었다는 얘기다. 한 인간이 기독교인이 되면 자신이 지닌 모든 천품이나 재능을 버릴 것이 아니라 그 모든 천부의 재능을 예수 그리스도와 교회에 봉사하는 데 써야 한다.

이 히브리서의 중심 사상은 예수 그리스도만이 하나님의 계시를 인간에게 완전하게 보이신다는 것이며, 예수 그리스도만이 인간을 하나님 앞으로 바로 인도하여 관계를 이어 줄 수 있다는 것이다. 그래서 저자는 예수를 예전의 선지자들과 비교하며 기록하였는데 예수께서는 **오늘날의 마지막 날**에 오신다고 했다. 유대인은 모든 세상을 현세와 내세의 두 시대로 구분짓고 있는데, 이 두 시대 사이에 주님의 날이 온다고 생각하였다. 현세는 모두 인간적이어서 사악하고, 다가올 시대는 하나님의 황금시대로서 그 중간에 오는 주님의 날이란 새 시대를 탄생시키는 산고와 같은 것이라 했다. 그래서 이 편지의 저자는 "낡은 세상, 불완전한 시대는 지나가고 인간이 상상하고 모색하는 시대는 그 종말에 처해 있으며 새로운 세상, 즉 하나님의 세계가 예수를 통하여 밝아 오고 있다"고 말했다. 인간의 세계와 사상이, 다시 말해 예수 그리스도와 더불어 새로운 시대로 접어들었다고 말했다. 예수를 통하여 하나님은 우리 인간의 세계로 들어오고 영원한 것이 시간에 개입되어 모든 것이 새로워져서 이전 같지 않다고 했다.

저자는 예수를 선지자들과 비교하고 있는데, 선지자란 예로부터 하나님의 숨은 고문(顧問)들이라고 믿어지고 있었다. 예전에 아모스는 이르기를 "주 여호와께서는 자기의 비밀을 그 종 선지자들에게 보이지 아니하시고는 결코 행하심이 없으시리라"(암 3:7)고 했고, 필론(Philo)은 "선지자들이란 속으로 속삭이시는 하나님의 말씀을 설명하는 사람에 불과하다"고 이르고, 또 이르기를 "선지자들이란 하나님께서 뜻하시는 바를 사람들에게 보이시려고 기계로 쓰는 하나님의 통역들이다"라고 했다.

후세에 이 사고는 완전히 기계적인 필연성을 갖게 됐다. 이를테면 사람이 악기를 다루듯이 하나님께서는 선지자들의 입술을 움직이시며, 플루트 연주자가 악기에 입김을 불어 넣듯이 하나님께서는 그들에게 성령을 불어넣으신다고 아테나고라스(Athenagoras)는 말했다. 저스틴 마터는 하나님은 하늘에서 내려와 우리가 현악기의 채로 하프나 바이올린 같은 현악기를 키듯이 선지자들을 지배하신다고 했는데, 결국 이러한 사상은 선지자들의 역할이란 음악을 울릴 때 악기라든가 글을 쓸 때 단순한 펜에 지나지 않는다는 극단적으로 단순화된 형태를 지니게끔 되었다. 다시 말해 이러한 사상은 지나치게 사물을 기계적으로 만들어 버렸다. 아무리 훌륭한 연극이라 할지라도 건반이 없다든가, 변조되어 버린 피아노로 훌륭한 음악을 연주할 수가 없다든가, 아무리 훌륭한 서예가라도 어느 정도는 사용하는 붓에 따라 글씨체가 달라지는 것도 사실이기 때문이다. 하나님의 계시는 사람의 이해력에 따라 영향을 받는다. 하나님의 계시는 사람의 이성과 중심을 통하여 나타난다. 이것이 바로 히브리서 저자가 깨달은 바다. 하나님 진리의 말씀인 계시는 선지자들을 통하여 **여러 부분**(polumerōs) 또 **여러 모양으로**(polutropōs) 나타난다고 저자는 말하고 있다. 여기에는 두 가지 사상을 엿볼 수가 있다.

I. 선지자들을 통하여 전달된 계시는 여러 가지 형태를 지니고 나타났으며, 그럼으로써 굉장히 위대한 것이라 할 수 있다. 여러 시대를 거쳐 선지자들이 늘 전

하는 말들은 그 시대에 적응되는 것이었고 늘 전달하고자 하는 사람들과 관련 있는 진리의 일면을 파악하고 있었던 것이며, 따라서 그것은 결코 고정적이거나 때늦은 낡은 것이 아니었다. 선지자들의 말은 결코 시대에 뒤떨어진 것이거나 부적당하거나 이해하기 힘든 것이 아니라 늘 시대의 필요에 적응했다는 말이다.

II. 동시에 그들의 계시는 단편적이었으며 시대의 제약을 받는 사람들이 이해할 수 있는 그와 같은 방법으로 나타내야 했던 것이다. 그 단편성이란 선지자들이 제각기 어떠한 하나의 사상을 전달했다는 사실로서 이것은 매우 흥미로운 역사적인 사실이라 할 수 있다. 이를테면 아모스는 곧 **사회 정의의 부르짖음**이며, 이사야는 **하나님의 거룩하심**을 파악했고 호세아는 쓰라린 가정생활을 통해 **하나님의 용서하시는 사랑**의 기적을 깨달았던 것이다. 여러 선지자들은 자기 생애의 체험과 이스라엘의 경험을 통하여 하나님의 진리의 **단편**, 또는 **일부**를 파악했지만 진리의 모든 면을 파악할 수는 없었던 것이다. 그러나 예수께서는 이들 선지자들과는 전적으로 달랐다. 예수께서는 진리의 일부분이 아니라 그 전부이며, 예수께서는 하나님의 단편적인 계시가 아니라 완전하신 계시였다. 하나님은 예수를 통하여 진리의 어느 일면만을 보이신 것이 아니라 하나님의 전모를 사람들에게 완전히 보이신 것이다.

더욱이 선지자들은 전달하기 위해 많은 방법을 사용했다. 때로는 **연설**하는 방법을 썼었고, 그것이 실패했을 때에는 **극적 행동**으로 호소했던 것이다(왕상 11:29-32; 렘 13:1-9, 27:1-7; 겔 4:1-3, 5:1-4). 선지자들은 자신이 맡은바 하나님의 진리의 일부분을 전하는 데 인간적인 방법을 사용할 수밖에 없었지만 예수의 경우는 완전히 달랐다. 예수께서는 자신이 하나님이 **되심으로써** 우리에게 하나님을 보이셨던 것이다. 하나님이 누구인지를 우리에게 보이는데 있어서 예수께서는 그가 하신 말씀이나 행동보다도 바로 그 인격으로 하신 것이다. 예수께서는 스스로 하나님을 보이신 것이다. 확실히 선지자들의 계시는 훌륭하고 다면적이기는 하나 아주 단편적인 것에 불과하고 그들이 효과적이라고 생각하던 방법도 인간이 생각한 것에 지나지 않았다. 그러나 예수를 통한 하나님의 계시는 완전하시며 예수 자신 안에서 나타나셨다. 한마디로 선지자들이 하나님의 벗이었다면 예수께서는 하나님의 아들이었다. 선지자들은 하나님 마음의 **일부분**만을 이해했지만 예수께서는 하나님 마음의 **중심**이었다. 여기에 기록해 두어야 할 것은 이 히브리서 저자의 의도는 어느 모로나 선지자들을 과소 평가하려는 것이 아니라 예수 그리스도의 주권을 확립하고자 함이 그 목적이라는 점이다. 구약과 신약성경 속의 계시 사이에 어떠한 **단절**이 있다는 것이 아니라 **연속성**이 있다고 저자는 강조하고 있는데 이러한 연속성은 하나님의 계획이신 **온전하게 이루시는 것**으로 그 종국을 보게 된다는 사실이다.

히브리서 저자는 예수의 본질에 대하여 기술할 때 두 가지 훌륭한 상징으로 표현하고 있는데 그 하나는 예수께서는 하나님 영광의 아파우가스마(Apaucasma)라고 한다. 아파우가스마란 헬라어로 두 가지 중의 하나를 의미하는 말이다. 그 하나는 **광채**를 뜻하는데 앞으로 비추는 빛을 뜻함이요, 또 하나는 **반사**를 의미하는데 이는 부딪혀 돌아오는 빛을 의미할 수 있다. 여기에서는 아마도 **광채**를 뜻하는 것이리라. 예수께서는 우리 인간 사이로 비추는 하나님 영광의 광채이시다. 즉, 예수께서는 하나님의 본질, 실체, 본체를 나타내는 카락테르(Character)다. **카락테르**라는 헬라어는 두 가지 의미를 갖고 있는데 첫째는 **봉인**(封印)이고 둘째는 **자국** 또는 **찍기**로, 즉 도장이 밀초 위에 남기는 자국을 말한다. 그래서 이 자국은 도장과 완전히 동일한 영을 갖게 되며 도장의 모양을 정확하게 재현한다. 그래서 히브리서 저자가 예수가 하나님의 카락테르라고 한 것은 예수가 바로 하나님의 완전한 형상이며 표현이기 때문이다. 도장을 찍은 후 남은 그 자국을 보면 인장 그 자체를 정확하게 알 수 있듯이 예수를 바라보면 하나님의 본질을 알 수 있다. 예수께서는 단편적이거나 부분적인 계시가 아니라 완전하고도 정확한 하나님의 표현이다. 본(C. J. Vaughan)은 이 구절에는 예수에 대한 여섯 개 위대한 진리가 나타나 있다고 말하고 있다.

I. 원래 하나님께 속해 있는 영광은 예수의 것이다. 예수께서는 하나님 영광의 광채이시며, 하나님의 영광 그 자체이시다. 여기에서 하나의 놀라운 사상은 하나님의 영광은 인간을 압제하고 억압해서 하나님 앞에 굴복시키는 것이 아니라 인간을 돕고 사랑하여 인간을 위하여 죽는 것이다. 하나님의 영광이란 인

간을 분쇄하는 힘이 아니라 인간으로 인해 괴로워하는 사랑의 영광이다.

II. 예정하신 다가오는 왕국은 예수의 것이다. 신약성경을 쓴 사람들은 예수의 궁극적인 승리를 믿어 의심하지 않았다. 생각해 보시라! 그들이 알고 있었다는 예수는 예루살렘 성밖의 언덕 위에서 범죄자가 되어 십자가에 못 박히신 갈릴리의 이름 없는 한 목수에 지나지 않았다. 또한 그들 자신도 가혹한 핍박으로 고초당하는 천하고도 천한 백성에 지나지 않았다. 이들에 대하여 윌리엄 왓슨(William Watson) 경은 다음과 같이 썼다.

"증오가 사나운 늑대에게 희생으로 바쳐졌는데,
숨을 헐떡이며 모인 무리여,
그대들의 죄는 그리스도이니라."

남들에게서 멸시 받았는데도 그들은 그리스도가 끝내는 꼭 승리하신다고 믿어 의심하지 않았다. 그들은 하나님 사랑의 배후에는 하나님의 권세가 있어 최후에는 이 세상의 왕국이 주님의 왕국, 즉 그리스도의 왕국이 되리라는 것을 확신하고 있었다. 여기에서도 우리는 초대교회 사람들의 현실을 초월한 낙관주의를 엿볼 수 있다.

III. 창조의 역사(役事)는 예수의 것이다. 초대교회 사람들은 하나의 위대한 사상을 갖고 있었다. 즉, 하나님께서 이 천지를 창조하실 때 그 아들을 하나님의 대행자 또는 도구로서 역사하셨다는 것, 또 어느 의미로는 하나님은 그 아들을 통하여 최초로 천지를 창조하셨다는 것이다. 세상을 창조하신 이가 곧 그 동일한 세계를 재창조하시는 분이며, 이 세상을 지으신 이가 곧 속죄하시는 주라는 것이 초대교회 사람들의 확신이며 사상이었다.

IV. 세계를 유지하는 힘은 예수의 것이다. 예수께서는 그의 힘으로 만물을 유지하여 움직이고 계신다. 이것이 바로 초대교회 **섭리**에 대한 놀라운 믿음이다. 세상을 창조하시고는 방치해 두시는 하나님이 아니라고 초대교회 성도들은 믿고 있었다. 그들은 인간 생활 속에서 또는 이 세상을 유지하고 예정하신, 종국으로 이끌고 가는 힘을 느꼈다.

표적 없이 걷는 발걸음이 없으며
헛되게 멸망당하는 생명이 없느니라.
하나님께서 그 역사를 온전하게 마치시니
쓰레기라도 허무하게 돌아가는 일이 없으리라.

이것이 그들의 신앙이었다.

V. 속죄하시는 일은 예수의 것이다. 예수께서는 인간의 죄를 정하게 하시는 길을 여셨다. 예수께서는 스스로를 희생하심으로써 죄의 대가를 지불하셨으며 끊임없는 임재(臨在)로서 죄에서 사람들을 자유스럽게 하신다.

VI. 예수께서는 하늘에 계셔서 인간을 위하여 중재하시며 역사하시는 분이다. 예수께서는 하나님 영광의 오른편에 앉아 계신다. 그런데 이 히브리서 저자의 놀라운 사상은, 예수께서 그곳에서 우리를 심판하시는 것이 아니라 우리를 위해 중재의 일을 행하시며 우리가 하나님 앞에 설 때 정의의 고발이 아니라 사랑의 변호를 듣게 하시는 분이란 사실이다.

천사보다 뛰어나심

히브리서 1:4-14

4그가 천사보다 훨씬 뛰어남은 그들보다 더욱 아름다운 이름을 기업으로 얻
으심이니 5하나님께서 어느 때에 천사 중 누구에게 너는 내 아들이라 오늘

내가 너를 낳았다 하셨으며 또다시 나는 그에게 아버지가 되고 그는 내게 아
들이 되리라 하셨느냐 6또 그가 맏아들을 이끌어 세상에 다시 들어오게 하실
때에 하나님의 모든 천사들은 그에게 경배할지어다 말씀하시며 7또 천사들
에 관하여는 그는 그의 천사들을 바람으로, 그의 사역자들을 불꽃으로 삼으
시느니라 하셨으되 8아들에 관하여는 하나님이여 주의 보좌는 영영하며 주
의 나라의 규는 공평한 규이니이다 9주께서 의를 사랑하시고 불법을 미워하
셨으니 그러므로 하나님 곧 주의 하나님이 즐거움의 기름을 주께 부어 주를
동류들보다 뛰어나게 하셨도다 하였고 10또 주여 태초에 주께서 땅의 기초를
두셨으며 하늘도 주의 손으로 지으신 바라 11그것들은 멸망할 것이나 오직
주는 영존할 것이요 그것들은 다 옷과 같이 낡아지리니 12의복처럼 갈아입을
것이요 그것들은 옷과 같이 변할 것이나 주는 여전하여 연대가 다함이 없으
리라 하였으나 13어느 때에 천사 중 누구에게 내가 네 원수로 네 발등상이 되
게 하기까지 너는 내 우편에 앉아 있으라 하셨느냐 14모든 천사들은 섬기는
영으로서 구원 받을 상속자들을 위하여 섬기라고 보내심이 아니냐

1장 1-3절에서 저자는 예수와 옛날 선지자들을 비교해서 예수의 우월성을 증명했는데, 여기에서는 천사에 대한 예수의 우월성을 증명하고 있다. 저자는 이 점에 대해 논증의 필요성을 느꼈는데 당시 유대인의 천사에 대한 신앙을 입증하고 있다. 당시만 해도 천사에 대한 신앙은 점점 넓게 퍼져 나가고 있었다. 그 이유는 하나님의 우월성이 보다 더 강조되어 사람들은 하나님과 사람 사이에 보다 더 벌어져 가는 거리감을 느끼게 되었기 때문이었다. 하나님은 점점 멀어져 가는 존재가 되어 알 수도 없거니와 따라갈 수조차도 없게 된다고 사람들은 느꼈다. 그 결과 천사는 하나님과 인간 사이를 이어주는 중재자라고 느끼게끔 되었다. 하나님과 인간의 거리가 크게 벌어져서 하나님은 사람에게 말씀하실 수 없게 되고, 사람들도 하나님에게 직접 말씀드릴 수가 없게 되었다. 그래서 사람들은 하나님과 사람, 이 양자 사이를 이어주는 교량 같은 역할을 천사가 하고 하나님께서는 천사를 통하여 인간에게 말씀하시고 인간은 천사를 통하여 자신의 기도를 하나님 앞에 상달할 수 있게 됐다고 믿었다.

이러한 과정, 즉 천사에 대한 신앙이 널리 퍼져 나가는 과정을 현저하게 나타내는 것으로서 특별한 한 예를 들 수가 있다. 바로 구약성경에서 모세가 하나님에게 직접 율법을 받았던 것이다. 하나님과 인간, 이 양자 사이에는 제삼자가 개재되지 않고 하나님의 말씀은 중개자를 통할 필요가 없이 행해졌다. 그러나 신약 시대에 들어와서는 하나님이 먼저 천사에게 율법을 주어서 천사가 모세에게 전달했다라고 유대인은 믿고 있었는데, 이것은 하나님과 인간의 직접적인 접촉이란 있을 수 없는 것이라고 생각했기 때문이다(행 7:53; 갈 3:1 참조).

여기서 천사에 대한 유대인의 근본적인 신앙에 대해 살펴보기로 하자. 자세히 살펴보면 이러한 신앙은 지금 공부하고 있는 이 성경 구절에서도 여러 형태로 나타나고 있다. 하나님은 천사들의 무리에 둘러싸여 있다(사 6; 왕상 22:19). 때로는 천사들은 하나님의 군사라고도 생각됐다(수 5:14 이하). 천사는 헬라어로는 앙겔로이(Aggeloi), 히브리어로는 말아킴(Mal' akim)이며 둘 다 **천사**라는 의미로 **사자**(使者)라고 일반적으로 흔히 쓰고 있는 의미다. 천사는 하나님의 말씀이나 행하심을 인간의 세계로 전달하는 존재로서 말하자면 하나님과 인간 사이의 중개자 또는 연락관이라 할 수 있다. 천사란 찬란하게 비치는 빛과 같아서 공기나 불과 같은 물체로 만들어진 영(靈)으로서 천지 창조 때 제2일 아니면 제5일째 하나님께서 만드셨다고 알려졌다. 천사들은 먹지도 마시지도 않으며 자식을 낳지도 않으며 하나님에게서 멸망당하는 것 이외에는 결코 죽지도 않는다고 생각했다. 그러나 이 문제에 대해서는 후에 기술하는 바와 같이 다른 생각도 있었다.

천사들 가운데서도 스랍별(Seraphim)과 그룹들(Cherubim)과 오반들(Ofanim: im은 히브리어 명사의 복수형임)은 하나님의 보좌 주위에서 인간보다 더 많은 지식, 특히 미래에 대해서는 인간보다 더 많은 지식을 갖고 있다고 생각했다. 그러나 그들의 지식은 이를테면 올바르게 터득된 것이 아니라 "커텐 뒤에서 살짝 들은 것", 다시 말해 하나님의 목적과 계획 등을 엿들은 것과 다름없다는 것이다. 그들은 수행자와 같아서 하나님의 **측근자**로서 하나님의 참모나, 상담역으로 간주됐다. 하나님은 그의 천사들과 상담하지 않고는 무슨 일도 하지 않으셨다. 예를 들면 하나님께서 "**우리**가 사람을 만들자"(창 1:26)라고 하신 것은 하나님께서 상담역인 천사에게 하신 말씀이다. 때때로 이들 천사들은 하나님께 간언하여 하나님의 목적에 의의를 제기했다. 한 예를 들면, 그들은 하나님께서 인간을 창조하시는 것을 반대해서 대량으로 죽임을 당했다. 또한 율법을 사람에게 내리는 것을 반대해서 시내 산에 오르려던 모세를 방해했다. 이것은 천사들이 인간을 시기해서 자신이 가진 특권을 다른 피조물에게 나누어 주는 것을 원치 않았던 까닭이었다.

천사의 수는 이루 헤아릴 수 없이 많았고, 애초에는 이름이 없었는데 훨씬 후대에 와서야 유대인이 천사들에게 이름을 붙였다. 특히 하나님의 보좌 앞에 있던 일곱 천사들은 천사장이라 불렸는데, 그 중 주된 천사들은 라파엘, 우리엘, 파누엘, 그리고 하나님의 말씀을 인간에게 전하는 가브리엘과 이스라엘의 운명을 좌우하는 권한을 가진 미가엘 등이었다.

천사들이 하는 일도 많이 있었다. 그들은 하나님의 말씀을 인간에게 전하기도 했는데 이런 경우, 맡겨진 말씀을 전하고는 곧 자취를 감추고 말았다(삿 13:21). 역사적인 사건이 일어났을 때에는 하나님 편에 서서 싸우기도 하고(왕하 19:35-36), 별들의 운행을 조정하는 200명의 천사들도 있었다. 끝없이 계속되는 해와 달과 날들의 변화를 지배하는 천사가 있었고, 바다를 지배하며 높은 위치에 있는 힘이 센 천사도 있었으며, 서리 · 이슬 · 비 · 눈 · 우박 · 우레와 번갯불을 주관하는 천사들도 있었다. 그 외에 지옥을 감시하고 죄인들을 고문하는 천사, 사람들이 말한 것을 기록부에 낱낱이 기록하는 천사, 사람을 멸망케 하는 천사, 벌을 주는 천사, 고발하는 천사로서 사탄이 있었다. 이 사탄은 속죄일 이외에는 일년 365일 동안 쉬지도 않고 인간을 하나님에게 고발하였다. 또한 죽음의 천사는 하나님의 명령을 받으면 선인이나 악인에게나 똑같이 죽음의 때를 고하기도 했다. 모든 나라에는 각기 프로스타시아(prostatia)라는 나라를 수호하는 천사가 있었으며 사람에게도 각기 그를 수호하는 천사가 있었다(마 18:10). 이와 같이 천사의 수가 굉장히 많아서 랍비들은 "풀잎사귀 하나하나에도 각기 천사가 있다"라고까지 말할 정도였다.

우리가 공부하고 있는 이 구절과 간접적으로 관계가 깊은 또 다른 특수한 신앙이 있다. 천사들이란 일반적으로 죽지 않는다고 믿었는데 어떤 사람들은 매우 색다르게 생각했다. 즉, 천사들이란 오직 하루만 산다는 생각이었다. 어떤 학파의 랍비들은 “하나님께서는 매일 새로운 천사의 무리를 창조하시며 이들은 하나님 앞에서 찬미의 노래를 부르고 사라진다”고 했으며, “천사들은 매일 아침마다 새롭게 만들어져서 하나님을 찬미하고 처음 그들이 왔던 불의 흐름 속으로 되돌아간다”고 했다. 에스드라4서 8장 21절에는 “하나님 앞에 하늘의 천사들이 두려움으로 서 있어 하나님의 말씀 하나로 바람이나 불로 변한다”고 쓰여 있다. 어느 랍비는 설교에서 천사 하나가 “하나님은 우리를 끊임없이 변화시키시며 때로는 불로 만드시고 때로는 바람으로 만드신다”라고 말했다고 썼다. 이것이 바로 히브리서 저자가 뜻하는바, 하나님이 천사들을 바람이나 불로 만드신다는 점이다.

천사에 대한 여러 가지 광대한 생각에는 위험한 생각이 하나 있는데, 천사를 하나님과 인간 사이의 중개인이라고 생각하는 것이다. 그리하여 그 아들이 천사들보다 훨씬 뛰어나시다는 것을 증명하고자 일련의 성구를 사용하였다. 즉, 시편 2편 7절, 사무엘하 7장 14절, 시편 97편 7절, 신명기 32편 43절, 시편 104편 4절, 시편 45편 7-8절, 시편 102편 26-27절, 시편 110편 1절 등이다. 이들 성경 중에는 우리가 지금 사용하는 성경의 역문과 다른 점이 있는데, 히브리서 저자가 히브리어를 헬라어로 번역한 70인역의 구약성경에서 인용하고 있어서 이 역문은 원어인 히브리어를 직접 영어로 번역한 우리의 성경과는 다소 차이가 있다. 저자가 택한 이들 성경 중의 어떤 것은 매우 이상하게 느껴지기도 한다. 예를 들면, 사무엘하 7장 14절은 원문에는 직접 솔로몬에 대해서만 기술되어 있으며 하나님의 아들이라든가 메시아라든가 하는 것과는 전혀 무관하다. 시편 102편 26-27절은 하나님에 대한 내용이지 그 아들에 대한 내용이 아니다. 그러나 초대교회 성도들은 아들이라든가 주님이라는 어휘가 있으면 문장의 전후 관계와는 상관없이 예수에 대한 내용으로 인용해도 상관없다고 생각하였다. 이러한 일은 우리에게는 납득하기 어려운 것인지는 모르나 그들에게는 전적으로 하나의 확신이었다.

히브리서 저자가 어떻게 해서라도 피하고자 했던 위험이 하나 있다. 그것은 천사론 그 자체에는 매우 매력적인 요소가 있기는 하지만, 이 이론은 하나님과 인간 사이에 중개자로서 예수 이외에 어떤 존재가 있다는 것을 인정하는 위험성이 포함되었다는 사실이다. 유대교 신앙에는 천사가 하나님의 말씀을 사람에게 가져오고 사람의 기도를 하나님께 가져간다는 신앙이 확실히 나타나 있다. 기독교에서는 예수 이외에 어떠한 중개자도 필요하지 않다. 예수와 그가 행하신 바로써 우리는 직접 하나님께 가까이 갈 수가 있기 때문이다. 테니슨은 다음과 같이 말하고 있다.

> 여러분이여, 하나님께 말을 하라.
> 그가 들을 것이요,
> 하나님의 영이 사람의 영을 만날 수 있을 것이요,
> 하나님은 우리의 호흡보다도 팔다리보다도
> 더 가까이 계심이라.

히브리서 저자가 인식하고 제시한 하나의 위대한 진리는, 예수 그리스도께서 모든 장해물을 제거하고 우리에게 직접 하나님께 가까이 갈 수 있는 길을 열어 주셔서 그분 이외의 어떠한 인간이나 초자연적인 중개자가 필요하지 않다는 것이다. 이 사실은 모든 사람들이 기억해야만 하는 진리다.

The Letters to the Hebrews 02

등한히 여기지 못할 구원

히브리서 2:1-4

[1]그러므로 우리는 들은 것에 더욱 유념함으로 우리가 흘러 떠내려가지 않도
록 함이 마땅하니라 [2]천사들을 통하여 하신 말씀이 견고하게 되어 모든 범죄
함과 순종하지 아니함이 공정한 보응을 받았거든 [3]우리가 이같이 큰 구원을
등한히 여기면 어찌 그 보응을 피하리요 이 구원은 처음에 주로 말씀하신 바
요 들은 자들이 우리에게 확증한 바니 [4]하나님도 표적들과 기사들과 여러 가
지 능력과 및 자기의 뜻을 따라 성령이 나누어 주신 것으로써 그들과 함께
증언하셨느니라

저자는 여기에서 보다 가치가 적은 것에서 보다 가치가 큰 것으로 그 이론을 진전시키고 있다. 저자의 마음속에는 두 가지 계시가 있는데, 그 하나는 **천사들을 통해** 말씀하신 율법에 의한 계시, 다시 말해 십계명이다. 또 다른 계시는 **아들이신 예수 그리스도를 통하여** 주신 것이다. 이 계시는 천사를 통해 주신 하나님 진리의 계시보다 훨씬 고귀해서 배반한다든가 거역하는 자는 훨씬 엄하고 무서운 벌을 받는다는 것은 당연하다. 사람들이 **천사들을 통하여** 주신 계시를 소

홀히 할 수가 없다면 어찌하여 **아들을 통하여** 주신 계시를 등한히 여길 수가 있겠는가?

첫 구절에 있는 두 가지 중심적인 어휘는 우리가 사용하는 번역으로 재현할 수 없을 만큼 뚜렷하고 강한 의미를 갖고 있다. 그 중심 어휘란, **프로세케인**(prosechein)과 **파라레인**(pararrein)의 두 어휘다. **프로세케인**은 가장 보편적인 의미로 **주의를 기울인다**는 뜻으로 사용된다. **파라레인**이란 어휘에는 여러 가지 의미가 있다.

이를테면 무엇인가 미끄러져 떨어져 버렸다든가, 반지가 손가락에서 빠져 버렸다든가, 음식을 실수로 흘려 버렸다든가, 어떠한 일을 무의식 중에 말해 버렸다든가, 의론 중에 문제의 핵심에서 벗어났다든가, 기억에서 벗어난 사실이라든가, 무엇인가 줄어 버린다든가, 새어 버렸다는 경우에 사용하는 말이다. 다시 말해 이것은 부주의 또는 무의식 중에 떨어뜨리거나 잃어버린 것을 나타내는 말이다. 그러나 이러한 일반적인 용법 이외에 항해에 사용하기도 한다. **프로세케인**은 배를 정박시킨다는 뜻이 되겠고 **파라레인**은 선원이 풍향이라든가 조류에 주의를 게을리해서 배를 항구나 정박지에서 멀리 표류시키고 말았다는 것을 나타낸다. 그래서 2장의 첫 구절은 다음과 같이 번역할 수가 있다. "그러므로 우리는 가르침을 받은 것들에 우리 인생의 닻을 내려서 인생이라는 배가 항구에서 멀리 표류당해서 파선되는 일이 없도록 하자." 음험한 조류가 배를 항구에서 멀리 밀어내어 침몰하는 동안 선원이 졸고 있어서 표류하고 파선당하는 배라는 표현, 이는 분명히 하나의 생생한 표현이다. 우리의 생을 위협하는 것은 재난이 아니라 돌연히 다가와 부지불식중에 죄 속으로 끌려들어가는 것이라 할 수 있다. 고의적으로 한순간에 하나님을 배반하는 자는 극히 적지만 날이 지나감에 따라 조금씩 멀어져 가는 사람이 퍽이나 많다. 또 어느 순간에 의식적으로 비극적인 죄를 범하는 자의 수가 적은 데 대하여 자신마저도 알아차리지 못하는 사이에 조금씩 조금씩 악의 길로 끌려들어가서 그것을 깨달았을 때는 이미 자신의 생활은 파괴되고 남의 마음에 상처를 입힌 자의 수도 많다. 인생 표류의 위험에서 자신을 지키려면 끊임없이 정신을 차리고 있어야 한다.

히브리서 저자는 여기에, 율법에 의해 벌을 받게 되는 죄의 득실을 두 가지로 들고 있다. 하나는 위반이고 하나는 불순종이라 부른다. 첫 어휘는 **파라바시스**(parabasis)라고 해서 문자 그대로는 **경계선을 넘는다**는 뜻으로 지식과 양심으로 그린 선을 넘으면 죄가 된다는 것이다. 두 번째 어휘는 **파라코에**(parakoē)인데 매우 흥미 있는 어휘다. 처음에는 **불완전하게 듣는 것**, 이를테면 귀머거리가 무엇을 듣는 것과 같은 의미였는데 점차로 **부주의하게 듣는 것**, 다시 말해 주의력의 부족으로 오해한다든가, 말하는 의미를 올바르게 파악하지 못한다든가 하는 것을 의미하게 됐다. 그리하여 나중에는 **들으려고 하지 않는 것**, 그리하여 **하나님의 소리에 대한 불순종**을 의미하게 되었다. 그것은 하나님의 명령, 경고, 충고, 초대에 대하여 고의적으로 귀를 막고 있는 상태를 말한다. 저자는 그리스도가 주신 계시의 세 가지 특수성을 말하는 것으로써 이 절을 끝내고 있다.

I. 계시의 "원점". 계시는 예수가 스스로 하신 말씀에서 유래했다. 먼저 주님께서 말씀하신 것은 하나님에 대하여 인간이 상상하고 멋대로 모색했다는 것이 아니라, 예수 그리스도를 통하여 우리에게 직접 말씀하신 하나님의 소리라는 것이다.

II. 계시의 "전달". 예수의 입술에서 직접 그의 말씀을 들은 사람들을 통하여 히브리서 저자가 이 편지를 보낸 독자들에게 계시가 전달되었다. 그리스도의 진리를 전달하는 사람은 "또다시 듣는다"는 사람이 아니라 직접 그리스도를 알고 있는 사람이어야 한다는 사실이다. 우리가 알지 못하는 바를 가르칠 수는 없으며, 우리 자신이 그리스도를 알 때 비로소 남에게 그리스도를 가르칠 수 있다.

III. 계시의 "힘". 이 계시는 표적과 이상한 것과 여러 가지 능력 있는 행위에서 나타난다. 토머스 찰머스(Thomas Chalmers)가 훌륭한 연설을 하고 난 후 어떤 사람에게서 찬사를 받자, "네, 고맙습니다. 허나 나의 연설이 실제적으로 무슨 효과가 있었을까요?"라고 되물었다. 데니(Denney)가 늘 말했듯이 기독교의 진실성을 증명하는 것은 사람들의 생활에 변화를 가져올 수 있다는 사실이다. 기독교의 이러한 도덕적인 기적은 지금도 모든 사람이 볼 수 있도록 분명히 일어나고 있다.

잃어버린 인간성의 회복

히브리서 2:5-9

5하나님이 우리가 말하는바 장차 올 세상을 천사들에게 복종하게 하심이 아
니니라 6그러나 누구인가가 어디에서 증언하여 이르되 사람이 무엇이기에
주께서 그를 생각하시며 인자가 무엇이기에 주께서 그를 돌보시나이까 7그
를 잠시 동안 천사보다 못하게 하시며 영광과 존귀로 관을 씌우시며 8만물을
그 발 아래에 복종하게 하셨느니라 하였으니 만물로 그에게 복종하게 하셨
은즉 복종하지 않은 것이 하나도 없어야 하겠으나 지금 우리가 만물이 아직
그에게 복종하고 있는 것을 보지 못하고 9오직 우리가 천사들보다 잠시 동안
못하게 하심을 입은 자 곧 죽음의 고난 받으심으로 말미암아 영광과 존귀로
관을 쓰신 예수를 보니 이를 행하심은 하나님의 은혜로 말미암아 모든 사람
을 위하여 죽음을 맛보려 하심이라

이 인용설은 우리로서는 퍽이나 이해하기 어렵지만 알고 나면 매우 놀라울 만한 깊은 의미가 있는 구절이다. 저자가 인용한 것은 시편 8편 4–6절인데 이 구절을 정확하게 이해하려면 한 가지 알아 두어야 할 것이 있는데 그것은 **시편 8편 전체가 인간에 대해 한 말**이라는 점이다. 이 시편은 전혀 메시아라든가 예수에 대한 것이 아니라 인간에게 주신 하나님의 영광을 찬미하는 내용으로 모두 사람에게 관한 것이다. 이 시편 속에는 매우 알기 어려운 **인자**라는 구절이 있다. 이 말은 예수를 가리켜 말하는 경우가 많아서 여기서도 예수를 가리키는 말이 아닌가 하고 생각하는 이들이 있을지 모르나 히브리서에서 인자는 언제나 단순히 **사람**을 뜻하는 말이다. 에스겔서를 펴 보면 곧 알 수 있다. 80회 이상이나 되풀이

해서 하나님께서는 에스겔을 **인자**라고 부르셨다. "인자야, 너는 얼굴을 예루살렘으로 돌려라"(겔 21:2). "인자야, 너는 예언하여 이르라"(겔 30:2). 히브리서에 있는 인자는 영어로 그렇듯이 **사람** 이외에 딴 뜻은 없다. 여기에 인용한 시편에는 두 평행 구절을 볼 수 있다. "사람이 무엇이기에 주께서 그를 생각하시는가?"라는 것과 "인자가 무엇이기에 주께서 그를 돌보시나이까?"라는 것은 바로 동일한 대상을 두 가지 양상으로 표현한 말이다. 이 시편은 하나님께서 의도하신바, 인간의 영광을 노래한 위대한 산문시라고 할 수 있다. 또한 천지 창조 때 하나님께서는 사람에게 "바다의 물고기와 하늘의 새와 땅에 움직이는 모든 생물을 다스리라"(창 1:28)고 하셨다. 사실 인간의 영광이란 KJV에 나타나 있는 것보다도 훨씬 숭고하다. KJV에는 "저를 천사보다 조금 못하게 하셨다"(시 8:5)라고 되어 있다. 헬라어로 번역한 시편을 정확하게 번역한 것이라고는 하겠으나 원어인 히브리어를 올바르게 번역한 것이라고는 할 수 없다. 히브리어로는 "**엘로힘**(Elohim)보다 조금 못하게 사람을 만드셨다"라고 되어 있는데 **엘로힘**이란 원래 히브리어로는 하나님을 뜻하는 말이다. 그래서 이 시편이 사람에 대하여 실제로 나타내고자 했던 바는 "사람을 하나님보다 조금 못하게 하셨다"라는 것이며 이것이 바로 미국 개정표준역 성경에 번역되어 있다. 그래서 이 시는 하나님보다는 조금 못하게 만들어진 인간, 즉 하나님이 이 세상의 모든 것을 다스리도록 해주신 인간의 영광을 노래하고 있다.

그러나 히브리서 저자는, 우리가 당면한 환경은 매우 다르다는 견지에서 계속 진술하고 있는데, 사람은 이 세상의 만물을 다스리도록 지음을 받았는데도 **실현할 수가 없었다**는 점이다. 인간이란 자신의 환경에 좌우되고 유혹에 쉽게 빠지며 자신의 연약함에 제약을 받는 피조물이다. 자유로워야 할 자가 속박을 당하고 있으며 임금이어야 할 자가 노예가 되어 있다는 것이다. 체스터톤(G. K. Chesterton)이 말한 바와 같이 인간에 대한 견해가 여러 가지 있기는 하지만 한 가지 확실한 것은, 인간이 하나님께서 뜻하신 바대로 있지 않다는 사실이다.

그러나 이러한 상태는 예수 그리스도가 오심으로써 달라졌다. 예수께서 고초당하시고 죽음을 통해 영광을 받으셨던 것이다. 이러한 예수의 고통과 죽음과 영광은 모두 인간을 위한 것인데, 인간을 처음 있어야 할 모습으로 되돌리기 위함이었다. 예수 그리스도께서 죽으심은 인간에게 좌절과 굴종과 속박과 나약한 상태에서 벗어나게 하며, 하나님께서 계획하신 대로 이 세상을 다스릴 수 있도록 하기 위함이었다. 그리해서 인간을 창조의 목적에 합당하게끔 다시 만들어 내기 위함이었다.

여기에는 다음 세 가지의 기본적인 사상이 있다.

I. 하나님께서는 인간을 하나님보다 조금 못하게 만드시고 이 세상의 만물을 다스리도록 하려 하셨다.

II. 인간은 죄를 범함으로써 승리와 지배 대신에 좌절과 패배를 맛보게 됐다.

III. 인간이 이와 같은 좌절과 패배의 상태에 있을 때 예수 그리스도께서 오셨는데, 예수의 생과 영광을 통하여 인간을 있어야 할 창조 때의 모습으로 되돌리기 위함이었다.

이와 같은 일들을 다른 방법으로 말하면 히브리서 저자가 우리에게 보이고자 하는 바는 다음의 세 가지라고 할 수 있다.

I. **"인간의 이상형"** 하나님과 유사하고 우주를 다스릴 주인

II. **"인간의 현상"** 승리 대신에 좌절, 영광 대신에 실패를 경험하고, 임금이 되도록 정해져 있는데도 실제는 노예로 화했다.

III. **"현실을 이상으로 변혁시키는 길"** 이러한 변혁은 그리스도에 의해 이루어진다. 예수 그리스도의 고난과 영광만이 인간을 애초 있어야 할 모습으로 변혁시킬 수 있는 것이지 그리스도 없이는 실현할 수 없다.

고난의 필연성

히브리서 2:10-18

10그러므로 만물이 그를 위하고 또한 그로 말미암은 이가 많은 아들들을 이
끌어 영광에 들어가게 하시는 일에 그들의 구원의 창시자를 고난을 통하여
온전하게 하심이 합당하도다 11거룩하게 하시는 이와 거룩하게 함을 입은 자
들이 다 한 근원에서 난지라 그러므로 형제라 부르시기를 부끄러워하지 아
니하시고 12이르시되 내가 주의 이름을 내 형제들에게 선포하고 내가 주를
교회 중에서 찬송하리라 하셨으며 13또다시 내가 그를 의지하리라 하시고 또
다시 볼지어다 나와 및 하나님께서 내게 주신 자녀라 하셨으니 14자녀들은
혈과 육에 속하였으매 그도 또한 같은 모양으로 혈과 육을 함께 지니심은 죽
음을 통하여 죽음의 세력을 잡은 자 곧 마귀를 멸하시며 15또 죽기를 무서워
하므로 한평생 매여 종 노릇 하는 모든 자들을 놓아 주려 하심이니 16이는 확
실히 천사들을 붙들어 주려 하심이 아니요 오직 아브라함의 자손을 붙들어
주려 하심이라 17그러므로 그가 범사에 형제들과 같이 되심이 마땅하도다 이
는 하나님의 일에 자비하고 신실한 대제사장이 되어 백성의 죄를 속량하려
하심이라 18그가 시험을 받아 고난을 당하셨은즉 시험 받는 자들을 능히 도
우실 수 있느니라

여기에서 히브리서 저자는 예수에 대하여 실로 고귀한 칭호를 사용하고 있다. 그는 예수를 **구원의 창시자**(알케고스, archegos)라고 부르고 있다. **알케고스**라는 어휘가 예수에 대해 사용한 곳은 사도행전 3장 15절, 5장 31절과 히브리서 12장 2절이다.

이 어휘가 갖는 가장 단순한 의미는 우두머리 또는 장(長)이다. 제우스(Zeus) 신은 여러 신의 **우두머리**이고 장군은 군대의 **장**이다. 그 외에 마을이나, 가족 또는 철학 학파의 창시자에 대해 사용한다. 또 근원이나 기원이라는 의미도 된다. 그래서 훌륭한 정부 의장관은 평화의 **알케고스**라 하고, 나쁜 장관은 혼란의 **알**

케고스라고 한다. 이러한 여러 가지 의미에는 한 가지 공통되는 요소가 있다. 즉, **알케고스**는 남들이 들어갈 수 있도록 처음으로 길을 열어 주는 사람이란 뜻으로, 이를테면 가족은 후일 자손이 그 가족으로 태어날 수 있도록, 또 철학 학파는 후배들이 그가 발견한 진리와 평화의 길로 추종할 수 있도록 처음으로 앞서가는 사람을 뜻한다. **알케고스**는 축복 또는 형벌의 창시자로서 남들에게 영향을 주는 사람, 또는 뒤따르는 자들을 위해 선도의 불을 치켜드는 사람을 말한다.

배 한 척이 좌초했다고 가정해 보자. 이때 선객들을 구할 유일한 방법은 누군가가 밧줄을 가지고 해변가까지 헤엄쳐 가서 선객들이 해안으로 건너갈 수 있도록 밧줄을 붙잡고 있는 것이다. 이때 맨 처음 헤엄쳐서 해안으로 건너간 자가 안전의 **알케고스**다. 그것이 바로 히브리서 저자가 의미하고 있는 것인데, 예수가 구원의 **알케고스**라고 한 것도 바로 이러한 뜻으로 예수께서 우리가 뒤따를 수 있도록 하나님께로 가는 길을 비추신다는 것이다.

그러면 예수께서는 어떻게 그와 같은 일을 하실 수가 있었던 것일까? KJV는 하나님께서 예수를 고난을 통해 **완전하게** 하셨다고 기록하였다. **완전하게 하신다**라고 번역한 동사는 **텔레이우운**(teleioun)이다. 이 **텔레이우운**이라는 동사는 흔히 **완전한**이라고 번역하는 **텔레이오스**(teleois)라고 하는 형용사에서 유래하는데 신약성경에서 **텔레이오스**라는 어휘를 사용하는 경우에는 특별한 의미를 갖고 있다. 추상적이거나 형이상학적이거나 철학적인 완전을 의미하는 것이 아니다. 그 용법을 실례로 든다면 흠이 없고 희생의 제물로 바치기에 적합한 동물, 학문의 초보 단계를 지나 성숙한 학자, 완전히 성장한 인간이나 동물, 교회의 외각지대만을 맴도는 것이 아니라 교회 안에 들어와서 세례를 받은 기독교인 등이 **텔레이오스**라고 할 수 있다. 신약성경에서 사용한 **텔레이오스**의 기본적인 의미는 **의도된 계획이나 목적을 완전하게 이루는 것 또는 사람**을 말한다. 신약성경적인 의미로 **텔레이오스**한 사람이란 하나님께서 지으시고 이 세상에 보낸 목적을 충분히 이행하는 사람을 말한다. 그래서 **텔레이우운**이란 동사는 **완전하게 하신다**라는 의미보다는 오히려 **계획된 일을 충분히 해낼 수 있는 사람** 또는 **그것에 적합한 사람**이란 뜻이 되겠다. 그래서 저자가 말하고 있는 것은, 예수께서 구원의 개척자로서 역할을 충분히 이룰 수 있었다는 것은 그가 고난을 받으셨기 때문이다. 그러면 예수께서는 왜 고난의 길을 걸어야만 했을까?

I. 예수와 인간이 참다운 일체가 된 것은 고난을 통해서였다. 여기에서 히브리서 저자는 인간과의 일체화를 예고한 두 가지 구약성경 구절을 인용하고 있는데, 시편 22편 22절과 이사야 8장 17절이다. 예수께서 고난을 받으시지 않는다는 형태로 이 세상에 오셨다면 인간과는 완연히 다른 존재가 되었을 것이며 아마도 우리에게 구세주가 되지는 못했을 것이다. 제레미 테일러(Jeremy Taylor)는 "하나님은 인간을 구원하시려고 인간의 방법을 택하셨다"라고 했는데, 바로 이 인간과의 일체화가 기독교에서 하나님의 본질을 잘 나타낸 것이다. 그리스인의 신들에 대한 관념은 테니슨(Tennyson)의 〈**연꽃을 먹는 사람들**〉이라는 시에 잘 나타나 있다.

신들은 신선주에 취해 잠들고
집집의 빗장은 굳게 닫혀 있다.
눈 아래 저 멀리에는 계곡이 있어
뭉개구름이 가벼이 떠가고 있다.
신들의 황금 집 주위에는
눈부시게 빛나고 있는 세계가 있도다.
신들은 남몰래 미소지으며
황폐해 버린 하계를 내려다본다네.
해충, 기근, 질병, 지진, 울부짖는 바다와
불타오를 듯한 모래땅, 싸우는 시끄러운 소리,
불타는 마을, 가라앉고 있는 배,
기도드리고 있는 사람들.

그리스의 신에 대한 기본적인 개념은 **분리**며 기독교의 신에 대한 특질은 **일체화**다. 예수 그리스도께서는 그 고난을 통해 인간과 일체가 되셨다.

II. 인간과 인체를 통해 예수 그리스도께서는 인간의 생각을 살피셔서 "동정을 표시"했다. 스스로 슬픔이나 괴로움을 경험한 사람이 아니고서는 남의 슬픔이나 외로움 따위를 이해할 수가 없다. 신경이 무딘 자는 신경 쇠약의 고통을 알 수가 없으며, 늘 몸이 건강한 사람은 금방 치료해 버리기 쉬운 사람이나 늘 병에 시달리는 사람의 고통을 이해하지 못하는 법이다. 또한 머리가 영리해서 무엇이든지 쉽게 배우는 사람은 이해력이 둔한 사람을 이해하지 못한다는 것도 사실이다. 슬픔을 맛보지 못한 사람은 비탄에 빠진 사람을 마음으로 이해하지도 못한다. 사랑을 맛보지 못한 사람은 생각지 않았던 갑작스런 사랑의 기쁨이라든가 마음속에서 아프게 느껴지는 고독이란 것을 알 도리가 없다. 진정한 의미에서 동정할 수 있는 사람은 상대방의 입장에서 본 경험이 있는 사람이며, 그것이 바로 예수께서 행하신 특질이다.

III. 예수의 동정심만이 진정으로 우리를 도우신다. 예수께서는 우리가 필요한 것이 무엇이며, 무엇을 슬퍼하고 있는지, 어떠한 유혹에 빠져 있는지를 알고 계시기에 우리를 도우실 수가 있다. 예수께서 스스로 고통을 받으셨으므로 괴로움을 받고 있는 인간을 도우실 수 있는데, 이것이 바로 예수의 진리다.

The Letters to the Hebrews 03

모세보다 뛰어나심

히브리서 3:1-6

[1]그러므로 함께 하늘의 부르심을 받은 거룩한 형제들아 우리가 믿는 도리의
사도이시며 대제사장이신 예수를 깊이 생각하라 [2]그는 자기를 세우신 이에
게 신실하시기를 모세가 하나님의 온 집에서 한 것과 같이 하셨으니 [3]그는
모세보다 더욱 영광을 받을 만한 것이 마치 집 지은 자가 그 집보다 더욱 존
귀함 같으니라 [4]집마다 지은 이가 있으니 만물을 지으신 이는 하나님이시라
[5]또한 모세는 장래에 말할 것을 증언하기 위하여 하나님의 온 집에서 종으
로서 신실하였고 [6]그리스도는 하나님의 집을 맡은 아들로서 그와 같이 하셨
으니 우리가 소망의 확신과 자랑을 끝까지 굳게 잡고 있으면 우리는 그의
집이라

여기에서 다시금 저자의 확신을 상기해 보자. 그의 모든 중심 사상을 아우르는 것은 하나님의 완전하시고도 최고의 계시는 예수 그리스도를 통해 왔다는 것, 또한 인간은 예수 그리스도를 통해서만 오직 하나님께로 가까이 갈 수 있다는 점이다. 그래서 저자는 첫째로 선지자들에 대한 예수의 우월성, 둘째로는 천

사에 대한 우월성을 논증하고 있으며, 이제는 예수께서는 모세보다도 뛰어나시다는 것을 증명하고 있다. 이것을 논증하는 데 있어서 후퇴하는 것처럼 보이지만 유대인에게는 그렇지도 않았을 것이다. 유대인에게 모세는 다른 사람들과는 완연히 다른 특별한 사람이기 때문이다. 모세만이 하나님과 대면해서 친구처럼 말을 주고받았으며 율법의 진수인 십계명을 하나님에게서 직접 받았다. 유대인은 율법을 세계 최고의 것이라고 알고 있었는데, 율법과 모세는 불가분의 관계에 있었다. 2세기에 요세벤 칼라프타(Joseben Chalafta)라는 유대교의 한 교사는 모세가 하나님의 온 집에 대해 충성했었다(3:2)는 구절을 해석해서 "하나님께서는 모세를 하나님의 집에 대해 충성한 사람이라고 부름으로써 보좌 앞에서 시종하는 천사들보다도 높은 지위로 끌어올리셨다"고 말했다. 따라서 저자가 논증하는 방법은 유대인에게는 매우 논리적이며 필연성을 갖고 있다. 이미 예수께서 천사들보다도 뛰어나시다는 것을 증명한 저자는 이제는 천사들보다도 뛰어난, 그 모세보다도 훨씬 뛰어나신 분이라는 것을 나타내고자 한다. 여기에 인용된 구약성경은 모세의 위대함을 표시하는 것으로 모세에 대한 유대인의 특별한 존경을 표현하고 있다. "하나님의 온 집에 충성했다"는 말씀은 민수기 12장 6–7절을 인용한 것이다. 민수기에는 하나님이 다른 선지자들과는 환상 중에 나타나셨지만 모세에게는 "입과 입으로" 말씀하신다고 하였다. 그렇다면 모세처럼 하나님 앞에 가까이 갈 수 있던 사람은 아무도 없다는 것이 되겠는데, 이 점이 바로 저자가 논증하려는 중심적인 사상이다.

저자는 예수를 **깊이 생각**해 보라고 했는데 그가 쓰는 어휘는 매우 흥미롭고 암시적이기도 하다. 깊이 생각한다는 원어는 **카타노에인**(katanoein)으로 그 의미는 단순히 어떠한 사물을 본다든가 눈치채는 것이 아니다. 단순히 보는 것이라면 보고자 하는 의식 없이도 보인다. 그러나 이 어휘는 어떤 것을 깊이 생각하는 것, 그래서 내면적인 의미라든가 가르치는 바를 알고자 하는 의도로 보는 것을 말한다. 누가복음 12장 24절에 예수께서 "까마귀를 **생각하라**"는 말씀은 생각하라는 어휘로 단순히 "까마귀를 **보라**"는 것을 의미하는 게 아니라 "까마귀를 보고 하나님께서 까마귀를 통해 가르치고자 하는 바를 **깨닫고 배우라**"는 의미다. 그리스도의 진리를 배우고자 하는 자는 단순히 막연하고 산만하게 사물을 볼 것이 아니라 주의를 집중하고 온 정력을 기울여서 그 의미를 알고자 노력하는 자라야 한다.

왜 예수를 주목해야 하는가 하는 이유는 저자가 그의 친구들을 **하늘의 소명에 참여한 자**라고 한 언사를 보아 암시적으로 알 수 있다. 기독교인을 향한 이 소명 또는 초청은 두 가지 방향을 시사하고 있다. 하나는 하나님**께서** 부르심이요, 다른 하나는 하나님**께로** 부르심이다. 이 부르심이 어디에서 와서 어디로 인도하는 것인지, 다시 말해 부르심의 근원과 목적을 알려주기 때문이다. 하나님**께로** 소명, 하나님**께서** 부르심에 대해 우리는 무관심한 눈길을 돌릴 수는 없다.

그렇다면 예수를 깊이 생각해서 무엇을 알 것인가? 두 가지를 알 수 있다.

I. 예수께서는 위대한 "사도"이시다. 신약성경에서 예수를 **사도**라고 부른 이는 히브리서 저자 이외에는 아무도 없는데, 그는 의식적으로 사도라는 어휘를 예수에게만 쓰고 있다. 저자가 예수 이외에는 교회에 어떠한 직위나 지위를 표시하는 데는 쓰지 않고 있다. 그러면 저자는 어떠한 의미에서 이 사도라는 어휘를 사용했을까? 사도라고 번역한 원어는 **아포스톨로스**(Apostolos)로서 문자 그대로 파송된 사람을 의미한다. 유대적인 용어로는 유대 최고재판소인 산헤드린의 사자를 나타낸다. 산헤드린의 사자인 **아포스톨로이**(Apostoloi)는 산헤드린의 권위 밑에서 그 명령을 전달했다. 이러한 사람들은 그리스 세계에서는 대사에 상응하는 경우가 많았다. 그렇다면 예수는 하나님이 파견하신 최고의 대사라고 할 수 있다. 대사의 직능은 무엇일까? 이 부분의 내용과 깊은 관계를 갖는 두 가지 특질이 있다.

첫째, 대사는 그를 파견한 국가 또는 국왕의 권력과 권위를 대표한다. 언젠가 시리아 왕인 안티오코스 에피파네스(Antiochus Epiphanes)가 애굽을 침략하자 로마는 중지시키려고 포필리우스(Popillius)라는 사자를 안티오코스에게 보냈다. 포필리우스는 애굽 국경에서 안티오코스와 만났다. 이 두 사람은 로마에서 서로 잘 아는 처지여서 이것저것 이야기했다. 포필리우스는 군대를 거느리지 않았을 뿐 아니라 호위도 없었으며 완전히 무력한 상태였다. 잠시 후 안티오코스는 포필리우스에게 왜 나를 만나려고 왔는지를 물었다. 포필리우스는 안티오코스가 애굽 침략을 중지하고 조용히 본국으로 돌아갈 것을 로마가 희망한다는 취지를 알렸다. 안티오코스가 "생각해 보겠다"고 대답하자 포필리우스는 의미심장하게 미소 지으며 가지고 있던 단장으로 안티오코스가 서 있는 땅 주위에 둥근 원을 그리고는 "생각해 보세요. 그리고 이 원 밖으로 나오기 전에 결단을 내리시오"라고 말했다. 잠시 생각하던 안티오코스는 "잘 알았소, 그럼 본국으로 돌아가겠소"라고 말했다. 이러한 경우 포필리우스는 전혀 무력한 상태였지만 그의 배후에는 전 로마의 힘이 있었다. 대사는 그를 파견한 로마 제국의 권위를 대표하였던 것이다.

이와 같이 예수께서는 하나님에게서 파송되어 하나님의 모든 권세를 힘입고 계신다. 하나님의 은혜가 그리스도 안에 있었던 것이다.

둘째, 대사의 소리는 그를 파견한 국왕 또는 국가의 소리다. 영국의 대사는 외국에서 양국을 대변하고 있기 때문에 그의 소리는 곧 영국의 소리다. 예수께서는 하나님의 소리로 오셨다. 하나님께서는 예수를 통하여 말씀하고 계시며 우리가 예수에게 귀를 기울이면 하나님의 소리를 듣게 된다.

II. 예수께서는 훌륭한 "대제사장"이시다. 히브리서 저자가 거듭해서 말하는 이 어휘의 뜻을 알아 두어야 할 필요가 있는데, 여기에는 그 기본적인 의미만을 기술하기로 한다. 라틴어로 제사장을 **폰티펙스**(pontifex)라고 하는데, 그 뜻은 **교량을 세우는 자**라는 뜻이다. 제사장이란 인간과 하나님 사이에 교량을 세우는 자이며 그러려면 두 가지를 알아야 한다. 사람과 하나님, 즉 이 두 가지를 알아야 한다. 제사장은 인간을 위해 하나님에게 말씀을 드리고 하나님을 위해 인간에게 말을 할 수 있는 자라야 한다. 예수께서는 완전히 인간이신 동시에 완전히 하나님이시라는 의미에서 완전한 대제사장이시다. 예수께서는 하나님에 대해서는 인간을 대표하며 인간에 대해서는 하나님을 대신하시므로 하나님과 사람은 예수를 통해 서로 가까워질 수 있다. 인간이 하나님께 가까워지고 하나님께서 인간에게 가까워지도록 중개할 수 있는 이는 오직 예수 그리스도 한 분이시다.

히브리서 저자는 여기에 예수가 모세보다도 뛰어나시다는 것을 나타내고 있다. 그는 이 세상을 하나님의 집 또는 하나님의 가족이라고 생각하고 있다. 이 집이란 것에는 건물과 가족을 이르는 사람들이라는 두 가지 의미가 있다. 보통 집을 의미할 때 건축가가 지은 건물을 말하거나 하노버(Hanover)라고 하듯이 가족을 가리키는 경우가 있다. 그리스에서도 이렇게 이중적인 의미로 **오이코스**(oikos)라는 어휘를 쓰고 있으며 이 세계는 하나님의 집인 동시에 하나님의 가족이다. 저자는 이미 예수를 하나님 세계의 창조주라고 한 바 있다. 그러나 모세는 하나님 집의 일부분에 지나지 않는다. 모세는 하나님에게서 지으심을 받은 인간으로서 그처럼 지음을 받은 바 있는 세계에서 일하는 것, 즉 그 집을 형성하는 한 부분에 지나지 않는다. 그러나 예수께서는 그 집의 창조주이시며 스스로 그 집에 대해 책임을 지고 계신다. 율법은 모세가 만든 것이 아니라 하나의 중개자로서 하나님께 받은 것이다. 집은 모세가 지은 것이 아니며 모세는 단지 그 집에서 봉사하는 자에 불과하다. 모세는 자기 자신에 대해 이야기한 것이 아니라 미구의 예수 그리스도께서 말씀하실 것, 보다 위대한 일들을 암시한 것에 불과하다. 간단히 말해 모세는 **종**에 지나지 않았지만, 예수께서는 하나님의 **아들**이시다. 모세는 하나님에 대해 조금밖에 알지 못했으나, 예수께서는 하나님 그 **자체이시다**. 여기에 예수의 위대하심과 타에 비할 바 없는 우월성이 있다.

여기에서 히브리서 저자는 또 다른 하나의 진리를 나타내고 있다. 그것은 전 세계가 사실 하나님의 집이라 하지만 교회는 특별한 의미로서 하나님의 집이라는 것이다. 하나님께서는 교회를 당신에게서 특별한 것으로 여기시고 지으시고 세우셔서 이 세상에 보내셨다. 바로 이것이 신약성경에서 즐겨 쓰는 표현이다(벧전 4:17; 딤전 3:15 특히 벧전 2:5 참조). 이러한 교회가 넘어지지 않고 확고하게 서려면 구성하고 있는 하나하나의 돌이 공고해야 한다. 다시 말해 교회를 구성하는 교인 하나하나가 예수 그리스도에 대해 확고하면서도 흔들리지 않는 희망을 갖고 나가야 한다. 우리 한 사람 한 사람은 교회를 형성하는 돌이다. 그 중 하나가 약해지면 건물 전체가 흔들린다. 교회를 구성하는 살아 있는 돌 하나하나가 예수 그리스도에 대한 깊은 신앙을 갖고, 그 신앙 속에 확고하게 뿌리박고 있어야만 한다.

오늘이라 일컫는 동안에

히브리서 3:7-19

7그러므로 성령이 이르신 바와 같이 오늘 너희가 그의 음성을 듣거든 8광야
에서 시험하던 날에 거역하던 것같이 너희 마음을 완고하게 하지 말라 9거기
서 너희 열조가 나를 시험하여 증험하고 사십 년 동안 나의 행사를 보았느니
라 10그러므로 내가 이 세대에게 노하여 이르기를 그들이 항상 마음이 미혹
되어 내 길을 알지 못하는도다 하였고 11내가 노하여 맹세한 바와 같이 그들
은 내 안식에 들어오지 못하리라 하였다 하였느니라 12형제들아 너희는 삼가
혹 너희 중에 누가 믿지 아니하는 악한 마음을 품고 살아 계신 하나님에게서
떨어질까 조심할 것이요 13오직 오늘이라 일컫는 동안에 매일 피차 권면하여
너희 중에 누구든지 죄의 유혹으로 완고하게 되지 않도록 하라 14우리가 시
작할 때에 확신한 것을 끝까지 견고히 잡고 있으면 그리스도와 함께 참여한
자가 되리라 15성경에 일렀으되 오늘 너희가 그의 음성을 듣거든 격노하시게
하던 것같이 너희 마음을 완고하게 하지 말라 하였으니 16듣고 격노하시게
하던 자가 누구냐 모세를 따라 애굽에서 나온 모든 사람이 아니냐 17또 하나
님이 사십 년 동안 누구에게 노하셨느냐 그들의 시체가 광야에 엎드러진 범
죄한 자에게가 아니냐 18또 하나님이 누구에게 맹세하사 그의 안식에 들어오
지 못하리라 하셨느냐 곧 순종하지 아니하던 자들에게가 아니냐 19이로 보건
대 그들이 믿지 아니하므로 능히 들어가지 못한 것이라

히브리서 저자는 지금까지 예수의 유일무이한 우월성을 증명하려고 시도했었는데 지금부터는 이론이 아니라 권고로 말머리를 돌리고 있다. 예수의 최고 권위를 인정한다는 것은 무엇을 의미하는가? 예수가 그렇게 고귀하시고 타의 추종을 불허한다면 이 예수에게 전면적인 신뢰와 순종을 나타내야 한다. 마음을 완고하게 만들어 예수의 말씀을 듣는 것을 거역하고 예수에 대한 순종을 거역한다면 가공할 결과를 초래하게 된다고 저자는 말하고 있다.

이러한 이론을 강화하고자 저자가 채택한 방법은 두 가지 불명료한 점을 내포하고 있어서 우리로서는 매우 이해하기 어렵다. 우선 그는 시편 95편 7-11절을 인용하고 있다. 이 시편은 하나님의 소리를 듣고 순종하도록, 또한 "노하심을 격동하여 광야에서 시험하던 때와 같이 이스라엘 자손들의 죄를 되풀이하지 않기 위하여" 권고의 말을 하고 있다. 지금 "노하심을 격동한다"는 구절과 "시험하던 때"라고 번역한 두 구절은 히브리어로 두 개 **지명**, 즉 맛사와 므리바를 뜻한다. 그래서 이 구절은 출애굽기 17장 1-7절과 민수기 20장 1-13절에 있는 기사를 상기시키는데, 이 두 기사는 이스라엘 자손들이 광야에서 헤매이던 때 하나님을 거역한 사건에 대해 이야기한다. 이스라엘 백성이 사막에서 물이 없어 갈증에 고통을 겪고 있을 때 모세를 꾸짖고 애굽을 떠난 것을 후회하면서 하나님에 대한 신뢰를 완전히 잃어버리고 말았다. 민수기의 기록에 의하면 하나님께서는 모세에게 석회암의 반석을 치게 하셨다. 그 결과 물은 솟아 나왔으나 하나님께서는 모세의 그와 같은 불신과 불순종에 대한 벌로 이스라엘 백성을 이끌고 약속하신 땅으로 들어갈 수 없다고 언명하셨다. "진실로 너희는 나의 안식에 들어갈 수 없다"라고 하신 말씀은 "진실로 너희는 약속의 땅으로 들어갈 수 없다"라는 의미로 불순종을 한 죄의 결과였다. 유목민이나 사막을 방황하는 사람들에게 약속의 땅이란 안식의 땅이며 이 땅을 단순히 안식이라고도 불렀다(신 12:9 참조). 그래서 여기에서 말하는 핵심은, 이스라엘 백성이 그들의 불순종과 불신으로 약속하신 하나님의 축복을 받을 특권을 영구히 빼앗기고 말았다는 점이다.

그래서 히브리서 저자는 그의 백성에게 "너희는 너희 열조처럼 하나님에게 불순종해서 그 결과 그들처럼 약속된 하나님의 축복을 놓치지 않도록 조심하라"고 말하고 있다. 저자는 "오늘"이라고 일컫는 동안에 하나님께 신뢰와 순종을 바치라고 말한다. 물론 각 사람에게 "오늘"이란 어휘는 "생명이 있는 동안에"라는 의미다. "아직 기회가 있는 동안에, 아직 생명이 있는 동안에 하나님을 믿고 하나님께 순종하지 않으면 급기야는 생명이라 하고, '오늘'이라고 일컫는 날은 영원히 지나가 버리고 만다"고 하는 저자의 말에는 얼마간의 엄숙한 경고마저 내포되어 있다.

I. 하나님께서 약속된 땅의 축복을 이스라엘에게 주신 것과 같이 하나님께서 인간에게 주시려는 축복은 하나님 없이 살아가는 인간이 상상할 수 없으리만큼 풍부하다.

II. 하나님의 축복을 받으려면 두 가지 조건이 필요하다.

첫째는 **신뢰**다. 하나님께서 하신 말씀이나 제의가 진실이라는 것을 믿어야 한다. 하나님의 약속이 확실하다는 사실에 우리의 생명을 걸고 살아가야 한다.

둘째는 **순종**이 필요하다. 의사가 "나의 지시를 마음에서 믿고 순종하면 병을 고칠 수 있다"고 말하는 것과 같으며, 교사가 "내가 보여 주는 학습 과정을 충실하게 따르면 학자로 만들겠다"고 말하는 것과 같다. 또 코치가 운동선수에게 "내가 정한 규율에 따르면 우승자로 만들어 주겠다"고 말하는 것과 같으며, 이러한 복종이 하나님께 대해서도 요구된다. 인생의 어느 분야에서 성공하려면 전문가의 의견에 따를 필요가 있다. 이를테면 하나님께서는 우리 인생에 대한 전문가이시므로 참다운 인생의 행복을 얻으려면 하나님에게 순종해야 한다.

III. 하나님의 제의에는 한도가 있다. 그 한도는 인생의 종말이다. 그런데 우리는 그 종말이 언제 올 것인지 아무도 알지 못한다. 우리는 흔히 쉽사리 내일에 대해 말하고는 있지만 우리에게 내일이 꼭 온다고 할 수 없다. 우리에게 지금 있는 것은 오늘, 바로 이 순간뿐이다. 어느 누군가는 "하루를 마치 일생이라는 생각으로 살아가야 한다"고 했는데 하나님의 제의는 바로 오늘 받아들여야 하는 것이며 하나님에 대한 신뢰와 순종은 오늘 표시하여야 한다. 내일이 꼭 온다고 어느 누구도 단언할 수가 없기 때문이다.

이와 같이 하나님께서는 우리에게 최고의 것을 주시고자 하는데, 이것을 받아들이려면 절대적인 신뢰와 순종이 필요하다. 또한 지금이라고 하는 이 시점에서 이 제의를 받아들여야만 한다. 그래야만 이것을 자신의 것으로 만들 수 있게 된다.

The Letters to the Hebrews 04

놓쳐서는 안 될 하나님의 안식

히브리서 4:1-10

1그러므로 우리는 두려워할지니 그의 안식에 들어갈 약속이 남아 있을지라
도 너희 중에는 혹 이르지 못할 자가 있을까 함이라 2그들과 같이 우리도 복
음 전함을 받은 자이나 그러나 들은바 그 말씀이 그들에게 유익하지 못한 것
은 듣는 자가 믿음과 결부시키지 아니함이라 3이미 믿는 우리들은 저 안식에
들어가는도다 그가 말씀하신 바와 같으니 내가 노하여 맹세한 바와 같이 그
들이 내 안식에 들어오지 못하리라 하셨다 하였으나 세상을 창조할 때부터
그 일이 이루어졌느니라 4제칠일에 관하여는 어딘가에 이렇게 일렀으되 하
나님은 제칠일에 그의 모든 일을 쉬셨다 하였으며 5또다시 거기에 그들이 내
안식에 들어오지 못하리라 하였으니 6그러면 거기에 들어갈 자들이 남아 있
거니와 복음 전함을 먼저 받은 자들은 순종하지 아니함으로 말미암아 들어
가지 못하였으므로 7오랜 후에 다윗의 글에 다시 어느 날을 정하여 오늘이라
고 미리 이같이 일렀으되 오늘 너희가 그의 음성을 듣거든 너희 마음을 완고
하게 하지 말라 하였나니 8만일 여호수아가 그들에게 안식을 주었더라면 그
후에 다른 날을 말씀하지 아니하셨으리라 9그런즉 안식할 때가 하나님의 백

성에게 남아 있도다 [10]이미 그의 안식에 들어간 자는 하나님이 자기의 일을 쉬심과 같이 자기의 일을 쉬느니라

이 부분처럼 복잡한 의미를 내포하고 있는 구절은 부분적으로 상세하게 설명하기 전에 전체 사상과 취지를 알아두어야 할 필요가 있을 것 같다. 여기에서 히브리서 저자는 안식, 즉 **카타파우시스**(katapausis)라는 어휘를 세 가지의 각각 다른 의미로 사용하고 있다.

I. "하나님의 평안"이라는 의미로 사용하고 있다. 하나님의 평안으로 들어간다는 것은 우리에게서 가장 귀하고 바람직한 것이다.

II. 우리가 이미 3장 12절에서 배운 바와 같이 "약속의 땅"이라는 의미로 사용하고 있다. 사막 가운데서 오랫동안 유리방황하던 이스라엘 자손들에게서 이 약속의 땅에 다다른다는 것은 하나님의 안식에 들어가는 것이었다.

III. 하나님의 "안식"이라는 의미로 사용하고 있는데 하나님께서는 엿새 동안 천지 창조의 대역사를 이루시고는 안식을 취하셨다. 이와 같이 한 가지 어휘가 갖고 있는 뜻을 여러 각도로 표현한다는 것은 당시 문화였으며, 학자들이 즐겨 사용한 방법으로서 저자도 이러한 예에 익숙했다.

다음에는 논리의 발전 단계를 하나하나 살펴보기로 하자. 이해하기 쉽도록 번호를 붙여서 열거하기로 한다.

I. 하나님께서 그 백성에게 하나님의 안식, 즉 하나님의 평안을 주신다는 약속은 오늘날까지도 그대로 살아 있다. 약속 그 자체는 아무런 변화가 없다. 그러나 그 약속을 놓쳐 버릴 위험성 또는 약속을 실현시킬 수 없는 가능성이 항상 우리 주위에 있다.

II. 오랜 옛날 이스라엘 백성은 하나님의 안식에 들어갈 수가 없었다. 이런

경우의 **안식**이란 오랫동안 광야 생활을 거치고 나서 오는 안식과 평안과 정착을 의미한다. 여기에서 참고되는 성경 구절은 민수기 13장 17-33절이다. 이스라엘 백성은 약속의 땅 인접 지방까지 도달해서 12명의 척후를 내보냈으며, 그 중 10명은 매우 좋은 땅이기는 하지만 그곳에 들어간다는 것은 불가능한 일이라고 보고했다. 그러나 갈렙과 여호수아 오직 이 둘만은 주의 힘을 의지하여 앞으로 나아가야 한다고 주장했다. 그러나 사람들은 겁쟁이 척후들의 말만 믿고 동요해 버렸으며 그로써 하나님을 믿지 않았다. 당시 사람들은 영구히 광야를 유리방황만 하게 되어 약속한 땅의 안식과 평안을 얻을 수가 없었다는 것이 앞에 기록한 민수기 내용이다. 이 사람들은 하나님께서는 반드시 앞에 놓인 곤란을 극복할 수 있게 하신다는 믿음이 없었으므로 들어갈 수 있었던 약속의 땅으로 들어갈 수가 없었던 것이다. 그들은 하나님에 대한 확신과 신앙과 신뢰가 없었으므로 마땅히 받을 수 있었던 안식을 얻을 수가 없었다.

III. 여기에서 저자는 "안식"이라는 어휘의 또 다른 의미를 생각하고 있다. 옛날 이스라엘 백성은 얻을 수 있었던 안식을 놓치고 말았지만 **그 안식에는 지금도 들어갈 수 있다**는 것이다. 이러한 이론의 전개에는 당시 랍비가 즐겨 쓰던 사고방식을 엿볼 수가 있다. 천지 창조의 대역사를 이루고는 제7일째 하나님께서 휴식을 취하셨다. 이것은 창세기 1장과 2장에 기록되어 있는데 여기에는 하나 이상한 것을 엿볼 수가 있다. 최초 엿새 동안에는 아침이 오고 밤이 왔는데 제7일째 하나님께서 안식하던 날에는 **저녁에 대한 말은 전혀 기록되어 있지 않다**. 그래서 랍비들은 최초 엿새에는 종말이 있었지만 하나님의 안식에는 종말이 없으며 영원히 계속된다고 말했다. 하나님의 안식에는 저녁이 없으며 종말도 없으며 영원하다. 그러므로 옛날 이스라엘 백성은 이 안식에 들어갈 수가 없었지만 그 안식은 지금까지도 영원한 안식으로 변함없이 남아 있다고 할 수 있다.

IV. 여기에서도 재차 안식을 약속의 땅이라는 의미로 나타내고 있다. 40년 동안 광야에서 유랑 생활을 끝냈을 때 이스라엘 백성은 여호수아의 지도 아래 약속의 땅으로 들어갈 수가 있었다. 이 약속의 땅은 **안식**이며 하나님의 약속은 이루어져서 사람들이 여호수아의 지도로 안식에 들어갈 수가 있었다. 그렇다면 하나님의 약속은 이루어진 것일까?

V. 아니, 약속은 이루어진 것이 아니다. 그 증거로 시편 95편 7-8절을 들 수 있다. 사람이 마음을 완악하게 하지 말아야 하나님의 **안식**으로 들어갈 수 있다는 하나님의 음성을 다윗이 들었다. 여호수아가 그 백성을 약속의 땅인 안식으로 이끌고 들어간 수백 년이 **지난** 지금, 현재 하나님께서는 **아직까지도** 하나님의 **안식**으로 들어갈 것을 권하고 계신다. 그러므로 이 안식이라는 어휘에는 단순히 약속의 땅으로 들어간다는 말 그 이상의 뜻을 지니고 있다.

VI. 그래서 마지막 호소로 하나님께서는 사람들에게 마음을 완악하게 하지 말고 하나님의 평안과 안식으로 들어오라고 권하신다. 하나님의 "오늘"은 아직도 현존하고 있으며 약속도 지금껏 그 실현 가능성을 남기고 있다. 그러나 그 "오늘"이란 것이 언제까지라도 계속되는 것이 아니라, 인생은 종말이 오게 마련이다. 그래서 이 약속을 놓치지 않도록 히브리서 저자는 "지금 여기서 믿음으로써 하나님의 평안을 받고 하나님께서 경험하신 그 안식을 자신의 것으로 만들어야 한다"고 말하고 있다.

4장 1절은 하나의 흥미 있는 문제를 제시하고 있다. 이제 1절은 "하나님의 안식에 미치지 못한다고 **판결받지 않도록** 조심하자"라고 번역할 수가 있겠는데, 그 뜻은 "너희의 불순종, 불신, 무관심 때문에 하나님께서 주시고자 하시는 안식과 평안에서 너희 스스로 마음 문을 닫지 않도록 조심하자. 불순종과 불신 때문에 하나님의 안식과 평안을 받을 자격을 상실하지 않도록 하자"는 말이 되겠다. 이것은 매우 타당한 해석이며 매우 정확한 해석일는지 모르지만 또 다른 하나의 흥미 깊은 가능성으로서 다르게 해석될 수도 있겠다. "하나님의 안식으로 들어갈 시기를 놓치고 말았다. 자신이 살고 있는 역사의 시점에서는 하나님의 평화와 안식을 향유할 시기가 이미 지나가 버리고 말았다고 생각하는 일이 없도록 조심하자"는 말로도 해석되겠다. 이 두 번째 번역에는 하나의 경고가 내포되어 있다. 우리는 흔히 종교가 융성했던 시절과 교회가 활발했던 시대는 이미 지나가 버린 것이라고 생각하기 쉽다. 그것이 마치 어린애가 구약성경에 있는 유명한 이야기를 듣고 "당시 하나님이란 퍽이나 사람의 마음을 설레이게 했군요"라고 말하는 것과 같다. 교회는 자칫하면 과거만을 회고하고 하나님의 눈부신 표현은 이미 과거의 것이라고 생각하기 쉽다. 좀더 솔직하게 말하면 하나님의 손은 옛날보다도 짧아지고 하나님의 힘은 그 전에 비하여 약화되어 버렸다. "옛날에는 정말 굉장했었는데"라고 생각하는 것이다. 이에 대해 히브리서 저자는 매우 밝은 희망을 불러일으키고 있는데 "지금 이 시점이 너무 늦은 것이라고 생각하지 마라. 화려한 약속, 위대하심이 이루어진 것을 옛날이라고 생각해서는 안 된다. 지금 이 시점이 하나님께서는 아직도 '오늘' 이라고 부르시며 옛날 성도들이 받은 바와 같은 위대한 축복을 지금도 주시려고 하신다. 옛날 순교자들이 경험한 감격과 모험은 지금도 너희에게 남아 있다. 하나님의 위대하심은 옛날이나 지금이나 변함이 없다"라고 말하고 있다.

이 구절 속에는 위대하고도 영원한 진리 두 개가 내포되어 있다.

I. 말이라고 하는 것은 아무리 위대하고 고상하고 가치가 있어도 그것을 듣는 사람이 믿음으로 받아들이지 않으면 아무 소용도 없다. 이 세상에서는 말을 듣는 방법도 여러 가지가 있다. 무관심으로 듣는 방법, 흥미 없이 듣는 방법, 비판적으로 듣는 방법, 회의적으로 듣는 방법, 경솔하게 듣는 방법 등인데, 중요한 것은 열심을 갖고 듣는 것이며, 듣고 믿고 그러고는 행동하는 것이다. 하나님의 약속은 단순히 아름다운 문학 작품이 아니다. 또한 단순히 귀를 즐겁게 하는 헛된 것이 아니다. 하나님의 약속은 인간이 목숨을 걸고 자신의 온 생활을 지배해야 하는 것이다.

II. 4장 1절에서 저자는 약속된 것을 놓치지 않도록 "조심하라"고 말한다. **조심하라**고 번역한 어휘의 본래 의미는 **두려워한다**(phosbeisthai)이다. 이 기독교인의 두려움이란 해야 할 일을 도피하는 것이 아니며 활동을 정지시키는 마비 상태로 만들어 내는 것도 아니다. 이 두려움이란 기독교인으로서 가지고 있는 온갖 힘을 기울여서 참다운 가치를 지닌 것을 놓치지 않도록 노력을 기울이는 것을 말한다.

놀라운 말씀의 힘

히브리서 4:11-13

11그러므로 우리가 저 안식에 들어가기를 힘쓸지니 이는 누구든지 저 순종하
지 아니하는 본에 빠지지 않게 하려 함이라 12하나님의 말씀은 살아 있고 활
력이 있어 좌우에 날선 어떤 검보다도 예리하여 혼과 영과 및 관절과 골수를
찔러 쪼개기까지 하며 또 마음의 생각과 뜻을 판단하나니 13지으신 것이 하
나도 그 앞에 나타나지 않음이 없고 우리의 결산을 받으실 이의 눈앞에 만물
이 벌거벗은 것같이 드러나느니라

이 구절의 요점은 하나님의 말씀이 인간에게 주어진 이때 사람이 그것을 무시할 수는 도저히 없다는 것이다. 유대인은 한번 말을 하고 나면 그 말은 독립해서 존재한다는 별다른 특수한 생각을 갖고 있었다. 다시 말해 말이란 어떠한 의미를 가진 단순한 음성이 아니라 그 자체에 힘, 즉 활력이 있어서 여러 가지 작용을 한다는 것이다. 하나님께서는 이사야에게 하나님의 입을 통해 나온 말씀은 단순히 말씀 그 자체에 그치는 것이 아니라, 하나님께서 계획하신 바에 따라서 작용하는 것이라고 명백하게 말씀하셨다. 유대인은 말을 단순한 소리가 아니라 힘이라고 생각하고 있었다. 이러한 생각을 조금이라도 이해하기 위해 역사에서 말이 얼마나 강한 영향력을 가져왔는지를 생각해 보도록 하자. 한 지도자가 어떠한 말을 만들어 내면 곧 사람들을 전장으로 내보내는 소집이나 진군 나팔소리도 되고 사람들을 범죄로 몰아넣는 도발의 부르짖음도 된다. 국가 지도자가 성명서를 발표하면 국가의 운명을 좌우하는 행동을 일으키기도 한다. 지도자나 사상가들이 한 말이 밖으로 나가서 여러 가지 작용을 했다는 것은 역사가 증명하고 있는 사실이다. 인간의 말이 이와 같이 힘이 있다면 하나님의 말씀은 얼마나

큰 힘을 갖고 있을 것인가?

여기서 저자는 뛰어난 표현 방법을 써서 하나님의 본질을 묘사하고 있다.

I. 하나님의 말씀은 "활기가 넘쳐 흐른다". 세상에는 한때 모든 사람의 관심을 집중시킨 일이라도 이제는 이미 기억에서 사라진 것도 있고, 책이나 발표된 말이라 할지라도 아무 영향력 없이 남아 있는 것도 있다. 또 어떤 말이라도 한정된 범위 내에서 영향력을 가지나 모든 사람에 대해서 힘을 가지는 것은 아니다. 플라톤은 세계 최고의 사상가 중 한 사람이긴 하지만 플라톤을 매일 공부하고 연구하고 있는 사람들이 있다고는 생각하지 않는다. 그러나 하나님의 말씀, 하나님의 요구, 하나님의 제안은 모든 시대의 모든 사람에게 늘 활기 있게 작용하신다는 것은 위대한 사실이다. 다른 일들은 조용히 망각 속으로 지나가기도 하고, 고전이나 고물로서 가치만을 지니고 있을 때 하나님의 말씀은 항상 살아 있어서 모든 사람에게 활기를 불어넣는다. 그 말씀이 요구하는 바는 인간이 회피할 수가 없으며, 그 제안은 받아들이든지 거절하든지 간에 양자택일 해야만 한다.

II. 하나님의 말씀은 "힘이 있다". 하나님의 말씀을 진지하게 받아들일 때 무엇인가 일어났다는 것은 역사가 증명하는 사실이다. 영어 성경이 공개되어 대중의 것이 됐을 때 종교 개혁이 일어났다. 우리가 하나님의 말씀을 받아들일 때, 그 말씀은 단순한 연구 대상이나 독서 대상이 아니라, **실행해야 할 대상**이라는 것을 깨닫게 된다.

III. 하나님의 말씀은 "예리하게 꿰뚫는다". 저자는 여기에 말씀의 예리함을 여러 가지로 표현하고 있다. 우선 **정신과 영혼**을 쪼갠다. **정신**이라는 말은 헬라어로는 **프수케**(psuchē)라고 하며 생명력을 나타내는 말이다. 모든 살아 있는 것에는 동물이든 인간이든 간에 **프수케**를 소유하고 있는데, 신체적인 생명을 말한다. 영혼은 헬라어로는 **프뉴마**(pneuma)라고 하며, 인간 특유의 것이다. 인간만이 영혼, 즉 **프뉴마**를 소유하고 있다. 인간이 사고하고 추리하고 다른 것을 초월해서 하나님을 우러러볼 수 있는 것은 영혼이 있기 때문이다. 그래서 저자는 말하기를 하나님의 말씀은 인간의 육체적인 생명과 정신적인 생명을 시험하신다 했다. 인간의 육체와 정신은 모두 하나님의 말씀으로 예리한 비판을 받는다. 그 비판의 대상이 되는 것은 인간의 **바람**과 **뜻**이다. **바람**(enthumēsis)은 인간의 감정적인 면, 즉 감정 · 본능 · 정열로 지배되는 부분이다. **뜻**(ennoia)은 인간의 지적인 면, 즉 지성과 의지로 지배되는 부분이다. 그래서 여기에서는 "너희 감정과 지성을 하나님의 감시하에 놓아야 한다" 고 권고하는 것과 같은 말이다.

그래서 마지막에 저자는 "모든 것은 하나님 앞에 **벌거벗은 것과 같으며 그의 눈앞에서는 모든 것이 드러나게 된다**" 고 말함으로써 지금까지 기술한 바를 요약했다. 그는 두 가지 흥미 있는 어휘를 쓰고 있다. **벌거벗는다**는 어휘는 **굼노스**(Gumnos)다. 우리는 장신구라든가 의복으로 외부를 위장할 수가 있다. 그러나 하나님 앞에서는 이러한 겉치레를 샅샅이 벗겨서 있는 그대로의 모습으로 서야만 한다. 그가 사용하는 또 하나의 어휘는 매우 생생한 표현으로 "**하나님 눈앞에 드러나게 된다**" 고 말하고 있다. 그가 사용한 어휘는 **테트라켈리스메노스**(Tetrachēlismenos)라는 헬라어로 흔히 쓰는 어휘도 아니며 그 의미도 명확하지 않지만, 대체로 세 가지 의미가 있다고 생각된다.

I. 이것은 레슬링 용어로 시합하는 자가 상대방의 목을 잡고 움직일 수 없게 하는 것을 의미한다. 인간이란 어느 기간 동안은 하나님에게서 도피할 수 있겠지만 결국에는 하나님께서 붙드셔서 하나님과 직면할 수밖에 없다. 인간이 끝까지 하나님을 도피할 수는 없는 것이다.

II. 이것은 동물의 가죽을 벗기는 데 사용하는 어휘다. 동물을 매달아서 모피나 상피를 벗길 때 사용한 어휘다. 사람은 외부에 보이는 행동이나 그 외모로 상대를 판단하기도 한다. 그러나 하나님은 인간의 이 모든 외부 행동이나 용모를 벗겨서 마음속 깊이 숨겨져 있는 비밀을 꿰뚫어 보신다. 하나님 앞에서는 인간의 감정적인 존재 또는 지적 존재의 본질이 분명해지는 것이다.

III. 옛날에는 재판소나 형장으로 끌려가는 범죄자에게 단도를 위로 향하게 해서 턱 밑에 붙잡아 맸다. 옛날에는 범죄자가 창피해서 얼굴을 감추려고 고개를 떨어뜨리지 못하도록 얼굴을 들어 공중에게 보이게 해 부끄러움을 알게 했다. 이러한 일을 당한 자를 **테트라켈리스메노스**라고 했는데 결국은 하나님의 직시하심을 받지 않으면 안 된다는 뜻이다. 우리는 자신의 부끄러움 때문에 인간의 시선을 피할 수는 있을지언정 하나님의 시선을 피해 낼 도리가 없다. 하나님 앞에서는 모든 것이 **드러나지 않을 수 없**다. 커밋 에비(Kemit Eby)는 《**하나님은 너희 안에**》라는 책에서 "인간이란 언젠가는 자기 자신이나 하나님에게서 도피하는 것을 그만두어야 한다. 종국에는 도피할 장소가 없기 때문이다"라고 쓰고 있다. 인간이란 언젠가는 반드시 하나님 앞에 세워져서 하나님 눈앞에 나타날 수밖에 없으며 어느 누구도 하나님의 직시를 피할 수가 없다.

완전하신 대제사장

히브리서 4:14-16

14그러므로 우리에게 큰 대제사장이 계시니 승천하신 이 곧 하나님의 아들
예수시라 우리가 믿는 도리를 굳게 잡을지어다 15우리에게 있는 대제사장은
우리의 연약함을 동정하지 못하실 이가 아니요 모든 일에 우리와 똑같이 시
험을 받으신 이로되 죄는 없으시니라 16그러므로 우리는 긍휼하심을 받고 때
를 따라 돕는 은혜를 얻기 위하여 은혜의 보좌 앞에 담대히 나아갈 것이니라

여기서는 히브리서 저자의 특질인 본론을 파악할 수 있는데, 예수께서는 대제사장이시라는 사상이다. 대제사장이 그의 직능을 온전히 성취하기 위해서는 인간과 하나님과 완전한 접촉을 유지해야 한다. 대제사장은 하나님의 소리를 인간에게 전하고, 하나님의 임재하심을 인간에게 보이고, 인간을 하나님 앞으로 인도하는 자가 되어야 한다. 그러므로 대제사장은 하나님과 인간을 완전히 아는

자라야 한다. 이와 같은 대제사장이야말로 바로 예수 그리스도시라고 이 편지는 주장한다.

I. 우선 서두에 예수의 비할 바 없는 위대하심과 완전하신 신성을 강조하고 있다. 예수의 위대하심은 그의 본질에 있는 것이지 수여한 명예나 외면적인 장식물에 의한 것이 아니다. 예수의 위대하심은 그가 갖고 있는 권리와 그의 본질적인 존재에 기본을 두고 있다. 예수께서는 여러 가지 하늘을 거쳐 오셨다. 이 뜻은 다음 두 가지 중 하나를 뜻할 것이다. 신약성경 속에서 **하늘**은 흔히 쓰는 하늘, 별이 빛나는 창공, 천사들의 하늘, 하늘 중의 최고의 하늘, 즉 하나님의 보좌 등 여러 가지를 의미한다. 따라서 예수께서 여러 가지 하늘을 거쳐 현재 하나님 보좌 앞에 계시다고도 생각할 수 있다. 또는 크리스티나 로세티(Cristina Rossetti)가 "하늘은 그를 붙잡을 수가 없었다"라고 말하고 있는 바와 같이 예수께서는 매우 고귀하시고 위대하셔서 하늘마저도 예수께서 사시기에는 알맞지 않다는 뜻이 되지 않을까 한다. 히브리서 저자처럼 예수의 존엄하심을 지극히 강조한 사람은 아마도 없다고 할 수 있다.

II. 동시에 저자는 예수의 다른 일면에 눈을 돌려서 예수만큼 완전히 인간과 일체가 된 사람은 없다고 말하고 있다. 예수께서는 인간이 경험하는 모든 것을 체험하시고 모든 점에서 인간과 일체가 되셨지만, 어떠한 경험을 통해서도 결코 죄를 범하는 일이라고는 없었다. 여기에 숨겨져 있는 깊은 의미를 살피기 위해 확실하게 해 둘 것이 하나 있다. 예수께서 죄를 범하시는 일이 없으셨다는 사실은 예수께서는 우리가 상상조차 할 수 없는 깊고 유혹적인 공격을 체험하셨다는 사실을 전제로 한 점이다. 더욱이 그 죄와의 싸움은 우리의 싸움과는 비교할 수조차 없을 만큼 험하고 힘들었다. 우리는 죄가 총공격을 하기도 전에 죄에 빠져 버리기 때문에 죄의 힘이 얼마나 무서우며 맹렬한 것인지 헤아릴 수가 없다. 그러나 예수는 사탄의 집중 공격을 받으시고도 참고 이겨 내셨다. 예수의 고통을 생각해 보도록 하자. 인간의 고통이란 참고 견뎌 내는 데 한도가 있다. 한도에 도달하여 선을 넘으면 의식을 잃어버리고 만다. 그렇기 때문에 고통이라고 해도 어느 정도밖에 알 도리가 없다. 유혹이란 것도 같아서 맹렬한 유혹을 받으면 인간은 결국 넘어지고 만다. 그러나 예수께서는 모든 종류의 시련을 받으시면서도 확고하게 일어나셨다. 예수께서는 모든 점에서 우리와 똑같은 시험을 당하셨으며 더욱이 우리가 알 수 없을 만한 시험을 경험하셨다.

III. 예수의 이와 같은 경험은 세 가지 사실을 명백히 하고 있다.

1. 예수께서는 **동정심**이 많으신 분이다. 이것은 우리로서는 매우 이해하기가 힘든 일들이다. 하나님이 사랑이 충만하신 아버지라고 하는 것은 우리로서는 자명한 사실이지만 예수 시대에는 **새로운 관념이었다**.

유대인에게 하나님은 거룩이었다. 이 거룩하다는 뜻의 어원은 **다르다**는 뜻이다. 하나님은 인간과는 완전히 **다른** 존재이시며, 인간의 세계와는 차원이 다른 곳에 계시며, 인간의 경험과는 완전히 무관하셨다. 하나님은 그 본질상 인간과 똑같은 경험을 하실 수가 없었다. 그분은 하나님이시기 때문이다. 이러한 단절은 그리스의 사상에도 현저히 나타나 있다. 그리스 최고의 사상가들인 스토아학파(Stoics)는 하나님의 최대 특질은 **무감각**(apatheia)이라고 했다. **무감각**이란 감정에 지배받지 않는다는 뜻이다. 어떤 사람이 기쁨이나 슬픔을 느낀다면 누군가에게 영향을 받고 있다는 것으로 그와 같은 영향을 받는다면 그동안만은 상대방이 자신보다 지배적이며 위대한 입장에 서게 된다는 뜻이 되었다. 그래서 그리스인들의 논법에 의하면 하나님에게 영향을 주는 자가 있어서는 안 된다고 했다. 그래서 하나님은 절대로 기쁨이나 슬픔, 즐거움이나 비애를 느껴서는 안 된다. 스토아학파는 하나님의 본질이란 감정을 초월하고 있다고 말했다.

같은 그리스 사람들이라도 에피쿠로스(Epicureans)학파의 사람들은 신들은 완전한 행복과 축복 속에서 살았으며 **인터문디아**(intermundia), 즉 어떤 세계와 다른 세계의 중간에서 살며, 세계와는 완전히 절연되어 있다고 말했다.

이와 같이 유대인의 하나님은 **이질적인** 하나님, 스토아학파의 신은 **무감각**의 신, 에피쿠로스학파의 신은 쾌락의 신이었다. 이와 같은 사상이 지배적이었던 세계에 기독교가 새로운 하나님, 즉 인간의 모든 것을 스스로 경험하시고자 하는 하나님을 소개했는데, 당시 사람들에게는 도저히 상상하기조차 힘든 새로운 하나님에 대한 관념이었던 것이다. 그리스의 대표적인 종교가였던 플루타크(Plutarch)는 하나님을 인간 세계의 일에 개재시키는 것은 모독이라고 공언했다. 이에 대해 기독교의 하나님은 인간의 일에 개재하시는 것뿐만 아니라 이 세상의 괴로움을 자신의 것으로 받으실 분이라는 실로 놀라운 사실을 나타냈다. 기독교가 하나님과 인간의 관계에 어떠한 혁명적인 변화를 초래했는지는 우리의 상상을 훨씬 초월한다. 여러 세기를 통해 오랫동안 인간이 생각하고 있던 하나님은 인간에게서 단절된 존재였지만 이제 비로소 인간이 경험해야 할 모든 경험을 함께하시는 하나님이 나타나신 것이다.

2. 하나님은 **자비로우신** 분이다. 이 자비라는 것은 인간을 **이해하는** 능력을 말한다. 어떤 사람들은 세상의 많은 사람이 받는 시험 없이 살아가기도 한다. 어떤 이들은 쉽게 자기 자신의 감정을 억제하기도 하지만, 어떤 이들은 격하기 쉬운 성질을 갖고 있어서 자신의 생 자체를 위험 속으로 몰아넣기도 한다. 침착한 성격의 소유자는 격하기 쉬운 사람들을 이해하지 못해서 그러한 사람들에 대해 반발심을 갖게 되며 극히 비판적이기도 하다. **그러나 하나님께서는 알고 계시다**. "모든 것을 아는 것은 모든 것을 용서하는 것이다." 이 말은 진정 하나님을 일컫는 말이라 할 수 있다.

존 포스터(John Foster)는 그가 쓴 어떤 책 가운데 다음과 같이 말하고 있다. 존이 30대일 때 어느 날 집에 돌아와 딸이 라디오 앞에서 울고 있는 것을 보았다. 그래서 이유를 묻자, 그날 신문에 "일본군의 전차가 광동을 침공했다"는 기사를 읽었다는 것이다. 대부분의 사람들은 이러한 기사를 읽고도 그저 안됐다고 유감을 나타내는 것이 고작이겠고 정치가 중에서도 이 사건에 대해 불길한 예감을 느낀 사람들이 있었는지는 모르지만 거의 대부분의 사람은 이 사건에 대해 무관심했다. 그렇다면 도대체 어찌해서 존 포스터의 딸이 울었을까? 그녀에게서 광동은 가정이며, 유모이며, 학교이고, 벗이며, 사랑하는 땅이었다. 여기에서 남과 다른 점은 **예전에 그녀가 그곳에서 살았다**는 것이다. 우리가 그곳에 있었더라면 모든 것은 다를 것이다. 하나님께서는 인간의 어떠한 경험에 대해서도 "내가 그곳에 있었다. 내가 그것을 경험했다"고 말씀하실 것이다. 우리가 슬픈 경험을 할 때, 비탄의 눈물로 날을 지새울 때, 우리 주변에 일어난 것을 이해하지 못하는 그러한 하나님을 찾아가지 않을 것이며, 우리가 도움을 구하는 하나님께서는 우리를 이해하시고 하나님께서도 우리와 같은 경험을 해 오셨다고 말씀하실 것이다. 그러므로—혹시 이렇게 말해도 좋다면은—하나님께서는 쉽사리 인간을 용서하시는 분이라고 할 수 있다.

3. 하나님은 **도움을 주시는** 분이다. 하나님께서는 우리의 어려운 사정을 잘 알고 계신다. 그 모든 것을 거쳐 오셨기 때문이다. 여행하는 사람에게 가장 적절한 충고나 도움을 줄 수 있는 사람은 전에 같은 길을 여행해 본 사람이다. 병을 앓아 본 경험이 있는 자만이 병자에게 도움이 된다. 하나님께서는 모든 것을 알고 계신고로 인간을 도우실 수가 있다. 여기에 놀라운 진리가 있다. 예수께서 완전한 대제사장이시라고 하는 것은 그가 완전히 하나님인 동시에 완전히 인간이기도 하기 때문이다. 예수께서는 우리의 생활을 알고 계시기 때문에 동정과 자비와 힘을 우리에게 주실 수 있다. 예수께서는 하나님을 인간에게 인도하셨으며 아울러 인간을 하나님에게 인도하실 수 있는 분이다.

The Letters to the Hebrews 05

인간과 하나님을 잘 아시는 자

히브리서 5:1-10

1대제사장마다 사람 가운데서 택한 자이므로 하나님께 속한 일에 사람을 위
하여 예물과 속죄하는 제사를 드리게 하나니 2그가 무식하고 미혹된 자를 능
히 용납할 수 있는 것은 자기도 연약에 휩싸여 있음이라 3그러므로 백성을
위하여 속죄제를 드림과 같이 또한 자신을 위하여도 드리는 것이 마땅하니
라 4이 존귀는 아무도 스스로 취하지 못하고 오직 아론과 같이 하나님의 부
르심을 받은 자라야 할 것이니라 5또한 이와 같이 그리스도께서 대제사장 되
심도 스스로 영광을 취하심이 아니요 오직 말씀하신 이가 그에게 이르시되
너는 내 아들이니 내가 오늘 너를 낳았다 하셨고 6또한 이와 같이 다른 데서
말씀하시되 네가 영원히 멜기세덱의 반차를 따르는 제사장이라 하셨으니
7그는 육체에 계실 때에 자기를 죽음에서 능히 구원하실 이에게 심한 통곡과
눈물로 간구와 소원을 올렸고 그의 경건하심으로 말미암아 들으심을 얻었느
니라 8그가 아들이시면서도 받으신 고난으로 순종함을 배워서 9온전하게 되
셨은즉 자기에게 순종하는 모든 자에게 영원한 구원의 근원이 되시고 10하나
님께 멜기세덱의 반차를 따른 대제사장이라 칭하심을 받으셨느니라

여기에서 히브리서 저자는 기독교 사상에 현저하게 공헌한 교리를 해명하고자 한다. 이 교리는 대제사장이신 예수 그리스도이다. 여기에서는 대제사장의 역할에 대해 세 가지 위대하고도 기본적인 사상이 나타나 있다. 대제사장이 지녀야 할 세 가지의 본질적인 자격은 국부적이나 일시적인 것이 아니라 어느 시대에서라도 제사장에게 요구되는 것이다.

I. 제사장은 인간을 대신하여 하나님의 일을 취급하도록 임명된다. 고십(A. J. Gossip)은 목사로 임명될 당시 사람들이 다음과 같이 호소하는 것처럼 느꼈다고 종종 얘기하곤 했다. "우리는 세상의 풍파 속에 휩쓸려 있습니다. 돈을 번다든가 쓴다든가 하는 것에 마음을 빼앗겨 사무실이나 공장에서 일하는 데만 급급하고 있습니다. 그러니 당신은 세상의 소음에서 떠나 하나님의 은밀한 곳으로 가셔서 매주 우리에게 하나님의 말씀을 전해 주셨으면 합니다." 진정한 의미의 제사장은 하나님과 인간 사이를 연결하는 자다.

그런데 이스라엘의 제사장에게는 특별한 임무가 하나 있었는데, 사람들의 죄 때문에 제물을 바쳐야 하는 일이다. 죄는 인간과 하나님의 관계를 방해하며 둘 사이에 단절을 초래해 하나님과 사람 사이를 멀게 한다. 희생의 제물은 하나님과 인간 사이에 올바른 관계를 회복시키며 중간에 있는 장애물을 제거시켜 소외감을 해소시킨다. 그러나 여기에서 주목할 것이 한 가지 있다. 유대인은 최고의 의식으로 희생의 제물을 바쳐서 속죄 받을 수 있는 죄란 **무지로 인한 죄**에 한한다는 것을 알고 있었다. 고의적인 죄, 양심의 마비로 일어나는 죄는 제물을 바치는 것으로 속죄 받을 수가 없었다. "우리가 진리를 아는 지식을 받은 후 **짐짓** 죄를 범한즉 **다시 속죄하는 제사가 없고**"(10:26)라고 저자는 말하고 있다. 이것은 구약성경의 제물에 대한 규정에 되풀이해서 나타나 있는 신앙과 확신이다. 이를테면 "누구든지 여호와의 계명 중 하나라도 **그릇 범하여**"라고 레위기에 규정짓고 있으며(레 4:2), 민수기 15장 22-31절은 "너희가 그릇 범죄하여"라고 전제하고 제물에 대한 여러 가지의 규정을 나타내고 나중에는 "만일 고의로 죄를 범하는 자는 여호와를 비방하는 자이므로 백성 중에서 끊어질 것"이라고 기술하고 있다. 또한 신명기 17장 12절에는 "사람이 만일 **제멋대로** 행동한다면… 그 사람은 죽여야 한다"고 기술하고 있다. 모르고 저지른 죄는 용서 받을 수 있지만, 고의적으로 저지른 죄는 용서 받을 수가 없다. 그렇다면 유대인이 말하고 있는 알지 못하고 지은 죄란 무슨 뜻인지를 알아야 한다. 그것은 단순히 아무것도 모르고 지은 죄, 즉 무지가 그 원인으로 일어난 죄, 심한 유혹에 빠졌을 때 지은 죄 등을 포함하고 있다. 또한 죄를 짓고 그가 한 일을 회개하는 경우도 모르고 지은 죄도 포함된다. 이와는 반대로 고의적으로 지은 죄는 냉정하고 의식적이며 계획적으로 저지르는 죄를 말하는데, 이러한 죄에 대해 당사자는 조금도 회개하는 빛이 없고 의식적으로 하나님을 거역하고 일시적인 감정이나 격정이 아니라 아주 쌀쌀하게 하나님을 거역하면서 자신의 의지를 밀고 나가려는 것을 의미한다. 제사장이 하나님께로 되돌려 끌어올 수 있는 사람들이란 알지 못하고 죄를 저지른 후에도 하나님께 돌아오고 싶다고 하는 사람들이다.

II. 제사장은 사람과 하나가 되어야 한다. 제사장은 인간의 아픔, 괴로움을 자신의 경험으로 느껴야 하며 인간을 마음으로 동정할 수 있는 자라야 한다. 이 점에 대해 히브리서 저자는 이론을 전개하기에 앞서—후에 예수 그리스도께서 인간의 제사장보다도 훨씬 뛰어나심은 바로 이 점이라고 결론짓고 있는데—인간의 제사장은 인간과 완전히 일체였으므로 다른 사람들의 죄를 위해 제물을 바치기 전에 먼저 자신의 죄를 위해 제물을 바쳐야 한다는 사실을 지적하고 있다. 제사장은 인간으로서 인간의 생활환경과 조건 속에서 인간의 고통을 경험하고 인간의 감정을 알며 인간의 높은 면과 낮은 면을 알고 있어야 한다. 이러한 인품을 나타내기 위해 저자는 **메트리오파데인**(metriopathein)이라는 실로 알맞은 어휘를 사용하고 있다. 우리는 **친절하게 생각해 준다**고 번역했지만, 헬라어 중에 매우 번역하기 어려운 어휘다. 따라서 헬라어의 참뜻을 그대로 표현했다고는 할 수 없다. 그리스인들은 덕을 양극단의 중간에 있는 중용이라고 생각했다. 양극단에는 인간이 떨어지기 쉬운 위험이 있으며 올바른 길은 그 중간에 있었다. 그리스인들이 생각하고 있던 덕이란, 양극 사이에 균형을 유지하는 중심점이었다. 그래서 **메트리오파데이아**(metriopatheia)라는 명사는 극단적인 슬픔과 극한적인 무관심의 중간에 있는 올바른 감정이며 맥그레골(W. M. Macgregor)는 이것을 "분노의 폭발과 나태한 자기도취의 중간"이라고 말하고 있다. 플루타크는 인내를 **메트리오파데이아**가 만들어 낸 것, 즉 다시 말해 사람들을 위해 일어서서 도와주고자 하는 애정, 남을 위해 시간을 내서 듣고자 하는 동정심이라고 했다. 또 다른 그리스인은 **메트리오파데이아**를 갖지 않고 자신과 의견을 달리하는 사람과 **협조하려 하지 않는** 사람은 안 된다고 했다. 이 어휘는 실로 놀라운 어휘다. 그것은 초조함 없이 당황하지 않고 인내로서 사람들과 접촉하는 능력, 어리석은 사람, 이해가 느린 사람, 같은 말을 되풀이해도 전혀 이해하지 못하는 사람에 대해서도 화내지 않고 성질을 억누르는 능력을 말한다. 곧 남의 잘못에 대해 노한다든가 용서한다든가 하는 것이 아니라, 그날 안에 자신의 기분을 정리해서 부드러우면서도 강한 동정심으로 상대의 기분을 관찰하고 인내로서 그 사람을 올바른 길로 되돌려 인도하는 태도다. 또한 한 인간을 버림받은 자로 간주할 것이 아니라 인간 속에 하나님에 대한 반항심이 있는 것을 인정하면서도 어떻게 해서든지 부드럽게 그를 하나님 앞으로 돌이켜 인도하려는 태도를 말한다. 강인함과 인내심, 즉 하나님께서 주시는 **메트리오파데이아** 없이는 결코 이와 같은 일은 할 수가 없다.

III. 제사장은 인간이 임명하는 것이 아니라 하나님께 임명을 받는다. 제사장이 된다는 것은 스스로 받아들이는 것이 아니라 하나님에게서 택함을 받고 부르심을 받아서 부여되는 특권이며 영광이다. 하나님의 목회자가 된다는 것은 인간이 자유로이 선택하는 직업이나 경력이 아니라 하나님의 소명이다. 하나님께 봉사하는 제사장은 자신의 과거를 돌이켜서 "내가 이 직업을 택했다"고 하는 것이 아니라, "하나님께서 나를 택하셔서 이 일을 하도록 맡기셨다"고 말하는 사람이어야 한다.

여기에서 히브리서 저자는 계속해서 예수 그리스도만이 이러한 조건을 낱낱이 이행하시는 분이라고 논증하고 있다.

I. 우선 저자는 마지막 조건을 먼저 지적함으로써 예수 그리스도께서 그 사명을 스스로 선택하신 것이 아니라 하나님께서 택해서 받으셨다고 말하고 있다. 예

수께서 세례 받으실 때 "너는 내 아들이라 오늘 내가 너를 낳았도다"(시 2:7)라는 소리가 들렸던 것이다.

II. 예수께서는 인간의 모든 고난과 고통을 경험하셨으며 인간이 지니고 있는 강함과 약함을 완전히 이해하시고 계신다. 이에 대해 저자는 네 가지 중요한 사상을 갖고 있다.

1. 저자는 겟세마네의 예수를 기억하고 있다. 그것은 바로 예수의 기도와 간절히 원하시는 바와, 눈물과 그의 부르짖음을 나타낸다. **부르짖음**이란 헬라어로는 **크라우게**(kraugē)로 자신이 외치려 해서 나는 소리가 아니라 극도의 고통이나 긴장 가운데서 마음 쓰지 않고도 우러나는 소리다. 이러한 것은 인간으로서 받는 최대의 고난을 예수께서 받으셨음을 의미한다. 랍비의 말에 "기도에는 세 가지가 있는데 기도와 외침과 눈물이다. 기도는 조용한 것이며 외침은 소리를 내는 것이며 눈물은 모든 것을 이겨 낸다"는 말이 있다. 어느 누구든지 슬픔을 맛보지 않은 자는 없다. 예수께서는 괴로움에 몸부림치는 눈물의 기도를 알고 계셨다.

2. 예수가 인생의 경험에서 배울 수 있었던 것은 경건이었다. "그는 받으신 고통으로 배웠다"고 한 것은 말의 반복으로 원문인 **에마텐 아프 혼 에파덴**(emathen aph' hōn epather)은 그리스 사상가들의 말 가운데 흔히 볼 수 있는 표현으로 **마데인**(mathein)은 배운다는 뜻이고 **파데인**(pathein)은 고통을 받는다는 뜻으로 동시에 사용되었다. 그리스의 극작가 중 가장 오래된 시대의 인물이라고 할 수 있는 아이스킬로스(Aeschylus)는 "배운다는 것은 고통을 받는 것에서 온다"(pathei mathos)라고 늘 일러 왔다. 또한 그는 고통이란 신들이 주는 **황량한 은혜**라고 했다. 헤로도토스(Herodotus)는 고통은 **아카리스타 마테마타**(acharista mathemata), 즉 배우기 위한 괴로운 길이라고 말했다. 어느 현대 시인 한 사람은 "우리가 고통으로 배운 바를 노래로써 가르친다"고 시인으로서 심경을 말하고 있다. 하나님께서는 인생의 모든 경험을 통해 인간에게 말씀하시며 고난 가운데 사람에게 말씀하신다. 그러나 그 음성을 듣기 위해서는 경건해야 한다. 우리가 반항하면 마음속에서 나오는 반역의 외침이 하나님의 음성을 듣지 못하도록 귀머거리로 만

들어 버릴 것이다.

3. 예수께서는 받으신바 고난으로 **완전하게 되셨다**고 KJV에 기록되어 있다. 완전하게 되었다는 헬라어인 **텔레이오운**(teleioun)은 **텔레이오스**(teleios)라는 형용사의 동사형이다. 이 **텔레이오스**라는 어휘는 "완전하다" 라고 번역할 수 있지만 이런 경우 완전하다는 것이 헬라어로는 무엇을 의미하는지 알아 둘 필요가 있다. 그리스 사람이 **텔레이오스**라고 하는 경우에는 어떠한 것이 만들어진 목적을 완전히 이룰 수 있다는 것을 의미하는 것으로 추상적이거나 형이상학적인 완전을 의미하는 것이 아니다. 그것은 어디까지나 기능적인 것이다. 그래서 저자가 여기에서 말하고자 하는 바는 예수께서 온갖 시련과 고난을 통해 인간을 구속하시는 주, 사람들을 구원하시는 주님으로서 일을 완전하게 이루실 수 있게 되었다는 것이다. 즉, 예수께서 모든 인간을 구원하실 수 있게 되었다는 것이다. 예수께서 모든 인간을 구원하실 수 있는 것은 인간이 걷고 있는 어두운 골짜기를 스스로 지나오셨기 때문이다.

4. 최후로 예수께서 주시는 구원은 **영원한 구원**이다. 이 세상에서 또는 어떠한 세상에서도 영원히 인간을 안전하게 지켜 주신다. 사람은 그리스도와 더불어 있으면 영원토록 안전하며 어떠한 상황 속에서도—비록 인간으로서 상상할 수 있는 형편이건 상상할 수 없는 것이건 간에—그리스도의 손에서 잡아빼 버리는 일은 없다.

성장하지 않는 자

히브리서 5:11-14

11멜기세덱에 관하여는 우리가 할 말이 많으나 너희가 듣는 것이 둔하므로
설명하기 어려우니라 12때가 오래 되었으므로 너희가 마땅히 선생이 되었을
터인데 너희가 다시 하나님의 말씀의 초보에 대하여 누구에게 가르침을 받
아야 할 처지이니 단단한 음식은 못 먹고 젖이나 먹어야 할 자가 되었도다

[13]이는 젖을 먹는 자마다 어린아이니 의의 말씀을 경험하지 못한 자요 [14]단단
한 음식은 장성한 자의 것이니 그들은 지각을 사용하므로 연단을 받아 선악
을 분별하는 자들이니라

여기에서 저자는 기독교를 올바로 전하고자 할 때 당하게 되는 두 가지 곤란한 점을 기술하고 있다.

첫째, 기독교 신앙의 전체를 파악하는 것은 어느 경우에도 쉬운 것이 아니며, 아울러 하루에 그 전모를 배울 수도 없다. 다시 말해 그것을 가르치는 데도 배우는 데도 시간과 노력이 든다. 둘째, 듣는 사람의 귀가 둔하다는 점이다. **둔하다**고 하는 원어는 **노드로스**(nothros)라고 하며 여기에는 여러 가지 의미가 있다. 헬라어로 마음의 움직임이 둔한 것, 이해력이 둔한 것, 듣는 힘이 둔한 것, 재치가 없고 감수성이 둔해서 잘 잊어버리는 것, 병든 동물의 수족이 마비되서 잘 움직이지 않는 상태, 돌과 같이 무감각한 사람, 우둔한 사람 등을 나타낸다. 이것은 설교자나 교사나 사상가 또는 참된 인간으로서 살아 나가려는 사람들에게는 관계가 깊은 일들이다. 우리는 어려운 것을 가르치려고 할 때 또는 해석이나 설명하기 힘든 것을 설명하고자 할 때 이러한 우둔함으로 회피하려고 할 때가 있다. 또 때로는 듣는 사람들이나 회중이나 학생들이 이해하지 못하니 별수 없다고 자기 스스로를 변명하고자 할 때도 있다. 이것은 바로 교회 안에서 볼 수 있는 슬픈 사실이기도 하다. 교회에서는 새로운 지식, 새로운 방법, 새로운 사상을 가르치려는 노력이 결핍되어 있었다. 사실 남을 가르친다는 것은 매우 힘든 일이다. 또한 가르치려 할 때 게으른 자의 마음이 무감각에 직면해서 마음 문을 닫아 버린 자들의 편견과 싸워야 하는 것도 사실이다. 그러나 그런데도 가르쳐야만 한다. 히브리서 저자는 전하고자 하는 말씀이 어려우며 사람들의 마음이 우둔해서 쉽사리 이해하지 못한다는 것을 알고 있으면서도 전하고자 하는 노력을 아끼지 않았으며 자신이 알고 있는 진리를 전하는 것을 최고의 사명으로 알고 있었다.

저자가 진리를 전달하고자 한 상대방 사람들은 이미 오랫동안 기독교인이었는데도 아직 그 신앙은 어린애 수준이었으며, 조금도 원숙해지지 못했다는 것이 저자가 한탄하고 있는 사실이다. 여기에서 미숙한 성도를 어린아이로 비유하여

젖과 단단한 식물에 대비시키고 있는데, 이러한 대비는 신약의 다른 여러 곳에서도 볼 수 있다(벧전 2:2; 고전 2:6, 3:2, 14:20; 엡 4:13 이하).

"때가 오래 되었으므로 너희가 마땅히 선생이 되었을 터인데"라고 말한 것을 문자 그대로 취할 필요는 없다. 그리스인들로서 가르칠 수가 있다는 경우에는 어떠한 사물을 올바르고 깊이 이해하고 있음을 의미한다. 이 사람들은 아직까지도 **기독교의 초보**로 어느 누군가에게 가르침을 받아야 할 상태라고 저자는 말하고 있다. 초보라는 어휘로는 **스토이케이아**(stoicheia)를 사용하고 있는데 여기에는 여러 가지 의미가 있다. 우선 문법적으로는 A. B. C.라는 알파벳 문자를, 물리에서는 자연계를 구성하고 있는 네 가지 요소를, 기하에서는 점이나 선에 대한 기본적인 증명, 철학에서는 처음으로 배우는 초보의 원리 등을 의미한다. 히브리서 저자는 사람들이 이러한 초보적인 가르침 이상으로 성장하지 못하고 아직까지도 어린애들과 같아서 옳고 그른 것을 분간하지 못하고 있다 한다. 저자는 여기에서 대대로 교회가 직면해 오고 있는 문제, 즉 **성장하는 것을 거부하는 성도들**의 문제에 직면하였다고 말한다.

1. 지식을 배우려 하지 않는 기독교인들이 있다. 이러한 사람들은 "좋은 기회를 놓치고 그 무능력을 책잡힐 사람"이라고 할 수 있겠다. 선대의 사람들에게 그리 나쁘지 않았던 것이니 자신들에게도 좋으리라고 생각하는 사람들, 30년, 40년, 50년, 60년의 해를 지내고도 조금도 신앙의 진보를 엿볼 수 없는 사람들, 이러한 사람들은 종교에 대해 어린애 정도의 이해에 그치며 그것으로 만족하고 있다. 외과 의사의 경우를 예로 든다면 새로운 기술이나 효력 있는 새로운 마취약이나 효과적인 새로운 기구 등을 사용하는 것을 거절하고 옛날 의사들이 이러한 방법으로 해 왔으니 자신도 그렇게 하는 것이 좋다는 사고방식이며, 내과 의사를 예로 든다면 페니실린이나 술파제나 기타 새로운 약품을 사용하지 않고 "50년 전에 내가 학교에서 배운 대로 하면 된다"고 생각하는 사람들이다. 종교에 대해서는 절대로 이러한 태도를 취해서는 안 된다. 하나님은 무한하시며 그리스도의 부하심은 측량할 수 없기 때문이다. 그래서 우리는 살아 있는 한 그것을 추구해 나가야만 한다.

II. 언제까지나 성장하지 못하고 어린애처럼 행동하는 사람들이 있다. 실쭉거린다거나 곧장 화를 낸다거나 자신이 뜻한 바대로 되지 않으면 아무것도 하지 않는 것 등은 어린애인 경우에는 용서 받을 수 있을지도 모른다. 그러나 이러한 행동을 하는 성인들이 많이 있다는 사실, 그것도 이러한 자들이 교회 안에 있다는 것은 매우 곤란한 문제다. 이러한 사람들은 생리적으로는 성인이지만 그 생활 태도에서는 성장하지 못한 어린애에 불과하다. 성장을 멈춘 사람들은 정말 가련하다. 이 세상은 종교적으로 그 성장을 멈춘 사람들로 가득 차 있다. 이러한 사람들은 성장하기 위해 노력을 기울이지도 않는다. 이미 수년 전에 배우는 것을 그만두고 어릴 때 사고를 그대로 갖고 있으며 마치 어린애처럼 행동하기도 한다. 물론 예수께서는 **어린아이와 같은** 마음은 이 세상에서 가장 귀한 것이라고 말씀하셨지만, **어린아이 같다**는 것과 철없다는 것은 그 뜻이 매우 다르다.

피터팬(Peter Pan)은 성장하지 않는 소년으로서 무대에서 연기하는 것을 보는 경우에는 매우 흥미진진하지만 성인으로서 실생활 속에서 피터팬처럼 사는 사람이 있다면 그것은 비극이다. 우리는 어린애의 종교에 머물러 있을 것이 아니라 원숙한 신앙에 도달할 수 있도록 노력해야 한다. 그리고 어린애 같은 행동을 지양하고 완전히 성장한 성인으로서의 태도를 몸에 지녀야 한다.

The Letters to the Hebrews 06

진보의 필요성

히브리서 6:1-3

1그러므로 우리가 그리스도의 도의 초보를 버리고 죽은 행실을 회개함과 하
나님께 대한 신앙과 2세례들과 안수와 죽은 자의 부활과 영원한 심판에 대한
교훈의 터를 다시 닦지 말고 완전한 데로 나아갈지니라 3하나님께서 허락하
시면 우리가 이것을 하리라

히브리서 저자는 신앙생활에서 진보의 필요성을 확신하고 있다. 선생이 가르칠 때마다 초보부터 되풀이해서 가르친다면 조금도 앞으로 나아갈 수가 없으며 학생들의 발전을 기대할 수가 없다. 사람들은 늘 **텔레이오테스**(teleiotēs)로 향해 나아가야 한다고 저자는 말하고 있다. KJV에는 이 어휘를 완성이라고 번역하고 있다. 그러나 헬라어의 텔레이오스는 형용사로 이와 유사한 어휘는 특별한 전문 용어다. 피타고라스(Pythagoras)는 학생을 **호이 만타논테스**(hoi manthanontes)와 **호이 텔레이오이**(hoi teleioi)로 구분하였는데 전자는 **배우는 자**를 의미하고 후자는 **원숙한 자**를 뜻한다. 필론(Pilo)은 학생을 세 가지 단계, 즉 hoi archomenoi(초심자)와 hoi prokoptones(진보하는 자)와 hoi teleiōmenoi(완성에 이르기 시작한 자)로

구분하고 있다. 텔레이오테스는 단순히 완전한 지식이나 완성을 의미하는 것이 아니라 기독교 신앙에서 어떤 종류의 성숙을 의미한다.

그럼 히브리서 저자는 이 **원숙**이라는 말로 무엇을 뜻하려고 했을까? 두 가지의 뜻을 내포하고 있다.

I. 그것은 "마음의 상태"를 의미한다. 인간은 나이가 들어 감에 따라서 주체적인 사고력을 더해 간다. 이를테면 자신이 믿고 있는 예수가 어떠한 분이신지를 다시 깊이 알고 기독교 신앙에 대한 사실뿐만 아니라 그의 의에 대해서도 깊이 통찰해야 한다는 것이다.

II. 그것은 "인품"이다. 우리는 연륜을 더해 가는 사이에 차차로 그리스도와 닮아 가야 한다. 그것은 끊임없이 자신의 결점을 제거하고 새로운 덕을 몸에 지녀가는 과정이다. 인격이란 나이가 들어 감에 따라 보다 아름답고 보다 강하고 보다 세련되어야 하며, 우리는 날마다 침착과 고상함을 우리 생활과 더불어 지녀 나아가야 한다 함이다.

어떤 무명 시인은 이에 대해 다음과 같이 말하고 있다.

연륜을 더해 감에 따라서
아름다움을 더해 가게 해 주소서.
훌륭한 것은 많이도 있답니다.
레이스랑 상아랑 금이랑 은은
새 것이 아니라도 좋습니다.
늙은 나무, 오래된 거리, 낡은 빛은
사람의 마음을 부드럽게 합니다.
이와 같이 나는 늙어도 보다 아름다워지고 싶답니다.

신앙생활에는 정치란 없다. 크롬웰(Cromwell)은 항시 그의 휴대용 성경에 라틴어로 "향상하는 것을 중지한 자는 무익한 자가 되느니라(qui cessat esse melior cessat esse bonus)" 고 좌우명을 써 가지고 다녔다고 한다.

그러면 그리스도 신앙의 초보라 함은 무엇일까? 지금 공부하고 있는 이 구절은 초대교회가 무엇을 기독교 신앙의 기본이라고 생각하고 있었는지를 나타내는 면에서 매우 흥미 있는 구절이기도 하다.

I. "죽은 행실에 대한 회개"가 있다. 기독교 신앙은 회개와 더불어 시작한다. 회개(metanoia)란 문자 그대로의 의미는 **마음의 변화**다. 기독교인이 되는 데는 우선 하나님과 사람들과 인생과 자기 자신에 대해 새로운 태도를 가져야 한다. 그것은 죽은 행실에 대한 회개인 것일까? 이 말씀에는 여러 가지 의미가 내포되어 있다고 생각되는데 어느 정도 생활과 관련이 있으며 진리를 시사하고 있다.

1. 죽은 행실이란 **죽음을 초래하는 행실**이 아니겠는가. 다시 말해 죽음 같은 행실, 부도덕, 이기주의, 무자비, 죽음으로 인도하는 행동을 가리켜 하는 말씀일 것이다.

2. **더럽혀진 행실**이 아니겠는가. 유대인은 시체를 만지는 것을 최대의 불결이라 생각하고 더럽혀진 자로서 시체를 만진 자에게는 정결함을 받을 때까지 하나님을 예배하는 것을 허용하지 않았다. 죽은 행실이란 사람을 더럽히고 하나님에게서 분리되는 행실을 가리키는 말씀일게다.

3. **인격과 무관한 행실**이 아니겠는가. 유대인은 생활한다는 것은 의식을 지키는 일이라고 생각하고 있었다. 그래서 정해진 시간에 정해진 일, 이를테면 정해진 동물을 제물로 바치는 것과 같은 일을 하면 그 외적인 행위로 그는 올바른 자로 인정됐던 것이다. 그러나 이러한 행실은 인격, 즉 인간 그 자체에는 아무 영향도 주지 못했다. 그래서 히브리서 저자가 죽은 행실을 회개하라고 한 것은 기독교인들이란 무의미한 의식이나 관습에서 떠나서 스스로 참다운 인격을 높이고 자신의 영혼을 성장시키는 일에 몰두해야 한다는 의미가 아니었는지.

II. "하나님을 향한 신앙"이 있다. 기독교인의 기본적인 태도는 하나님을 앙모하는 생활이다. 기독교인은 인간의 승인보다도 하나님의 허락하심을 받고

자 노력하며 끝까지 인간의 명령이 아니라 하나님의 명령에 따라 행동해야 한다. 또한 자신의 행실로 구원을 얻고자 함이 아니라 오직 하나님의 은총에 모든 것을 맡긴다. 기독교인은 인생의 안내자, 영혼을 구원하는 자로서 오직 하나님만을 앙모하는 자다.

III. "씻음에 대한 가르침"이 있다. 이것은 기독교인이라면 세례에 대한 참다운 의미를 알고 있지 않으면 안 된다는 뜻이다. 교회에 입적하려는 사람들을 가르치기 위해 쓰인 애당초의 교과서이며 최초의 예배의식으로 마련된 책으로 《**열두 사도의 교훈**》(**디다케**〈Didachē〉)이라는 소책자가 있다. 이것은 기원 100년경에 쓴 것인데 세례에 대한 규정이 적혀 있다. 당시는 아직 유아 세례는 베풀어지지 않았고 세례 받는 자는 이교도의 생활에서 곧장 교회 생활로 들어갔다. 그래서 세례는 교회로 받아들이는 동시에 신앙고백이기도 했다. 《**열두 사도의 교훈**》은 여섯 개 짧은 장으로 기독교 신앙과 생활에 대하여 적혀 있으며, 세례를 지원하는 자에 대해 무엇을 믿을 것이며, 어떠한 생활을 해야 하는지를 가르쳐 주고 있다. 그 후 제7장에는 다음과 같은 지시가 적혀 있다.

> 세례에 대해서는 다음과 같은 방법으로 세례를 베풀어라. 이 모든 일에 대해 지원자들에게 잘 가르쳐 준 후에, 성부와 성자와 성령의 이름으로 흐르는 물로 세례를 베풀어라. 혹시 흐르는 물이 없을 때에는 어떠한 물로 세례를 베풀어도 좋다. 냉수가 없을 때에는 온수로 베풀어라. 냉수나 온수도 없을 때에는 성부와 성자와 성령의 이름으로 지원자의 머리 위에 세 번 물을 부어라. 세례식에 앞서 세례를 주는 자나 받는 자는 단식을 하라. 그리고 다른 자라도 단식할 수 있는 자는 그렇게 하라. 지원자에 대해서는 세례 받기 2일 내지 3일 전부터 단식하도록 명하라.

이 기록은 다름과 같은 사실을 나타내는 뜻에서는 매우 흥미 있는 것이라 할 수 있다. 즉, 초대교회에서 세례는 가능한 한 침례로 행해졌다는 것을 나타낸다.

또한 세례는 침례든 관수식이든 간에 물로써 세 번 성부와 성자와 성령의 이름으로 행해졌다. 아울러 세례식이 베풀어지기 전에는 지원자에게 특별한 훈련을 행하여 기독교의 신앙과 생활이 무엇인지를 가르쳤다는 것을 나타내고, 세례를 지원하는 자는 준비하기 위해 단식을 행해서 마음만이 아니라 영혼의 준비도 해야 했다.

초대교회에서는 자신이 무엇을 하는지 전혀 알지 못하고 교회에 들어오는 자는 없었다. 그래서 히브리서 저자는 "너희는 세례를 받을 때 기독교 신앙의 기본에 대하여 가르침을 받은 바 있으니 이제 새삼스럽게 되풀이할 필요가 없다. 너희는 이미 배운 바를 토대로 보다 깊은 신앙으로 나아가야 한다"고 말하고 있다.

IV. "안수"가 있다. 유대교에는 안수가 두 가지 의의를 갖고 있었다.

1. 죄악을 점가시키는 표시였다. 희생의 제물을 바치는 사람은 제물이 되는 동물의 머리 위에 손을 얹고 자신의 죄를 동물에게 옮긴다는 것을 나타냈다.

2. 축복을 건네준다는 표시였다. 어버이가 그 자식을 축복하는 경우에 자식의 머리 위에 손을 얹었다. 이 의식은 초대교회에서는 세례식 다음에 행해졌다. 이것은 새로 세례 받은 자에게 성령을 받기 위함이 아니라 이 땅 위에서 실제로 예수와 더불어 생활한 사도들에 대한 존경에서 나왔다. 예수의 손을 실제로 만진 사람에게서 안수를 받는다는 것은 정말 감격적인 일이었다. 그 감격은 안수하는 사람의 직분보다도 그 사람의 인격과 예수와의 가까운 관계에서 나오기 때문이다.

V. "죽은 자의 부활"이 있다. 기독교는 처음부터 영혼의 불멸을 믿는 종교였다. 인간이 살 세계가 두 곳 있는데, 그 중 최선의 세계는 아직 우리가 이르지 못하는 곳에 있으며 이 세상은 영원한 것을 지향한 훈련장이라고 믿었다.

VI. "영원의 심판"이 있다. 기독교는 당초부터 심판의 종교였다. 믿는 자에게 급기야는 하나님 앞으로 나가는 날이 있다는 것을 가르치며, 하나님께서 하시는 평가가 다른 사람이 자신을 평가하는 것보다 훨씬 중요하다는 것을 가르쳤으며, 사람은 자기 자신을 즐겁게 하기 위함보다는 하나님을 기쁘시게 하기 위해 살아가야 한다고 가르쳤다.

그리스도를 다시 못 박게 하는 일

히브리서 6:4-8

4한 번 빛을 받고 하늘의 은사를 맛보고 성령에 참여한 바 되고 5하나님의 선
한 말씀과 내세의 능력을 맛보고도 6타락한 자들은 다시 새롭게 하여 회개하
게 할 수 없나니 이는 그들이 하나님의 아들을 다시 십자가에 못 박아 드러
내 놓고 욕되게 함이라 7땅이 그 위에 자주 내리는 비를 흡수하여 밭 가는 자
들이 쓰기에 합당한 채소를 내면 하나님께 복을 받고 8만일 가시와 엉겅퀴를
내면 버림을 당하고 저주함에 가까워 그 마지막은 불사름이 되리라

이 부분은 성경 가운데에서도 가장 무서운 구절 중의 하나인데 처음 부분에는 기독교 신앙생활의 특권이 열거되어 있다.

1. 먼저 기독교인은 "비춤을 얻은 자"다. 비춤을 얻는다는 말은 신약성경에서 즐겨 쓰는 표현인데, 그 이유는 예수께서 세상의 빛이시며 이 세상의 모든 사람에게 비추는 참빛(요 1:9, 9:5)이시기 때문이다. 순교자인 빌니(Bilney)는 "예수 그리스도는 죄인들을 구원하기 위하여 이 세상에 오셨다"는 말은 들었을 때 마치 한밤중에 갑자기 대낮 같은 빛이 비추는 것처럼 느꼈다고 말했다. 그리스도와 함께하는 자에게는 지식의 빛, 환희의 빛, 지도의 빛이 비친다. 비춤을 받는다는 것과 기독교 신앙과는 밀접한 관계가 있었으므로 **비춤을 받는다**(포티제스타이, photizesthai)는 것은 동시에 **세례를 받는다**는 뜻과 같은 동의어다. 사실 이 부분의 구절을 그렇게 이해하고는 세례를 받은 후에 지은 죄는 사함을 받을 수 없다고 생각하는 사람들도 많았다. 그래서 교인들 가운데는 그러한 무서운 일이

일어나지 않게끔 세례 받는 것을 죽는 순간까지 연기하는 자들도 있었다. 이 일에 대해서는 후에 말하기로 하자. 기독교인들은 **하늘에서 주시는 선물**을 맛본 자들이다. 사람들은 그리스도 안에서만 하나님과의 평안을 얻을 수 있다. 죄를 용서 받는다는 것은 인간이 마땅히 가져야 할 권리나 인간 스스로의 어떤 공로 또는 힘으로 이겨 얻는 것이 아니다. 그것은 무상의 선물이다. 사람들은 십자가 밑에 왔을 때만 비로소 마음의 무거운 짐을 벗어 버리게 된다는 것을 경험한다. 기독교인은 하나님께서 무상으로 주시는 용서라는 선물을 받을 때 헤아릴 수 없는 해방감을 맛본다. 이러한 해방감은 인간 스스로의 힘으로 얻는 것이 아니라 은총으로서 주어진다.

II. 기독교인은 "성령에 참여하는 자"다. 기독교인은 인생에서 새로운 목적과 새로운 힘이 주어져서 하나님께서 함께하신다는 것을 새롭게 경험하기도 하며 무엇을 할 것인가를 알게 되고 아울러 그것을 행할 수 있는 힘이 부여되는 것을 발견하게 된다. 다시 말해 성령의 약속이 자신 안에서 이루어지고 있는 것으로 알게 된다.

III. 기독교인은 "앞으로 다가올 세상의 힘을 맛본 자"다. 예전에 유대인이나 기독교인들도 다 같이 세상을 지금 세상과 다가올 세상의 두 가지로 나누었다. 현세(호 눈 아이온, ho nun aion)는 모든 것이 악과 죄에 빠져 있는 시대이며 다가올 내세(호 멜론 아이온, ho mellon aion)는 온전히 하나님의 지배를 받는 선한 시대라고 믿고 있었다. 언젠가는 하나님께서 이 세상에 개입하시며 그때는 이 세상의 것은 모두 산산조각으로 부서지고 파괴되어 주님의 날, 즉 무서운 심판의 날이 온다. 그것은 세상의 종말이며 아울러 돌아오는 세상의 시작이라고 믿고 있었다. 그러나 그리스도를 믿는 사람들은 지금 바로 이곳에서 하나님 날의 기쁨과 축복과 평안과 권세를 경험할 수 있다. 세상에 있는 동안에 이미 영원한 축복의 모든 것을 맛볼 수 있다.

하늘은 이전보다 부드럽게 푸르르고

온 땅은 이전보다 향기롭게 초록이 영롱하니
어느 색깔도 그 무엇인가 생생한 빛 감도는도다.
그리스도를 알지 못하는 자 볼 수 없는 이 아름다움,
지저귀는 새소리는 즐거움에 넘치고
꽃들은 보다 깊은 아름다움에 빛난다.
나는 그리스도의 것이요,
그리스도는 나의 것이라는 걸 알고 나서도
예전과 오늘을 비교하여 보는도다.

히브리서 저자는 그리스도를 믿는 사람들의 여러 가지 축복을 아름답게 묘사해 내고 있다. 그리고 나중에 갑자기 울리는 조종(早種)처럼 **타락한 자**의 상태를 알려 주고 있다.

한번 믿은 후 타락한 자는 다시금 새롭게 회개할 수 없다는 저자의 말은 무슨 뜻일까? 많은 사상가가 **불가능하다**는 이 어휘 속에서 어떤 가능성을 찾아보려고 노력해 왔었다. 에라스무스(Erasmus)는 이 불가능하다(아두나톤, adunaton)는 어휘를 불가능하리만큼 **곤란하다**는 것으로 해석하고 있다. 벵겔(Bengel)은 인간에게 불가능한 것이 하나님께는 가능한고로 은총에서 떨어져 나간 자는 하나님만이 가지신 사랑과 권세에 맡기지 않으면 안 된다고 말했다.

그러나 이 구절을 우리가 읽을 때는 한 가지 염두에 두어야 할 일이 있다. 그것은 **이 편지를 박해의 시대에 썼다**는 사실이다. 박해 시대에 신앙에서 탈락한다는 것은 최대의 죄악이었다. 박해 시대에는 그리스도를 부정하면 죽음을 면할 수가 있었다. 그러나 죽음을 면하기 위해 또는 안락한 생활을 하기 위해 그리스도를 부정하는 자는 교회에 심한 타격을 가했다. 왜냐하면 배신은 신앙보다 자신의 생명이나 안락이 더 귀중하다는 것을 나타내는 행동으로 예수 그리스도가 참다운 주님이 아니라는 것이다. 또한 배신한다는 것은 예수 그리스도보다는 자신에게 더 귀중한 것이 있다는 것을 인정하는 짓이기도 했다. 이러한 사고방식은 박해를 전후해서 반드시 일어나곤 했었다. 예를 들면 이 시대에서 200년이 지난 후에 디오클레티아누스(Diocletian) 황제에 의한 대박해가 일어났었는데 그

거센 풍파가 지난 후에 어떤 사람들은 살아남은 교인 한 사람 한 사람에게 한 가지 시험해 보려 했다. 그것은 "너희는 그리스도를 부정했기 때문에 살아남은 것이 아니냐?"라는 물음이었다. 성도이면서도 그리스도를 부정한 사람이 있는 경우에 교회는 그러한 사람들을 영원히 추방했다.

커밋 에비(Kermit Eby)가 전하는 바에 의하면 어떤 프랑스 교회의 교직자가 프랑스혁명 중에 무엇을 했느냐고 질문 받았을 때 "나는 살아남았소"라고 조그마한 소리로 속삭였다는 것이다. 이것이야말로 그리스도보다도 자신의 생명을 더 중하게 여긴 자에게 내려지는 심판인 것이다. 세례를 받은 후에 지은 죄를 용서 받을 수 없다는 것은 애당초 교리나 신학으로 설정한 것이 아니다. 인간이면서 어떻게 다른 사람이 하나님에게서 용서 받았는지 어떤지를 결정할 수 있단 말인가? 여기에 있는 말씀은 그리스도를 버리면서까지 살겠다고 하는 것이 얼마나 무서운 일인지를 보려고 하는 말인 것이다.

히브리서 저자는 계속해서 놀라운 일들을 말하고 있다. 신앙에서 탈락된 자 또는 그리스도를 부정한 자는 **다시금 그리스도를 십자가에 못 박는 자**라고 한다. 이것이 저 유명한 전설인 **쿼 바디스**의 중심점이다. 네로 황제에 의한 박해 때 로마에서 붙잡힌 베드로는 용기를 잃고는 살기 위해 도망쳤다. 죽음에서 헤어나려고 압피아(Appian) 거리를 도망치면서 마지막 용기도 다 잃어버리고 말았다. 그럴 때 갑자기 자신이 가는 길 앞에 어떤 사람이 서 있지 않은가. 베드로가 눈을 들어 올려다보니 그는 바로 예수이셨다. "**도미네, 쿼 바디스**"(Domine, quo vadis?), 즉 "주여, 어디로 가시나이까?"라고 묻는 베드로에게 "베드로야, 이번에는 너를 대신해서 내가 로마로 돌아가서 다시 한 번 십자가에 못 박히고자 한다"는 대답이 돌아왔다. 베드로는 부끄러웠지만 아울러 용기가 솟아났다. 그는 발길을 돌이켜 로마로 돌아가서 순교의 죽음을 택했다.

후에 로마 역사에 한 사람의 황제가 나타나서는 옛날 같은 박해를 한 번 더 시도해 보고자 했었다. 그 황제의 이름은 율리아누스(Julian)로서 그리스도를 박멸하고 다시 한 번 옛날 생활과 옛날 신들을 부활시키고자 했다. 그러나 그러한 시도는 실패로 끝나고 말았다. 입센(Ibsen)은 율리아누스가 한 말을 다음과 같이 쓰고 있다. "그 사람은 지금 어디에 있는지? 골고다에서 그 사건이 일어난 후 그 사람은 언제나 어디선가 일하고 있다. 지금 그 사람은 어디에 있는 것일까? 예루살렘 근처에 있는 골고다에서 일어났던 그 일, 그 길가에서 일어났던 일은 이제는 과거로 지나간 사건일까? 그렇지 않으면 그 사람은 언제나 살아 있어서 고통을 받고는 죽고, 죽고는 다시 살아나서 이 세상 구석구석까지 세력을 넓히고 있는 것이 아닐까?"

여기에는 하나의 진리가 나타나 있다. 히브리서 저자의 마음속에는 기독교 신앙 중에서도 가장 거대한 사상이 있다. 그것은 십자가상의 일만이 사람의 마음문을 향해 열게 한다는 인식이다. 이 십자가는 영원에서 영원까지 하나님 마음속에 있는 사랑, 즉 사람들을 위해 고난 받으시는 사랑을 시간이 있는 어느 한순간에 보여 주신다. "십자가는 우리 인간을 향해 이것이 바로 내가 지금까지 너희를 사랑해 오고 앞으로도 늘 사랑하고자 하는 사랑이다. 이것이 바로 너희의 현재의 죄와 과거의 죄 또한 미래의 죄가 나를 괴롭히는 모습이다. 또한 그것이 바로 내가 사람들을 죄악에서 구해 내는 유일한 길이다. 인간의 죄는 이제까지 늘 이렇게 해 왔고 앞으로도 똑같은 일을 할 것이다. 인간이 온전히 죄를 더 이상 범하지 않을 때까지"라고 말하고 있다. 하나님의 마음속에는 이 세상에 죄가 존속하는 한 고난 받으시면서도 인간을 구하고자 하는 사랑이 있다. 얼마나 놀랄 만큼 귀한 말씀이 아니겠는가. 우리가 죄를 지을 때는 그리스도를 또다시 십자가에 못 박게 된다. 죄라는 것은 하나님의 율법을 깨뜨리는 것뿐 아니라 다시금 십자가에 달리게 한다는 것은 진실이다.

히브리서 저자는 더 나아가 계속해서 이야기를 진전시켜 우리가 타락했을 때는 그리스도를 조롱거리로 만들게 되고 공중 앞에서 그분을 욕보인다고 말하고 있다. 이것은 도대체 무슨 뜻일까? 우리가 죄를 범하게 될 때 세상 사람들은 이렇게 말할 것이다. "그리스도란 것이 고작 그 정도의 값어치에 지나지 않는 것이로군. 그리스도가 너희를 위해 할 수 있다는 것이 고작 그 정도로군. 십자가란 고작해야 그 정도의 일밖에 할 수 없는 것이로군"이라고. 교인이 타락해 버리면 자신의 수치에 그치는 것이 아니라 그가 속한 교회 전체의 수치가 된다. 그래서 나쁘다는 것이다. 그러나 더욱 나쁜 것은 그러한 타락으로 말미암아 **그리스도**가 세상 사람들에게 조소와 모욕과 야유를 받게 된다는 점이다. 타락한 자는 주님을 욕되게 하며 십자가를 세상의 웃음거리로 만들게 된다.

끝으로 한 가지를 지적해야 될 것 같다. 앞에서 지적한 바 있지만 이 히브리서에는 세 가지의 불가능한 일이 쓰여 있다. 그 하나는 지금 배우는 이 구절에 기록되어 있으며 그 외 나머지 세 가지는 다음과 같은 것이다.

I. 하나님은 거짓말을 하실 수 없다(6:18).

II. 황소나 염소의 피가 능히 죄를 없이 하지 못한다(10:4).

III. 믿음 없이는 하나님을 기쁘시게 하지 못한다.

보다 밝은 면

히브리서 6:9-12

9사랑하는 자들아 우리가 이같이 말하나 너희에게는 이보다 더 좋은 것 곧
구원에 속한 것이 있음을 확신하노라 10하나님은 불의하지 아니하사 너희 행
위와 그의 이름을 위하여 나타낸 사랑으로 이미 성도를 섬긴 것과 이제도 섬
기고 있는 것을 잊어버리지 아니하시느니라 11우리가 간절히 원하는 것은 너
희 각 사람이 동일한 부지런함을 나타내어 끝까지 소망의 풍성함에 이르러
12게으르지 아니하고 믿음과 오래 참음으로 말미암아 약속들을 기업으로 받
는 자들을 본받는 자 되게 하려는 것이니라

여기에서는 히브리서 저자가 독자에게 **사랑하는 자들아**라고 부르고 있는 것에 주목해야겠다. 이렇게 부르고 있는 것은 히브리서 전체를 통해 이곳뿐이다. 저자가 지금까지는 매우 엄격한 언사로 말했지만 이제 사랑의 언사로 말하는 것이 마치 "내가 너희를 그처럼 사랑하지 않는다면 그처럼 엄한 언사로 말하겠느

냐"라고 말하는 것 같다. 크리소스톰(Crysostom)은 저자의 기분을 "너희가 실수를 저지른 후에 슬퍼하는 것보다는 차라리 나의 무서운 경고의 말을 듣는 편이 덕이 된다"고 의역하고 있다. 저자는 진리를 말하고 있다. 그 진리는 아무리 엄한 것이었다 하더라도 사랑의 언사로 말하고 있는 것이다.

더욱이 그의 사랑은 퍽 개인적이다. "우리가 간절히 원하는 바는 **너희 각 사람이** 열의를 다하여 끝까지 소망을 이루는 것이다"고 한 말 가운데서 볼 수가 있다. 이 경우 그는 상대방을 많은 사람으로 생각하는 것이 아니라 그가 잘 알고 있으며 사랑하는 개인적인 한 사람으로 생각하고 있다. 폴 토니어(Paul Tournier) 박사의 저서인 《**한 의사의 기록**》이라는 책을 보면 성경의 **개인적인 관심**이라는 문제에 대해 쓴 구절이 있다.

"하나님은 모세에게 '내가 이름으로도 너를 안다' 고 하셨고(출 33:17), 고레스(Cyrus) 왕에게 '네 이름을 부르는 자가 나 여호와' 라고 하셨다(사 45:3). 이것은 성경에서 개인적 관심을 나타내는 대표적인 성구들이다. 성경을 읽는 사람은 누구라도 개인의 이름이 점유하고 있는 위치가 큰 것에 놀랄 것이다. 성경에는 길고도 긴 계보(系譜)를 연이어서 죽 써 내려간 장(章)이 있는데, 내가 젊었을 때 이러한 계보는 성경에서 빼어 버리는 것이 좋겠다고 생각했다. 그러나 그 후 나는 개인의 이름이 성경적 견해를 나타내고 있는 것을 깨닫게 되었다. 성경적인 입장에서 인간은 단순한 물체나 추상적인 존재 또는 동물학적인 분류나 사상도 아니며 막스주의자들이 말하는 대중의 한 작은 부분이 아니라 하나의 인격이다."

히브리서 저자가 엄격한 말로 기록하고 있는 것은 교회를 책하려는 것이 아니라 개개인의 영혼을 간절한 마음으로 구하고 있는 것인데, 바로 하나님께서 스스로 하시는 바이기 때문이다.

이번 구절에서 두 가지의 흥미 있는 일을 추측할 수가 있다.

1. 히브리서 독자는 기독교 신앙과 지식에서는 성장하지 못하고 비록 당초 열성과 사랑에서 멀리 떨어져 나가기는 했지만 그래도 성도들에 대한 실질적인 봉사와 원조는 포기하지 않았다. 하나님께 몸 바쳐 일하는 사람들을 적극적으로 돕고 있었으며 지금도 그러하다. 여기에 실제적인 진리가 숨어 있다. 신앙생활에도

때로는 권태기가 온다. 때로는 교회 예배가 전혀 무의미한 것이라 느껴지기도 하고 때로는 주일학교나 성가대 봉사 또는 각 기관의 봉사가 즐거움이 없는 노고에 지나지 않다고 느낄 때도 있다. 이럴 때에는 두 가지 일을 할 수가 있다. 그 하나는 교회 출석이나 봉사를 포기하는 것이다. 이러한 경우에는 신앙을 잃게 된다. 다른 또 한 가지는 마음에 썩 내키지는 않지만 계속해서 나가는 일이다. 그렇게 하면 퍽 이상한 일이지만 광명과 감미로움과 즐거움이 되돌아오는 법이다. 권태기를 이겨나갈 수 있는 가장 좋은 방법은 신앙생활과 교회생활의 습관을 버리지 말고 계속해 나가는 길이다. 그렇게 하면 언젠가는 반드시 다시금 햇빛을 볼 수 있게 된다.

II. 저자는 독자에게 믿음과 오래 참음으로 약속을 기업으로 받은 자들을 본받으라고 권고하고 있다. 그 말은 "그리스도를 믿고 그 영광을 바라고 위험을 저지른 것은 너희만이 처음이 아니다. 너희보다 앞서간 사람들도 그와 같이 했으나 모든 시련을 참고 견뎌 이겨 냈던 것이다"라는 뜻이다. 다른 사람들도 악전고투해서 모든 것을 이겨 냈고 힘든 항해를 해서 무사히 항구로 돌아왔으니 이러한 것을 잊지 않았으면 좋겠다는 것이 저자가 독자들에게 제시하고 있는 호소인 것이다. 기독교인이란 미답지(未踏地)를 걸어가는 것이 아니다. 기독교인이 걷는 길은 옛 성도가 이미 걸어갔던 길이다.

확실한 소망

히브리서 6:13-20

13하나님이 아브라함에게 약속하실 때에 가리켜 맹세할 자가 자기보다 더 큰
이가 없으므로 자기를 가리켜 맹세하여 14이르시되 내가 반드시 너에게 복
주고 복 주며 너를 번성하게 하고 번성하게 하리라 하셨더니 15그가 이같이
오래 참아 약속을 받았느니라 16사람들은 자기보다 더 큰 자를 가리켜 맹세

하나니 맹세는 그들이 다투는 모든 일의 최후 확정이니라 [17]하나님은 약속을
기업으로 받는 자들에게 그 뜻이 변하지 아니함을 충분히 나타내시려고 그
일을 맹세로 보증하셨나니 [18]이는 하나님이 거짓말을 하실 수 없는 이 두 가
지 변하지 못할 사실로 말미암아 앞에 있는 소망을 얻으려고 피난처를 찾은
우리에게 큰 안위를 받게 하려 하심이라 [19]우리가 이 소망을 가지고 있는 것
은 영혼의 닻 같아서 튼튼하고 견고하여 휘장 안에 들어가나니 [20]그리로 앞
서 가신 예수께서 멜기세덱의 반차를 따라 영원히 대제사장이 되어 우리를
위하여 들어가셨느니라

하나님께서 아브라함에게 주신 약속은 하나만이 아니었다. 창세기 12장 7절에는 하나님께서 아브라함을 우르(Ur) 지방에서 불러내시어 미지의 약속의 땅으로 보내실 때 하신 약속이 기록되어 있다. 또한 창세기 17장 5–6절은 아브라함의 많은 자손이 축복을 받게 되리라는 약속이다. 창세기 18장 18절은 그 약속의 반복이다. 그러나 하나님께서 하시기로 맹세하신 약속은 창세기 22장 16–18절에 기록되어 있는 것으로, 히브리서 6장 13절의 참뜻은 "하나님이 아브라함에게 많은 약속을 주셨는데 나중에 주신 약속은 맹세로써 그것이 확실한 것이라고 증명하셨다"는 것이다. 이 약속은 이중적인 의미에서 확실성이 있다. 첫째는 하나님의 말씀이기 때문에 확실하다는 것, 둘째는 맹세로써 그 확실성이 증명되어 있다는 점이다. 따라서 이것은 절대로 변함없는 약속이다. 이 약속으로 아브라함의 자손은 모두 축복을 받게 된다. 따라서 참다운 이스라엘이며 진정한 의미에서 아브라함의 자손인 그리스도의 교회가 바로 이 축복을 이어 받게 된다. 하나님께서 약속하신 축복은 예수 그리스도를 통해 실제적으로 주어졌다. 아브라함은 약속된 것을 받기 위해 인내를 쌓았다. 아브라함에게 이삭이라는 아들이 태어난 것은 그가 우르 지방을 떠난 후 25년이 지난 뒤였다. 아브라함은 나이 들고 사라(Sarah)는 임신하지 못하는 여자였으며 유리방황하는 생활이 오래 계속되었지만 아브라함의 희망은 조금도 동요되지 않고 하나님의 약속에 대하여 신뢰를 갖고 있었다.

옛날에 **닻**은 희망을 상징했다. 에픽테토스(Epictetus)는 "배는 하나의 닻에만

의존해서는 안 되며 사람도 한 가지 희망에만 생명을 걸어서는 안 된다"고 말하고, 피타고라스(Pythagoras)는 "부귀라는 닻은 약하다. 명성은 보다 더 약한 닻이다. 그렇다면 강한 닻이란 무엇일까? 지혜와 포용력과 용기, 이것들이 폭풍우에도 흔들리지 않는 닻이다"라고 말했다. 기독교인은 이 세상에서 가장 강한 닻을 갖고 있다고 히브리서 저자는 역설하고 있다.

그럼 소망이란 무엇인가? 그것은 성소의 휘장 안에 들어가는 소망이라고 저자는 말하고 있다. 이것은 어떠한 의미일까? 신전 안에서도 가장 신성한 장소는 지성소다. 휘장이란 이 지성소를 가리는 것이다. 이 지성소에는 하나님께서 거하신다고 일러 이곳에 들어갈 수 있는 사람은 이 세상에서 오직 한 사람뿐이었는데 바로 대제사장이었다. 그러나 대제사장까지도 이 지성소에는 일 년에 단 한 번 속죄일에만 들어갈 수 있었다. 이 속죄일에도 대제사장이 지성소 안에서 오래 머물러 있을 수 없었다. 살아 계신 하나님 앞에 들어간다는 것은 가공스럽고 위험한 일이었기 때문이다. 그래서 히브리서 저자는 "고대 유대교에서는 대제사장 이외에는 그 어느 누구도 하나님 면전에 나갈 수 없으며 대제사장이라 하더라도 일 년에 단 하루만 들어가는 것이 허용되었다. 지금은 예수 그리스도께서 모든 인간이 언제든지 하나님께 들어갈 수 있도록 길을 열어 주셨다. 예부터 닫혀 있던 길이 이제 열린 것이다. 예수께서 우리의 **선구자**로서 성소에 들어가셨기 때문이다"라고 말한다.

선구자라는 원어는 **프로드로모스**(prodromos)로 여기에는 3단계의 뜻이 있다.

I. "앞으로 돌진하는 자"를 의미한다.

II. "선구자"를 뜻한다.

III. 척후나 군대의 정찰대원 또는 전위, 즉 후속 부대의 안전을 확인하기 위해 앞서서 나가는 자를 뜻한다.

예수께서는 맨 처음으로 지성소에 들어가셔서 뒤따르는 사람들의 안전을 도모하셨다. 오랫동안 닫혀 있었고 격리되었던 지성소가 이제 모든 사람에게 열려진 것이다.

이 일을 보다 알기 쉽게 설명해 보기로 하자. 예수가 오시기 이전에는 하나님은 멀리 있는 아주 낯선 존재였으며 극소수의 사람들만이 생명의 위험을 무릅쓰고 접근할 수 있었다. 그러나 지금은 예수의 인격과 그분이 행하신 업적으로 하나님은 모든 사람의 벗이 됐다. 예전에 사람들은 하나님께로 가는 문이 닫혀 있다고 생각했지만, 이제는 하나님 앞으로 가는 길은 모든 사람에게 널리 열려 있다고 할 수 있다.

The Letters to the Hebrews 07

멜기세덱의 반차를 따르는 대제사장

지금부터 배우고자 하는 곳은 히브리서 저자가 가장 중요하다고 생각하는 부분이다. 이 부분은 무척 이해하기 어려운 구절이기 때문에 우리는 특별한 방법으로 배우지 않으면 안 되겠다. 6장은 예수께서 멜기세덱의 반차를 따라 영원히 대제사장이 되셨다는 구절로 끝나고 있다. 멜기세덱의 반차를 따르는 대제사장이란 히브리서 특유의 사상으로 그 배경에는 우리가 퍽 이상하다고 할 만한 사고방식과 의논 방법과 성경을 인용하는 방법이 있기 때문에 그것을 먼저 이해할 필요가 있다. 그래서 우선 히브리서 저자가 멜기세덱의 반차를 따르는 대제사장에 대해 기록하고 있는 것을 모두 수록해서 전체적으로 파악한 연후에 적은 부분으로 나누어 자세하게 공부하는 것이 가장 좋을 것 같다. 우선 저자가 어떻게 이러한 사상에 취했는지를 알고 난 후에 7장을 보다 자세하게 공부하기로 하자. 먼저 이 사상을 취급한 구절을 수록하기로 하자.

맨 처음 것은 히브리서 5장 1–10절에 있는 말씀이다.

히브리서 5:1-10

1대제사장마다 사람 가운데서 택한 자이므로 하나님께 속한 일에 사람을 위

하여 예물과 속죄하는 제사를 드리게 하나니 2그가 무식하고 미혹된 자를 능
히 용납할 수 있는 것은 자기도 연약에 휩싸여 있음이라 3그러므로 백성을
위하여 속죄제를 드림과 같이 또한 자신을 위하여도 드리는 것이 마땅하니
라 4이 존귀는 아무도 스스로 취하지 못하고 오직 아론과 같이 하나님의 부
르심을 받은 자라야 할 것이니라 5또한 이와 같이 그리스도께서 대제사장 되
심도 스스로 영광을 취하심이 아니요 오직 말씀하신 이가 그에게 이르시되
너는 내 아들이니 내가 오늘 너를 낳았다 하셨고 6또한 이와 같이 다른 데서
말씀하시되 네가 영원히 멜기세덱의 반차를 따르는 제사장이라 하셨으니
7그는 육체에 계실 때에 자기를 죽음에서 능히 구원하실 이에게 심한 통곡과
눈물로 간구와 소원을 올렸고 그의 경건하심으로 말미암아 들으심을 얻었느
니라 8그가 아들이시면서도 받으신 고난으로 순종함을 배워서 9온전하게 되
었은즉 자기에게 순종하는 모든 자에게 영원한 구원의 근원이 되시고 10하나
님께 멜기세덱의 반차를 따른 대제사장이라 칭하심을 받으셨느니라

두 번째로 이 사상을 취급한 구절은 히브리서 7장 전체다. 그래서 6장 끝 절에서 예수께서는 **멜기세덱의 반차를 따라 영원히 대제사장이 되셨다**는 말씀을 염두에 두면서 7장 전체를 기록해 보기로 하자.

히브리서 7:1-28

1이 멜기세덱은 살렘 왕이요 지극히 높으신 하나님의 제사장이라 여러 왕을
쳐서 죽이고 돌아오는 아브라함을 만나 복을 빈 자라 2아브라함이 모든 것의
십분의 일을 그에게 나누어 주니라 그 이름을 해석하면 먼저는 의의 왕이요
그 다음은 살렘 왕이니 곧 평강의 왕이요 3아버지도 없고 어머니도 없고 족
보도 없고 시작한 날도 없고 생명의 끝도 없어 하나님의 아들과 닮아서 항상
제사장으로 있느니라 4이 사람이 얼마나 높은가를 생각해 보라 조상 아브라
함도 노략물 중 십분의 일을 그에게 주었느니라 5레위의 아들들 가운데 제사
장의 직분을 받은 자들은 율법을 따라 아브라함의 허리에서 난 자라도 자기
형제인 백성에게서 십분의 일을 취하라는 명령을 받았으나 6레위 족보에 들

지 아니한 멜기세덱은 아브라함에게서 십분의 일을 취하고 그 약속을 받은
그를 위하여 복을 빌었나니 7논란의 여지 없이 낮은 자가 높은 자에게서 축
복을 받느니라 8또 여기는 죽을 자들이 십분의 일을 받으나 저기는 산다고
증거를 얻은 자가 받았느니라 9또한 십분의 일을 받는 레위도 아브라함으로
말미암아 십분의 일을 바쳤다고 할 수 있나니 10이는 멜기세덱이 아브라함을
만날 때에 레위는 이미 자기 조상의 허리에 있었음이라 11레위 계통의 제사
직분으로 말미암아 온전함을 얻을 수 있었으면(백성이 그 아래에서 율법을
받았으니) 어찌하여 아론의 반차를 따르지 않고 멜기세덱의 반차를 따르는
다른 한 제사장을 세울 필요가 있느냐 12제사 직분이 바꾸어졌은즉 율법도
반드시 바꾸어지리니 13이것은 한 사람도 제단 일을 받들지 않는 다른 지파
에 속한 자를 가리켜 말한 것이라 14우리 주께서는 유다로부터 나신 것이 분
명하도다 이 지파에는 모세가 제사장들에 관하여 말한 것이 하나도 없고
15멜기세덱과 같은 별다른 한 제사장이 일어난 것을 보니 더욱 분명하도다
16그는 육체에 속한 한 계명의 법을 따르지 아니하고 오직 불멸의 생명의 능
력을 따라 되었으니 17증언하기를 네가 영원히 멜기세덱의 반차를 따르는 제
사장이라 하였도다 18전에 계명은 연약하고 무익하므로 폐하고 19(율법은 아
무 것도 온전하게 못할지라) 이에 더 좋은 소망이 생기니 이것으로 우리가
하나님께 가까이 가느니라 20또 예수께서 제사장이 되신 것은 맹세 없이 된
것이 아니니 21(그들은 맹세 없이 제사장이 되었으되 오직 예수는 자기에게
말씀하신 이로 말미암아 맹세로 되신 것이라 주께서 맹세하시고 뉘우치지
아니하시리니 네가 영원히 제사장이라 하셨도다) 22이와 같이 예수는 더 좋
은 언약의 보증이 되셨느니라 23제사장이 된 그들의 수효가 많은 것은 죽음
으로 말미암아 항상 있지 못함이로되 24예수는 영원히 계시므로 그 제사장
직분도 갈리지 아니하느니라 25그러므로 자기를 힘입어 하나님께 나아가는
자들을 온전히 구원하실 수 있으니 이는 그가 항상 살아 계셔서 그들을 위하
여 간구하심이라 26이러한 대제사장은 우리에게 합당하니 거룩하고 악이 없
고 더러움이 없고 죄인에게서 떠나 계시고 하늘보다 높이 되신 이라 27그는
저 대제사장들이 먼저 자기 죄를 위하고 다음에 백성의 죄를 위하여 날마다

제사 드리는 것과 같이 할 필요가 없으니 이는 그가 단번에 자기를 드려 이루셨음이라 [28]율법은 약점을 가진 사람들을 제사장으로 세웠거니와 율법 후에 하신 맹세의 말씀은 영원히 온전하게 되신 아들을 세우셨느니라

이상 수록한 것이 히브리서에서 예수를 **멜기세덱의 반차를 따르는 제사장**이라고 기술한 부분이다. 그럼 저자는 이러한 개념으로 도대체 무엇을 나타내고자 하는 것일까?

여기서 우선 저자가 발상한 주된 견해가 무엇인지를 알아두어야겠다. 그 주된 견해는 **종교란 하나님께 접근하는 것**이라는 기본적인 개념이다. 저자가 이해하고 있는 종교의 본질은 두려움이나 장애를 제거하고 사람들에게 하나님께 가까이 갈 수 있도록 이끌어 가는 것이다. 그러기 위해서는 두 가지 일이 필요하다.

첫째, **율법**이다. 사람들이 율법의 계명을 충실하게, 순종하는 마음으로 지켜 나가기만 한다면 하나님과 우호 관계를 유지해 나갈 수가 있으며 하나님에게 가까이 갈 수 있는 길이 열린다. 인간이 율법을 어길 때 하나님과 우호 관계는 중단되어 버리고 하나님께 접근하는 길이 닫히고 만다.

둘째, 이러한 단절을 없애기 위해서는 일이 필요하다. 그것은 **제도와 제물을 바치는 의식 전체**다. 제사장은 라틴어로는 **폰티펙스**(pontifex)라고 하는데 **다리를 놓는 자**를 뜻한다. 다시 말해 제사장은 하나님과 사람 사이에 다리를 놓는 역할을 하며 그 방법은 제물을 바치는 의식이다. 인간이 율법을 어기면 하나님과의 교분은 단절되고 하나님과의 사이에는 장애가 생긴다. 그래서 율법을 어긴 데 대한 속죄를 위해 올바른 제물을 바치는 것으로써 하나님과의 관계가 회복되고 장애도 해소하게 된다. 이것이 번제의 이념인데 실제적으로 인간의 생활을 보면 이러한 제사장 제도나 번제로써는 할 수 없는 일들이었다는 것을 알게 된다. 인간이 죄를 범하면 반드시 하나님과의 교분은 단절되고 만다. 그리하여 이러한 단절은 아무리 제사장이 노력을 기울인다 할지라도 또한 어떠한 종류의 제물을 바친다 할지라도 해소될 수가 없으며 죄를 범한 인간은 하나님과 더불어 평안함을 맛볼 수가 없다. 그래서 새롭고도 종래와는 좀 색다른 제사장 제도가 요구되며 더욱이 새롭고도 죄를 제거할 수 있는 제물이 필요하다. 이것이 바로 히브리

서 저자가 주장하는 바다. 그렇지 않으면 하나님 앞으로 가는 길은 영원히 열리지 않는다. 히브리서 저자는 예수 그리스도 안에서 하나님께로의 길을 열어 주는 유일한 대제사장을 보고 있으며 예수께서 바로 **멜기세덱의 반차를 따르는** 제사장이시라고 일컫고 있다.

그럼 그의 이러한 사상은 어디에서 얻은 것일까? 그것은 구약성경의 두 가지 구절에서 얻은 것인데 우선 생각할 수 있는 것이 시편 110편 4절이다.

> 여호와는 맹세하고 변하지 아니하시리라 이르시기를
> "너는 멜기세덱의 서열을 따라 영원한 제사장이다".

다음 한 가지 구절은 창세기 14장 17–20절로 멜기세덱의 기원을 기록한 구절이다.

> 아브람이 그돌라오멜과 그와 함께한 왕들을 쳐부수고 돌아올 때에 소돔 왕이 사웨 골짜기 곧 왕의 골짜기로 나와 그를 영접하였고 살렘 왕 멜기세덱이 떡과 포도주를 가지고 나왔으니 그는 지극히 높으신 하나님의 제사장이었더라 그가 아브람에게 축복하여 이르되 천지의 주재이시요 지극히 높으신 하나님이여 아브람에게 복을 주옵소서 너희 대적을 네 손에 붙이신 지극히 높으신 하나님을 찬송할지로다 하매 아브람이 그 얻은 것에서 십분의 일을 멜기세덱에게 주었더라

멜기세덱의 반차를 따르는 제사장이라는 저자의 사상은 이상의 두 구절에서 비롯된 것이다. 그러나 저자가 여기서 무엇을 말하려는지를 이해하기 위해서는 우선 유대인이 어떠한 방법으로 성경을 해석하고 있었는지를 알아 두어야겠다. 왜냐하면 히브리서 저자는 아주 노련한 유대 랍비가 사용하고 있던 성경 해석 방법을 사용하고 있기 때문이다.

그럼 랍비들이 해석하던 방법을 이해하기 위해 두 가지 것을 알아야겠다.

I. 유대의 율법 학자들은 성경구절에는 "네 가지" 의미가 있다고 생각해서

각각 네 가지 다른 명칭으로 불렀다. 1. **페샤트**(Peshat)라 해서 이것은 문자 그대로의 의미를 뜻하고 2. **레마즈**(Remaz)라 해서 암시적인 의미를 뜻하고 3. **데러쉬**(Derush)라 해서 장기간에 걸쳐 신중히 검토한 후에 알아낸 의미를 뜻하고 4. **쏘드**(Sod)라 일컬어 비유적이고 내면적인 의미를 뜻한다. 이 네 가지 의미 중에서도 다른 것과 비교해서 훨씬 중요한 것은 네 번째의 쏘드, 즉 내면적이고 비유적이며 신비적인 의미다. 유대인은 말 그 자체의 문자상이나 사실이나 눈에 보이는 그러한 의미보다는 오히려 그 말에서 끌어 낼 수 있는 비유적이고 신비적인 의미를 중시해서 어떤 특정한 성경구절이 나타내는 문자 그대로 의미와는 관계없는 내면적인 의미를 읽어 내는 것을 즐겼다. 따라서 어떠한 말을 문맥에서 따로 떼어 내어 그 말에서 우리가 생각할 수조차 없고 옳지 않다고 생각될 만한 의미를 끄집어 내는 것이 허용되었다. 이것을 바로 히브리서 저자가 여기에서 하고 있는 것이다.

II. 유대인이 성경을 해석하는 경우 "입 밖으로 내는 말"뿐만 아니라 "소리 내지 않는 말"을 토대로 이론을 전개한다는 것은 당연한 일이라고 생각했다. 다른 말로 바꾸어 말하면 성경이 말씀하는 것뿐 아니라 말씀하지 않은 것을 토대로 논해 가는 것으로써 히브리서 저자도 멜기세덱에 대해 성경에서 기록한 것만이 아니라 성경이 기록하지 않은 것에 논리의 근거를 두었다.

그렇다면 멜기세덱의 반차를 따르는 제사장과 통상적인 아론계의 제사장이 다른 점이 무엇인지 알아보자.

I. "멜기세덱에는 족보가 없다." 그에게는 아버지도 어머니도 없었다(히 7:3). 우선 여기서 성경의 **소리 내지 않는 침묵**에서 이론을 끌어 내고 있다는 사실에 주의해야겠다. 성경에는 멜기세덱에 대한 족보가 기재되어 있지 않다. 이것은 두 가지 이유로 이상한 일이다.

1. **창세기**의 관례에 반대되는 현상이다. 족보는 창세기의 특징 중 하나이며 조상의 이름이 반복되어 기록되어 있다. 그런데도 멜기세덱은 말하자면 어디에서 왔는지도 모르게 갑자기 나타났다. 이것은 예삿일이 아니다.

2. 이것이 보다 훨씬 중대한 일이기는 하지만, 아론계의 제사장 제도의 경우와는 정반대로 아론계의 이 제도는 완전히 세습적인 것이었다. 유대의 율법하에서는 제사장이 되는 사람은 끊어지지 않고 아론까지 소급되는 족보가 있어야 했으며 그 족보가 없으면 아무리 조건이 갖추어져 있고 인품이 있고 능력이 있다손 치더라도 그러한 사람은 결코 제사장이 될 수가 없었다. 이 족보만이 절대 필요 불가결한 것이었다. 유대 사람들이 포로의 땅에서 예루살렘으로 돌아왔을 때 제사장의 가계를 가진 사람이 이 족보를 제출할 수가 없게 되어 영원히 제사장의 직분에서 제거됐던 것이다(스 2:61–63; 느 7:63–65). 반면 아론까지 이르는 족보가 있는 자는 어떤 특정한 신체적인 결함이 없는 한 반드시 제사장이 될 수 있었다. 족보는 문자 그대로 모든 것이었다. 그래서 아론계의 제사장 제도와 멜기세덱의 반차를 따르는 제사장과의 첫째 상위점은 이러하다. **아론계의 제사장 직분은 아론의 족보를 가진 자라야 한다는 것에 대하여 멜기세덱의 제사장은 개인의 자격만이 문제되었다. 멜기세덱의 제사장 자격은 조상에게서 이어받은 것이 아니라 그 사람의 인품**이었다. 어느 학자가 말한 바와 같이 한쪽은 **합법성**을 근거로 하고 다른 한편은 그 **인격**을 근거로 하였다.

II. 히브리서 7장 1–3절은 멜기세덱의 다른 자격을 나타낸다. 멜기세덱이라는 이름의 글자 그대로 뜻은 **의의 왕**이다. **살렘**이란 **평강**이라는 뜻이므로 그는 **평강의 왕**이기도 하다.

앞에서도 말한 바와 같이 그는 아버지도 없고 어머니도 없으며 족보도 없었다. 여기서 저자는 다시금 성경에서 말하지 않은 것에서 결론을 유도해 내고 있다. 멜기세덱이 언제 제사장의 직분을 행하고 언제 그것을 그만두었는지 알 수가 없다. 그리고 그가 언제 태어나고 죽었는지도 확실히 알 수가 없다. 그리하여 그에게는 시작도 없었고 종말도 없으며 제사장의 직분은 영원히 계속된다. 멜기세덱의 제사장으로서 직분에는 다섯 가지 위대한 특질이 있다.

1. 그는 **의의** 제사장이다.
2. 그는 **평강의** 제사장이다.
3. 그는 **왕족 출신의** 제사장이다. 멜기세덱은 왕이었기 때문이다.

4. 이 제사장 제도는 **세습적인 것이 아니라 개인의 자격**에 근거를 두고 있다. 멜기세덱에게는 아버지도 없었고 어머니도 없었으며 족보마저 없었기 때문이다.

5. 이 제사장 제도는 **영원한 것**이다. 멜기세덱에게는 생애의 시작도 없고 종말도 없는 것처럼 제사장 직분에는 시작도 없고 끝도 없기 때문이다.

이러한 것이 멜기세덱의 반차를 따르는 제사장과 통상적인 제사장의 차이점이다.

III. 이상 이 모든 것이 사실이라고 하더라도 멜기세덱의 제사장 제도가 아론의 그것보다 훨씬 뛰어나다는 것을 어떻게 증명할 수 있겠는가? 이 점을 증명하기 위해 히브리서 저자는 멜기세덱에 대한 창세기의 기록에서 두 가지 점을 파악하고 있다.

첫째로, **아브라함이 그 얻은 것에서 십분의 일을 멜기세덱에게 주었다**는 사실이다. 일반 제사장들도 십분의 일을 받고 있었다. 그러나 여기에 쓰인 십분의 일은 두 가지 점에서 다르다. 일반적인 제사장은 그들의 형제들, 즉 유대의 동포에게서 십분의 일을 받아들였다. 이것은 율법에서 정한 것으로 제사장의 법적인 권한이라고 할 수 있겠다. 그러나 멜기세덱은 아브라함에게서 십분의 일을 받았다. 그것도 아브라함은 유대 민족의 족장으로서 멜기세덱과는 혈통적으로 아무런 관련도 없었다. 더욱이 멜기세덱이 십분의 일을 받았다는 것은 율법에 따라 주어진 권리로서가 아니라 그 자신이 **갖추었던** 권리였던 것이다. 그것이 바로 멜기세덱이 일반적인 제사장보다 훨씬 뛰어나다는 것을 분명히 보이는 점이다.

둘째로, **멜기세덱이 아브라함을 축복했다**고 창세기에 기록되어 있다. 축복은 신분이 높은 위치에서 할 수 있었다. 또 아브라함은 유대 민족의 시조로서 특별히 하나님의 축복을 받던 사람이었다. 그러니 이것이야말로 멜기세덱보다 높은 위치에 있는 자가 없다고 할 수 있다.

그래서 브루스(A. B. Bruce)는 멜기세덱이 통상적인 레위족의 제사장보다도 뛰어나다는 점을 다음과 같이 요약하였다.

1. 그는 아브라함에게서 십분의 일을 받았기 때문에 아브라함보다도 뛰어났다. 아브라함은 유대 민족의 한 사람이었다. 족장이란 그 자손들보다도 뛰어나

기 때문에 멜기세덱은 아브라함의 자손들보다도 뛰어났다. 통상적인 제사장은 아브라함의 자손이므로 멜기세덱은 그들보다도 뛰어나다는 것이다.

2. 레위족 사람들은 율법에 의해 십분의 일을 받을 권리가 부여됐지만 멜기세덱은 다른 사람들에게서 부여된 것이 아니라 자기 스스로 그 권리를 구비하고 있었기 때문에 레위의 자손들보다도 뛰어나다는 것이다.

3. 레위족은 죽을 인간으로서 십분의 일을 받았지만 멜기세덱은 영원히 살아 있는 자로서 이것을 받았다는 것이다(히 7:8).

4. 이스라엘 백성에게서 십분의 일을 받았던 레위족이 멜기세덱에게 십분의 일을 바쳤다고 할 수 있겠다. 레위는 아브라함의 자손들로서 아브라함이 십분의 일을 바쳤을 때에는 그들은 아브라함의 몸속에 있었다고 할 수 있기 때문이다.

이러한 모든 것으로 멜기세덱이 레위족의 제사장보다도 뛰어나다는 것을 알 수 있다.

IV. 히브리서 7장 11절 이하에서 저자는 "새로운 제사 직분이 뛰어나다"는 점을 들고 있다.

1. **새로운 제사 직분이 약속되어 있다는 사실**(히 7:11)**은 예전 제사 제도에 결함이 있었다는 것을 나타낸다**. 예전의 제사 제도가 인간을 하나님께로 인도하는 역할을 이행했다면 멜기세덱의 반차를 따르는 제사장은 필요하지 않았을 것이다. 새로운 제사장 제도를 받아들인 것은 혁명적이라고 할 수 있다. 율법에 따른다면 제사장은 모두 **레위족에 속하는** 자라야 하는데 예수께서는 **유대족** 출신이기 때문이다. 이러한 일 자체가 모든 낡은 제도는 이미 과거의 것이고 율법도 그 기능을 상실했다는 것을 의미한다. 이제 비로소 율법보다도 훨씬 위대한 것이 왔으며 율법은 사문화되고 말았다.

2. **새로운 제사장 제도는 영원히 계속된다**(히 7:15-19). 낡은 제사 제도를 따른 제사장은 계속해서 죽어 가고 있지만 이제 나타난 제사장은 영원히 살아 있다는 것이다.

3. **새로운 제사 제도는 하나님의 맹세에 의하여 세워졌다**. 시편 110편 4절에는 "여호와는 맹세하고 변하지 아니하시리라 너는 멜기세덱의 서열을 따라 영원한

제사장이라"고 기록되어 있다. 하나님께서 경솔하게 맹세하실 리가 없는 것이다. 맹세했다는 것은 참으로 새로운 존재의 출현을 의미하고 있다.

4. **새로운 제사장은 자신을 위해 제사 드릴 필요가 없다**(히 7:27). 이때까지 낡은 제사장이라면 백성의 죄를 위하여 제사 드리기 전에 먼저 **자기 자신의 죄를 위하여** 제사를 드려야 했다. 그러나 새로운 대제사장이 되신 예수 그리스도께서는 죄가 없으시므로 자신을 위해 제사 드릴 필요가 없다.

5. **새로운 제사장은 끊임없이 되풀이해서 자신을 위해 제사 드릴 필요가 없다**(히 7:27). 그는 단 한 번 완전한 제사를 드렸으니 두 번 다시 되풀이할 필요가 없다. 한 번 드린 제사가 하나님 앞에 이르는 길을 영원히 열었기 때문이다.

여기서 히브리서 저자가 멜기세덱의 반차를 따르는 대제사장이라고 한 말의 뜻을 간단하게 요약해 보기로 하자. 의미를 좀더 분명하게 표현하기 위해 사소한 설명은 생략하고 보다 현저한 중심 사상만을 기술하기로 하자.

I. 예수께서는 대제사장이신가. 제사장의 직분은 족보로 인한 것이 아니다. 예수 자신이 지니신 독자적인 자격에 의한 것이다.

II. 대제사장이신 예수께서는 영원히 살아 계시며 죽는 일이 없으시다.

III. 대제사장이신 예수께서는 죄가 없으시므로 자신의 죄를 위해 제사를 드릴 필요가 없으시다.

IV. 대제사장이신 예수께서는 자신을 완전한 제물로 바치셨다. 따라서 날마다 제사를 드릴 필요가 없다. 오직 단 한 번의 제사로써 하나님에게 이르는 길을 열어 주는 영원한 효력을 갖게 되는 것이다.

제사장의 역할이란 하나님에게 가까이 가는 길을 여는 것이다. 예수께서는 단 한 번으로 이러한 일을 이행하셨다. 그 결과는 영원한 것이며 이 땅 위에 제사 직분으로서는 이행할 수 없는 역사다.

이상 설명한 것이 예수 그리스도께서 멜기세덱의 반차를 따르는 제사장이시라고 저자의 심중에 있던 일반적인 사상이라 할 수 있다. 이러한 중심 사상을 항상 염두에 두면서 각 항목으로 나누어서 자세히 공부하기로 하자.

참되신 임금과 참되신 제사장

히브리서 7:1-3

1이 멜기세덱은 살렘 왕이요 지극히 높으신 하나님의 제사장이라 여러 왕을
쳐서 죽이고 돌아오는 아브라함을 만나 복을 빈 자라 2아브라함이 모든 것의
십분의 일을 그에게 나누어 주니라 그 이름을 해석하면 먼저는 의의 왕이요
그 다음은 살렘 왕이니 곧 평강의 왕이요 3아버지도 없고 어머니도 없고 족
보도 없고 시작한 날도 없고 생명의 끝도 없어 하나님의 아들과 닮아서 항상
제사장으로 있느니라

이미 우리가 배워서 아는 바와 같이 히브리서 저자는 논증의 근거를 두 가지 구절에 두고 있는데 시편 110편 4절과 창세기 14장 18-20절이다. 창세기의 기록을 보면 멜기세덱은 매우 이상하고 무시무시하다고 느낄 만한 인물이었다. 그는 어디에서라고 할 수 없이 갑자기 나타났고, 생애에 대해서는 출생이나 죽음이나 족보도 전혀 알 수가 없다. 단지 갑자기 나타나서는 아브라함에게 빵과 포도주를 주었던 것인데 전술한 성경 구절을 읽고 우리가 알 수 있는 바로는 이는 성찬으로 생각된다. 그는 아브라함을 축복한 후에 나타날 때와 마찬가지로 아무 예고도 없이 돌연 역사의 무대에서 그 자취를 감추었다. 이러한 신비성 가운데서 히브리서 저자가 그리스도의 형상과 그림자와 상징을 찾아냈다는 것은 조금도 이상한 일이 아니다.

멜기세덱이라는 이름은 의의 왕을 뜻하고 그 영토인 살렘은 평강이니 그는 또한 평강의 왕이기도 하다. 의 다음에 평강이라는 순서는 의미심장하고도 바꿀 수가 없다. **평화가 오기 위해서는 먼저 정의가 이행되지 않으면 안 된다.** 의로움

없는 평강이란 있을 수 없다. 바울은 로마서 5장 1절에 "그러므로 우리가 믿음으로 **의롭다** 하심을 받았으니 우리 주 예수 그리스도로 말미암아 하나님과 화평을 누리자"고 기록했고 로마서 14장 17절에는 "하나님의 나라는… **의와 평강과 희락이라**"고 말하고 있다. 이러한 순서는 항상 변함이 없이 먼저는 의, 그 다음으로 평강이 온다.

인간은 그 생애를 걸고 화평함을 탐구하고 있는데 그릇된 곳에서 찾으려는 경우가 많다고 흔히 말하고 있다.

I. 인간은 "도피"로써 화평을 찾고 있다. 그러나 도피로써 일어나는 문제점은 사람이 아무리 도피한다 하더라도 원점으로 돌아오게 마련이다. 고십(A. J. Gossip)은 어디에서인가 행실이 나쁜 한 여인을 묘사하고 있다. 이 여자는 채신머리가 없어서 게으르고 단정하지 못하고 먼지투성이 집에서 생활하고 있었다. 그녀는 오후만 되면 집을 나서서는 영화관으로 가서 한두 시간 동안 영화 속 세계의 화려하고도 호화로운 생활을 즐기고는 집으로 다시 돌아가곤 했다. 그녀는 일시적으로는 도피를 잘했다고 하겠지만 결국 원점으로 돌아갔다. 맥그레골는 팬즈(Pans)라고 하는 에딘버러의 비참한 빈민가에서 살고 있던 한 노파에 대한 이야기를 하고 있다. 때마침 그녀는 자신의 생활환경에 염증을 느끼고 친구들 사이를 돌아다니면서 그들에게서 한두 푼씩 받아 가지고 와서는 어찌할 수 없이 술에 취해 버리곤 했었다. 딴 사람들에게서 충고를 받으면 이렇게 대답했다. "위스키를 조금 마시려고 저 빈민굴에서 빠져 나오고자 하는데 그것도 안 된다는 건가?" 이것도 도피다. 그러나 역시 돌아오게 된다. 즉, 그것은 일시적인 도피인 것이다. 도피로써 어떤 종류의 화평함을 얻는다는 것도 가능하기는 하지만, 그러한 화평은 영속적인 것이 아니다. 존슨(Johnson) 박사는 인간이란 과학이나 그와 유사한 여러 가지 것에 관심이나 취미를 붙여서 마음을 쉬게 하고 회복시키는 기회를 가능한 한 많이 가질 필요가 있다고 했다. 그러나 그러한 경우에도 원래의 생활로 되돌아가야 한다는 문제점이 있다. 도피가 그릇된 것은 아니다. 때로는 몸의 건강이나 마음의 평정을 유지하기 위해서도 필요하다. 그러나 도피는 일시적으로 억제되는 것이지 근본적으로 문제를 해결하지는 못한다.

II. "회피"로써 화평을 구하고 있다. 많은 사람은 자신이 당면하고 있는 문제를 회피함으로써 화평함을 찾고자 한다. 때로는 문제 자체를 피하려 하고 때로는 그것을 마음 한 구석으로 밀어붙여서 잊어버리려고도 한다. 이러한 태도에 대해 두 가지 일을 말할 수 있겠다. 첫째는 아무리 문제를 직시하는 것을 회피한다 하더라도 문제 자체를 해결할 수는 없다는 것이다. 어떠한 방법으로 문제를 회피한다 해도 문제 그 자체는 아직 그대로 남아 있다. 문제는 마치 질병과 같은 것이어서 회피하는 동안에 점점 더욱 악화되어 치유할 수 없게 되며 급기야는 해결하는 길을 잃고 만다. 둘째 것은 보다 더 심각하다. 심리학에 따르면 인간의 마음이란 항상 끊임없이 작용하고 있어서 의식의 층에서는 문제를 기피한다 하더라도 잠재 의식에서는 잊을 수가 없다는 것이다. 그것은 포탄의 파편이 몸 안에 들어가 있는 것과 같은 것이어서 죽음을 초래하는 위험마저도 갖고 있다. 회피는 화평함을 초래하기보다는 오히려 화평을 파괴한다.

III. "타협"으로써 화평을 구하고 있다. 어떠한 종류의 타협으로써 어떤 류의 화평을 찾는다는 것이 가능하다 할 수 있다. 사실 이것이 이 세상에서 가장 많이 사용되는 방법이기도 하다. 올바른 주장을 굽히고 서로가 만족하지 못하면서 불유쾌한 기분으로 동의하는 경우가 바로 이러한 경우의 한 예다. 커밋 에비(Kermit Eby)는 사람들은 일시적으로는 타협할 수가 있다. 그러나 밤에 편히 쉬려고 한다면 언젠가는 반드시 자신의 입장을 분명히 하고 책임을 져야 한다고 말하고 있다. 타협이란 긴장을 의미한다. 그것은 마음속 깊이 숨어 있는 긴장이다. 그래서 긴장이 계속되는 한 근심 걱정이 마음을 좀먹게 되며 급기야는 타협이란 것이 평화의 적이 되고 만다.

IV. "의"의 길이 있다. 다른 말로 바꾸어 말한다면 **하나님 뜻을 따르는 길**이 있다는 것이다. "하나님의 뜻대로 이루소서"라고 말하기 전에는 인간에게 평화는 없다. 그러나 일단 그러한 느낌이 들면 화평함이 우리 영혼에 밀물처럼 충만해진다. 이것은 예수께서도 경험하신 바다. 예수께서 겟세마네 동산으로 들어가실 때에는 그 영혼이 깊은 근심과 긴장에 싸여 피땀을 흘리시기까지 했지만, 그곳에서 하나님의 뜻을 받아들였을 때 비로소 평화를 얻을 수 있었다. 의로운 길을 걷는 것은 하나님의 뜻을 따른다는 것이고 곧 마음의 동요나 불안을 제거하는 길이다. 이것이 바로 영원한 평화를 얻는 최종적인 길이다.

히브리서 저자는 여러 가지 표현으로 멜기세덱에게는 계보가 없다는 것을 강조하고 있다. 그것은 예수 그리스도라고 하는 새로운 제사 직분과 옛날 아론의 제사 직분을 비교하기 위함이다. 유대의 제사장은 아론의 때에서 중단되지 않고 계속해 내려오는 족보를 보이지 않으면 제사장이 될 수가 없었으며 그러한 족보만 있으면 그 외 어떠한 난점이 있다손치더라도 제사장이 될 수 있었다. 또한 제사장이 결혼하는 경우 신부가 제사장의 딸이면 4대 전까지 족보를 제시해야 했고 제사장의 딸이 아닌 경우에는 5대 전까지 계보를 보여야 했던 것이다.

이와 같이 유대의 제사장 제도는 그 전체가 족보에 기초를 두고 있었으며 개인적인 자격은 전혀 도외시했다. 그러나 예수 그리스도께서는 참다운 제사장이시며 그 자격은 족보로 인한 것이 아니라 개인의 인격에 의한 것이다.

앞에서 말한 바와 같이 여기에서 히브리서 저자가 여러 가지 말을 쓰고 있는 것은 이러한 사실을 강조하기 위해서였는데 그 중에는 실로 놀랄 만한 표현이 사용되어 있기도 한다. 먼저 저자는 예수에게는 **계보가 없다**고 말하고 있다. 이것을 의미하는 그리스 어휘는 **아게네알로게토스**(agenealogētos)인데, 이 어휘는 우리가 알고 있는 바로는 지금까지 그리스의 작가가 한 번도 쓰지 않았던 어휘다. 저자는 예수의 권세가 계보로 말미암은 것이 아니라는 것을 강조하고 싶은 나머지 이러한 새로운 어휘를 만들어서 새로운 사실을 전하고자 했던 것이리라.

저자는 멜기세덱에게는 아버지도 없고 어머니도 없다고 말하고 있는데 아비도 없고 어미도 없다고 저자가 사용한 헬라어는 **아파톨**(apatōr)과 **아메톨**(amētōr)이다. 이 말은 퍽 흥미롭다. 이 어휘는 일반 사회에서 사용됐던 헬라어에 따르면 창부나 부자 또는 하층 계급의 사람들을 경멸하여 조상도 없고 뼈 없는 집안의 인간이라는 기분을 나타낸다. 아파톨, 즉 아비 없는 자란 당시 그리스 문헌에 기록된 법률용어로 정식 문서, 특히 출생증명서에 **부친불명**, 즉 **사생아**라고 적기도 했던 것이다. 예를 들면 어떤 파피루스에는 "케레몬(Chairēmōn), 아파톨, 부친불명, 모친은 타세스(Thasēs)"라고 기록되어 있는 것 등이다.

히브리서 저자는 이러한 어휘를 사용해서 강조하려는 점을 보다 선명히 하려고 시도했다. 그리스도를 믿는 작가들의 필치가 인간의 명예를 되찾을 뿐 아니라 말이 지니고 있는 치욕까지도 제거한다는 것이 매우 이상한 일이라고 하겠으나 히브리서 저자는 예수의 권위가 예수 자신 안에 있는 것이지 남에게 의존한 것이 아니라는 점을 강조하기 위해 강한 느낌을 지닌 어휘를 사용하였다.

멜기세덱의 위대함

히브리서 7:4-10

4이 사람이 얼마나 높은가를 생각해 보라 조상 아브라함도 노략물 중 십분의
일을 그에게 주었느니라 5레위의 아들들 가운데 제사장의 직분을 받은 자들
은 율법을 따라 아브라함의 허리에서 난 자라도 자기 형제인 백성에게서 십
분의 일을 취하라는 명령을 받았으나 6레위 족보에 들지 아니한 멜기세덱은
아브라함에게서 십분의 일을 취하고 약속을 받은 그를 위하여 복을 빌었나
니 7논란의 여지 없이 낮은 자가 높은 자에게서 축복을 받느니라 8또 여기는
죽을 자들이 십분의 일을 받으나 저기는 산다고 증거를 얻은 자가 받았느니
라 9또한 십분의 일을 받는 레위도 아브라함으로 말미암아 십분의 일을 바쳤
다고 할 수 있나니 10이는 멜기세덱이 아브라함을 만날 때에 레위는 아직 자
기 조상의 허리에 있었음이라

여기에서 저자는 멜기세덱의 반차를 따르는 제사장이 일반 제사장보다 뛰어나다는 것을 증명하려고 십분의 일을 바치는 것에 대해 기술하고 있다. 아브라함은 멜기세덱에게 십분의 일을 주었다. 말하자면 전리품 가운데서 십분의 일을 바쳤던 것이다. 이 십일조에 대해서는 민수기 18장 20-21절에 기록되어 있는 바와 같이 레위족은 약속의 땅에서 자신들의 영토를 갖지 못하는 대신에 회막에서 봉사하는 대가로 모든 것의 십분의 일을 받기로 법률로써 정해 놓았다. "여

호와께서 또 아론에게 이르시되 너는 이스라엘 자손의 땅에 기업도 없겠고 그들 중에 아무 분깃도 없을 것이나 이스라엘 자손 중에 네 분깃이요 네 기업이니라 내가 이스라엘의 십일조를 레위 자손에게 기업으로 다 주어서 그들이 하는 일 곧 회막에서 하는 일을 갚나니"라고 하셨다. 이와 같이 레위 자손들은 율법에 따라서 이스라엘 사람들에게서 산물의 십분의 일을 받을 권리가 부여되었다. 그리하여 저자는 다섯 가지 점을 지적해서 멜기세덱이 레위족의 제사장보다도 뛰어나다는 것을 밝히려 하고 있다.

I. 레위족은 이스라엘 사람들에게서 십분의 일을 받아들였다. 이것은 레위족만이 부여받은 특권이었다. 그런데 멜기세덱은 레위족의 한 사람이 아닌데도 아브라함에게서 십분의 일을 받았다. 이러한 일은 멜기세덱이 레위족과 동격이라는 것을 의미한다 하더라도 레위족보다 뛰어나다는 증명은 되지 않는다. 그래서 저자는 다음의 네 가지 점을 추가하고 있다.

II. 레위족은 동포인 이스라엘 사람에게서 십분의 일을 받았지만 멜기세덱은 이스라엘 사람이 아니다. 말하자면 외국인이다. 또한 이 멜기세덱에게 십분의 일을 바친 사람은 보통 사람이 아니라 이스라엘 민족의 시조인 아브라함이었다.

III. 레위족이 십분의 일을 받는 것은 율법으로써 정한 권한에 따른 것이나 멜기세덱이 십분의 일을 받은 것은 법에서 정한 것이 아니라 자신의 인격으로 구비된 권위에 따른 것이다. 그의 인격은 본질적으로 위대했기 때문에 십분의 일을 받는 자격을 부여하는 율법은 필요하지 않았다.

IV. 레위족은 죽을 사람으로서 십분의 일을 받았지만 멜기세덱은 영원히 살아 있다.

V. 최종적으로 저자는 참으로 기묘한 이론을 전개하는데 이에 앞서서 설명을 더하고 있다. 레위는 아브라함의 직계 자손으로서 십분의 일을 받을 권리를

율법으로써 부여된 유일한 부족이다. 여기서 레위가 아브라함의 직계 자손이라고 하는 것은 레위가 이미 아브라함의 몸 안에 있다는 것을 뜻한다. 아브라함이 이삭을 낳고, 이삭은 야곱을 낳고, 야곱이 레위를 낳았다. 그래서 레위는 장차 세상에 나올 자로서 아브라함의 몸 속에 있었다고 말할 수 있겠다. 그래서 아브라함의 몸속에 있던 레위도 멜기세덱에게 십일조를 바쳤다는 결과가 된다. 율법으로써 십분의 일을 받을 권리가 부여된 유일한 부족인 레위가 멜기세덱에게 십분의 일을 바쳤다는 것은 멜기세덱이 레위보다 뛰어나다는 것을 결정적으로 증명한다. 이것은 참으로 묘한 논법으로 우리에게는 퍽 이상하게 들리지만 랍비의 논법으로 당시의 사람들을 설득하는 데는 힘을 갖고 있었음에 틀림없다.

매우 이상한 일이지만 이 논법에는 어떠한 위대한 진리가 내포되어 있다. 그것은 사람이 그 자손들에게 영향을 끼친다는 사실이다. 어떤 사람이 죄를 범하면 자손들에게 죄를 범하기 쉬운 경향이나 육체적인 결함 또는 이 둘 다 전하게 된다. 숭고하고도 순결한 인격을 구축한 사람이 있다면 그 사람의 뛰어난 성향을 뒤에 태어나는 후세에게 전하게 된다. 히브리서 저자의 논리로는 레위는 아브라함의 행위에 의해 영향을 받았다는 것이다. 이러한 랍비의 기묘한 논술에는 사람이란 자기 자신만을 위해 살아가는 것이 아니라 자신을 뒤따르는 후손들에게 영향을 끼치게 된다는 진리가 숨겨져 있다.

새로운 제사장과 새로운 길

히브리서 7:11-20

11레위 계통의 제사 직분으로 말미암아 온전함을 얻을 수 있었으면(백성이
그 아래에서 율법을 받았으니) 어찌하여 아론의 반차를 따르지 않고 멜기세
덱의 반차를 따르는 다른 한 제사장을 세울 필요가 있느냐 12제사 직분이 바
꾸어졌은즉 율법도 반드시 바꾸어지리니 13이것은 한 사람도 제단 일을 받들
지 않는 다른 지파에 속한 자를 가리켜 말한 것이라 14우리 주께서는 유다로

부터 나신 것이 분명하도다 이 지파에는 모세가 제사장들에 관하여 말한 것
이 하나도 없고 [15]멜기세덱과 같은 별다른 한 제사장이 일어난 것을 보니 더
욱 분명하도다 [16]그는 육신에 속한 한 계명의 법을 따르지 아니하고 오직 불
멸의 생명의 능력을 따라 되었으니 [17]증언하기를 네가 영원히 멜기세덱의 반
차를 따르는 제사장이라 하였도다 [18]전에 있던 계명은 연약하고 무익하므로
폐하고 [19](율법은 아무 것도 온전하게 못할지라) 이에 더 좋은 소망이 생기니
이것으로 우리가 하나님께 가까이 가느니라 [20]또 예수께서 제사장이 되신 것
은 맹세 없이 된 것이 아니니

우리가 이 구절을 공부하는 데 히브리서 저자가 늘 품고 있던 종교에 대한 기본적인 이념이 무엇이었는지를 알아두어야겠다. 그에게 종교란 하나님 앞으로 가까이 가는 것으로 하나님과 인간 사이에 가로놓였던 것을 제거하고 인간을 하나님 벗으로 하나님과 교분을 갖게 하는 것이다. 이것이 바로 고대 유대교가 목표로 했던 것이다.

그 방법은 두 가지가 있었다. 첫째는 율법에 순종할 것, 즉 사람이 율법을 지키면 하나님의 벗이 되며 하나님의 명령을 늘 복종하면 항시 하나님께 가까이 갈 수 있다는 것이다. 둘째는 이와 같은 완전한 순종이란 인간으로서는 도저히 불가능하기 때문에 제물이 필요하게 되어 제사 제도가 만들어졌다는 것이다. 사람이 율법을 위반하는 죄를 범했을 때에는 죄를 씻기 위해 제물을 바치면 하나님과의 사이에 가로놓였던 장해는 해소된다는 것이었다.

히브리서 저자가 사람들이 레위 계통의 제사 직분으로 율법의 백성이 되었다고 하는 것은 바로 그것을 의미한다. 다시 말해 율법의 위반을 속죄하기 위한 레위의 제사 제도가 없다면 율법이 완전히 무력하다는 것을 의미한다. 그러나 사실은 레위 계통의 제사장이 바치는 제사 제도 그 자체가 하나님과 사람 사이에 잃어버렸던 관계를 회복시키는 데는 아무런 효과도 없다는 것이 증명되어 이 제도로써는 닫혀 버렸던 하나님께 접근하는 길을 열 수가 없음을 알게 되었다. 그리하여 새로운 제사 직분, 즉 멜기세덱의 반차를 따르는 제사장이 필요하게 되었다.

이러한 새로운 제사 직분이 옛날 제사장 제도와 다른 점은 예전의 제사 제도가 인간의 명령에 의존하였다는 것에 대해서—헬라어에서는 육체적인 것에(fleshly) 의한다는 어휘를 사용하고 있지만—새로운 제사 직분은 멸망함이 없는 생명의 능력에 의존한다고 저자는 말하고 있다. 다시 말해 낡은 제사 제도를 규정하는 것이 하나같이 제사장의 신체적인 문제에 대한 것이었다는 뜻이다. 제사장이 되려는 자는 혈통적으로 순수한 아론의 자손이어야 한다는 것인데 이것이 바로 신체적인 문제에 대한 것이다. 혈통이 올바른 자라도 규정된 142항의 신체적 결함 사항의 어느 한 가지라도 해당되면 제사장의 자격을 상실했다. 그 중 몇 가지는 레위기 21장 16-23절에 기록되어 있다. 자격 상실의 원인도 단순히 육체적인 결함에 의한 것뿐이었다.

제사장에 취임하는 의식에 대해서는 레위기 8장에서 다음과 같이 지적하고 있다.

I. 제사장은 의식에 따라 정결하도록 물로 몸을 씻어야 했다.

II. 제사장은 네 가지 제사장의 의복을 입어야 했다. 즉, 무릎 밑에서 매는 아마포로 된 속옷과 한 조각으로 짠 긴 아마포의 겉옷과 흉패와 관이다.

III. 제사장은 기름 부음을 받아야 한다.

IV. 제사장은 그의 오른쪽 귓부리와 오른쪽 엄지손가락과 오른쪽 엄지발가락에 바치려는 동물의 피를 발라야 한다.

이 모든 의식의 규정은 한결같이 신체적인 것이다. 제사장으로 임명된 자는 그렇게도 많은 물로 씻는 의식과 머리에 기름 붓는 의식을 행하고 머리도 일정한 방식에 따라 깎지 않으면 안 되었던 것인데 이 모든 것이 하나같이 신체에 대한 것이었다.

유대교의 제사 제도는 하나같이 신체적인 요소에 기반을 두고 있어서 성품이나 능력 또는 인격 같은 것들은 전혀 고려하지 않았다. 이와는 반대로 새로운 제사장의 직분은 불멸의 생명에 그 기반을 두고 있다. 그리스도의 제사장 되심은 신체적인 요소에 기반을 둔 것이 아니라 그의 인격, 성품, 본질, 특질에 의한 것이었다. 제사장의 자격이 이제는 외면적인 의식과 규칙을 지키는 일이 아니라 내면적인 가치에 의한다는 것은 참으로 혁신적이며 혁명적인 일이었다.

근본적인 의미를 갖고 있는 것으로서 다른 한 가지의 큰 변화를 들 수 있다. 율법에는 모든 제사장이 **레위족**에 속하고 아론의 자손이어야 한다고 규정하고 있지만 예수께서는 유대족에 속해 있었다. 따라서 예수께서 최고의 제사장이라는 것은 율법이 파기되고 소멸됐다는 것을 의미한다. 파기라는 어휘로는 아세테시스(athetēsis)라는 헬라어를 사용하고 있는데, 조약의 파기나 약속의 해소 또는 등록자 명부에서 말소하는 일 또는 법률이나 규정이 무효하게 되는 것을 의미한다. 제사나 그러한 의식에 대한 모든 규정이나 이에 속하는 사항은 낱낱이 예수라고 하는 제사장에 의해 무효가 되어 버렸다.

최종적으로 예수께서는 낡은 제사 제도가 할 수 없었던 일을 성취하셨다. 즉, 우리에게 하나님께 가까이 갈 수 있도록 해 주셨다. 그렇다면 어떻게 그렇게 하실 수 있었을까? 우리를 하나님께 가까이 갈 수 없게 하는 원인은 무엇일까? 하나님과 우리 사이에 가로놓인 장벽은 무엇일까? 여기에는 두 가지가 있다.

첫째는 **두려움**이다. 인간이 하나님을 무서워하는 동안에는 하나님 안에서 편안할 수가 없다. 예수께서 오신 것은 아버지이신 하나님의 무한하신 따뜻한 사랑을 보이시기 위함이었으며 그 사랑을 알았을 때 비로소 인간의 심한 두려움은 해소된다. 하나님께서는 우리를 벌하시려는 것이 아니라 오히려 팔을 벌리시고 우리를 영접하고 계신다. 그리고 우리가 하나님 앞으로 돌아오는 것을 하나님께서는 유일한 소원으로 삼고 계신다.

둘째는 **죄**다. 그러나 예수께서는 십자가상에서 죄를 사하시기 위해 완전하신 제물을 바치셨다. 두려움은 사라지고 죄는 극복되어 하나님께로 향한 길은 모든 인간에게 열려 있다.

보다 위대한 제사장

히브리서 7:21-25

21(그들은 맹세 없이 제사장이 되었으되 오직 예수는 자기에게 말씀하신 이
로 말미암아 맹세로 되신 것이라 주께서 맹세하시고 뉘우치지 아니하시리니
네가 영원히 제사장이라 하셨도다) 22이와 같이 예수는 더 좋은 언약의 보증
이 되셨느니라 23제사장 된 그들의 수효가 많은 것은 죽음으로 말미암아 항
상 있지 못함이로되 24예수는 영원히 계시므로 그 제사장 직분도 갈리지 아
니하느니라 25그러므로 자기를 힘입어 하나님께 나아가는 자들을 온전히 구
원하실 수 있으니 이는 그가 항상 살아 계셔서 그들을 위하여 간구하심이라

멜기세덱의 반차를 따르는 제사장, 다시 말해 제사장으로서 예수는 레위 계통의 제사 제도보다 뛰어나시다는 것을 더욱더 많이 증거하려고 저자는 그의 논증을 더해 가고 있다. 여기에서는 또다시 두 가지 증거를 제시하고 있다.

우선 저자는 멜기세덱의 반차를 따르는 제사장이 일반적인 제사장과는 달라서 하나님과의 맹세로 되셨다는 사실을 강조하고 있다. 여기에 인용된 것은 시편 110편 4절로 "**여호와는 맹세하고** 변하지 아니하시리라 이르시기를 너는 멜기세덱의 서열을 따라 영원한 제사장이라"는 것이다. 여기서 하나님이 맹세하신다는 것은 실로 놀라운 일이다. 옛날에 필론(Philo)은 이 점을 지적해서 인간이 맹세하는 것을 증명한다고 했다.

그러나 하나님의 말씀을 믿을 수가 없다는 것은 있을 수가 없기 때문에 하나님께서는 맹세하실 필요가 없다. 그런데 혹시 하나님께서 맹세하신다고 하는 경우에는 맹세하시는 말씀이 지극히 중대하다는 것을 의미한다. 하나님께서 맹세로 하신 말씀은 절대로 변치 않는 것이며 우주의 구성 그 자체 안에서 다 짜여져 있어서 영원히 계속되는 것이라는 것을 뜻한다. 일반적인 제사장은 세상을 떠나지만 멜기세덱의 반차를 따르는 제사장, 즉 예수 그리스도라는 제사장은 하나님께서 세우셨으며 하나님 스스로가 유례 없이 놀라운 사실로써 맹세하셨으므로

절대로 세상을 떠나는 일이라곤 없다.

하나님의 맹세로써 세워진 제사장이신 예수께서는 더 좋은 언약의 **보증**이 되셨다. 여기서 다시금 기억해야 할 것은 제사장의 기능이나 참다운 종교의 역할은 인간이 하나님께 가까이 갈 수 있도록 하며 사람을 하나님의 친한 벗으로서 교분을 맺을 수 있도록 하는 데 있다. 여기에서 쓰이는 언약(covenant)이라는 어휘를 깊이 재검토할 필요가 있는데 지금 당장에는 언약이란 두 사람 사이에서 이루어지는 약속이라는 것쯤으로 그치기로 하자. 다시 말해 한편이 성실하게 약속한 사항을 이행할 때 다른 한편이 어떠한 적절한 방법으로 응답하는가 하는 것이다.

옛날 하나님과 이스라엘 사이에는 약속이 있었다. 그런데 그 약속이란 이스라엘 백성이 하나님의 율법을 준행하면 하나님과 친밀하게 교통할 수 있게 된다는 것이다. 이 백성이 하나님과 언약의 관계에 들어갔다는 기록은 출애굽기 25장 1-8절에 기록되어 있다. 모세가 언약서를 가져다가 백성에게 낭독하여 듣게 하니 백성이 "여호와의 모든 말씀을 우리가 준행하리이다"(출 24:7)라고 대답했다. 다시 말해 옛날 언약은 율법의 준행에 기반을 두고 있어 율법을 어길 때마다 제사장이 제물을 바침으로써 하나님과의 교제가 유지되었다. 이와는 반대로 예수께서 보다 새롭고 더 좋은 언약의 보증, 다시 말해 하나님과 사람 사이에 새로운 교분을 확보하기 위한 보증이 되셨다. 이 두 가지 사이에는 어떠한 차이점이 있을까? 새로운 언약의 "보다 더 새롭고 더 좋은" 이란 무엇일까?

그 차이는 이러하다. 옛날 언약은 율법과 정의와 순종에 기반을 두고 있는 것에 반하여 새로운 언약은 오직 사랑과 예수 그리스도가 바치신 희생의 제물에 그 기반을 두고 있다는 점이다. 옛날 언약에서는 인간의 순종이 하나님께 가까이 갈 수 있는 조건이었지만 새로운 언약에서는 인간을 따뜻하게 맞이하는 하나님의 사랑으로써만이 사람이 하나님께로 가까이 갈 수 있다. 옛날 언약은 인간의 업적에 의존하고 있으나 새로운 언약은 하나님의 사랑에 보존하고 있다.

그럼 예수가 새로운 언약의 **보증**이시라고 함은 무슨 뜻일까? 보증(surety)을 뜻하는 의미로 쓰인 어휘는 **엥구오스**(egguos)인데 보증을 주는 자가 보증이 되는 사람 또는 보증인이 된다는 뜻이다. 이를테면 은행 예금자의 보증인이 된 자가 예금자가 예금한 것 이상의 금액을 인출했을 때는 차액을 갚아야 하는 의무를 가지며 죄수의 보증인이 됐을 때는 죄수를 법정으로 출두시킬 의무를 진다. 다시 말해 보증이란, 지불금을 책임지고 누군가의 출두를 약속하며 어떠한 계획의 실시를 증명하는 것이다. 이 말에서 히브리서 저자가 의미하고자 하는 바는 다음과 같다. 이를테면 어떤 사람이 "예전의 언약, 즉 하나님과 사람 사이의 옛날 약속이 효력을 상실했다는 것은 어떻게 알 수 있을까? 인간이 하나님께 가까워져서 벗 섬긴다는 것이 인간이 율법을 준행했기 때문이 아니라 하나님께서 인간을 사랑하셔서 따뜻하게 받아 주셨기 때문이라고 어떻게 말할 수 있는가?"라고 질문했을 때 그 대답은 "예수 그리스도께서 보증하고 계신다"이다. 예수께서는 하나님의 사랑을 보증하고 하나님의 말씀을 전적으로 받아들이기만 한다면 하나님께서는 이 사람에게 사랑을 쏟으신다는 것을 보증하신다. 가장 단적으로 말한다면 우리가 사랑과 자비와 친절로써 충만한 예수를 볼 때 하나님이 어떤 분이신가 그 모습을 볼 수 있다고 믿는 것이다.

히브리서 저자가 새로운 제사 제도와 제사장으로서 예수가 뛰어나시다고 말한 것은 예전의 제사 제도가 일시적이라는 사실에 있다. 제사장은 결국 죽는다. 그리고 다른 제사장으로서 예수께서는 영원히 살아 계신다.

여기에서 주목해야 할 것은 예수께서 **변하지 않는 제사장의 직분을 이어 나가신다**고 하는 표현이다. 저자가 사용하고 있는 헬라어는 **아파라바토스**(aparabatos)인데, 법률 용어로 **범할 수 없는 것**(inviolable)이라는 뜻이다. 재판관이 자신의 판결을 아파라바토스라고 말하는 경우에는 결코 **변할 수 없는 것**(unalterable), 즉 어떤 한 사람의 권한에 속하며 타인에게 **양도할 수 없는 것**(nontransferable)이라는 뜻이다. 의사이며 저술가인 갈렌(Galen)에 의하면 이 말은 결코 범할 수 없는 과학적인 법칙 또는 우주를 성립하고 있는 기본 원리를 나타낸다. 그래서 히브리서 저자는 예수 그리스도의 제사장 직분과 사람을 하나님께 접근시키는 예수의 힘과 사람을 하나님의 벗으로 만드는 예수의 힘이란 결코 그에게서 제거할 수가 없으며, 다른 어떤 사람도 소유할 수 없으며, 우주를 성립시키고 있는 법칙과 같이 영원히 계속된다고 말하고 있다. 예수만이 지금이나 이후에도 늘 하나님에게 이르는 유일한 길이다.

그러나 히브리서 저자가 예수에 대해 사용하고 있는 훌륭한 말들은 이것뿐만이 아니며 다른 한 가지의 말은 예수께서 직분을 **변함없이 영원히 갖고 계시다**는 것이다. 여기에서 사용된 동사는 **파라메네인**(paramenein)으로 **지속한다**(to remain)는 뜻인데 여기에는 두 가지 뜻이 내포되어 있다. 첫째는 **어떤 지위에 머문다**는 것으로 예수께서 갖는 지위에는 어떤 사람도 임할 수 없다는 것을 의미한다. 예수께서는 영원히 사람을 하나님에게 소개하는 중개자이시다. 둘째는 **봉사로 직분을 지속하고 계시다**는 뜻이다. 즉, 누군가를 위해 봉사하는 지위에 있다는 것을 의미한다. 나치안첸(Nazianzen)의 그레고리(Gregory)는 유서에서 딸에게 어머니가 살아 있는 동안 머물라고(paramenein) 썼는데, 어머니가 살아 있는 동안 어머니 곁에 머물러 돕고 부양해야 한다는 것을 의미한다. 파피루스의 문헌에는 한 소녀가 3년간이나 어떤 점포에 **머물러야**(paramenein) 한다고 기록하였는데, 3년 동안 벌어서 부채를 갚는다는 뜻으로 **머물러서 봉사한다**는 것을 의미한다. 또 다른 파피루스에는 실습생인 한 소년이 결근한 날수만큼 주인 밑에 **머무르지 않으면 안 된다**(paramenein)는 계약이 기록되어 있는데 이 소년은 **그의 봉사를 완전히 마치기** 위해 **머물러야** 한다.

그래서 히브리서 저자가 **변함없이 영원히 직분을 갖고 계시다**고 한 말은 예수께서 **영원토록 사람들에게 봉사를 계속하신다**고 하는 참으로 놀라운 의미가 내포되어 있다. 예수께서는 이 세상에 계셨을 때나 이후 영원토록 인류의 봉사자로서 머무르신다. 바로 예수께서 완전한 구세주이시기 때문이다. 예수께서는 이 세상에 있는 동안 사람들에게 봉사했으며 사람들을 위해 목숨까지도 바치셨으며 하늘나라에서는 사람들을 위하여 아직까지도 중개자로서 역할을 하고 계신다. 예수께서는 이 땅 위에서 사람들을 위해 사시고 사람들을 위해 돌아가셨다. 하늘나라에서는 사람들을 위해 중재를 행하시고 계신다. 참으로 예수야말로 영원한 제사장이시며 영원토록 하나님께 가까이 이끌기 위해 문을 열고 계시며 영원토록 인류를 위해 봉사하시는 위대한 종이시다.

우리가 바라는 대제사장

히브리서 7:26-28

26이러한 대제사장은 우리에게 합당하니 거룩하고 악이 없고 더러움이 없고
죄인에게서 떠나 계시고 하늘보다 높이 되신 이라 27그는 저 대제사장들이
먼저 자기 죄를 위하고 다음에 백성의 죄를 위하여 날마다 제사 드리는 것과
같이 할 필요가 없으니 이는 그가 단번에 자기를 드려 이루셨음이라 28율법
은 약점을 가진 사람들을 제사장으로 세웠거니와 율법 후에 하신 맹세의 말
씀은 영원히 온전하게 되신 아들을 세우셨느니라

예수께서 대제사장이시라는 사상은 아직까지도 저자의 마음을 사로잡아 이러한 것을 표현하고자 저자는 의미심장한 어휘나 구절을 연달아 사용하고 있다.

I. "거룩하신" 예수라고 저자는 말하고 있다. 이 어휘로는 **호시오스**(hosios)를 쓰고 있다. 신약성경 중 이 어휘는 사도행전 2장 27절과 13장 35절에서는 예수에 대해, 요한계시록 15장 4절과 16장 5절에서는 주님에 대해, 디도서 1장 5절에는 장로에 대해 각각 사용되었다. 또한 디모데전서 2장 8절에서는 기도하기 위해 드는 손은 거룩하여야 한다고 기록되어 있다. 이 말은 하나님에 대한 자신의 할 바를 충실하고 정확하게 행하는 사람을 나타내는 말이다. 그것은 사람 앞보다는 오히려 하나님 앞에 있는 사람의 상태를 나타낸다. 최고의 선이신 하나님께서 보시기에 티 없이 깨끗한 선(善)을 내용으로 한 것이 호시오스다.

II. "악이 없는" 예수라고 말하고 있다. 헬라어로는 **아카코스**(akakos)라고 하는 형용사다. **카키아**(kakia)는 헬라어로 악을 의미하기 때문에 아카코스는 악이 전혀 없고 선만을 지닌 사람을 뜻한다. 여기에는 남에게 주는 영향이 고려되어 있다. 월터 스콧(Waltre Scott) 경은 스스로를 남의 도덕을 저하시킨다거나 남의 신앙을 동요시키는 따위의 일이 없는 작가라고 자처한다. 아카코스한 사람

은 청순하기 때문에 존재 그 자체가 해독제의 역할을 하며 그러한 사람의 마음 속에 있는 것은 오직 하나님의 사랑과 친절뿐이다.

III. "더러움이 없는" 예수라고 말하고 있다. 헬라어로는 **아미안토스**(amiantos)로 하나님에게 접근하는 것을 방해하는 흠이나 더러움이 완전히 없는 상태의 사람을 뜻한다. 흠이 있는 동물은 하나님에게 제물로 바칠 수가 없으며 불결한 사람은 하나님에게 접근할 수 없다. 오직 아미안토스한 사람만이 하나님 면전으로 들어가기에 알맞다.

IV. "죄인에게서 떠난" 예수라고 말하고 있다. 이 말의 뜻을 우리는 올바르게 이해하지 않으면 안 된다. 이 말은 예수의 완전한 인간성을 부정하는 것이 아니다. 예수가 한 인간으로서 인간이 받은 모든 유혹을 경험하시면서도 죄를 범하지 않고 유혹을 참고 이겨 냄으로써 죄 없는 사람으로 시종했던 것을 나타낸다. 예수가 다른 인간과 다른 점은 그의 인간성이 완전하지 않다는 것이 아니라 참다운 인간이시며 인간의 최고 최대의 모습, 즉 죄 없는 인간이었다는 점에 있다.

V. "하늘보다 높이 되신" 예수라고 끝으로 말하고 있다. 이것은 예수가 승천하셔서 최고의 지위에 오르신 것을 의미한다. 전항의 말이 인간으로서 완전하신 예수를 나타낸다면 이 말은 그의 완전한 신성(神性)을 나타낸다. 사람으로서 여러 사람 사이에서 생활하신 예수께서는 이제 하늘에 오르셔서 하나님의 우편에 앉아 계신다.

저자는 또다시 다른 면을 소개해서 제사장이신 예수 그리스도께서 레위계의 제사장보다도 훨씬 뛰어나시다는 점을 하나 더 지적하고 있다. 대제사장은 백성의 죄를 위하여 제사를 드리기 전에 먼저 **자신의 죄를 위하여** 제사를 드려야 했다. 그 자신이 역시 죄인이기 때문이다. 이 문장의 배경이 되는 것은 속죄일이다. 백성이 범한 모든 죄가 속죄되는 위대한 날로 대제사장은 이날에 최고의 기능을 발휘한다. 즉, 딴 날에는 하위에 있는 제사장이 제사를 드리는 데 대해 일 년에 단 한 번 이날에는 대제사장이 제사를 드린다. 그런데 이 속죄일에 해야 할 맨 처음 일은 대제사장이 자신의 죄를 위해 제사 드리는 일이다. 그는 손과 발을 씻고 화려한 상의를 벗어 버리고 점 하나 없는 순백의 아마포를 몸에 걸친다. 그러고는 자비로 산 황소가 운반되면 그 머리 위에 손을 얹고 자신의 죄를 이 동물에 옮기고는 다음과 같이 고백한다. "오, 주 되시는 하나님이시여, 나와 나의 가족은 부정을 행하고 율법을 어겼으며 죄를 지었습니다." 레위의 제사 의식은 먼저 대제사장 자신의 죄를 위하여 제사 드리는 것으로 시작된다. 그러나 예수께서는 그러한 것을 행할 필요가 없다. 죄가 없으시기 때문이다. 레위계의 대제사장은 죄 있는 사람으로서 죄 있는 백성을 위하여 동물을 제물로 바쳐야 하는 것에 반해, 예수께서는 죄 없는 하나님의 아들로서 자신을 모든 사람의 죄에 대한 제물로 바치셨다. 또한 레위계의 대제사장은 율법에서 임명된 데 대하여 예수께서는 하나님의 맹세로써 그 직분을 맡으셨다. 예수께서는 죄 없는 하나님의 아들이시므로 인간의 대제사장이 이행할 수 없는 역할을 완전히 이룩할 수 있었다.

여기서 저자는 그가 흔히 잘 쓰던 방법으로 이제부터 발전시키려는 논지의 방향을 시사하면서 예수께서는 자기 스스로를 바치셨다고 말하고 있다. 제사를 드리는 데는 그 제사를 드리는 제사장과 제사에 필요한 제물이 있어야 한다. 저자는 길고도 복잡한 논법으로 예수께서 완전한 대제사장이시라는 것을 증명했는데 이제야 비로소 다음과 같은 점에 그 초점을 옮겨서 예수께서는 또한 완전한 제물이라는 것을 강조하였다. 다시 말해 예수께서는 완전한 대제사장으로서 하나님께로 길을 열었을 뿐만 아니라 완전한 제물로서 자기 자신을 바치셨다.

이와 같은 논의는 이미 과거의 것이 되어 버린 의식이나 제사 용어로 쓰였기 때문에 우리로서는 이해하기 어려운 점이 많이 있지만, 그래도 그 속에 영원한 진리가 남겨져 있다는 것을 알 수 있다. 그 진리란 인간이 하나님을 탐구하고 있는 것과 인간의 죄가 하나님과 사람 사이에 장애물이 되고 있다는 것, 예수만이 인간을 하나님 앞으로 이끌어 갈 수 있는 오직 단 하나의 제물을 바칠 수 있는 제사장이시라는 것 등이다.

The Letters to the Hebrews 08

실체를 보이는 것

히브리서 8:1-6

1지금 우리가 하는 말의 요점은 이러한 대제사장이 우리에게 있다는 것이라
그는 하늘에서 지극히 크신 이의 보좌 우편에 앉으셨으니 2성소와 참 장막
에서 섬기는 이시라 이 장막은 주께서 세우신 것이요 사람이 세운 것이 아
니니라 3대제사장마다 예물과 제사 드림을 위하여 세운 자니 그러므로 그도
무엇인가 드릴 것이 있어야 할지니라 4예수께서 만일 땅에 계셨더라면 제사
장이 되지 아니하셨을 것이니 이는 율법을 따라 예물을 드리는 제사장이 있
음이라 5그들이 섬기는 것은 하늘에 있는 것의 모형과 그림자라 모세가 장
막을 지으려 할 때에 지시하심을 얻음과 같으니 이르시되 삼가 모든 것을
산에서 네게 보이던 본을 따라 지으라 하셨느니라 6그러나 이제 그는 더 아
름다운 직분을 얻으셨으니 그는 더 좋은 약속으로 세우신 더 좋은 언약의
중보자시라

멜기세덱의 반차를 따르는 제사장이 얼마나 뛰어나며 찬란한지는 지금까지 저자가 기술한 바로 명백해졌다. 거기에 표시된 제사장이란 다음과 같다.

시작도 없고 끝도 없이 영원히 계속되며,
하나님께서 맹세로써 세우셨으며,
율법에 따라 임명되거나 특수한 종족에 속하는 것으로써
그 자격이 부여되는 것이 아니라
개인 인격의 위대함으로 세워지며,
죽음이 지배할 수 없고,
되풀이해서 제물을 바칠 필요가 없으며,
매우 순결하기 때문에 자신의 죄를 위해 제사를 드릴 필요가 없다.

"제사장이란 우리가 예수 그리스도 안에서 자세히 엿볼 수가 있다." 이것이 저자가 강조하는 점이다. 오직 예수만이 완전한 제사장의 직분을 행하실 수가 있다. 이와 같은 주님에 대하여 저자는 다시금 다음과 같은 두 가지 점을 들고 있다.

I. 예수께서는 하늘에서 위엄의 보좌 우편에 앉으셨다. 이것이 바로 예수의 **영광**을 결정짓는 최종적인 증거다.

하늘이 주신 최고의 지위는 그의 것
당연히 그의 것이다.
그만이 여러 왕의 왕이시며 제후의 주시며
하늘의 영원한 빛이시다.

승천해서 최고의 위치를 얻으신 예수의 영광보다 뛰어난 영광은 없다. 예수의 영광이 바로 하나님 보좌의 영광 그것이다.

II. 예수께서는 성소에서 섬기고 계신다. 이것은 예수가 **봉사**하는 분이시라는 것을 증명한다. 그 전능한 힘과 봉사에서 예수께서는 유일무이한 존재시다. 예수께서는 권능을 자신을 위해 향유하시지 않고 자신을 위해 부여된 것이라고 보시지 않았다. 이러한 정신을 마르쿠스 아우렐리우스(Marcus Aurelius)에게서 볼 수가 있는데 그는 로마 황제 중에서 가장 출중한 통치자로서 그 유례가 없는 실력을 발휘했으며 생명을 내걸고 국민에게 봉사하고 59세 때 타계한 황제다. 그는 스토아학파의 학자이기도 하였다. 아우렐리우스가 왕위의 계승자로 선출됐을 때의 일을 자서전으로 쓴 카피톨리누스(Capitolinus)가 다음과 같이 전하고 있다. "그는 하도리아누스 황제의 개인 저택으로 옮기라는 말을 들었을 때 무거운 마음으로 어머니의 집을 떠났다. 황족으로 영접되는 것을 왜 한탄하느냐고 가족들이 물었을 때 그는 주권자에게 과해지는 여러 가지 노고에 대해 얘기했었다." 마르쿠스 아우렐리우스는 왕위라는 것이 최고의 권력이 아니라 봉사라고 생각하고 있었다. 영국 황태자의 생활 지침은 "나는 봉사한다"이다. 예수께서는 하나님의 권능과 하나님의 봉사 정신을 완전히 겸비하신 분이다. 자신에게 주어진 최고의 지위를 독점하려고 전념한 것이 아니라 오히려 남에게 나누어 주어 남들도 이 영광을 받을 수 있도록 노력하셨다. 예수 안에서 최고의 권능과 최고의 봉사가 공존하고 있다.

다음으로 여기에 새로운 사상이 소개되어 있다. 이것은 시종 저자의 마음을 사로잡았던 것인데, 종교의 본질을 생각하고 있다. 저자에게 종교란 **하나님께 접근하는 것**이며 하나님과의 교제이며 하나님 앞으로 갈 수 있는 자격을 부여하는 것이다. 그래서 제사장의 최고 기능은 사람이 하나님에게 가까이 갈 수 있도록 길을 열어 주는 역할이다. 다시 말해 하나님과 사람 사이에 존재하는 장애를 제거하고 인간에게 하나님 앞으로 들어갈 수 있도록 교량을 짓는 일이다.

하나님으로의 접근이란 다른 말로는 **본질로의 접근**이라고 말할 수 있겠다. 문필로써 종교를 전하고자 하는 자는 독자가 이해하기 쉬운 표현을 사용하고자 노력하고 자신이 전하고자 하는 내용을 알릴 수 있도록 무리 없는 말이나, 독자의 공감을 살 수 있는 표현 방법을 사용하려고 한다.

그런데 그리스 사람들은 기본적인 사상으로 두 세계를 생각하고 있었다. 하나는 본질의 세계이고 다른 하나는 허(虛)의 세계다. 우주 어딘가에는 실체의 세계가 있으며 공간과 시간이 있는 이 세계는 그림자의 세계이며 빛깔이 연한 모형 또는 실체의 세계에 대한 반영에 지나지 않는다. 그리스 최대의 사상가인 플라톤은 **형**(型)이라고 불렀다. 이 세상의 어딘가에 완전한 형 또는 완전한 원형이 있으며 이 세상에 있는 모든 것은 이 완전한 실체를 반영하고 모사하는 불완전함이다. 때로는 이 실체 또는 형을 **이데아**(ideas)라고도 불렀다. 어딘가에는 완전한 의자라는 **이데아**가 있어서 이 세상에 존재하는 의자는 **이데아**의 불완전한 형이다. 이와 마찬가지로 이 세상에서 우리가 볼 수 있는 말〔馬〕은 말이라고 하는 **이데아**의 반영이다. 참다운 세계와 비교해서 이 세상은 흔들리는 등불과 같이 불안정하고 불완전한 투영이라고 하는 사상은 그리스 사람들을 매혹시켰다. 우리는 그림자의 세계에서 살고 있다. 그러나 어디엔가 그 실체가 있다. 따라서 인생의 최대 과제는 이 그림자의 세계에서 본질의 세계에 이르는 문제다.

이것이 바로 히브리서 저자가 문제 삼고 있는 사상이다. 지상에 있는 신전은 참다운 신전을 어슴푸레하게 투영하는 그림자에 지나지 않으며, 이 땅 위의 예배는 참다운 예배의 투영이며, 이 지상의 제사장은 참다운 제사장의 불완전한 그림자이며, 참다운 제사장만이 인간을 하나님에게 가까이 접근하게 할 수가 있다. 이러한 사상은 구약성경에서도 엿볼 수가 있다. 모세가 성소의 건설이나 내부 장식 등에 대해 하나님에게서 지시를 받았을 때 하나님께서는 "너는 삼가 이 산에서 네게 보인 양식대로 할지니라"(출 25:40)고 이르셨다. 하나님께서는 모세에게 진실하며 영원한 원형을 보이셨으며 지상의 예배는 환상과도 같은 모형에 지나지 않는다. 그래서 히브리서 저자가 말하듯이 지상의 제사장 직분은 하늘에 있는 것의 **겉모양과 그림자**에 지나지 않는다. **겉모양과 그림자**라는 말에는 두 개의 헬라어 어휘가 사용되었다. 그 하나는 **휘포데이그마**(hupodeigma)로 **견본**이나 사생도를 뜻하며 다른 하나는 **스키아**(skia)로 **그림자** 또는 반사나 환영이나 윤곽을 뜻한다. 지상에서 제사장 직분은 참다운 것이 아니어서 사람들을 본질적인 것으로 인도할 수가 없다. 그러나 예수께서는 그렇게 **하실 수 있다**. 예수께서는 참다운 제사장이시므로 사람들은 그림자인 이 세상에서 눈에 보이지 않는 참다운 세계로 인도하실 수가 있다. 참다운 세계로 인도한다는 것은 하나님 앞으로 인도한다는 뜻으로 히브리서 저자가 본질이라고 말한 것은 당시 사람들이 사용하고 이해하는 용어를 사용했기 때문이다.

이 세상에 있는 것을 가령 최고의 것이라 하더라도 그것은 아직도 불완전한 것이며 이상(理想)에는 이르지 못하고 있다. 지상 최대의 사랑에는 아직도 불완전한 것이 있으며 최고의 지식도 무지의 요소가 포함되어 있으며 인간의 최대 업적에도 미완성의 부분이 아직도 남아 있다. 인간이 행하는 것과 경험하는 바와 도달하는 것의 저편에 이상이 있어서 끊임없이 우리를 부르고 있다. 참다운 세계는 저편에 있다. 브라우닝(Browning)은 "인간이 도달하려는 것은 인간이 파악할 수 없는 곳에 있기 때문에 천국을 동경하게 된다"라고 말했다. 저편을 천국이라 부르거나 본질이나 **이데아** 또는 원형이나 하나님이라고 부른다 하더라도 뜻하는 바는 같다. 즉, 본질은 저편에 있다.

히브리서 저자는 오직 예수만이 인간이 끊임없이 추구하는 본질로 우리를 인도하시며 환멸의 현실에서 모든 것을 성취하는 진실로 우리를 인도하신다는 사실을 통할했다. 그래서 저자는 예수에게 위대한 칭호를 붙여서 예수를 중보자(메시테스 mesitēs)라고 부른다. **메시테스**라는 어휘는 **중간**(in the middle)이라는 뜻을 지닌 **메쏘스**(mesos)라는 어휘에서 파생되었는데 **메시테스**란 **중간에 서는 사람** 또는 **사람과 사람 사이에 서서 양자를 한데 모으는 자**라는 뜻이다. 욥은 자신의 입장을 하나님에게 호소해 줄 인물을 열심히 찾고 있었지만 그 희망도 헛되어 실망하여 "우리 사이에 손을 얹을 판결자(mesitēs)도 없구나"(욥 9:33)라고 외쳤다. 바울은 모세가 하나님의 율법을 사람들에게 전했다는 뜻으로 모세를 **중보자**(mesitēs)라고 부르고 있다(갈 3:19). 옛날 아테네에는 중재하기 위해 60세 이상의 특정한 시민이 시민 사이에 일어나는 분쟁을 중재하고 화해시키는 임무를 하였다. 로마에는 **알비트리**(arbitri)라는 사람들이 있었다. 이들은 법률로써 문제점을 해결하는 재판관과는 전혀 다른 입장에서 공평으로써 분쟁을 해결하는 책임을 지고 있었다. 다시금 법률 용어로서 **메시테스**는 **후견인** 또는 **보증인**이란 뜻으로 재판을 받고 있는 친구를 변호하고 부채나 예금액 이상으로 금전을 인출했을 때 보증인이 되는 것을 말한다. 또한 친구가 재기할 수 있도록 부채를 변제해 주기도 했었다. **메시테스**란 두 사람 사이에 서서 화해시키는 사람을 뜻하는데 완전한 **메시테스**란 예수를 말한다. 예수께서는 허(虛)의 세계와 참의 세계 사이에 계시며 우리와 하나님 사이에 서 계셔서 본질로 이르는 길, 즉 하나님에게 이르는 길을 열고 양자를 일치시키고 하나님과 사람 사이에 화해를 초래하여 진실한 세계와 진실이 아닌 세계와의 단절을 제거하셨다. 다시 말해 예수께서는 진실한 생명을 우리에게 가져오시는 유일한 분이시다. 어느 소설에서 "당신의 눈을 보았을 때에야 생명이 무엇인지를 비로소 알게 됐다"는 대사가 있는데 참다운 생명과 본질과 하나님에게 우리를 인도할 수 있는 이는 오직 예수, 단 한 분이시다.

새로운 관계

히브리서 8:7-13

7저 첫 언약이 무흠하였더라면 둘째 것을 요구할 일이 없었으려니와 8그들의
잘못을 지적하여 말씀하시되 주께서 이르시되 볼지어다 날이 이르리니 내가
이스라엘 집과 유다 집과 더불어 새 언약을 맺으리라 9또 주께서 이르시기를
이 언약은 내가 그들의 열조의 손을 잡고 애굽 땅에서 인도하여 내던 날에
그들과 맺은 언약과 같지 아니하도다 그들은 내 언약 안에 머물러 있지 아니
하므로 내가 그들을 돌보지 아니하였노라 10또 주께서 이르시되 그 날 후에
내가 이스라엘 집과 맺을 언약은 이것이니 내 법을 그들의 생각에 두고 그들
의 마음에 이것을 기록하리라 나는 그들에게 하나님이 되고 그들은 내게 백
성이 되리라 11또 각각 자기 나라 사람과 각각 자기 형제를 가르쳐 이르기를
주를 알라 하지 아니할 것은 그들이 작은 자로부터 큰 자까지 다 나를 앎이
라 12내가 그들의 불의를 긍휼히 여기고 그들의 죄를 다시 기억하지 아니하
리라 하셨느니라 13새 언약이라 말씀하셨으매 첫 것은 낡아지게 하신 것이니
낡아지고 쇠하는 것은 없어져 가는 것이니라

여기에서 저자는 성경 가운데서 특이할 만한 기본적인 사상의 하나인 **언약**이라는 사상을 취급하고 있다. 성경에서는 언약을 항상 **디아데케**(diathēkē)라는 그리스 어휘로 쓰고 있다. 이 어휘는 일반적으로는 그리 흔히 쓰이지 않지만 이 어

휘가 이곳에 쓰인 데는 특별한 이유가 있다고 생각된다.

흔히 언약이라고 하면 두 사람 사이의 약속으로 그 약속은 쌍방이 상호 동의한다는 조건하에 성립된다. 따라서 한쪽이 그 조건에 위배되는 경우에는 그 약속은 무효가 된다. 구약성경에서는 이와 같은 단순한 의미로 약속을 기록하였다. 이를테면 기브온의 주민이 여호수아와 맺었던 **조약**(수 9:6)이라든가, 이스라엘 사람들이 가나안 사람들과 사귀지 말라고 했던 **언약**(삿 2:2) 또는 다윗이 요나단과 맺었던 **언약**(삼상 23:18) 등이 이런 종류다. 그러나 이 언약은 특수한 의미로 하나님과 이스라엘과의 관계를 나타내고 있었다. "너희는 스스로 삼가 너희의 하나님 여호와께서 너희와 세우신 **언약**을 잊지 말라" (신 4:23)는 것은 그러한 것의 하나다. 그 외에 신약성경에서는 하나님과 인간과의 관계를 나타내는 경우도 있다. 그러나 여기에서 특별히 설명해 두지 않으면 안 될 점이 있다. 통상적인 용법으로 헬라어로 언약이라는 경우에는 **순데케**(sunthēke)라는 어휘를 사용한다. **순데케**는 결혼 약속이라든가 동맹이라든가 하는 경우로 국가와 국가 간에 맺어지는 조약 같은 것도 이런 종류다. 이에 대해 **디아데케**(diathēkē)는 일반적으로 **유언장**의 뜻이다. 그럼 왜 신약성경에는 이 **디아데케**라는 어휘를 언약의 뜻으로 쓴 것일까? 그 이유는 이러하다. **순데케**는 동등한 관계에서 맺어지는 것으로 당사자는 상대방에 대해 동등한 입장에서 요구나 제안을 할 수가 있다. 그러나 하나님과 인간과의 관계는 대등하지 않다. 성경에서 언약이라고 하는 경우에 그 주도권은 하나님에게 있다. 하나님께서 인간에게 작용하시며 하나님과의 새로운 관계를 제안하시며 그러한 관계가 있어야 할 바를 규정하시는 것이다. 인간은 하나님에 대해 흥정을 할 수가 없다. 인간으로서 할 수 있는 것은 하나님의 언약 또는 그 조건을 변경시키는 것이 아니라 오직 언약하신 그대로 받아들이느냐 아니면 반대할 것이냐 양자택일일 뿐이다. 유언장의 성질도 이러해서 그 안에 표시된 조건은 관계자가 대등한 입장에서 합의에 이른 것이 아니라 한 사람의 인간으로서 일방적인 의지다. 그러므로 유언장에 기록된 상속에 대한 지시는 상대방이 받아들이든지 거절하든지 양자택일이다. 하나님과 우리의 관계가 **디아데케**라는 것은 언약이라는 그 자체가 하나님의 일방적인 책임하에서 세우신 것으로 선행하는 하나님의 의지에 기반을 두고 하나님의 은혜로써 주어진 것이기 때문이다. 필론은 "하나님에게 적합한 행위는 주시는 것이며 현명한 사람에게 알맞는 행위는 받아들이는 것이다"라고 말했다. 따라서 언약이라는 말이 비록 약속이라고 하더라도 거기에는 인간과 하나님과의 대등한 입장에서 흥정할 수 있는 것이 아니라는 것을 명심해야 한다. 그것은 어디까지나 하나님의 주도권과 조건으로써 인간이 조금이라도 변경할 여지가 전혀 없다.

고대의 언약이란 유대인의 어느 누구도 잘 알고 있듯이 하나님께서 율법을 주신 후에 택한 백성과의 사이에 맺어진 것이었다. 하나님께서는 자비하신 마음으로 이스라엘의 백성에게 접근해 오셔서 그동안 유례가 없는 특별한 관계를 하나님과 갖도록 권고하셨다. 그런데 이런 관계는 오직 한 가지 일에 달려 있었는데 그것은 율법을 지키는 일이었다. 이스라엘 사람들이 이 조건을 받아들인 것은 출애굽기 24장 1-8절에 기록되어 있다. 이렇게 해서 하나님과 선민 간에는 특수한 관계가 맺어졌는데 그 조건은 택한 백성이 하나님의 율법에 순종하는 일이었다. 저자가 말하고자 하는 바는 이렇게 맺어진 고대 언약은 예수께서 새로운 언약, 즉 새로운 하나님과의 관계를 가져오심으써 파기되었다는 사실이다. 여기에는 예수 때문에 초래된 새로운 언약의 특징 가운데 몇 가지를 기록하고 있다.

I. 새로운 언약이라는 사상은 유별나게 새로운 것도 아니다. 구약에서도 이미 예레미야 31장 31-34절에 쓰여 있는데 그 전문이 여기에 인용되어 있다. 따라서 이 사상은 저자가 고안해 낸 새로우면서도 기이한 이단이 아니라 수백 년 전에 이미 예레미야에 의해 표시됐다. 더욱이 성경 자체가 새로운 언약을 지향하고 있다는 사실은 옛 언약의 불완전성을 말하고 있다. 고대 언약이 완전한 것이었다면 새로운 언약이란 불필요했을 것이다. 이 사실을 저자가 우선 지적하고 있다.

II. 새로운 언약은 단순히 새로운 것뿐만 아니라 "그 종류와 본질에서도" 옛날 언약과는 "다르다". **새롭다**는 것을 의미하는 헬라어에는 두 가지 있다. 하나는 **네오스**(neos)라 해서 시간적인 견지에서 새로운 것인데 이런 경우 새롭게 만들어진 것이 이전 것과 꼭 마찬가지 종류의 것이라 하더라도 이전의 것과 비교해서 시간적으로 **네오스**, 즉 새롭다는 것이다. 이에 대해 **카이노스**(kainos)라는 어휘가 있다. 이것은 시간적으로만 새로운 것이 아니라 질적으로도 새롭다는 것을 의미한다. 같은 물건을 새로 만들었다는 경우는 **네오스**이지 **카이노스**는 아니다.

자, 그런데 여기에서는 예전의 언약을 나타내는 데 두 가지 어휘가 사용되어 있다. 그 하나는 **게라스콘**(gēraskon)이다. 그것은 **낡아가는 것뿐만 아니라 소멸해간다**는 뜻이며 다른 하나는 **아파니스모스**(apanismos)로 도시를 파멸시킨다든가, 비문을 말소한다든가, 법조문을 폐기한다든가 하는 경우에 쓰이는 용어로 완전한 소멸을 의미한다. 그래서 예수께서 가져오시는 새로운 언약은 질적으로 완전히 새로우며 아울러 예전의 언약을 완전히 무효화한다.

III. "새로운 언약의 새로움이란 그 규모에 있다." 그것은 **이스라엘의 집과 유대의 집을 포함하고 있다**. 당시에서 약 천 년 전 르호보암 시대에 왕국은 둘로 분열해서 열 종족이 형성하는 이스라엘 나라와 두 종족으로 된 유대의 나라로 갈라져서 그 후 대립된 상태가 계속되었다. 분열된 이 두 나라를 통일시킨 것은 이 새로운 언약이었다. 이 새로운 언약으로 분열은 끝나고 이전의 적은 화해하게 됐다.

IV. "새로운 언약은 새로운 보편성을 갖고 있다." 신분의 고저를 막론하고 똑같이 하나님을 안다는 것은 참으로 새로운 사실이다. 유대 사회에는 단층이 있어서 한편에서는 바리새인과 정통파 유대인이 율법을 엄수하고 있었고 다른 한편에서는 토착민이라고 일컫는 자들이 제사 예식의 세칙까지도 충실하게 지키지 않아 극도로 경멸을 당하고 있었다. 유대인은 이러한 사람들과 교제하는 것을 금하고 있었으며 이런 종류의 사람들에게 **딸자식**을 출가시키느니 차라리 야수에게 딸자식을 던져 주어 버리는 편이 한결 낫다고 생각하였다. 또한 이러한 사람들과 함께 여행하는 것도 금하고 있어서 되도록이면 상업적인 거래 등도 피하도록 명을 받았다. 율법을 엄수하는 자로서는 일반 시민들이란 없는 것이나 다름없었다. 그러나 새로운 언약은 이러한 차별을 없애고 모든 인간을 포용하며 특권 계급을 폐지하고 지혜의 유무나 신분의 고저를 불문하고 모든 인간에게 주님 되시는 하나님을 알게 했다. 이렇게 해서 닫혀진 문은 이제 넓게 열려졌다.

V. 재차 여기에서 기본적인 상위점을 예거한다면 예전의 언약이 외부에서 주어진 것에 반하여 "새로운 언약은 내적인 인간의 마음에 새겨진 것"이다. 다른 말로 한다면 사람이 하나님께 순종하는 것은 형벌을 두려워해서가 아니라 그들 마음속으로 하나님을 사랑하고 있기 때문이다. 또한 인간이 하나님을 복종하는 것은 율법으로써 강제당했기 때문이 아니라 바로 그들 마음속에 복종하고 싶다는 소원이 있기 때문이다.

VI. 새로운 언약은 "죄 사하심을 주시는 것"이다. 죄 사하심, 즉 용서하신다는 것은 어떻게 되는 것인지 알아보기로 하자. **하나님께서는 저희 불의를 돌아보시지 않고 저희 죄를 잊으신다고 하신 하나님의 말씀**에 근거를 두고 있으며 이것이 바로 하나님의 본질이다. 새로운 언약은 오직 하나님의 사랑에 의존한다. 예전 언약에서는 사람이 하나님과의 관계를 유지하기 위해서는 율법을 지켜야 했으며 지키고자 노력해야 했다. 모든 것은 인간의 노력에 달려 있었다. 그러나 새로운 언약에서는 모든 것이 하나님의 은총과 사랑과 자비심에 달려 있다. 이 하나님은 의의 하나님이시지만 그 의는 사랑으로 덮여 있다. 새로운 언약을 성립시키는 것은 인간의 노력에 의한 복종이 아니라 온전히 하나님의 사랑뿐이다. 여기에서 한 가지 더 얘기할 것이 있다. 예레미야는 새로운 언약에 대해 말했지만 제물에 대해서는 아무 말도 없었다. 그는 새로운 세대에는 제물이란 것은 필요없다고 생각했는지도 모른다. 그러나 히브리서 저자는 이 제물을 중요시해서 완전한 제물로서 예수에 대해 이제부터 기술하고자 한다. 저자는 예수의 죽음으로써만 이 새로운 언약이 주어진 것이라고 생각하고 있다.

The Letters to the Hebrews 09

장막의 영광

히브리서 9:1-5

1첫 언약에도 섬기는 예법과 세상에 속한 성소가 있더라 2예비한 첫 장막이
있고 그 안에 등잔대와 상과 진설병이 있으니 이는 성소라 일컫고 3또 둘째
휘장 뒤에 있는 장막을 지성소라 일컫나니 4금 향로와 사면을 금으로 싼 언
약궤가 있고 그 안에 만나를 담은 금 항아리와 아론의 싹 난 지팡이와 언약
의 돌판들이 있고 5그 위에 속죄소를 덮는 영광의 그룹들이 있으니 이것들에
관하여는 이제 낱낱이 말할 수 없노라

예수께서 사람들을 실체 내지는 본질로 인도하시는 분이라는 사실이 지금까지 저자가 생각하고 기록한 논지다. 이 세상은 그림자이고 희미한 투영이며 인간이 바치는 예배 또한 참다운 예배에 대한 희미한 색깔 같은 환영(幻影)이며 참다운 예배는 오직 예수만이 드릴 수 있다. 여기서 저자는 장막을 돌이켜 생각하고 있는데, 이것은 장막이지 신전이 아니라는 점을 알아 두어야 한다. 대단히 아름답고 순결하기까지 한 장막이 더없이 고귀하다는 것을 생각하면서 혹시 이 땅 위의 예배가 그처럼 고귀하고 아름답고 감동을 준다면 참다운 예배란 얼마나 굉

장한 것이겠는가 하고 저자는 생각하고 있다. 장막의 아름다움이 단지 실체의 그림자에 지나지 않는다면 참된 장막의 아름다움이란 인간의 상상을 초월할 것이라는 생각이다. 여기서는 저자가 장막에 대해 자세하게 기술하지 않고 단지 그 특징의 몇 가지만 들고 있다. 장막의 찬란한 모습은 독자들의 마음속에 뚜렷하게 새겨져 있기 때문에 그렇게 할 필요가 없었을 것이다. 그러나 장막이 어떠한 것인지 모르고 있는 독자들을 위해 그 아름다움을 여기서 재현해 보기로 하자. 그러나 이 아름다움도 본질의 그림자에 지나지 않는다는 것을 잊어서는 안 된다.

황야에 세워진 장막에 대해서는 출애굽기 25장에서 40장까지 또한 34장에서 40장에 이르기까지 기록되어 있다. 하나님은 모세에게 "내가 그들 중에 거할 성소를 그들이 나를 위하여 지으라"(출 25:8)고 하셨다. 이 장막은 이스라엘 백성이 자유의사로 바친 예물로 만들기로 되어 있었다(출 25:1-7). 그리고 백성은 참된 마음으로 아낌없이 바쳤기 때문에 도중에 바칠 예물을 중지시켜야 할 만큼 많은 것이 모였다(출 36:5-7). 장막의 뜰은 길이 약 50미터, 폭 25미터이고 주위의 막은 2.5미터 높이에 가늘게 꼰 세마 포장이었다. 하나님이 거하시는 성소를 포장하는 데는 흰 세마포를 사용했다. 포장은 북쪽과 남쪽에 있는 20개 받침과 동쪽과 서쪽에 있는 10개 받침으로 세워졌다. 그 받침대는 청동의 갈고리에 끼게 되며 그 윗부분은 은으로 했다. 출입구는 단 하나로 동쪽에 위치했고 폭이 약 10미터에 높이가 2.5미터로 문에 치는 휘장은 청색과 자색과 홍색 실과 가늘게 꼰 베실로 수놓아 짠 것이었다. 장막 안에 있는 것은 두 가지인데, 하나는 **놋쇠로 된 번제단**으로 가로와 세로는 다 같이 2.5미터이고 높이는 1.5미터로 아카시아 재목에 청동으로 씌운 것이다. 번제단 위에는 놋그릇이 있었는데 거기에서 제물을 바쳤으며, 번제단 네 모퉁이엔 뿔이 있어서 여기에 제물로 바치는 동물을 묶었다. 장막 안에 있는 둘째 것은 **물두멍**이었다. 이것은 부인들이 사용하는 청동 거울로 만들어졌다(당시는 유리로 된 거울이 없었다). 그 크기는 기록에 없지만 제사장이 그의 거룩한 직분을 행하기 전에 그 물두멍에서 몸을 씻기로 되어 있었다. 장막 그 자체는 48개 아카시아 재목의 기둥으로 되어 있으며 높이는 5미터, 넓이는 75센티미터이고, 순금으로 싸서 은으로 된 갈고리에 끼웠다. 이 기둥은 외부는 막대로 내부는 이음보로 연결되어 있었다. 장막의 내부는 두 가지 부분으로 나뉘어져 있는데 앞면 3분의 1은 **성소**이며 나머지 3분의 1에 해당하는 5미터 사방이 지성소였다. 성소 앞에는 휘장이 있는데 5개 청동의 기둥으로 드리워지며 취장은 청색과 자색과 홍색의 세마포로 되어 있다.

성소 안에는 세 가지 것이 놓인다.

I. "순금으로 된 등잔대"가 있었다. 남쪽에 세워져서 순금의 주물이며 그 가격은 5,000파운드였다. 등대에는 순수한 올리브유가 들어 있어서 불은 꺼지는 일이 없이 늘 켜 있었다.

II. 북쪽에는 "진설병을 놓는 상"이 있었다. 이것은 아카시아 재목으로 만들며 그 위는 순금으로 쌌다. 길이 1미터, 넓이 50센티미터, 높이 75센티미터로 상 위에는 안식일마다 가장 좋은 맥분으로 만든 진설병이 6개씩 두 줄로 도합 12개가 놓인다. 안식일마다 새로운 진설병이 갖추어지기 때문에 묵은 것은 제사장만이 먹도록 되었다.

III. "분향하는 단"이 있었다. 아카시아 목재로 만들어서 윗면은 금으로 씌웠으며 50센티미터 사방에 높이가 1미터였다. 향단 위에는 매일 조석으로 향을 사르곤 했는데, 하나님 백성의 기도가 하나님 앞으로 상달한다는 것을 상징하고 있었다.

지성소 전면에는 **휘장**이 드리워져 있었다. 이것은 가늘게 꼰 베실로 짠 것으로 청색과 자색과 홍색 실로 그룹(Cherubim)이 그 위에 수놓아 있었다. 이 지성소에는 대제사장 이외는 아무도 들어갈 수가 없었으며 대제사장이라 하더라도 일년에 단 한 번 속죄일에만 용의주도한 준비를 마련한 후에만 들어가게끔 되어 있었다. 지성소 안에는 **증거궤**가 놓여 있었다. 그 궤 속에는 세 가지가 있었는데 만나를 넣은 금항아리와 싹이 난 아론의 지팡이와 십계명이 새겨진 돌판이 있었다. 언약궤는 아카시아 목재로 되어 있어서 외부와 내부는 금으로 싸여 있었다. 길이는 1미터 23센티미터, 넓이는 90센티미터에 높이는 90센티미터였다. 증거궤의 뚜껑은 **속죄소**라 불렸으며 속죄소 위에는 순금으로 만든 두 개 그룹이 날개를 펴고 있었다. 여기는 하나님께서 "거기서 내가 너와 만나고 속죄소 위 곧 증거궤 위에 있는 두 그룹 사이에서 내가 이스라엘 자손을 위하여 네게 명할 모든 일을 네게 이르리라"(출 25:22)고 말씀하신 바와 같이 하나님께서 거하시는 곳이었다. 저자가 마음속에서 그리는 이 최고의 아름다움도 실체에 대한 그림자에 지나지 않는다. 여기서 저자는 또 다른 한 가지를 마음속에 두고 있는데 이것에 대해서는 나중에 다시 한 번 들고 있다. 그런데 그 내용은 다음과 같다.

이스라엘의 일반 사람들은 장막뜰 대문 앞까지만 들어오고 제사장과 레위 사람들은 장막의 뜰 안까지 들어오고 제사장만이 성소에 들어갈 수가 있었다. 그리고 대제사장만이 지성소에 들어갈 수 있었다. 장막은 아름다웠지만 그 아름다움이 사람을 하나님 앞으로 가까이 갈 수 있게 한 것이 아니었다. 그러나 예수 그리스도는 하나님과 사람 사이에 가로놓인 장애물을 제거하고 모든 인간이 하나님에게 가까이 갈 수 있도록 그 길을 열어 주셨다. 그리스도 안에서 닫혀진 문이 활짝 열리게 되었다.

보좌에 이르는 유일한 길

히브리서 9:6-10

6이 모든 것을 이같이 예비하였으니 제사장들이 항상 첫 장막에 들어가 섬기
는 예식을 행하고 7오직 둘째 장막은 대제사장이 홀로 일 년에 한 번 들어가
되 자기와 백성의 허물을 위하여 드리는 피 없이는 아니하나니 8성령이 이로
써 보이신 것은 첫 장막이 서 있을 동안에는 성소에 들어가는 길이 아직 나
타나지 아니한 것이라 9이 장막은 현재까지의 비유니 이에 따라 드리는 예물
과 제사는 섬기는 자를 그 양심상 온전하게 할 수 없나니 10이런 것은 먹고
마시는 것과 여러 가지 씻는 것과 함께 육체의 예법일 뿐이며 개혁할 때까지
맡겨 둔 것이니라

앞서 말했듯이 제사장은 장막의 성소에 들어갈 수가 있고 대제사장은 지성소에 들어갈 수가 있었는데 대제사장이 지성소에 들어가는 것은 일 년에 단 한 번 **속죄일**뿐이었다. 속죄일에는 각종 의식이 행해졌다. 당시 사람들이 이 의식에 대해 익숙히 알고 있었던 연유인지 여기에는 자세하게 기록되어 있지 않다. 그러나 이 의식의 내용을 살핀다는 것은 저자의 심리를 파악하는 데 도움이 되겠다고 생각해서 여기에 소개하기로 한다. 주로 레위기 16장에 기록되어 있다.

먼저 속죄일이란 어떠한 날인지 알아보자. 이미 지적한 바와 같이 이스라엘과 하나님 사이에는 언약 관계가 있었는데 이스라엘 백성이 피를 지으면서 이 관계가 끊어졌다. 그래서 속죄를 하고 끊어진 관계를 정상적으로 잇기 위해 제사를 드렸다. 그러나 속죄할 수 없는 죄가 있다면 어떻게 됐을 것인가? 혹시 인간의 죄가 많아 의식조차 할 수 없는 죄가 있다면 어떻게 될 것인가? 혹시 예기치 못한 일이 일어나서 제단이나 신전 또는 성소가 더럽혀졌다면 어떻게 됐을 것인가? 혹시 이러한 일이 일어났다손치더라도 아무도 깨닫지 못해서 제사 드리는 의식 전체가 그 효력을 상실했다면 어떻게 될 것인가? 레위기 16장 33 절에는 속죄일의 목적을, "지성소를 속죄하며 회막과 제단을 속죄하고 또 제사장들과 백성의 회중을 위하여 속죄할지니" 라고 기록하고 있다.

속죄일은 모든 죄와 모든 부정한 것이 속죄되는 중요한 날이었다. 이날에는 만물과 만인이 정결함을 얻고 모든 죄와 부정한 것이 일소되며 이스라엘과 하나님 사이에 있는 관계가 끊이지 않고 계속된다. 이것은 레위기 16장 29 절에 "너희는 스스로 괴롭게 하라" 고 한 바와 같이 치욕의 날이기도 했다. 속죄일은 **축제일**이 아니라 **단식하는** 날이어서 이스라엘 백성은 어린애들까지 포함해서 모두 종일토록 단식하였다. 그 중에서도 참으로 믿음이 깊은 유대인은 10일 전부터 단식을 했다. 속죄일은 유대의 신년에 들어서서 10일째 되는 날로 지금의 일력으로는 9월 초순에 해당된다. 이 속죄일은 대제사장에게 가장 중대한 날로 사실 대제사장은 이날을 위해 또한 이날의 의식과 이날에 드릴 제사를 위해 그의 온 생명을 걸었다고 할 수 있다.

그럼 이날에는 어떠한 일이 행해지는가 생각해 보자. 대제사장은 아침 일찍이 몸을 물로 씻어 정결하게 하고 이날에만 착용하는 호화로운 대제사장의 의

복을 몸에 걸친다. 우선 세마포의 흰 옷을 입으며 세마포의 흰 고의를 몸에 걸친다. 이것은 한통으로 된 천으로 만든 것이다. 그러고는 **에봇**을 걸치는데 곤색으로 된 긴 옷으로 깃에는 석류 무늬를 한 청색과 자색과 흑색의 술을 달고 그 사이에는 같은 수의 금방울이 달려 있다. 이 의복 위에 에봇을 곁들인다. 에봇은 세마포의 상의이며 금실과 청색, 자색, 홍색 실과 가늘게 꼰 베실로 지은 것이다. 그 위에 호화스러운 띠를 맨다. 에봇의 양 어깨에는 각각 하나씩의 보석이 끼워 있어서 그 위에는 여섯 부족씩 도합 열두 부족의 이름이 새겨져 있다. 이 윗저고리에는 네모반듯한 흉패가 있어서 거기에는 열두 부족의 이름이 새겨진 12개 보석이 물려 있다. 이것을 대제사장이 어깨에 얹고 가슴에 붙여서 하나님 앞에 나서는 것이다. 이 흉패에는 **우림**과 **둠밈**이 넣어져 있다. 이것은 **빛**과 **완전**을 뜻한다(출 28:30). 그런데 그 우림과 둠밈이라는 것이 실제로 무엇인지는 알 수가 없다. 대제사장이 하나님의 뜻을 알고자 할 때 이 우림과 둠밈을 보는 것으로 되어 있었는데 아마도 이것은 **여호와**, 즉 하나님의 이름인 IHWH를 새긴 값비싼 다이아몬드라고 생각된다. 대제사장은 머리에 세마포로 만든 **관**을 쓴다. 이 관에 끈으로 패를 매고 그 패 위에는 "여호와께 성결"이라는 문자가 새겨져 있다. 이날 대제사장의 행색이 얼마나 눈부신 모습이었는지는 우리가 가히 짐작할 만하다.

대제사장은 먼저 평일에 행하는 바와 같은 의식을 행한다. 아침 향을 피우고 아침 제사를 드리고 일곱 개 등잔을 가진 등대의 심지를 가다듬는다. 그 후 특별한 날의 특별한 의식이 시작된다. 대제사장은 화려한 예복을 몸에 걸친 그대로 수송아지 하나와 새끼 양 일곱과 숫양 하나를 번제로 드린다(민 29:8). 그러고는 아름다운 상의를 벗고는 물로 몸을 씻어 정결하게 하고 흰 세마포로 만든 깨끗한 옷을 몸에 걸친다. 그 후 자신의 돈으로 산 수소 한 마리를 끌고 오게 하고는 그 수소 머리 위에 손을 얹고 온 회중 앞에서 자신과 가족의 죄를 고백한다.

> 오! 주 여호와시여! 나는 불의를 행하였으며 율법을 깨뜨리고, 죄를 범했습니다. 나도 나의 가족도 죄를 지었습니다. 오! 주님이시여! 간절히 바라옵고 원하는 바는 나와 나의 가족이 저지른 불의와 불법과 죄를 사하여 주소서. 당신의

> 종인 모세의 율법에 "오늘 하나님께서 너희 죄를 사하시고 정결하게 하신다. 너희가 주님 앞에 저지른 모든 불의에서 정결함을 받는다" 고 하였습니다.

그러고는 수소를 잠시 제단에 남겨 놓고 속죄일에 행하는 특별한 의식을 행한다. 두 마리의 염소가 끌려 나오고 염소 옆에는 항아리가 놓여 있는데 그 안에는 두 개의 제비가 들어 있다. 한 제비는 **여호와**의 표시가 다른 한 제비에는 **아사셀**의 표시가 붙어 있다. 아사셀이란 KJV에 따르면 **속죄의 염소**라고 번역되어 있다. 제비를 뽑게 되고 각각의 염소 머리 위에 놓는다. 속죄의 염소 뿔에는 혓바닥 모양을 한 진홍색의 끈이 묶여진다. 대제사장은 여기서 염소를 잠시 그대로 놓아두고는 제단 옆으로 돌아와 수소를 잡고 목을 갈라서 그 피를 용기에 받는다. 이 용기는 제사장이 들어서 피가 응고하지 않도록 흔든다. 이 피는 잠시 후에 사용하기 때문이다. 그 다음부터가 가장 중대한 순간이다. 대제사장은 제단에서 피운 불을 취하여 향로에 넣고 향기로운 향을 특별한 잔에 채운다. 그러고는 지성소 안에 들어가 여호와 앞에서 분향한다. 이때 대제사장은 주님 앞에 오랫동안 머물러서는 안 된다. "이스라엘을 공포 속으로 몰아넣지 않기 위해서다." 사람들은 문자 그대로 숨을 죽이고 지켜 서 있으며 대제사장이 죽지 않고 나오게 되면 비로소 안도의 숨을 돌린다. 그런데 그 숨소리는 마치 갑자기 부는 바람과 같이 들린다.

대제사장은 지성소에서 나오면 수소의 피가 들어있는 용기를 들고 다시 한 번 지성소로 들어가서 그 피를 취하여 지성소 안의 윗편에 일곱 번, 아랫편으로 일곱 번씩 뿌린다. 그 다음에 다시금 밖으로 나와 **여호와를 위하여**라고 표시한 염소를 잡아서는 다시금 지성소에 들어가 그 피를 뿌린다. 그러고는 다시금 나와서 수소의 피와 염소의 피를 섞어 향단의 귀퉁이와 제단에 일곱 번씩 뿌린다. 남은 피는 번제하기 위해 제단 밑에 남겨 둔다. 이렇게 해서 우선 지성소와 성소와 제단이 피로써 모든 부정한 것이 성결하게 된다. 피로써 속죄를 이루게 된다는 것이다.

그 다음에 행하는 의식은 더욱 극적이다. 속죄의 염소가 끌려나오면 대제사장은 그 위에 손을 얹어 자신의 죄와 백성의 죄를 고백한다. 염소는 백성의 죄를 대신 지고 황야, 즉 "사람이 살지 않는 땅"으로 끌려가서 그곳에서 잡힌다.

대제사장은 잡은 수소와 염소를 번제로 드릴 준비를 한다. 그는 세마포 의복을 입은 그대로 성경의 레위기 16장과 23장 27-32절을 봉독하고 민수기 29장 7-11절을 암송한다. 그러고는 제사장으로서 자신의 직분과 백성을 위해 기도한다. 그 후 다시 한 번 물로 몸을 씻고 화려한 상의를 몸에 걸친다. 그러고는 번제를 드리는데 먼저 염소 새끼를 백성의 죄를 위해 드리고, 그 다음에 평일 저녁에 드리는 번제를, 그 다음에 먼저 잡아 놓은 수소와 염소 등 번제를 위해 마련했던 부분을 드린다. 그 후 다시 한 번 물로 몸을 씻고 네 번째이며 마지막 행사를 위해 지성소에 들어가 타고 있는 향로를 끄집어 낸다. 그리고 다시 물로 몸을 씻고 화려한 상의를 걸치고 저녁 향을 피운다. 그러고는 금으로 된 등대의 심지를 가꾸고는 모든 것을 끝낸다. 그날 밤에 대제사장은 축연을 베풀고는 하나님 앞에 갔다가도 아직 그대로 살아남은 것을 축하한다.

이상 말한 것이 속죄일에 행하는 의식이다. 이날은 세상 만물과 만인의 죄를 정결하게 하기 위해 정해진 날인데 히브리서 저자는 이날의 일을 마음속에 그리고는 그 의의를 표시하려 하고 있다. 그러나 저자는 아직도 몇 가지 것을 마음에 두고 있다. 이 의식은 해마다 되풀이하지 않으면 안 된다. 아울러 대제사장 이외의 사람은 하나님 앞에 나갈 수가 없으며 대제사장이라 하더라도 두려움을 안고 들어갔다. 물로 씻어 정결하게 한다고 하는 것은 외부에 지나지 않는다. 수송아지와 염소의 피는 동물의 피에 불과하며 이 피는 인간의 죄를 속죄할 수는 없다. 따라서 제사 드리는 의식 전체가 그 목적을 충분히 이루지는 못한다. 이러한 것은 모두 본질의 그림자이고 진실한 제사의 환영으로 참다운 제사는 그리스도의 희생뿐이다. 장막의 의식이 아무리 숭고하고 아름답다 하더라도 그것은 단순한 그림자에 지나지 않는다. 오직 한 분의 대제사장이고 오직 하나의 참다운 제물이며 **모든 사람을 위해** 하나님께로의 길을 열어 주는 참다운 제물은 오직 하나, 예수 그리스도의 희생의 제물뿐이다.

보좌 앞으로 길을 열어 주는 산 제물

히브리서 9:11-14

11그리스도께서는 장래 좋은 일의 대제사장으로 오사 손으로 짓지 아니한 것
곧 이 창조에 속하지 아니한 더 크고 온전한 장막으로 말미암아 12염소와 송
아지의 피로 하지 아니하고 오직 자기의 피로 영원한 속죄를 이루사 단번에
성소에 들어가셨느니라 13염소와 황소의 피와 및 암송아지의 재를 부정한 자
에게 뿌려 그 육체를 정결하게 하여 거룩하게 하거든 14하물며 영원하신 성
령으로 말미암아 흠 없는 자기를 하나님께 드린 그리스도의 피가 어찌 너희
양심을 죽은 행실에서 깨끗하게 하고 살아 계신 하나님을 섬기게 하지 못하
겠느냐

이 부분의 구절을 이해하기 위해서는 저자가 늘 마음속에 품고 있던 세 가지 기본 이념을 알아 둘 필요가 있다. 그것은 다음과 같다.

I. 종교란 하나님에게 가까이 가는 것이며 모든 종교의 중심 기능은 사람을 하나님 앞으로 인도하는 것이다.

II. 이 세상은 저편에 있는 본질의 세계에 대한 희미한 그림자이며 불완전한 모형이다. 종교는 사람들을 영원한 본질과 접촉시킨다. 장막의 예배와 의식은 이러한 것을 지향해서 행해진다. 그러나 지상의 장막은 하늘에 있는 장막의 그림자에 지나지 않으며 이 땅 위의 예배는 진실한 예배를 미약하게 반영시키고 있는 것에 불과하다. 사람을 참다운 본질로 가깝게 이끄는 것은 참다운 장막과 참다운 예배뿐이다.

III. 종교에는 희생의 제물이란 것이 필요 불가결하다. 순결은 값비싼 대가를 요구한다. 하나님께 가까이 가기 위해서는 순결이 요구된다. 따라서 인간의

죄는 무엇인가 별다른 방법으로 처리되지 않으면 안 되며 인간의 부정함은 무언가의 방법으로 정결하게 하지 않으면 안 된다. 이러한 일이 이루어지지 않는 한, 사람은 하나님께 가까이 갈 수가 없다.

이러한 입장에서 저자는 예수만이 사람을 하나님 앞으로 인도하는 대제사장이며 예수만이 하나님께로의 길을 열어 주는 산 제물을 드릴 수 있다는 것, 더욱이 산 제물이란 다른 것이 아니라 오직 예수가라고 말하고 있다.

그래서 저자는 우선 유대인이 예전의 언약에서 드리던 주된 제물에 대해 기술하고 있다.

I. 거기에는 "수소와 염소"라는 제물이 있었다. 이것은 속죄일에 드리던 제물이었는데 황소는 대제사장 자신의 죄를 위해서이고 염소는 사람들의 죄를 위한 것이었다. 이 염소는 속죄의 염소라고 해서 사람들의 죄를 대신해서 지고 황야로 끌려 나갔다(레 16:15, 21, 22). 이러한 제물의 뜻에 대해서는 이미 속죄일에 대한 절에서 설명한 바 있다.

II. 거기에는 "붉은 암송아지"라는 제물이 있었다. 이 이상한 제물에 대해서는 민수기 19장에 기록되어 있다. 유대의 제사법에 의하면 시체를 만진 사람은 부정한 자라고 해서 하나님을 예배하는 것이 허용되지 않았고 그 사람이 만진 물건이나 사람은 모두 부정하게 됐다. 이러한 부정을 제거하기 위해서는 다음과 같은 의식을 행해야 했다. 즉, 붉은 암송아지를 진(陣) 밖에서 도살해서 제사장이 그 피를 장막 앞에 일곱 번 뿌린다. 암소의 시체는 백향목과 우슬초와 홍색 실과 함께 불사르고 재는 진 밖의 깨끗한 곳에 놓아 두었다. 이것으로써 부정한 것이 제거된다는 것이었다. 이러한 의식의 기원과 의미는 분명하지는 않지만 매우 오래된 옛날부터 행해지던 것 같아 태고의 신비 속에 싸여 있다. 유대 사람들의 말에 의하면 요하난 벤 사카이(Jochanan Ben Zakkai) 랍비가 어느 날 한 이방인에게서 그 의식의 의미를 질문 받았을 때 그것은 미신이나 마술과 같은 것이어서 전능하신 자의 마음을 살필 수는 없으며 설명 같은 것도 요구할 수 있는 것이 아니라고 대답했다고 한다. 이 의식의 의미와 기원 등은 명확하지 않지만 유대인의 중요하고도 신성한 의식의 한 가지였음은 확실하다.

히브리서 저자는 이러한 여러 가지 의식에 대한 것을 말하고는 예수 그리스도께서 드리는 제물이 그 중요성이나 효력면에서 앞서 말한 제물보다도 훨씬 뛰어난 것이라고 단언하고 있다. 그럼 저자가 말하는 손으로 만들지도 않고 보다 좋고 효과적이고 완전한 장막, 즉 사람을 참으로 하나님 앞으로 인도하는 장막이란 무엇일까? 이것은 매우 어려운 질문으로 어느 누구도 명석한 대답을 할 수가 없다. 그러나 옛날 학자들의 거의 전부는 한결같이 다음과 같은 해결을 내렸다. 즉, 사람을 바로 하나님 앞으로 인도하는 새로운 장막이란 예수의 몸이다. 예수께서는 육체의 장막으로 이 세상에 오셨으며 하나님을 사람에게 접근시키고 사람을 하나님 앞으로 인도해 내신다. 이것은 요한이 "나를 본 자는 아버지를 본 자라"(요 14:9)라고 한 말에 상당하는 말이다. 고대의 장막은 사람을 하나님께로 인도하기 위해 만들어졌지만, 그 예배란 가장 불투명하고 불완전한 것에 불과했다. 그러나 예수가 오신 것으로 사람은 하나님께 가까이 갈 수 있게 되었다. 하나님은 예수를 통해 인간의 형상을 가지고 시간과 공간의 이 세상에 오셨기 때문이다. 예수를 보고는 하나님이 어떠한 분이신지를 우리가 알 수 있게 된다.

그럼 예수가 드린 제물이 어떤 점에서 다른 제물보다 뛰어나다는 것일까? 거기에는 세 가지 것이 생각된다.

1. 고대의 제물은 의식적인 부정에서 몸을 정결하게 하지만 예수의 제물은 인간의 영혼을 정결하게 한다. 이론적으로는 제물이란 제사법에 따라서 죄로 간주되는 것 또는 율법의 명령을 거역한 죄에서 사람을 정결하게 할 수 있지만 인간의 교만한 마음과 고압적인 태도라는 죄는 정결하게 할 수는 없다. 제물로써 정결하게 할 수 있는 것은 **도덕적인** 부정도 아니며 인간의 죄도 아니다. 오직 의식적(意識的)이고도 신체적인 부정, 이를테면 시체를 만지고 부정해졌다고 하는 따위의 것뿐이다. 따라서 몸은 의식상으로는 정하게 되었다 하더라도 마음은 후회와 고민으로 괴로움을 받는 경우도 있을 수 있겠고 장막 안으로 몸은 들어갔다손치더라도 마음은 하나님에게서 멀리 떨어지는 일이 일어날 수도 있을 것이다. 그러나 예수의 제물은 인간의 양심에서 죄악감을 제거한다. 예수께서는 그

삶과 죽음을 통해 하나님의 사랑을 알리고 하나님은 사랑이시므로 인간이 하나님께 가까이 갈 수 있는 길을 항상 열어 놓고 계시다는 것을 알리고 있다. 옛적의 언약에 기반을 두고 있는 동물이라는 제물은 사람과 하나님 사이에 가로놓인 장애를 제거하지는 못하지만 예수의 제물은 사랑의 하나님이 두 팔을 활짝 벌리시고 사람들을 그 품속으로 품으시려 하신다는 것을 알려 준다.

II. 예수의 제물은 영원한 속죄를 가져오셨다. 인간이란 죄의 지배하에 놓여 있으며 죄의 노예가 되게 마련이다. 노예의 신분에서 해방되기 위해서는 대가가 필요하다. 사람은 죄의 포로가 되어 완전히 자유를 상실하고 있다. 따라서 거기에서 자유함을 얻기 위해서는 그리스도의 힘이 필요하다.

III. 그리스도의 제물은 사람들에게 죽음의 행실을 그만두게 하고 살아 계신 하나님에게 봉사하는 힘을 주신다. 예수께서는 사람이 과거에 저지른 죄를 사하여 주시는 것뿐만 아니라 바른 생활을 시키기도 하신다. 예수의 제물은 과거를 돌이켜 볼 뿐만 아니라 그 앞날에 희망을 주고 죄 사함을 받은 사람으로서 또한 올바른 사람으로서 살아가는 길을 열어 주신다. 그것은 부채에서 완전히 풀려난 생활임과 아울러 승리의 생활이기도 하다. 예수께서는 사람을 하나님과의 올바른 관계로 세우실 뿐만 아니라 그 올바른 관계를 지속하게도 하신다. 십자가는 사람에게 하나님의 사랑을 가져올 뿐만 아니라 사람의 마음에서 하나님에 대한 공포를 제거한다. 살아계신 그리스도는 함께 계셔서 하나님의 힘을 인간에게 주고 날마다 죄를 극복하는 승리의 생활을 시키신다.

웨스트콧(Westcott)은 예수의 제물이 구약에 따른 동물의 제물과 다른 점을 네 가지 들고 있다.

I. 예수의 제물은 "자유의사"에 따른 것이다. 동물은 죽음을 강요당했지만 예수께서는 그 죽음을 택하여 취하셨다. 동물은 생명을 빼앗겼지만 예수께서는 생명을 **스스로 주셨다**. 예수의 제물은 외부에서 강요당한 것이 아니라 자진해서 그의 벗들을 위해 바치셨다.

II. 예수의 제물은 "자발적"이다. 동물을 제물로 드린 것은 율법에 의해 요구됐기 때문이며, 다시 말해 **율법의 소산**이다. 이와는 반대로 예수의 제물은 **사랑의 소산**이다. 부채는 채권자에게 갚아야 하는 것이지만 사랑은 사랑하는 자에게 자발적으로 주어진다. 그리스도의 배후에 있는 것은 율법이 아니라 사랑이다.

III. 예수의 제물은 "의지적"이다. 동물은 사고력이나 이성이 없기 때문에 죽음을 당하는 뜻을 이해하지 못한다. 그러나 예수께서는 무엇이 일어나고 있는지를 끊임없이 의식하고 계셨다. 예수께서는 자신의 지배력과 이해력을 초월한 환경 속에서 무지한 제물로서 죽은 것이 아니다. 그는 사태를 직시하고 자신의 과거와 현재와 미래에 될 일들을 알고 계시면서 죽었다.

IV. 예수의 제물은 "도덕적"이다. 동물은 거의 기계적으로 미리 정한 방법으로 살해되었다. 이에 대해 예수께서는 히브리서에 기록되어 있는 바와 같이 **영원하신 성령으로서** 제물이 됐다. 그것은 자동적으로 일어난 것이 아니라 성령의 역사하심이었다. 갈보리 산상에서 일어난 일은 규정된 제사법이 기계적으로 적용된 것이 아니라 예수의 자유의사가 하나님의 뜻에 복종한 결과 일어난 것이며 어디까지나 인간을 위한 것이었다. 그 배경에 있는 것은 율법의 자동적인 적용이 아니라 사랑의 선택이다.

죄 사함을 받을 수 있는 유일한 길

히브리서 9:15-22

15이로 말미암아 그는 새 언약의 중보자시니 이는 첫 언약 때에 범한 죄에서
속량하려고 죽으사 부르심을 입은 자로 하여금 영원한 기업의 약속을 얻게
하려 하심이라 16유언은 유언한 자가 죽어야 되나니 17유언은 그 사람이 죽은

후에야 유효한즉 유언한 자가 살아 있는 동안에는 효력이 없느니라 [18]이러므
로 첫 언약도 피 없이 세운 것이 아니니 [19]모세가 율법대로 모든 계명을 온
백성에게 말한 후에 송아지와 염소의 피 및 물과 붉은 양털과 우슬초를 취하
여 그 두루마리와 온 백성에게 뿌리며 [20]이르되 이는 하나님이 너희에게 명
하신 언약의 피라 하고 [21]또한 이와 같이 피를 장막과 섬기는 일에 쓰는 모든
그릇에 뿌렸느니라 [22]율법을 따라 거의 모든 물건이 피로써 정결하게 되나니
피 흘림이 없은즉 사함이 없느니라

이 구절은 히브리서 중에서도 가장 이해하기 힘든 부분이다. 물론 이 서한을 쓴 시점에서는 사람들이 이러한 이론이나 표현 또는 사상 내용에 익숙해 있어서 그 뜻을 쉽사리 이해했겠지만 오늘날의 우리에게는 퍽 기이한 느낌마저 들게 한다.

이미 설명한 바와 같이 **언약** 사상은 저자의 사고에 기조를 이루고 있었다. **언약**이란 하나님과 사람과의 관계를 뜻한다. 첫째 언약은 인간이 율법을 지킨다는 것을 조건으로 성립된다. 따라서 인간이 율법을 어길 때는 그 언약은 무효가 된다. 그럼 여기서 다시 한 번 저자가 종교를 어떠한 형태로 이해하고 있었는지를 상기해 볼 필요가 있다. **종교란 하나님께로의 접근**이다. 따라서 예수께서 새로 세우신 **새로운 언약**이란 사람을 하나님께 가까이 인도하는 것, 다시 말해 사람이 하나님과 교제할 수 있도록 해 주는 것이다. 그러나 이것은 간단한 일이 아니다. 새로운 언약을 부여받은 인간은 이미 죄로 더럽혀졌으며 옛 언약으로는 하나님을 거역하고 율법을 깨뜨렸다. 더욱이 예전의 제사 제도로써는 그 죄를 사할 수가 없다. 이 점에 대해 저자는 한 가지 놀라운 사실을 제시하고 있다. 그것은 예수 그리스도의 제물이 과거의 일까지도 소급해서 그 효력을 갖고 있다는 것이다. 다른 말로 바꾸어 말하자면 그리스도 희생의 제물이 예전의 언약하에서 저지른 죄의 결과를 씻어 버리고 새로운 언약하에서 하나님과의 사이에 새로운 관계를 성립시킨다는 것이다.

이것은 매우 복잡하고 이해하기 힘든 일이지만 그 배경에 있는 것보다 그 중심이 되는 두 개의 위대하고도 불멸의 진리가 있다는 것에 주목해 주었으면 좋

겠다. 첫째로, 예수의 희생 제물은 우리 과거의 죄를 사하신다. 우리는 과거에 행한 행실로 벌 받지 않으면 안 되며 과거의 죄와 불순종으로 하나님에게서 추방 되어야 마땅하다. 그런데 예수의 역사로 과거의 모든 것이 청산되고 용서 받게 되어 하나님과의 사이에 있는 장애가 제거된다. 둘째로, 예수의 희생 제물이 우리 앞날에 새로운 길을 열어 준다는 진리다. 그 열린 길을 통해 우리는 하나님과 교제를 가질 수 있다. 죄로써 하나님에게서 멀리 떨어져 버린 자가 그리스도의 희생 제물로써 하나님의 벗이 될 수 있고, 날마다 예수 그리스도를 통하여 하나님의 사랑을 받을 수 있게 된다. 예수 그리스도의 역사하심은 과거의 무거운 짐을 벗어 버리고 하나님과 더불어 살아가는 장래를 약속하고 있다.

여기서 다음과 같은 논점으로 옮겨가는데 그 논리의 전개는 우리에게는 기발하다고까지 느끼게 된다. 저자는 우선 의문을 던지고 있다. 하나님과의 새로운 관계로 들어가기 위해 왜 그리스도의 죽음이 필요한 것일까? 새로운 관계가 성립되고 지속하기 위해 왜 그리스도는 **죽어야**만 했던 것일까? 이러한 의문에 대해 다음과 같은 두 가지 방법으로 저자는 해답하고 있다.

I. 첫째 논증은-이것은 참으로 받아들이기 어려운 것인데-무언가 말장난에 지나지 않는다. 앞에서도 말한 바와 같이 언약이라는 헬라어는 **디아데케**(diathēkē)인데 특별한 기독교 용어다. 일반적인 경우 **디아데케**는 **유서**나 **유언**을 말한다. 그런데 저자는 15절까지 이 **디아데케**를 기독교 용어인 언약이라는 뜻으로 사용했는데 16절에서 아무런 경고나 설명도 없이 갑자기 **유언**이란 뜻으로 돌리고 있다. **유언**은 유언한 본인이 죽었을 때 비로소 효력을 발생한다. 유언한 자의 죽음은 유언이 효력을 갖기 위해서는 필요 불가결한 조건이다. **디아데케,** 즉 유언은 죽음에 의해 비로소 효력을 발생하고 따라서 새로운 **디아데케,** 즉 **언약**도 예수 그리스도의 죽음으로써 비로소 성립한다. 이것이 저자의 논점이다. 이것은 분명히 하나의 말을 토대로 한 이론으로 현대인에게는 설득력을 지니지 못한다. 그러나 당시는 하나의 말이 지니는 두 가지 의미를 토대로 이론을 전개한다는 것은 알렉산드리아 학파의 학자들이 즐겨 쓰던 방법이며 이 서한은 이러한 시대에 쓰였다는 점을 기억해 두기 바란다. 이 방법은 현대인에게는 기묘하고

설득력이 결여되어 있기는 하지만 당시 사람들에게는 매우 뛰어난 해명 방법이었으며 사람들은 기이하게 느끼지 않고 오히려 깊은 감명을 받았다.

II. 둘째 논증은 히브리인들의 제사 제도로 레위기 17장 11절에 있다. "**육체의 생명은 피에 있음이라** 내가 이 피를 너희에게 주어 제단에 뿌려 너희의 생명을 위하여 속죄하게 하였나니 생명이 피에 있으므로 **피가 죄를 속하느니라**." "피를 흘리지 아니하고는 죄를 속할 수가 없다"는 것은 누구에게나 알려진 히브리인의 기본적인 사고방식을 명확하게 드러낸 것이다. 저자는 모세의 지도 밑에 최초의 언약이 맺어진 때로 소급하고 있다. 그것은 히브리인이 하나님과 특별한 관계를 맺는 조건으로 율법을 받아들일 때 일이다. 성경에는 모세가 "피를 반만 취하여 양푼에 담고 그 피의 반은 제단에 뿌렸다"고 기록되어 있다. 그러고는 모세가 언약의 서(書)를 가져다가 백성에게 낭독하니 백성이 받아들인다고 했다. "모세가 그 피를 가지고 백성에게 뿌리며 이르되 이는 여호와께서 이 모든 말씀에 대하여 너희와 세우신 언약의 피니라"(출 24:1-8). 히브리서 저자는 이러한 것을 매우 정확하게 기억하고 있다. 저자가 송아지와 염소의 붉은 색과 우슬초 등이라고 쓴 것은 속죄일의 의식을 생각하고 있기 때문이며 그날은 그에게 매우 중대했다. 그는 또한 장막에 피를 뿌리는 것도 말하고 있다. 당시에는 장막은 이미 없어져 버렸지만 그래도 장막은 그의 마음속 깊이 새겨져 있었기 때문이리라. 어쨌든 중심이 되는 사상은 피를 흘리지 않고는 부정한 것이 정결하게 될 수 없고 어떠한 종류의 언약도 성립하지 못한다는 점이다. 그럼 왜 그렇게 되는 것인가? 그 대답을 저자는 알지 못했으며 알 필요도 없었다. 성경이 그렇게 말씀하고 있다는 것으로도 충분했기 때문이다. 아마도 그 이유는 피가 생명이며 생명이 가장 귀하기 때문에 이 가장 귀한 것을 하나님에게 드리지 않으면 안 된다고 히브리인들이 생각하고 있었기 때문이리라.

이상 논거가 되는 것은 예전의 의식으로써 현대인의 관심을 끄는 것은 없지만 그 속에 있는 한 가지 원리는 불멸한 것으로 영원히 변함이 없다. 그 원리란 **사하심에는 희생이 따른다**는 것이다. 그것은 값비싼 대가를 필요로 하고 있다. **사람이 남을 용서하는** 경우에도 희생을 지불한다. 이를테면 실수를 저지른 아들이나 딸을 어버이가 용서하는 경우 눈물이라는 대가가 지불된다. 또는 지불되는 대가로 백발이라든가 얼굴에 주름살이라든가 몸을 에이는 듯한 아픔 또는 오래고도 둔중한 마음의 고통이 있을 것이다. 어느 것이라 하더라도 값비싼 대가다. **하나님이 사람을 용서하시는 경우**의 희생은 크다. 하나님은 사랑이시며 동시에 **거룩하시다**. 하나님께서 절대로 하실 수 없는 것, 그것은 우주를 지탱하고 있는 도덕률을 파괴하는 것이다. 죄는 결과적으로 생명 그 자체를 파괴한다. 그리고 이 죄를 사함받기 위해서는 무서우리만큼 엄청난 희생이 지불되어야 한다. 용서한다는 것이 "괜찮아, 아무것도 아니야"라는 정도를 말하는 것이 아니다. 용서하기 위해서는 세계 최대의 희생이 요구된다. 심혈을 뿌리는 일 없이는 죄의 용서와 면제는 있을 수가 없다. 인간에게 강렬한 충격을 주어서 죄를 자각하게 할 수 있는 최대의 것은 자신의 죄가 사랑하는 존재를 괴롭히고 있다는 사실을 알게 하는 것이다. 그때야 비로소 사람은 "**저의** 죄를 사하시기 위하여 **이처럼** 값비싼 대가를 지불하십니까?"라는 말을 토로하게 된다. 죄 사함을 받기 위해서는 누군가가 십자가에 못 박히지 않으면 안 된다.

완전한 정결

히브리서 9:23-28

23 그러므로 하늘에 있는 것들의 모형은 이런 것들로써 정결하게 할 필요가
있었으나 하늘에 있는 그것들은 이런 것들보다 더 좋은 제물로 할지니라
24 그리스도께서는 참 것의 그림자인 손으로 만든 성소에 들어가지 아니하시
고 바로 그 하늘에 들어가사 이제 우리를 위하여 하나님 앞에 나타나시고
25 대제사장이 해마다 다른 것의 피로써 성소에 들어가는 것같이 자주 자기를
드리려고 아니하실지니 26 그리하면 그가 세상을 창조한 때부터 자주 고난을
받았어야 할 것이로되 이제 자기를 단번에 제물로 드려 죄를 없이 하시려고
세상 끝에 나타나셨느니라 27 한번 죽는 것은 사람에게 정해진 것이요 그 후

에는 심판이 있으리니 [28]이와 같이 그리스도도 많은 사람의 죄를 담당하시려
고 단번에 드리신바 되셨고 구원에 이르게 하기 위하여 죄와 상관없이 자기
를 바라는 자들에게 두 번째 나타나시리라

아직도 저자는 예수가 드린 제물이 무상의 효과를 지니고 있다는 것을 생각하면서 여기서 사상의 일대 비약을 시도하고 있다. 그것은 끊임없이 참신한 것을 탐구해 가고 있는 저자에게도 놀라운 사상이다.

여기서 본질적인 중심 사상을 상기할 필요가 있다. 이 땅 위의 예배는 진실한 예배의 퇴색한 모형에 지나지 않는다는 점이다. 이 세상에서 하나님과의 교분은 참다운 교분의 그림자에 지나지 않으며 다가오는 세상에서만 사람이 하나님을 알게 된다. 이 땅 위에서 레위족의 제사장이 드리는 예배는 예배의 외면적인 것을 정결하게 한다. 이를테면 속죄일의 제물은 장막과 제단과 성소를 정결하게 한다. 이에 대해 그리스도의 역사하심은 **지상의 것뿐만 아니라 하늘에 있는 것도** 정결하게 할 수 있다. 이것이 저자의 주장이다. 그리스도의 역사가 하늘에서나 땅에서도 똑같이 효력을 지닌다는 것은 실로 놀라운 사상이다. 그것은 일종의 우주적인 속죄라고도 할 수 있는 것으로서 온 우주 속에서 눈에 보이는 것이나 보이지 않는 것 일체가 정결함을 받게 된다. 그래서 저자는 다시금 그리스도의 역사와 제물이 최대의 것이라는 점을 다음과 같이 강조해 나가고 있다.

I. 예수께서는 인간이 만든 성소에 들어가시지 않고 하늘에 있는 하나님 앞으로 들어가셨다. 예수께서 우리에게 주시는 것은 교회에 들어가는 것이 아니라 하나님 앞으로 나아가는 것이다. 기독교 신앙이란 교회의 요인이 아니라 하나님과 벗 섬기고 교제하는 것이다.

II. 그리스도께서 하나님 앞으로 나아가신 것은 자신만을 위해서가 아니라 우리를 위해서다. 그가 하나님께 들어간 것은 자신의 영광과 영예만을 위해서가 아니라 우리에게도 길을 열어 주기 위함이었다. 예수께서는 하나님 앞에서 우리를 위하여 변호하고 계신다. 이 그리스도께서 바로 최대 역설적인 존재이시다.

그리스도 안에 최고의 영광과 최대의 봉사가 있으며 온 세계의 존귀함과 숭고함을 모으며 온 세계를 위하여 봉사하시는 모습과 영원한 주님이시며 동시에 영원한 종이시라는 사실이 보이기 때문이다.

III. 한 번 드린 그리스도의 희생 제물은 두 번 다시 되풀이할 필요가 없다. 속죄일에 드리는 제물은 해마다 되풀이해서 드리지 않으면 안 되며 하나님에게 이르는 길을 가로막고 있는 것을 정기적으로 제거하지 않으면 안 됐다. 그러나 그리스도의 제물은 되풀이할 필요가 없다. 그리스도로 말미암아 열린 하나님께로의 길은 두 번 다시 닫히는 일이 없기 때문이다. 인간이 죄인이란 것은 지금이나 후에나 변함이 없다. 그러나 그리스도께서는 그 죄 때문에 되풀이해서 제물을 드릴 필요가 없다. 그가 열어 놓은 하나님께로의 길은 두 번 다시 닫히는 일이 없기 때문이다.

여기에서 우리는 어떤 종류의 비유를 볼 수가 있다. 한 번 열린 길은 영원히 열려 있다는 것은 외과 기술에 비해서도 이야기할 수 있다. 어떤 수술은 오랫동안 행할 수가 없었는데 어떤 외과 의사가 곤란을 극복하고 새로운 길을 찾아냈다. 그날부터 그 특정한 질병에 대한 진료의 길이 모든 외과의에게 열렸다. 그것은 한 번 열려서 영원히 닫히지 않는 길이 되었다. 이것을 다른 말로 표현하면 그리스도께서 한 번 길을 열고 죄인들이 하나님께 가까이 갈 수 있게 된 지금은 그리스도의 역사하심 이외에는 아무것도 필요한 것이 없다는 말이다.

최후로 저자는 인간의 생명과 그리스도의 생명을 비교하고 있다.

I. 사람은 죽으면 심판이 온다. 이러한 것은 그리스 사람에게는 받아들일 수 없는 충격적인 것이었다. 일반적으로 말해 그리스 사람들은 인간의 죽음이 최종적인 것이라고 생각하고 있었다. 아이스킬로스(Aeschylus)는 "대지(大地)가 한 번 인간의 피를 마시기만 하면 그것은 죽음이고 최후여서 생명의 부활은 없다"고 말했고 에우리피데스(Euripides)는 "죽은 자가 다시금 빛을 본다는 것은 있을 수 없다"면서 "죽어야 할 인간이 할 수 없는 손실, 그것은 어떠한 부자라도 한 번 잃어버린 생명을 두 번 다시 되돌릴 수 없다는 것이다"고 말했다. 호머(Homer)

는 죽음에 직면하고 있는 아킬레스의 입을 빌려서 "나는 죽은 자의 무리 속에 던져져서 무로 돌아가느니 차라리 누군가의 피고용자로 또는 살 곳 없는 가난한 사람들을 벗 삼고 산다고 하더라도 이 지상에서 생을 유지하고 싶다"고 술회했다. 밈네르무스(Mimnermus)는 어떤 종류의 절망으로 다음과 같이 쓰고 있다.

> 오, 황금의 사랑이여, 그대를 제하고 어디에서
> 생명과 환희를 찾을 수 있을 건가?
> 그대 사라질 때 죽음이여 오너라 종말을 고하라.

어떤 그리스 비문에는 다음과 같은 소박한 글이 있다.

> 잘 가거라 멜리테(Melitee)의 묘여, 가장 선량한 여성이 여기 잠들다. 자애로운 남편 오네시머스(Onesimus)를 사랑한 자여, 그대는 더없이 훌륭한 아내였으며 그대 남편은 그대의 사후에도 그대를 사모하노라. 가장 선량한 아내여, 잘 가거라. 가장 사랑하는 남편이여, 오직 나의 자식들을 사랑해 주오.

로스 디킨슨(G. Lowes Dickinson)이 지적한 바와 같이 그리스 문헌에서 죽음에 직면해서 처음이면서도 마지막에 하는 말은 "잘 가거라"다. 죽음은 모든 것의 마지막이다. 타키투스(Tacitus)가 위대한 아그리콜라(Agricola)의 전기에 기록한 찬사는 단지 "혹시"라고 하는 가정의 말로 시작한다.

> 혹시 올바른 자를 위해 주택이 있다면, 혹시 철인들의 말로같이 위대한 영혼은 육체와 더불어 멸망하지 않는다면 그대여 평안히 잠드소서.

남은 것은 단지 "혹시"라고 하는 가정의 말뿐이다. 마르쿠스 아우렐리우스(Marcus Aurelius)는 인간이 죽으면 그 생명의 불꽃은 하나님에게 환원하고 남는 것은 "먼지와 재와 뼈와 악취뿐이다"라고 했다. **히브리서**에서 특별히 주목해 보아야 할 것은 인간이 다시 산다는 것을 전제로 하고 있다는 점이다. 이러한 확신이 바로 기독교 신앙이다. 사람은 다시 나서 하나님의 심판을 받는다는 것이 기독교 신앙의 기본적인 성격이다.

II. 그리스도의 경우는 완전히 다르다. 그리스도는 죽어서 살아나신 후 다시 오신다. 그것은 심판받기 위해서가 아니라 심판하기 위해서다. 초대교회는 재림의 희망을 결코 잊지 않았다. 그 희망은 그들의 신앙 속에서 맥박치고 있었다. 그러나 여기에서 우리는 한 가지 일을 알아 두어야 한다. 재림은 그리스도를 믿지 않는 사람들에게는 공포의 날이다. 에녹은 그리스도가 오시기 이전에 주님의 날이라고 하면서 다음과 같이 기록하고 있다.

> 너희 죄인들에게서 구원이라고는 없다. 너희에게 예외 없이 내려지는 것은 멸망과 저주다.

어떠한 방도로라도 세상의 종말은 반드시 온다. 그날이란 그리스도를 알고 있는 사람에게는 영광스러운 날이다. 그러나 그리스도를 알지 못하는 자, 그리스도를 적으로 삼는 자에게는 심판 받는 날일 뿐이다. 사람에게는 마지막 날을 기쁨으로 바라고 기다리든지, 두려움을 갖고 맞이하든지 둘 중 한 가지뿐이다. 그 어느 쪽인가 하는 것은 "너희 마음이 그리스도와 어떠한 관계에 있는가?"라는 질문에 있다.

The Letters to the Hebrews 10

오직 하나, 참된 제물

히브리서 10:1-10

1율법은 장차 올 좋은 일의 그림자일 뿐이요 참 형상이 아니므로 해마다 늘
드리는 같은 제사로는 나아오는 자들을 언제나 온전하게 할 수 없느니라 2그
렇지 아니하면 섬기는 자들이 단번에 정결하게 되어 다시 죄를 깨닫는 일이
없으리니 어찌 제사 드리는 일을 그치지 아니하였으리요 3그러나 이 제사들
에는 해마다 죄를 기억하게 하는 것이 있나니 4이는 황소와 염소의 피가 능
히 죄를 없이 하지 못함이라 5그러므로 주께서 세상에 임하실 때에 이르시되
하나님이 제사와 예물을 원하지 아니하시고 오직 나를 위하여 한 몸을 예비
하셨도다 6번제와 속죄제는 기뻐하지 아니하시나니 7이에 내가 말하기를 하
나님이여 보시옵소서 두루마리책에 나를 가리켜 기록된 것과 같이 하나님의
뜻을 행하러 왔나이다 하셨느니라 8위에 말씀하시기를 주께서는 제사와 예
물과 번제와 속죄제는 원하지도 아니하고 기뻐하지도 아니하신다 하셨고
(이는 다 율법을 따라 드리는 것이라) 9그 후에 말씀하시기를 보시옵소서 내
가 하나님의 뜻을 행하러 왔나이다 하셨으니 그 첫째 것을 폐하심은 둘째 것
을 세우려 하심이라 10이 뜻을 따라 예수 그리스도의 몸을 단번에 드리심으

로 말미암아 우리가 거룩함을 얻었노라

히브리서 저자에 의하면 제사 제도 전체는 참다운 예배에 대한 불투명한 모형에 지나지 않는다. 또 종교의 본질이란 사람을 하나님에게 보다 가깝고 벗 섬기게 하고 어떠한 속박이나 장애 없이 자유롭게 그리고 온전하게 하나님 앞으로 가까이 가게 하는 데 있다. 그러나 예전의 제도하에서 드리던 제사나 제물은 이러한 목적을 이룩하지 못했으며 오직 할 수 있었던 일은 먼 거리에서 가끔 하나님과 교제한다는 것뿐이었다. 이러한 상태를 나타내기 위해 여기에 두 가지 어휘를 사용하고 있다. 한 가지는 **스키아**(skia)라고 해서 헬라어로 **그림자**라는 뜻으로 어스레하고 희미한 반사, 즉 단순한 윤곽이나 반면영상(半面影像)으로 질체나 내용이 없는 형상을 말한다. 둘째 것은 **아이콘**(eikōn)이란 어휘로 **완전한 초상**, **세밀한 부분까지 완전하게 재현한 것**이라는 뜻으로 **초상화**나 당시 있었다면 **사진**을 말한다. 저자는 여러 가지 제물은 완전한 모습을 전하지 않는다고 말하고 "그리스도 없이는 하나님의 그림자 이상의 것은 볼 수가 없다"고 말한다. 그 말은 이러한 것을 두고 하는 말이다. 해마다 장막에서 제사를 드리며 더욱이 해마다 속죄일에 제사를 드리고 있다. 이것은 한없이 영원토록 되풀이 된다. 그 제사가 본래 효력이 있다고 한다면 아무것이나 되풀이해서 드리지 않는다 해도 단 한 번으로 충분한 것이었으리라. 그런데도 해마다 날마다 되풀이해서 드린다는 것은 이러한 종류의 제사가 인간의 영혼을 **정결하게** 할 수 없을 뿐만 아니라 인간을 하나님에게 완전히 그리고 끊임없이 가깝게 하지도 못한다는 증거가 아니겠는가. 이러한 모든 제물이나 제사는 **죄를 생각나게 하는** 것뿐이다. 그것은 죄를 정결하게 하는 것이 아니라 도리어 죄가 정결하지 않은 그대로 하나님과 사람 사이에 서 있어서 그 사이를 가로막고 있다는 사실을 생각나게 한다.

여기에서 한 가지 비유를 사용해 보기로 하자. 어떤 사람이 질병에 걸렸다고 가정하자. 그 사람에게 처방된 약병을 주었다고 하자. 그 약병을 볼 때마다 그 약이 효험이 있어서 병이 완쾌되면 그 사람은 "이 약으로 완쾌된 거야. 이 약 덕분에 나는 건강을 회복한 거야"라고 말하며 그때 일을 돌이켜 생각하게 된다.

그러나 반대로 그 약이 효험이 없어서 병이 예전 그대로 조금도 차도가 없었다면 그 약병을 볼 때마다 자신이 와병 중에 있다는 것과 치유할 수 있다고 처방된 약이 조금도 효과가 없었다고 생각하게 된다.

그래서 히브리서 저자는 선지자적인 격렬한 말투로 "동물의 제사는 인간의 부정함을 정결하게 할 수 없을 뿐만 아니라 죄를 제거할 수도 없다. 그리고 사람을 하나님에게 접근시킬 수도 없다. 이러한 제사는 인간이 아직까지도 구원 받을 수 없는 죄인이며 하나님과 인간 사이에는 아직까지도 죄라는 장애물이 가로놓여 있다는 것을 생각하게 할 뿐이다"라고 선언하고 있다.

유일한 효력이 있는 제사는 예수 그리스도의 희생 제물이다. 왜 그럴까? 이런 점을 분명히 하기 위해 저자는 시편 40편 6–8절을 인용하고 있다. KJV에는 원어인 히브리어에 충실하도록 번역되어 있는데 그 구절은 다음과 같이 기록되어 있다.

> 주께서 내 귀를 통하여 내게 들려 주시기를 제사와 예물을 기뻐하지 아니하시며 번제와 속죄제를 요구하지 아니하신다 하신지라 그때에 내가 말하기를 내가 왔나이다 나를 가리켜 기록한 것이 두루마리책에 있나이다 나의 하나님이여 내가 주의 뜻을 행하기를 즐기오니….

그러나 히브리서 저자는 넷째 행의 인용문을 "오직 나를 위하여 한 몸을 예비하셨도다"라고 다르게 해석하고 있다.

이렇게 다르게 번역한 이유는 본 서한의 저자가 히브리어로 된 구약성경의 원서에서 인용하지 않고 70인역이라는 헬라어역에서 인용하고 있기 때문이다. 주전 270년경 구약성경의 히브리어를 헬라어로 번역하는 사업이 애굽의 알렉산드리아에서 시작됐다. 고대 세계 사람들 중에는 히브리어보다는 헬라어를 읽는 사람들이 훨씬 많았음이 분명하다. 또한 마찬가지로 아마도 히브리서 저자는 히브리어를 모르기 때문에 헬라어로 된 70인역을 인용한 것이 아닌가 라고도 생각된다. 그것을 어찌 됐든 간에 이 두 구절의 표현은 같은 것을 뜻한다. "주께서 내 귀를 통하여 들려 주신다"는 것은 "주께서는 나에게 깊은 감명을 주신고로 내가 듣는 것은 모두 순종하겠나이다"라는 의미로서 시편의 기자는 열려 있고(들리고) 순종하는 귀를 생각하고 있다. 이에 대해 "나를 위하여 한 몸을 예비하셨도다"라고 한 것은 "주께서 나를 지으신 것은 내가 몸 안에서 그리고 몸으로 주님의 뜻을 행하기 위함입니다"라는 뜻이다. 그래서 사실상으로는 같은 말을 하고 있다.

그럼 저자는 어떻게 이론을 전개하려는 것일까? 저자는 시편의 말씀을 예수의 말씀으로 기록하고 있다. 이 시편이 말하고자 하는 바는 이러하다. 그는 동물의 제사는 원치 않으니 **하나님의 뜻에 순종하는** 것을 원하신다. 하나님께서 사람에게 원하시는 단 한 가지 제물은 **순종**이다. 본질적으로 제물은 고귀하다. 그것은 인간이 자신에게 귀한 것 또는 가치 있는 것을 하나님에게 드린다는 것으로써 하나님에 대한 사랑을 표시하고자 하기 때문이다. 그러나 인간은 연약하고 죄가 무겁기 때문에 제물을 드리는 정신도 당초의 본질에서 떨어져서 제물의 대가로써 하나님의 용서를 획득하려고 한다. 여기에는 제물을 하나님의 사하심을 얻는 수단으로 이용하려는 위험이 있다. 하나님에 대한 사랑과 헌신의 표시이고 맹세이어야 할 제물이 하나님의 용서를 얻기 위한 대가로 생각하는 경향이 있다. 그래서 저자는 순종이 바로 참다운 희생 제물이라고 말하고 있다. 그러나 이것은 저자가 유독 새로운 말을 하고 있는 것이 아니라 옛날 선지자들도 제물이 본질에서 벗어나 있다는 것을 알고는 하나님께서 원하시는 바는 동물의 피나 육(肉)이 아니라 인간의 순종하는 마음이라고 말했다. 이것이 바로 구약 선지자들의 가장 고상한 사상이다.

> "사무엘이 이르되 여호와께서 번제와 다른 제사를 그의 목소리를 청종하는 것을 좋아하심 같이 좋아하시겠나이까 순종이 제사보다 낫고 듣는 것이 숫양의 기름보다 나으니"(삼상 15:22).

> "감사로 하나님께 제사를 드리며
> 지존하신 이에게 네 서원을 갚으며"(시 50:14).

> "주께서는 제사를 기뻐하지 아니하시나니

그렇지 않으면 내가 드렸을 것이라
주는 번제를 기뻐하지 아니하시나이다
하나님께서 구하시는 제사는 상한 심령이라
하나님이여 상하고 통회하는 마음을
주께서 멸시하지 아니하시리이다" (시 51:16-17).

"나는 인애를 원하고 제사를 원하지 아니하며
번제보다 하나님을 아는 것을 원하노라" (호 6:6).

"여호와께서 말씀하시되 너희의 무수한 제물이
내게 무엇이 유익하뇨
나는 숫양의 번제와 살진 짐승의 기름에 배불렀고
나는 수송아지나 어린양이나 숫염소의 피를 기뻐하지 아니하노라
……
헛된 제물을 다시 가져오지 말라
분향은 내가 가증히 여기는 바요
……
너희가 손을 펼 때에 내가 내 눈을 너희에게서 가리고
너희가 많이 기도할지라도 내가 듣지 아니하리니
이는 너희의 손에 피가 가득함이라
……
너희 악한 행실을 버리며 행악을 그치고 선행을 배우며" (사 1:11-17).

"내가 무엇을 가지고 여호와 앞에 나아가며
높으신 하나님께 경배할까
내가 번제물로 일 년된 송아지를 가지고 그 앞에 나아갈까
여호와께서 천천의 숫양이나
만만의 강물같은 기름을 기뻐하실까

내 허물을 위하여 내 맏아들을,
내 영혼의 죄로 말미암아 내 몸의 열매를 드릴까
사람아 주께서 선한 것이 무엇임을 네게 보이셨나니
여호와께서 네게 구하시는 것은
오직 정의를 행하며 인자를 사랑하며
겸손하게 네 하나님과 함께 행하는 것이 아니냐" (미 6:6–8).

유일한 제물이 순종이라는 것은 이때까지 항시 얘기해 왔던 것이다. 단지 순종만이 하나님께로의 길을 내준다. 불순종과 자기주장과 거역은 하나님께로의 길을 가로막는다. 이렇게 해서 닫힌 길은 동물을 드리는 제사로는 열 수가 없다. 예수께서 완전하신 제물이라고 하는 것은 **그가 온전히 하나님의 뜻에 따랐기 때문이다**. 예수께서는 자신의 육체와 자기 자신을 하나님께 드리며 "당신의 뜻대로 사용해 주소서, 당신의 뜻대로 행사하소서" 라고 말씀하셨다. 또한 자신이 먹고 마시는 것은 아버지 되시는 하나님의 뜻을 행하는 일이라고도 말씀하셨다. 예수께서 드린 희생 제물은 어떠한 인간도 드릴 수가 없었던 완전한 순종이었다. 이것이 바로 완전한 제물이며 참다운 제사다.

우리가 하나님과 교제하고 하나님 앞에 나가고자 원한다면 순종만이 그 유일한 길이다. 인간으로서는 할 수 없는 순종, 이것을 예수께서는 행하시고 인간으로서는 드릴 수조차 없는 제물을 예수께서는 드렸다. 예수께서는 사람으로서 이 세상에 오셨으며 완전한 인간으로서 완전한 순종을 하나님께 드렸다. 이렇게 해서 완전한 순종을 드리고 난 지금 하나님 앞으로의 길은 우리 앞에 영원히 열려 있다.

최종적인 그리스도

히브리서 10:11-18

11제사장마다 매일 서서 섬기며 자주 같은 제사를 드리되 이 제사는 언제나

죄를 없게 하지 못하거니와 12오직 그리스도는 죄를 위하여 한 영원한 제사
를 드리시고 하나님 우편에 앉으사 13그 후에 자기 원수들을 자기 발등상이
되게 하실 때까지 기다리시나니 14그가 거룩하게 된 자들을 한 번의 제사로
영원히 온전하게 하셨느니라 15또한 성령이 우리에게 증언하시되 16주께서
이르시되 그날 후로는 그들과 맺을 언약이 이것이라 하시고 내 법을 그들의
마음에 두고 그들의 생각에 기록하리라 하신 후에 17또 그들의 죄와 그들의
불법을 내가 다시 기억하지 아니하리라 하셨으니 18이것들을 사하셨은즉 다
시 죄를 위하여 제사 드릴 것이 없느니라

저자는 여기서 다시금 예수께서 드린 제사와 제사장이 드린 제사의 상위점을 암시하고 다음과 같은 것을 강조하고 있다.

1. "예수께서 행하신 역사"를 강조하고 있다. 예수의 희생 제물은 단 한 번 드리고 영원히 효력을 지닌다. 이와는 반대로 제사장들이 드리는 제사는 날마다 되풀이해서 드렸는데도 참 뜻의 효력을 지닐 수가 없었다. 신전이 존속하는 한 제사장은 하루도 빠짐없이 아침 저녁으로 제사를 드리지 않으면 안 됐던 것이다(민 28:3-8).

매일 흠이 없는 한 살난 숫양을 아침저녁에 한 마리씩 **번제**로 드렸다. 번제와 동시에 고운 가루 십분의 일 에바에 빻은 기름 사분의 일을 섞어서 **소제**로 드렸으며, 어린양 한 마리에 사분의 일 힌의 포도주를 **전제**로 드렸다. 이외에 대제사장이 드리는 소제를 매일 드렸다. 고운 가루 십분의 이를 기름에 섞어서 넓적한 팬에 구워서 반은 아침에 나머지 반은 저녁에 드렸다. 그리고 아침에는 제사 드리기 전에, 저녁에는 제사 드린 후에 향을 피웠다. 이 행사는 신전이 세워진 후 단 하루도 빠짐없이 되풀이되었다. 그것은 제사장의 일과로 모팻(Moffatt)은 이것을 "레위의 고역"이라고 했다. 이러한 제물과 제사는 되풀이해서 반복되어 정해진 제물을 낱낱이 드린 후에도 인간의 심령은 죄의식이 떠나지 않고 남아 있었으며 하나님과 인간과의 거리를 좁힐 수가 없었다.

이에 대해 예수가 드린 희생의 제사는 반복됨이 없었으며 반복할 필요가 없

었다.

1. 그것은 반복**할 수가** 없었다. 위대한 업적이란 되풀이될 수가 없는 것이다. 재즈라는 음악은 모두 어딘지 모르게 흡사한 점이 있어서 어떤 곡조가 다른 곡의 곡조에 있는 경우가 많아 한없이 되풀이할 수가 있다. 그러나 베토벤의 제5, 9 교향곡 등은 특출한 독자적인 것이어서 다른 작곡자가 흉내 낼 수도 없고 반복될 수도 없다. 또한 감상적인 간행물이나 크리스마스 카드 등에 쓰여 있는 시 같은 것은 되풀이해서 쓸 수가 있으나 셰익스피어극의 무운시나 호머의 일리아드(Iliad), 육음보(六音步)의 시 같은 것은 누구나 쓸 수 있는 것이 아니다. 이러한 것은 타의 추종을 불허하는 걸작들이다. 어떤 것은 모방하고 재현시킬 수도 있는데 이런 것은 반복할 수가 있다. 그러나 천재의 작품에는 반복할 수 없는 요소가 있다. 천재의 작품이란 온갖 작품 가운데 오직 하나뿐이어서 칭찬도 하고 감상도 하고 연구도 해서 감격이나 감동을 주는 원천이 된다고는 하더라도 그것과 같은 것을 만들 수는 없다. 그리스도의 희생 제물도 이와 같아서 유일무이한 것이며 결코 반복할 수 없는 걸작 중의 걸작인 것이다.

2. 그것은 반복할 **필요**가 없다. 그 이유는 두 가지가 있다. 첫째는 **예수의 희생 제물은 하나님의 사랑을 완전히 보이시는 것이다**. 예수의 봉사의 생애와 그의 죽음 가운데는 하나님의 마음이 완전히 나타나 있다. 사람을 사랑하시며 사시고 사람을 사랑해서 죽으신 예수를 볼 때 우리는 "이분이 바로 하나님이다"라고 말할 수 있을 것이다. 예수의 생과 사가 바로 하나님의 완전하신 계시다. 둘째는 **예수의 삶과 죽음은 온전히 복종하는 행실이며 그로 말미암아 유일하고 완전한 희생 제물이 되셨다**. 성경의 깊고도 오묘한 사상에서 하나님께서 원하시는 바는 순종이라고 시사한다. 그래서 예수의 생과 사가 바로 하나님께서 기뻐받으시는 제사라는 것이다. 완전한 것은 개선할 필요가 없다. 그것은 독자적인 것이며 타에 그 유례를 볼 수 없다. 예수 안에는 하나님의 온전한 계시와 하나님에게 드리는 완전한 순종의 예물이 있다. 그렇기 때문에 예수의 제사는 반복할 수도 없거니와 그렇게 할 필요도 없다. 제사장은 동물이라는 제물을 부과된 고된 일과로써 반복해서 드려야 하지만 예수의 희생 제물은 반복할 필요가 없는 최종적인 것이다.

II. "예수께서 받으신 영광"을 강조하고 있다. 저자가 어휘를 택하는 방법에 주의해 보아야겠다. 제사장은 매일 서서 제사를 드리지만 예수께서는 하나님 우편에 **앉아 계시다**. 그것은 제사장의 위치이며 임금의 모습이다. 예수께서는 그 위업을 완성하시고 승리를 거두고 임금으로서 귀환하셨다. 우리는 예수의 생애를 **전체적인 것**으로 생각하지 않으면 안 된다. 그의 생명은 죽음 없이는 완전한 것이 아니다. 그의 부활은 영광으로 귀환하지 않고는 완전한 것이 아니다. 이 땅위에 사시고 죽으시고 부활하시고 하나님 우편에 앉아 계시는 이는 동일한 예수가신 것이다. 그는 영웅적인 죽음을 한 단순한 순교자가 아니다. 또한 살아나셔서 다시금 이 땅에서 생활을 계속하고 친구로서 함께 생활하는 단순한 재생자가 아닌 것이다. 예수께서는 영광의 주다. 그의 생애는 흡사 각각 다른 그림으로 엮어 짠 직물과 같았다. 한 가지 그림만 보면 전체 구상의 일부밖에 모르지만 전체적으로 보면 구상 전체를 분명하게 알 수 있게 되고 그 위대함을 이해할 수 있다. 이와 같이 예수의 위대함을 알기 위해서는 그의 전 생애를 알아야 한다.

III. "예수의 궁극적인 승리"를 강조하고 있다. 예수께서는 그의 적이 최종적으로 항복하기를 기다리고 계신다. 어느 누구이고 간에 정해진 최후의 날을 막을 자는 없다. 최후에는 예수 그리스도께서 최고의 주권자로서 군림하는 세계가 온다. 그러한 세계가 어떻게 나타날지는 우리가 알 수 없다. 마지막 때에는 하나님께서 힘으로 적을 분쇄하고 굴복시키고 파멸시키는 것이 아니라 적이 그리스도의 사랑에 순종하는 것이라 생각하는 것이 허용될지도 모르겠다. 궁극적으로 종말의 날에 승리를 거두는 것은 권력이 아니라 하나님의 사랑이기 때문이다.

최후로 저자는 그의 습관대로 성경을 인용함으로써 자신의 논점을 강화하고 있다. 인용하고 있는 구절은 예레미야 31장 33-34절로 새 언약은 외부에서 주어지는 것이 아니라 사람의 마음속에 기록해 있는 것이라고 예레미야가 말하고 있다. 그러고는 끝으로 "내가 그들의 악행을 사하고 다시는 그 죄를 기억하지 아니하리라"는 말로 맺고 있다. 예수를 통해 새 언약이 초래되었고 하나님과 사람 사이에도 새로운 관계가 성립되었다. 그리고 예수와 그의 역사하심으로써 하나님과 사람 사이에 있는 장애가 영원히 제거되었다.

그리스도와의 관계

히브리서 10:19-25

19그러므로 형제들아 우리가 예수의 피를 힘입어 성소에 들어갈 담력을 얻었
나니 20그 길은 우리를 위하여 휘장 가운데로 열어 놓으신 새로운 살 길이요
휘장은 곧 그의 육체니라 21또 하나님의 집 다스리는 큰 제사장이 계시매 22우
리가 마음에 뿌림을 받아 악한 양심으로부터 벗어나고 몸은 맑은 물로 씻음
을 받았으니 참 마음과 온전한 믿음으로 하나님께 나아가자 23또 약속하신
이는 미쁘시니 우리가 믿는 도리의 소망을 움직이지 말며 굳게 잡고 24서로
돌아보아 사랑과 선행을 격려하며 25모이기를 폐하는 어떤 사람들의 습관과
같이 하지 말고 오직 권하여 그날이 가까움을 볼수록 더욱 그리하자

히브리서 저자는 지금까지 논한 모든 것을 실제 생활에 맞추려고 시도하고 있다. 즉, 신학에서 실천으로 옮겨가고 있다. 저자는 신약성경 저자들 중에서도 특히 깊은 사색을 가진 신학자인데 그의 신학에는 목회적인 배려가 있다. 그가 사색하는 것은 단순히 사고하는 즐거움을 위하거나 학문적이며 지적인 만족을 얻기 위해서가 아니라, 사람들이 하나님 앞으로 나오도록 호소하기 위한 원동력이다.

우선 저자는 예수에 대해 세 가지 점을 지적하고 있다.

1. "예수께서는 하나님 앞으로 인도하는 살아 있는 길이다." 여기서는 우리가 그의 육체인 휘장을 통해 하나님 앞으로 나간다고 기록하고 있다. 그것은 무척 어려운 사상인데 저자가 말하고자 하는 바는 이러하다. 옛날 장막의 지성소 앞에는 휘장이 걸려 있었는데 그것은 하나님과 사람 사이를 가렸다. 그래서 사람

이 하나님 앞에 들어가기 위해서는 휘장이 둘로 갈라져야 했다. 그런데 예수의 육체는 그의 신성을 가리는 휘장이다. 찰스 웨슬리(Charles Wesley)는 그가 지은 찬송가에서 "육체로 가리운 하나님의 모습을 본다"고 말하고 있다. 우리가 하나님을 분명히 볼 수 있는 것은 십자가에서 예수의 육체가 찢기운 때다. 확실히 예수의 온 생애는 하나님을 보여 주고 있다. 그러나 하나님의 사랑이 완전히 나타난 것은 십자가에서였다. 장막의 휘장이 찢길 때 하나님께로 향하는 길이 열리고 그리스도의 육체가 찢기울 때 하나님의 위대한 사랑이 나타난다. 예수께서는 하나님의 사랑을 보이시고 하나님 앞에 전면적으로 순종한다는 완전한 제사를 드림으로써 우리에게 하나님께 가까이 갈 수 있는 길을 열어 주셨다.

II. "예수께서는 하늘 위에 계셔서 하나님의 집을 다스리시는 대제사장이다." 지금까지 때때로 말한 바와 같이 제사장의 역할은 하나님과 사람 사이에 교량 역할을 한다. 이것을 보다 쉽게 말하면 예수께서는 우리에게 하나님에게 이르는 길을 보여 주실 뿐만 아니라 하나님 앞에 나간 사람들을 하나님에게 소개하신다는 말이다. 버킹검 궁전까지 사람을 안내할 수는 있겠으나 그 사람을 여왕 앞까지 데리고 갈 수는 없다. 그러나 예수께서는 우리를 하나님 앞으로 인도하시는 것뿐만 아니라 대제사장으로서 우리를 하나님께 소개하실 수도 있다. 예수의 역사하심으로써 하나님 앞으로 가는 길을 가로막은 것이 영원히 제거되었기 때문이다.

III. "예수만이 완전히 죄와 부정함을 깨끗하게 하실 수 있다." 제사장이 의식에 따라서 하나님에게 드리는 것은 동물의 피를 뿌리는 것으로써 깨끗하게 되는 것이었다. 제사장은 반복하여 물로 몸을 씻고 정수를 넣은 대야 속에서 몸을 깨끗하게 해야만 했다. 그러나 이러한 의식은 궁극적으로는 죄의 본질적인 부정함을 제거할 수는 없었다. 오직 예수만이 사람의 마음과 몸을 완전히 정결하게 하실 수 있다. 예수께서 주시는 정결은 외면적인 것이 아니다. 예수께서는 그의 임재하심과 성령으로써 인간의 마음속 깊이 존재하고 있는 생각과 소원을 정결하게 하시며 참으로 정결한 자로 되게 하실 수 있다.

다시금 저자는 우리에게 다음과 같은 세 가지 일을 행하라고 권고하고 있다.

I. **"하나님께 나아가자."** 이것은 결코 예배하는 일을 게을리하지 않도록 권하는 말이다. 인간은 두 개 세상에 살고 있다. 하나는 공간과 시간의 이 세계이고 다른 하나는 영혼과 영원의 세계다. 우리는 이 땅 위에 있는 것에 마음을 빼앗겨 또 다른 하나의 세계를 망각할 위험을 갖고 있다. 아침에 하루 일을 시작하기 전이나 저녁에 하루 일을 끝마쳤을 때나, 하루 일을 하는 사이라도 잠시 동안만이라도 하나님에게 마음을 돌려서 하나님 앞으로 들어갈 필요가 있다. 사람마다 그 나름대로의 거룩한 성전을 지니고 있는데 많은 사람은 그 성전에 들어가는 것을 망각하고 있다. 매튜 아놀드(Matthew Arnold)는 다음과 같이 기록하고 있다.

날에 날마다 날리는 먼지는 극히 미세한 것이지만
곧 영혼 속에 가득 쌓여 간다.
무리하게 잊으려는 게 아니라 일에 쫓겨 망각하고 있는 사이에.

II. **"우리가 믿는 소망을 굳게 잡고 나아가자."** 이것은 우리가 믿고 있는 소망을 굳게 잡고 놓쳐서는 안 된다는 뜻이다. 사람들의 조소나 조롱소리가 우리의 신앙을 앗아갈지도 모르는 일이다. 물질주의자와 그 의논이 우리에게 하나님을 망각하게 할지도 모른다. 인생에서 일어나는 일들이 우리의 신앙을 동요시킬지도 모르는 일이다. 스티븐슨(Stevenson)은 세상에는 궁극적인 질서가 있다고 했으며 지옥 속에서 눈을 뜨고 깨어났다 하더라도 여전히 그 신앙을 가져야 한다고 믿었다. 우리는 우리의 믿음을 굳게 잡고 어느 누구에게도 빼앗기지 않도록 힘써야 한다.

III. **"남을 돌아보도록 하자."** 이것은 기독교인이 자기 자신만을 위해서가 아니라 남을 위해서이기도 하다는 점을 잊어서는 안 된다는 뜻이다. 자기 자신만의 영혼을 구원하기 위해 시간과 정력을 기울이는 자는 그 목적을 이룰 수 없는 법이다. 남의 일에도 마음을 기울여서 구원 받을 영혼이 자신에게도 있다는 사실마저 잊을 정도의 사람이어야 그 영혼을 구할 수가 있다. 신앙은 자기중심이 되기 쉽지만 자기중심과 기독교와는 상반된다.

히브리서 저자는 남을 위하는 의무를 구체적으로 세 가지 면에서 지적하고 있다.

I. "경건한 생활을 하도록 서로 격려하라." 우리는 먼저 스스로 좋은 모범을 보일 필요가 있다. 그리고 남들이 이어받은 관습과 의무와 특권과 책임을 망각하지 않도록 끊임없이 상기시켜야 한다. 성인은 그리스도의 모습을 나타내는 사람이라고 일러 왔다. 우리는 남에게 그리스도를 보임으로써 그들의 선행을 격려하는 노력을 게을리해서는 안 되겠다. 어떤 병사 하나가 플로렌스 나이팅게일(Florence Nightingale)을 쳐다보며 "당신은 나에게 그리스도요"라고 말하고서 숨졌다는 이야기를 기억할 수 있을 것이다.

II. "서로 예배하는 것을 지키라." 히브리서의 독자 가운데는 서로 모이기를 폐한 자가 있었음이 틀림없다. 오늘날에도 기독교인이라고 칭하는 사람들 가운데는 하나님께서 정하신 날에 하나님의 집에서 하나님의 백성과 더불어 예배하는 습관을 폐해 버린 사람들이 있다. 이러한 사람들을 모팻(Moffatt)은 "경건한 분자"라고 불렀는데 고립된 성도를 말한다. 모팻은 이러한 사람들이 동료 기독교인들과 더불어 예배하지 않는 이유로 다음 세 가지를 들고 있다.

1. **두려움** 때문이다. 교회에 나감으로써 그리스도에 대한 충성을 사람에게 보이는 것을 두려워하는 자들이 있다. 이러한 사람들은 교회에 나가게 되면 그 이웃이나 직장 사람들에게서 비웃음을 사게 되고 종교에 무관심한 친구들에게서 비판을 받게 되며 경멸당하는 것을 두려워한다. 이러한 사람들은 숨은 제자로 있고 싶어 하는지는 몰라도 숨은 제자로 있다는 것은 사실상 불가능한 일이다. "제자라면 숨어 있을 수가 없으며 숨어 있으면 제자가 될 수 없다"는 것이 되기 때문이다. 교회에 간다는 것은 자신이 충성을 바치려는 대상이 누구인지를 보인다는 것을 우리는 잊어서는 안 된다. 설혹 설교가 좀 빈약하고 예배가 저조하다

하더라도 교회에 나간다는 것은 자신의 입장을 사람들에게 보이는 좋은 기회다.

2. **까다로움** 때문이다. 서민층의 사람들과 어울린다든가 "자기 이하"의 사람들과 접촉하는 것을 피하기 위해 교회에 나가지 않는 사람들이 있다. 영국에서도 저속한 사교장으로 타락한 교회가 있다. 그리고 교회의 주위 환경이 나빠져서 교회에 충실하게 오는 사람들 가운데에도 빈민이나 하층 계급의 사람들이 교회에 밀려오는 것을 보고 즐거움보다는 당황함을 느끼는 자들이 있을지도 모른다. 그러나 하나님이 보시기에는 "서민"은 특수한 계급일 뿐이며 또한 그리스도께서는 상류 계급의 사람들뿐만 아니라 **모든** 사람을 위해 죽으셨다는 것을 우리는 잊어서는 안 되겠다.

3. **자기 과신** 때문이다. 솔직히 말해 자신에게는 교회 따위는 필요 없다든가 설교의 지적 수준이 너무 낮아서 만족할 수 없다고 생각하는 사람들이 있다. 사회인으로서 잘난 체하는 속물근성은 그리 좋은 것이 못 되지만 영적으로나 지적으로 그러한 체하는 것은 훨씬 나쁜 것이다. 인간 중에서 가장 현명한 자라도 하나님 보시기에는 어리적은 자에 지나지 않으며 가장 강한 자라도 유혹을 받았을 때는 약하다. 교회 생활을 떠나서는 신앙생활을 계속할 수 없다. 혹시 그런 생활을 할 수 있다고 생각하는 사람은 교회에 나오는 것이 **받기 위함**뿐 아니라 **주기** 위해서이기도 하다는 것을 생각해야 할 것이다. 우리는 받을 것만을 생각해서는 안 된다. 교회를 위해 무엇인가 도움이 돼야겠다는 생각을 가지고 교회에 나와야 한다. 또 교회에 어떠한 결함이 있다고 생각한다면 교회에 나와서 돕고 그러한 잘못을 수정하는 것이 자신의 책임이라고 생각하여야 한다.

III. "서로 격려하라." 인간의 최고 의무는 사람들을 격려하는 일이다. 영국 해군 규칙에 "장교는 그가 맡은바 임무를 수행함에서 있어 타 장교의 의기를 저해하는 언사를 써서는 안 된다"는 조항이 있다. 엘리바스가 욥에게 말했다는 "넘어지는 자를 말로 붙들어 주었다"(욥 4:4)는 언사는 본의 아니지만 욥을 칭찬한 언사다. 배리(Barrie)는 신디아 애스퀴스(Synthia Asquith)에게 "너의 가장 중요한 날 때부터의 재능은 브라운이 존스에 대한 찬사를 로빈슨에게 말했을 때 그것을 즉시 존스에게 전보를 쳐서 알린 것이다"라고 어디엔가 기록하고 있다. 남의 이상을 조소하고 남의 열성에 찬물을 끼얹어서 남을 낙담시키기는 쉬운 일인데 이 세상에는 남을 실망시키는 사람들로 가득 차 있다. 그러한 가운데서 우리 기독교인들은 서로 격려하지 않으면 안 된다. 칭찬이나 감사를 표시하는 언사는 때때로 사람들을 붙들어 일으켜 세우기도 한다. 그와 같은 언사를 쓰는 사람들은 행복한 사람들이다.

저자는 끝으로 때가 가까이 이르렀으니 서로서로 한층 그러한 일을 격려해야겠다고 말하고 있다. 그날이 가깝다. 그날은 그리스도 재림의 날이며 지금 우리가 알고 있는 모든 것이 끝나는 때다. 초대교회는 그날을 갈망하고 있었다. 오늘날 그날을 바라고 기다리는 사람이나 그렇지 않은 사람이나 공통적으로 알아야 할 것은 언제 우리에게 이 세상을 떠나라는 명령이 내려질는지 모른다는 사실이다. 우리는 지금 이때 모든 방법으로 모든 사람에게 선행을 행해야 한다.

가장 무거운 형벌

히브리서 10:26-31

26우리가 진리를 아는 지식을 받은 후 짐짓 죄를 범한즉 다시 속죄하는 제사
가 없고 27오직 무서운 마음으로 심판을 기다리는 것과 대적하는 자를 태울
맹렬한 불만 있으리라 28모세의 법을 폐한 자도 두세 증인으로 말미암아 불
쌍히 여김을 받지 못하고 죽었거든 29하물며 하나님의 아들을 짓밟고 자기를
거룩하게 한 언약의 피를 부정한 것으로 여기고 은혜의 성령을 욕되게 하는
자가 당연히 받을 형벌은 얼마나 더 무겁겠느냐 너희는 생각하라 30원수 갚
는 것이 내게 있으니 내가 갚으리라 하시고 또다시 주께서 그의 백성을 심판
하리라 말씀하신 것을 우리가 아노니 31살아 계신 하나님의 손에 빠져 들어
가는 것이 무서울진저

때때로 히브리서 저자는 신약성경의 다른 곳에서는 볼 수조차 없을 정도의 엄

한 언사를 쓰고 있다. 저자만큼 죄를 두려워하고 가공한 것이라고 알고 있는 사람도 드물다. 여기에 기록된 구절에서는 신명기 17장 2–7절에 있는 엄한 경고의 말씀을 인용하고 있다. 어느 누구든 혹시 다른 신들을 섬기며 거기에 절을 하는 경우에는 "너는 그 악을 행한 남자나 여자를 네 성문으로 끌어 내고 그 남자나 여자를 돌로 쳐죽이되 죽일 자를 두 사람이나 세 사람의 증언으로 죽일 것이요. 한 사람의 증언으로는 죽이지 말 것이며 이런 자를 죽이기 위하여는 증인이 먼저 그에게 손을 댄 후에 뭇 백성이 손을 댈지니라 너는 이와 같이 해서 너희 중에서 악을 제할지니라."

저자가 이와 같이 죄에 대한 공포를 지적한 데는 두 가지 이유가 있다.

첫째로, 당시 교회가 과거의 핍박을 받았고 앞으로 핍박을 받을 위험이 있었기 때문이다. 교회의 최대 위기는 교인이 사악한 생활을 하고 주를 배반하는 일이었다. 박해하에 있는 교회에 신앙의 약함을 세상에 폭로하는 교인이란 교회의 생명을 위협하는 존재로 용서할 수 없는 일이었다. 교인이면 반드시 주님에게 충성스러워야 하며 그러한 충성을 결한 자는 교인이라고 할 수는 없었다. 그만큼 당시 교회가 살아가기 위해서는 절대적으로 충성스러움이 요구됐던 것이다. 이러한 일은 지금도 변함이 없다. 딕 셰퍼드(Dick Sheppard)는 교회에 적의를 가진 자나 무관심한 자들을 향해 야외에서 설교하는 것으로 생애의 대부분을 지낸 사람이다. 그는 사람들에게서 받은 질문이나 이론이나 비난을 통해 "교회 성장을 방해하는 최대의 장애는 기독교인이라 칭하는 사람들의 불철저한 생활"이라는 것을 알았다고 말했다. 불철저한 기독교인은 예나 지금이나 교회의 기초를 침식하는 자들이다.

둘째로, 예수께서 오심으로써 하나님에 대한 새로운 지식과 인간에 대한 하나님의 뜻이 무엇인지 보여 준 지금, 죄는 두 배의 심각함을 지니고 있다고 저자는 확신하고 있다. 옛적에 한 성직자가 신앙 문답을 쓰고 끝으로 만일 사람이 진리를 무시하고 예수 그리스도의 호소를 등한하는 경우에는 어떻게 되는지라는 질문에 대해 반드시 심판이 따른다고 말하고 "**너는 성경을 읽고 알고 있기 때문에** 그 형벌은 남들보다 한층 엄하다"고 대답했다. 지식이 깊어지면 그만큼 죄는 무거워지는 것이며 옛 율법하에서 배신이 무서운 것이라면 그리스도께서 오신 후의 배신이란 보다 더 무섭다는 것이 저자가 확신하는 바다. 여기에서는 죄의 세 가지 양상을 보여 주고 있다.

I. **"죄는 그리스도를 발로 짓밟는다."** 죄는 사랑의 제물을 집어 올려 발아래서 짓밟는 일이다. 죄는 율법을 거역하는 것뿐만 아니라 사랑에 상처를 입히는 일이기도 하다. 사람은 육체적으로 상처를 입었을 때는 참고 견딜 수 있지만 마음을 짓밟힌 때에는 치명적인 타격을 받는다. 히틀러의 공포 정치 시대에 어떤 사람이 체포되어 고문을 당하고 굽기야는 집단 포로수용소에 수용되었다 한다. 그런데도 그는 훌연히 모든 고통을 용기로써 참고 견뎌 냈다. 그의 몸은 쇠약해지고 상했지만 굴복하지 않고 결국에는 그 고통에서 벗어났다. 그런데 우연한 기회에 누가 밀고해서 체포되었는지를 알게 되었다. 밀고자는 다름 아닌 자신의 아들이었다. 그는 그 사실을 알고는 살아갈 기력을 잃고 죽었다. 그는 적의 공격에는 참고 견딜 수가 있었지만 사랑하는 자의 공격에는 참고 견딜 수가 없었으며 결국 죽었던 것이다. 시저는 암살을 계획하던 자들에게서는 굽힘이 없이 용기를 가지고 맞섰지만 암살자 가운데 그를 찌르려고 손을 들고 있는 그의 친구인 브루투스를 보자 시저는 상의로 얼굴을 덮고 숨을 거두었다. 그리스도께서 오신 지금 죄가 극악하다는 것은 율법을 거역하는 일이 아니라 그리스도의 사랑을 짓밟는 일이라는 것이 명백해졌다. 사랑을 거역하는 죄가 바로 이 세상에서 가장 악하고 무서운 죄악이다.

II. **"죄는 신성함을 알지 못한다."** 하나님을 모독하는 것처럼 무서운 것은 없다. 학생을 위해 모금하는 자선 주간에는 학생들에게 어느 정도의 자유가 허용되어 즉흥극 같은 것이 행해져도 학교 당국이나 일반 시민은 나무라지 않고 학생들과 즐기기도 한다. 그런데 다른 주간에 학생들 중 한 그룹이 어느 대도시의 기념비 밑에서 벌거벗고 춤을 추었다. 이 학생들 대부분은 이러한 일이 금지되어 있었다는 것을 모르고 있었지만 시민들에게는 큰 충격을 주었다. 기념비가 서 있는 장소가 더렵혀지고 기념비의 신성함이 무시되었기 때문이다. 히브리서 저자는 이렇게 이야기할 것이다. "너희를 위해 무슨 일이 일어났었는지 생각해 보라. 그리스도의 피가 흘려지고 그 몸이 찢겼다. 너희가 하나님과 새로운 관계로 들어가기 위해 값비싼 대가가 지불됐던 것이다. 그러한 일에 대해 어떻게 무관심할 수가 있단 말인가. 이러한 일이 얼마나 신성한 일인지 너희가 인식하지 않으면 안 되겠다." 죄는 십자가상에서 희생 제물의 신성함을 깨닫지 못하는 상태를 말한다.

III. "죄는 성령을 욕되게 한다." 우리 안에서 무엇이 옳고 그른지를 가르치고 우리가 죄 편으로 기울어질 때 주의를 주고 무기력하게 될 때 힘을 주는 것은 다름 아닌 성령이다. 이러한 성령의 지시와 경고를 무시하는 일은 성령을 모독하는 일이다. 선량한 사람이나 현인들의 충고를 거역하고 그 사람의 청을 무시하며 그 친절을 역이용하는 것은 곧 그 사람을 모욕하는 일이다. 성령의 호소와 초청과 명령을 완전히 무시하고 자기 멋대로 생활을 영위하는 것은 성령을 욕되게 하고 하나님의 마음을 슬프게 한다.

우리는 여기서 한 가지 사실에 조심해야겠다. 죄는 비인격적으로 율법에 대해 불순종하는 것이 아니라 인격 관계를 문란하게 하고 파괴하는 것이다. 다시 말해 율법에 거역하는 죄가 죄가 아니라, 우리의 아버지이신 하나님의 마음을 짓밟고 상처를 입히는 것이 죄인 것이다.

히브리서 저자는 끝으로 신명기 32장 35-36절을 인용해서 예리하고도 무서운 경고를 주고 있다. 그런데 그 성경 구절은 하나님의 엄격하심이 분명하게 나타나 있다. 기독교의 중심에는 항상 경고가 있는데 이러한 경고를 받지 않으면 신앙은 그 활력을 상실하고 만다. 마지막 날에는 선한 자와 악한 자가 엄격하게 구별된다. 이 최후의 심판은 어느 누구도 피할 도리가 없다.

배신의 위험

히브리서 10:32-39

32전날에 너희가 빛을 받은 후에 고난의 큰 싸움을 견디어 낸 것을 생각하라
33혹 비방과 환난으로써 사람에게 구경거리가 되고 혹은 이런 형편에 있는
자들과 사귀는 자가 되었으니 34너희가 갇힌 자를 동정하고 너희 소유를 빼
앗기는 것도 기쁘게 당한 것은 더 낫고 영구한 소유가 있는 줄 앎이라 35그러
므로 너희 담대함을 버리지 말라 이것이 큰 상을 얻게 하느니라 36너희에게
인내가 필요함은 너희가 하나님의 뜻을 행한 후에 약속하신 것을 받기 위함
이라 37잠시 잠깐 후면 오실 이가 오시리니 지체하지 아니하시리라 38나의 의
인은 믿음으로 말미암아 살리라 또한 뒤로 물러가면 내 마음이 그를 기뻐하
지 아니하리라 하셨느니라 39우리는 뒤로 물러가 멸망할 자가 아니요 오직
영혼을 구원함에 이르는 믿음을 가진 자니라

이 서한을 읽은 사람들은 전에 박해받은 경험을 갖고 있는 사람들이었다. 당초에 그들이 기독교에 입교했을 때에는 핍박을 받고 재산까지도 몰수당했다. 그렇기 때문에 그들은 세상에서 의심을 받고 배척당한 사람들에게 휩쓸린다는 것이 어떠한 것인지를 알고 있었다. 그러나 조금도 굴하지 않고 군건히 참고 견뎌냈다. 그런데 이제 와서야 신앙의 길에서 멀리 떠나려는 사람들이 생겼다. 이러한 위험을 느끼고 저자는 그들에게 전날에 갖고 있던 충성을 상기시키려는 것이다. 인간은 역경에 처해 있을 때보다 순조로운 환경에 있을 때 넘어지기 쉬운 존재다. 안락함이 고난보다도 많은 사람을 타락시킨다. 그 가장 좋은 예가 한니발(Hannival)의 군대다. 카르타고의 한니발은 로마 군대를 쳐부순 단 한 사람의 장군이었다. 세계의 정복자인 로마 군병을 쳐부술 수 있었던 사람은 오직 그뿐이었다. 그러나 로마 군대는 한 전투는 빼앗긴다 해도 전체적인 싸움에서는 지는 일이라고는 드물었다. 겨울이 다가와서 군사 행동을 정지해야 했을 때 한니발은 그가 점령한 카푸아(Capua)에 군대를 주둔시켰다. 카푸아는 매우 사치스러운 도

시였다. 로마군에도 굴하지 않았던 한니발의 군대는 카푸아에서 보낸 겨울 동안에 결정적인 영향을 받았다. 그것은 이 도시에서 호사스러운 생활이 카르타고 군대의 전의를 상실하게 만들어 봄이 돼서 재차 전투가 시작됐을 때는 로마 병정들에게 대항할 수가 없게끔 되어 버렸다. 인간은 고난으로 단련되고 안락으로 망한다. 신앙생활도 마찬가지다. 고난과 시련을 당하는 때 굳건히 싸워 이길 수는 있어도 평범한 일상생활 속에서는 힘을 잃게 되고 신앙이 타락되는 사람들이 많다.

여기에 기록되어 있는 히브리서 저자의 충고에 모든 사람은 귀를 기울이지 않으면 안 된다. 저자는 "전날과 같은 최선의 상태로 되돌아가라" 고 말하고 있다. 혹시 우리가 항상 최선을 다했다고 한다면 인생이란 지금보다는 매우 다른 것이 되었을 것이다. 기독교는 불가능한 것을 요구하지 않는다. 자신의 최선을 다해서 정의와 성실과 친절과 용기와 남을 위한 배려 등을 실행한다면 인생에는 큰 변화가 일어날 것이다. "최선 이하로는 되지 말라" 고 하는 말을 만인은 그 생활의 지침으로 해야 한다.

항상 최선의 상태로 있기 위해서는 우리는 다음과 같은 것을 마음에 간직하여야겠다.

I. "우리 앞날에 희망을 걸어야 한다." 운동선수가 필사의 노력을 기울이는 것은 결승점에 걸려 있는 테이프를 끊고자 하기 때문이다. 우승을 꿈꾸면서 선수는 힘들고 엄한 훈련을 참고 견뎌 나간다. 나날이 아무 변화 없이 되풀이되는 일만을 하면서 살고 있는 동안에 사람은 어느덧 낮은 쪽으로 흘러 내려가 버리고 만다. 그러나 하늘나라를 바라보고 하늘의 면류관을 바라고 향해 나가는 사람은 항상 긴장하고 최선의 노력을 계속해 나가야 한다.

II. "지구력이 필요하다." 지구력은 하나의 위대한 미덕이다. 인간의 생애에는 그 출발을 썩 잘 하는 사람들도 많다. 때로는 잘 뛰는 날도 있고 영광된 날을 갖는 사람도 많다. 때로는 독수리와 같이 날개를 펴고 하늘에 오르는 듯한 기분이 되어 비상시에는 뛰어도 지칠 줄을 모른다. 그러나 최고의 미덕은 계속해서 뛰며 쇠약해지지 않는 일이다.

III. "목적지를 잃지 말아야 한다." 히브리서 저자는 하박국 2장 3절을 인용하고 있다. 선지자 하박국은 하나님에 대한 충성을 굽히지 않고 잡고 나가는 자는 하나님의 도우심으로 현상을 이겨 나갈 수가 있으며 끝까지 신앙을 버리지 않는 사람만이 승리를 거둘 수 있다고 말하고 있다. 저자에게서 인생이란 그리스도 앞으로 이르는 길이다. 충성을 지켜 나가기 위해서는 어떠한 곤란이 닥친다 하더라도 결코 굽히거나 움츠린다거나 도피해서는 안 된다. 목표를 향해서 나아가는 인생은 고귀한 것이다. 끝까지 참고 견디는 자만이 구원 받는다.

항상 최선을 다해야만 한다. 지구력은 화려한 것은 아니더라도 귀중하면서도 기본적인 미덕이다. 이것을 우리는 늘 마음속에 지녀야 한다. 최후의 날이 온다는 것을 늘 잊어서는 안 되겠다. 인생이 그리스도에게 이르는(도달하는) 길이라고 한다면 도중에서 길을 잃거나 멈추어서는 안 되겠다.

The Letters to the Hebrews 11

그리스도에게 있는 소망

히브리서 11:1-3

[1]믿음은 바라는 것들의 실상이요 보이지 않는 것들의 증거니 [2]선진들이 이로
써 증거를 얻었으니라 [3]믿음으로 모든 세계가 하나님의 말씀으로 지어진 줄
을 우리가 아나니 보이는 것은 나타난 것으로 말미암아 된 것이 아니니라

히브리서 저자에게 신앙이란, 믿고 있는 것이 진실이며 기대하고 있는 것이 반드시 온다고 확신하는 것이다. 소망이란 단순히 동경하는 마음으로 기다리고 바라는 것이 아니라 확신을 가지고 대기하는 것이다. 소망이란 어떠한 가능성에 기대를 거는 것이 아니라 굽히지 않는 확신을 가지고 확고하게 일어서는 것이다. 옛날 핍박을 받던 시대에 재판관 앞으로 끌려나온 이름 없는 어떤 한 성도는 "내가 하나님에 대하여 진실하다면 하나님께서도 나에게 진실하시다. 그렇기 때문에 어떠한 일이 있어도 신앙을 버릴 수는 없다"고 말했다. 재판관이 "너 같은 인간도 하나님 앞에 가서 영광을 받으리라고 생각하고 있는가"라고 묻자 성도는 "나는 그저 그렇게 생각하고 있는 것이 아니라 확실히 그렇다는 것을 알고 있다"고 대답했다. 번연은 확신을 지니지 못하고 고민하고 있을 때 "사람은 누

구나 자신의 신앙이 가장 옳다고 생각한다. 유대인도 무어 사람도 이교도도 모두 그렇게 생각한다. 그러나 나의 신앙과 그리스도와 성경이 단지 '그렇게 생각한다'는 정도에 그친다면…"라고 의심했다. 그러나 진리를 깨달았을 때 그는 "이제야 비로소 나는 사실을 알았다. 이제야 나는 그것을 직접 알았다"고 외쳤다. 기독교인의 소망은 단순한 소망이 아니라 확실함을 아는 것이다. 이 소망은 우리의 모든 행실과 행동을 지배한다. 살든지 죽든지 이 소망이 우리를 지배한다. 질레지우스(Silcsius)는 다음과 같은 가사를 썼다.

> 소망의 지팡이에 몸을 맡기고 인내의 옷으로 여장을 꾸려
> 나는 여행을 계속할 것이요.
> 이 세상의 슬픔 속을 영원한 것을 향해 나아가오.

모팻은 소망이 세 가지 방향으로 작용한다고 말한다.

I. 기독교인의 소망은 "이 세상보다는 오히려 하나님을 믿는 것"이다. 기독교인은 이 세상의 규범을 따르면 안락과 번영을 즐길 수도 있겠고 하나님을 따르면 고통과 노고와 고독을 맛보게 되기도 한다. 그리고 이 세상의 영예를 저버리지 않으면 안 되는 경우도 있다고 할 수 있다. 그러나 기독교인들은 하나님과 더불어 받는 고통이 이 세상의 번영보다 뛰어난 것이라고 믿고 있다. 다니엘서에는 사드락과 메삭과 아벳느고에 대한 일이 기록되어 있다. 이 세 사람은 느부갓네살 왕의 명령에 따라 그 왕이 세운 신을 섬기고 그가 세운 금 신상에 절하든지 그렇지 않으면 하나님께 순종하여 극렬하게 타는 풀무불 가운데 던지우든지 결단을 독촉받고는 조금도 주저하지 않고 하나님 편을 택했다(단 3장).

번연은 재판을 앞두고 "가난한 영혼에 하나님의 위안을 받고 있는 저는 법정에 나서기 전에 하나님에게 바라옵니다. 혹시 자유로운 몸이 되어 보다 선한 일 할 수 있다면 저에게 자유함을 주시옵고 그렇지 않다면 하나님의 뜻대로 행하소서"라고 말했다. 영원이라는 시점에서 보면 사람이 하나님에게 진실한 한에서는 아무것도 상실하지 않는다는 것이 기독교인의 근본적인 확신이다. 하나

님에게 생명을 거는 것보다는 이 세상의 보답을 구하는 편이 더 현명한 일이 아니겠느냐는 따위의 의문이 기독교인의 마음속에 들어올 여지가 있어서는 안 된다.

II. 기독교인의 소망은 "감각보다는 오히려 성령을 믿는 것"이다. 감각은 인간에게 "원하는 바를 취하라. 손으로 만질 수 있고 혀로 맛보고 즐길 수 있는 것을 취하라"고 명령하고 있다.

지금 이때 장미의 봉오리를 따 모으라.
때라는 것은 날듯이 지나가 버리는도다.
오늘 미소 짓고 있는 꽃들도 내일이면 시들어 버리도다.

감각은 현재 이 순간 있는 것을 잡으라고 명령하고 있으나 성령은 훨씬 먼 곳에 있는 것을 지시한다. 기독교인은 감각보다는 오히려 성령을 믿는다.

III. 기독교인의 소망은 "현재보다는 미래를 믿는 것"이다. 예전에 에피쿠로스는 인생의 주요 목적은 쾌락에 있다고 했다. 이 말을 많은 사람이 오해하고 있었는데 그가 주장한 것은 인생을 긴 안목으로 보라는 것이다. 지금 즐거운 것이라해도 조만간 괴로운 것으로 변하는 것은 선한 것이 못 된다. 반대로 현재로서는 참을 수 없으리만큼 괴로운 일이라도 이 다음에 기쁨을 가져오는 것은 선한 일이다. 긴 안목으로 볼 때 진리가 부정된다든가 배척되는 일이 없다고 기독교인들은 믿고 있다. 기독교인들은 "진리는 위대한 것이며 널리 전파될 것"이라고 믿고 있다. 어떤 역사적인 시점에서 소크라테스는 재판관에 의해 죽었고 그리스도는 빌라도에 의해 죽음을 당했다. 그러나 그 후 역사는 그러한 결말을 뒤바꾸고 있다. 포스딕(Fosdick)은 어디선가 말하기를 예전에 네로는 바울에게 사형을 선고했는데 오늘날에는 사람들이 자신의 자식들에게 바울이라고 이름 짓고 개를 네로라고 부르고 있다고 했다.

많은 사람이 "왜 현재의 쾌락이나 이익 또는 안전을 저버리고 불안정하고 문제가 많은 장래에 기대를 걸겠는가"라고 말하고 있다. 이에 대해 기독교인들은 장래란 **불안정**한 것이 아니라 하나님에게 속하는 것이라고 대답한다. 기독교인은 하나님의 약속이 진실이라고 믿으며, **그러한 신앙의 토대 위에서 행동한다**. 기독교인에게는 하나님께서 명령하시고 하나님께서 약속하시는 것으로 충분하다. 히브리서 저자는 그에게 있는 것이 소망이 아니라 확실한 사실이라고 말하고 있다. 그의 소망은 하나님에게 뿌리박고 있기 때문이다.

신앙의 용사들은 이러한 확신으로 살았기 때문에 하나님께서 인정하시고 받아들이셨다. 이 사람들은 이 세상이 위대한 경력이라고 부르는 성공과 무난한 선택이라 일컫는 안전을 거절하고 모든 것을 하나님에게 걸었다. 그리고 역사는 그들이 옳다고 증명했다. 기독교인의 소망은 단순한 가정이 아니며 세상의 모든 증거로써 보증되어 있는 확실함이다. 하나님께서 이 세상을 창조하셨다는 것을 믿는 것도 또한 신앙이다. 눈에 보이는 것은 보이지 않는 것으로 만들어졌다고 한 저자의 말은 당시 사상에 도전하는 일이었다. 당시의 사람들은 하나님께서 이미 존재하고 있는 세상을 지으셨으며 결코 무에서 창조하신 것이 아니라고 생각하고 있었다. 그리고 이미 존재하고 있던 것은 결함이 있었기 때문에 그것으로 만들어진 세상도 당초부터 결함이 있었다고 생각하고 있었다. 이럴 때 저자는 하나님께서 아무것도 없는 곳에서 이 세상을 지으셨다는 것을 강조했다. 저자가 흥미를 가진 것은 우주의 구성을 알리고자 하는 과학적인 것이 아니다. 그는 이 세계가 **하나님의 세계**라고 말하고 싶은 것이다. 이 세상은 하나님의 것이며 하나님께서 세상을 책임지시는 분이시라면 여기에서 당연히 두 가지 사실이 뒤따르게 된다.

첫째, 하나님께서 이 세상을 당신의 것으로 쓰신다는 사실이다. 세상에 있는 모든 것은 하나님의 것이기 때문에 하나님께서는 그것을 생각하시는 대로 쓰시고자 하신다. 둘째, 하나님께서 이 세상을 지배하고 계신다고 생각되지 않는다 해도 하나님께서는 엄연히 지배하고 계신다는 사실이다. 이 세상이 하나님의 것이라는 것을 믿는 자에게는 신앙과 소망이 부여된다. 그러한 행실과 소망으로 이해하기 힘든 것도—그것은 지극히 어려운 일이기는 하지만—받아들일 수 있게 된다. 이 세상이 하나님의 것이라는 것을 믿는 사람에게는 새로운 책임감과 새로운 포용력이 주어지게 된다.

하나님께 받아들여지는 신앙

히브리서 11:4

[4]믿음으로 아벨은 가인보다 더 나은 제사를 하나님께 드림으로 의로운 자라 하시는 증거를 얻었으니 하나님이 그 예물에 대하여 증언하심이라 그가 죽었으나 그 믿음으로써 지금도 말하느니라

여기에는 칭찬해야 할 신앙의 사람들의 이름이 기록되어 있다. 그 첫 번째 사람이 아벨이다. 창세기 4장 1-15절에 기록되어 있는 가인과 아벨의 이야기는 정말 신비하다. 가인은 땅을 갈고 땅에서 생긴 열매를 하나님께 드렸다. 아벨은 양을 치고 있어서 양을 제물로 드렸다. 하나님께서는 가인의 제물보다는 아벨의 것을 받으셨다. 그래서 가인은 심한 질투가 동해서 그의 동생을 죽이고는 이 땅 위에 추방됐다. 어찌하여 하나님께서는 가인의 제물보다도 아벨의 제물을 기꺼이 받으셨는지는 기록되어 있지 않다. 이것은 이유 없는 행위라고 생각되기도 한다. 따라서 올바르다고는 생각할 수가 없다. 그러한 뜻에서 이것은 이해하기 힘든 이야기이기도 하다. 그러나 이 이야기가 전하고자 하는 바는 인간으로서 하나님에게 드릴 수 있는 단 한 가지는 가장 귀한 것에 한한다는 것이 아니겠는지. 인간으로서 가장 귀한 것은 **생명 그 자체**인데 히브리인들은 피가 생명을 표시하는 것이라고 생각하고 있었다. 생명은 피였고 피는 곧 생명이었다. 아마도 피가 다 흐르고 나면 생명이 없어지기 때문에 그렇게 생각했으리라. 이러한 해석을 받아들이면 원시 시대에 인간이 하나님에게 드리는 가장 귀한 제물은 피의 제사가 될 것이다. 아벨은 살아 있는 동물을 드렸다. 그래서 아벨의 제물이 가인의 제물보다도 하나님께서 기쁘게 생각하셨던 것이라는 말이 된다.

저자는 창세기의 이야기뿐만 아니라 이와 관련된 여러 가지 유대 전설이나 민

속을 생각하고 있었으리라. 이 이야기는 유대인에게도 수수께끼 같았던 탓인지 전설에서는 하나님이 가인의 제물을 거절하신 이유라든가 가인이 아벨을 죽인 이유가 여러 가지로 기록되어 있다. 가장 오래된 전설에 의하면 하와(Eve)가 자식을 낳을 때마다 아들과 딸 쌍둥이를 낳았다고 한다. 이 쌍둥이는 서로 부부가 되었는데 아벨과 가인의 경우 아담은 새로운 방법으로 짝지어 주려고 해서 가인과 같이 태어난 여자 아이를 아벨에게 주려 했다. 가인은 이것을 심히 못마땅하게 생각했다. 그래서 아담은 가인과 아벨에게 "내 아들들아, 가서 하나님에게 제사를 드려라. 하나님께서 그 제물을 받으시는 자에게 딸을 주겠노라. 제각기 제물을 갖고 가거라. 하나님의 결단을 기다리자"라고 말했다. 아벨은 양을 치고 있었기 때문에 가장 살찌고 가장 좋은 양을 택해서 제물을 바치는 곳으로 끌고 갔다. 그런데 농부인 가인은 보리 중에서 가장 나쁘고 가장 빈약한 것을 가지고 제단에 올려놓았다. 그러자 하늘에서 불이 내려와서 아벨의 제물을 다 태워 나중에는 재마저도 남지 않았다. 그러나 가인의 제물은 그대로 제단에 남아 있었다. 그래서 아담은 아벨에게 딸을 주었고 가인은 눈물을 머금었다. 어느 날 아벨이 산 위에서 잠자고 있을 때 가인은 돌로 쳐죽이고 그 시체 처리를 할 수가 없어서 들쳐 업고 그 주위를 배회했다. 그런데 두 마리의 까마귀가 싸우고 있는 것을 보았다. 한 마리가 다른 까마귀를 죽이고는 그 부리로 땅 위에 구멍을 파서는 묻어 버렸다. 그래서 가인은 "나는 까마귀만한 지혜도 없었단 말인가. 나도 동생을 땅에 묻어 버리자" 고 말하고는 그대로 행했다.

또 다른 하나의 전설에 따르면 형이 아우를 죽인 첫 번째 살인의 내막은 이러하다. 가인과 아벨은 재산 문제로 서로 의견이 대립됐다. 아벨은 재산을 이등분하는 것으로 싸움을 그만두자고 했다. 그래서 가인은 넓은 대지와 모든 정지하고 있는 물건을 택하고 아벨은 움직이는 모든 것을 자기 것으로 취했다. 그러나 가인의 심한 질투심은 이것으로 그치지는 않았다. 그래서 어느 날 가인은 아우에게 "거기에 서 있지 말라. 너는 내 땅 위에 서 있어. 들은 내 재산이란 말이야" 라고 말했다. 그래서 아벨은 언덕으로 도망갔는데 가인은 그를 쫓아와서 "이 언덕도 내 것이야"라고 했다. 아벨이 산으로 피신하니 가인이 "산도 내 것이야" 하고는 시기한 나머지 아우를 붙들어 죽여 버렸다.

이 이야기 가운데는 두 가지 진리가 내포되어 있다.

첫째로, 모든 문제를 야기시키는 것은 **질투**라는 사실이다. 그리스 사람들마저도 질투의 비극을 알고 있었다. 데모스테네스(Demosthenes)는 "질투는 극악한 성격의 표시"라고 했다. 에우리피데스(Euripides)는 "질투는 인간의 모든 질병 중에서도 가장 위중한 질병"이라고 했다. 그리스의 격언에 "하나님을 찬미하는 자 속에는 질투가 거할 곳이 없다"는 것이 있다. 질투는 한 방울의 독과 같은 것이어서 질투는 사람을 고통으로, 고통을 미움으로, 미움을 살인으로 인도한다. 이와 같이 질투는 생명을 못 쓰게 만들고 인간의 영혼 속에 있는 선의를 죽인다.

둘째로, 대단히 무시무시한 사고방식인데 가인이 새로운 죄를 발견했다는 사실이다. 어느 그리스의 지도자는 "이때까지는 누구도 죽은 자가 없었기 때문에 가인은 사람을 죽이는 것을 몰랐다. 그렇기 때문에 아마도 악마가 꿈속에 나타나서 가인에게 살인하는 것을 가르쳤을 것이다"고 말했다. 그때까지는 살인이라고는 없었기 때문에 여기에서 비로소 가인은 새로운 죄를 세상에 알렸다. 죄를 범한 자에게는 심판이 내려졌는데 사람에게 죄를 짓도록 가르친 자에게는 보다 더 엄한 형벌이 내려졌다. 보다 적은 자에게 죄를 범하도록 가르친 자, 즉 피를 알지 못하는 자에게 죄를 가르친 자에 대해서는 가장 엄한 심판이 내려진다. 이러한 사람들은—가인도 그 중의 한 사람이지만—하나님 앞에서 추방당한다. 그래서 히브리서 저자는 "그는 믿음으로 말미암아 죽었으나 아직 살아 말을 계속한다"고 말하고 있다. 모팻은 "올바른 자에게 죽음이 최후의 말이 아니다"라고 아름답게 설명을 주고 있다. 사람이 죽을 때는 무엇인가 이 세상에 남기려고 한다. 그것이 암과 같이 또는 독초처럼 퍼져서 생명을 침식하는 경우도 있고 아름다운 꽃을 피워서 끝없이 언제까지나 융성해지는 경우도 있다. 사람은 좋은 것이건 나쁜 것이건 무엇인가 영향을 남기고 간다. 선한 모범이 되든 죄의 표본이든 남기고 가는 것이다. 사람이란 죽은 후에도 말을 한다. 하나님의 도우심으로 악한 싹이 아니라 후세 사람들에게 축복이 되는 아름다운 말을 남기고 가는 사람은 복 있는 사람이다.

하나님과 동행함

히브리서 11:5-6

5믿음으로 에녹은 죽음을 보지 않고 옮겨졌으니 하나님이 그를 옮기심으로
다시 보이지 아니하였느니라 그는 옮겨지기 전에 하나님을 기쁘시게 하는
자라 하는 증거를 받았느니라 6믿음이 없이는 하나님을 기쁘시게 하지 못하
나니 하나님께 나아가는 자는 반드시 그가 계신 것과 또한 그가 자기를 찾는
자들에게 상 주시는 이심을 믿어야 할지니라

구약성경에 기록되어 있는 에녹의 생애는 "에녹이 하나님과 동행하더니 하나님이 그를 데려가시므로 세상에 있지 아니하였더라"(창 5:24)는 한 문장으로 요약된다. 에녹에 대해서는 여러 가지 전설이 있다. 그는 재봉 기술이 뛰어나서 동물 가죽을 재단해서 의복을 만드는 것을 가르친 최초의 인간이며, 발을 보호하기 위해 구두를 만드는 것을 가르친 최초의 사람이라고도 알려졌다. 또한 최초로 문자를 그려서 책을 써서 사람들을 가르친 사람이라고도 일러지고 있다. 다른 전설에 의하면 그는 죽음의 천사와 우정을 맺어서 천사에게 세 가지 청을 했다고 했다. 첫째는 죽음이 무엇인지를 알기 위해 한 번 죽어서 희생하는 것이며, 둘째는 악에 대한 형벌이 어떠한 것인지 알기 위해 악의 거처를 보는 것이다. 이 두 가지 소원은 이루어졌다. 셋째는 하나님의 축복이란 것이 어떠한 것인지를 알려고 천국을 들여다보려 했다. 이 요청도 허용되어 에녹은 천국을 보는 것이 허용되었는데 지상에 두 번 다시 돌아올 수는 없었다.

창세기의 짧은 한 문장은 매우 신비적이다. 이 문장에서는 에녹이 어떻게 죽었는지 알려지지 않고 있다. 단지 하나님께서 부르셨을 때 조용하고 평안하게 이 땅 위에서 사라져 갔다는 것만 알려지고 있다. 에녹의 죽음에 대해서는 여러 가지 해석이 있는데 그 중에서도 특히 유명한 두 가지를 소개해 보기로 하자.

I. 《지혜서》 4장 10절 이하에는 하나님께서 에녹을 아직 젊었을 때 부르신 것은

이 세상의 악영향에서 그를 구하기 위함이었다고 기록되어 있다. "그는 죄인들과 더불어 살고 있는 동안에 데려가 버렸다. 그는 사악한 것이 그의 이해력을 바꾸고 교활함이 그의 영혼을 속이기 전에 하나님께서 급히 빼앗아 가 버리셨다." 이것은 "하나님에게 사랑 받는 자는 일찍 죽는다"고 하는 말과 같은 뜻을 지니고 있다. 이런 경우 죽음은 선한 자에 대한 보답이다. 하나님께서는 에녹을 지극히 사랑하여서 에녹이 이 세상의 사악한 것에 오염되는 것을 보시지 못하여 그가 나이를 먹고 악에 물들기 전에 이 세상에서 데려가셨다고 한다.

II. 알렉산드리아 태생의 유명한 주석자 필론(Philo)은 에녹에게서 "회개"의 위대한 형과 모범을 본다고 했다. 에녹은 하나의 생명에서 다른 생명으로 옮겨졌다. 이것은 필론에 의하면 하나님에게서 떠난 생활에서 하나님과 동행하는 생활로 옮긴 것을 의미한다. 그러나 참다운 의미는 보다 더 단순하다.

히브리서 저자는 구약성경의 간단한 기술 가운데서 에녹이 죽음을 보지 않았다는 것과 하나님께서 신비한 방법으로 그를 하나님 앞으로 데려가셨다는 것을 알아챘다. 다시 말해 에녹은 타락한 사악한 시대에도 하나님과 동행했기 때문에 그 생애가 끝났을 때 괴로움도 미련도 방해도 없이 죽음으로 한층 하나님 앞에 가까이 갈 수 있었다. 에녹은 다른 사람들이 하나님에게서 멀어질 때 하나님과 동행했고 날마다 하나님께 가까이 갔으므로 죽음을 최후의 계단으로 해서 그가 늘 동행하던 하나님 앞으로 나아갈 수 있었다. 에녹의 일을 생각할 때 죽음에 대한 별다른 태도가 생각되기도 한다. 구약성경의 소박한 기술(記述)은 우리에게 깊은 감동을 주며 죽음에 대한 우리의 태도를 반성케 하기도 한다.

I. 죽음은 "신비롭고 이해할 수 없는 것"이라고 생각하는 사람들이 있다. 윌리엄 모리스(Wiliam Morris)는 "우리는 죽음을 미워한다. 죽음의 뜻을 알 수 없기 때문에"라고 쓰고 있다. 베이컨(Bacon)은 "어린애들이 어둠을 두려워하듯이 사람들은 죽음을 두려워한다"고 했다. 어떤 사람들에게는 죽음이란 알 수도 없는 것이며 무서운 것이다. 이것을 함렛은 "죽음의 저편에 있는 무서운 그것"이라고 부르고 있다.

II. 죽음은 "절대로 인생에서 피할 수 없는 것"이라고 생각하는 사람들이 있다. 셰익스피어는 《줄리어스 시저》라는 희곡에서 시저에게 다음과 같이 말하도록 하고 있다.

죽음이란 인생의 종말에 오는데,
사람들이 그것을 두려워하는 것은 얼마나 묘한 일인가.

그리고 《심벨린(*Cymbeline*)》에서는 숙명적인 반향을 지니는 아름다운 시를 쓰고 있다.

태양의 열기, 노도와 같은 겨울 광풍은
이제는 더 두려워할 것 없다.
너는 이 세상에서 역사를 끝마치고
보수를 받고는 집으로 돌아간다.
황금의 젊은이들, 남자나 여자도
굴뚝 청소부처럼
모두 티끌로 돌아가고 있는 것이다.

권력자의 찌푸림도 폭군의 채찍도
이제는 더 두려워할 것 없다.
입을 것 먹을 것들의 염려도 없다.
너에게서 갈대는 참나무 같도다.
왕위나 학문이나 과학도
같은 길을 따르게 마련이며
모두 티끌로 돌아가고 있는 것이다.

번갯불이나 낙뢰도
이제는 더이상 두려워할 것 없다.

중상이나 비난도 기쁨도 괴로움도
이제는 모두 끝나고 말 것이다.
젊은 연인이나 사랑하는 사람들도
같은 길을 따르게 마련이며
모두 티끌로 돌아가고 있는 것이다.

죽음은 피할 수 없으므로 몸부림쳐 보아도 별도리가 없다는 것이다.

III. 죽음은 "완전한 소멸"이라고 생각하는 사람들이 있다. 로마의 시인 중에서도 가장 아름다운 시를 쓴 카툴루스(Catullus)는 밤이 다가옴을 보고는 레스비아에게 입맞춤을 탄원했다.

나의 레스비아여, 살아서 사랑을 합시다.
심술궂고 비판하기 좋아하는 사람들에게는
그저 지껄이도록 내버려 두는 것이 좋아요.
해는 지고 또다시 떠오릅니다.
그리고 짧은 인생이 끝났을 때
밝지 않는 밤을 잠자는 것이오.

죽음이란 무로 돌아가는 것이며 존재가 없어지는 것, 꿈도 없고 깨는 일이 없는 영원한 밤을 계속해서 자는 것이다.

IV. 죽음은 "무한한 공포이고 극도의 사악이며 이 세상의 모든 아름다움을 빼앗아 가는 것"이라고 생각하는 사람들이 있다. 세익스피어는 《**되는 대로**(以尺報尺)》 속에서 클라우디오(Claudio)에게 이렇게 말하도록 했다.

죽는다는 것은 두려운 일이다.
죽고 나면 어디로 가는지 알 수가 없다.

차갑게 누워 있고 움직이지 않으며 썩어 간다.
피가 통해 따스하게 살아 있는 육체는
한줌의 흙으로 돌아가고 만다.
유쾌한 것은 이 영혼이 불바다 속에 목욕하며
몸은 살을 에이는 얼음의 지옥 속에 패쇄되는 것이다.
보이지 않게 휘몰아치는 바람이 실려서
매달린 세계를 끊임없이 맹렬하게 돈다….
이 세상에서 가장 싫증이 나고 몸서리치는
노쇠와 병고와 빈곤과 감금도
저 무서운 죽음에 비하면
극락과 같다.

클라우디오에게 인생에서 가장 나쁜 것은 죽음의 세계로 끌려가는 것이었다. 길버트(W. S. Gilbert)는 〈수비대의 용사〉에서 다음과 같이 말하고 있다. "인생은 즐거운 것이지만 그래도 죽음은 다가온다. 죽음의 부름은 너무 빠르기도 하다."

로버트 번스(Robert Burns)는 그의 연인인 메리가 일찍 죽었을 때 "아, 때아닌 죽음이 서리와 같이 이렇게도 빨리 나의 꽃을 지게 하는구나"라고 썼다. 죽음이란 냉혹하고도 광폭한 약탈자라고 생각하는 사람들이 있다.

V. 죽음은 "해방"이라고 생각하는 사람들이 있다. 인생에 지친 사람에게서 죽음이란 이 세상에서 탈출이라고 생각하는 사람들이 있다. 키츠(Ceats)는 "나는 끊임없이 안락한 죽음을 사모하고 있다"고 했다. 셰익스피어는 그의 단시(短時)에서 "모든 것에 지쳐 버린 나는 편안하게 죽고 싶다"고 부르짖었다.

니콜라스 로(Nicholas Rowe)는 "죽음이란 인간에게 주어진 특권"이라고 했다. 스토아학파의 사람들은 "생명이란 신들이 인간에게 준 선물이다. 그러나 보다 큰 선물은 자기 스스로 자신의 생명을 끊어 버릴 수 있다"고 생각했다. 스윈번(Swinburne)은 〈**프로세르피나의 정원**(The Garden of Proserpina)〉에서 염세적인 기분을 매우 강하게 나타내고 있다.

삶에의 집착에서 떠나고
희망과 공포에서 놓임을 받고
신들에게 잠시 감사를 드린다.
영원히 사는 자 없으며
죽음을 초월하는 자 없느니라.
권태롭게 흐르는 강물도
급기야는 바다에 이르게 된다.

저편에서는 해도 별도 반짝이지 않으며
빛의 명암도 없다.
파도 소리도 들리지 않으며
어둠과 고요 속에 파묻히고 있다.
겨울에, 봄에 나뭇잎은 볼 수 없고
낮도 밤도 없도다.
끝없이 이어지는 밤에
끝없이 계속해서 잠자느니라.

죽음은 인생의 종말로서 환영할 일이라고 생각하는 사람들이 있다.

VI. 죽음이란 "통로"라고 생각하는 사람들이 있다. 죽음은 끝장이 아니라 중간 과정이며 가다가 막혀 버리는 폐쇄가 아니라 앞으로 나아가는 길이며 닫힌 문이 아니라 열려 있는 문이다. 롱펠로(Longfellow)는 다음과 같이 쓰고 있다.

죽음이란 없다. 죽음처럼 보이는 것은
오직 단순한 변화에 지나지 않는다.
급기야 살아 버리는 이생의 생명은
죽음이라 부르는 문을 뚫고 나아가서
더할 나위 없이 행복한 생명으로

옮겨간다.

조지 메러디스(George Meredith)는 "죽음 앞에서 나는 저편에 동트는 여명을 본다"고 썼다. 이러한 사람들에게서 죽음이란 보다 높은 곳으로의 초대이며 어둠에서 여명으로 옮겨가는 과정이다.

Ⅶ. 죽음은 "모험"이라고 생각하는 사람들이 있다. 배리(Barrie)는 피터팬에게 "죽는다는 것은 굉장히 큰 모험이다"라고 말하게 했다. 배리와 개인적으로 친한 찰스 프로만(Chales Frohman)은 1915년 5월 7일 **루시타니아**(Lusitania) 호와 더불어 바다 밑으로 가라앉아 버리고 말았는데 그의 최후의 말은 "왜 죽음을 두려워하는가? 죽음만이 바로 인생에서 가장 아름다운 모험이다"라고 했다. 어떤 노학자가 죽을 때 그의 벗들에게 "너희는 알고 있는가. 한두 시간 후면 우리가 일생동안 탐구하던 문제의 해답이 얻어지게 되는 것이야"라고 했다. 이러한 사람들에게서 죽음이란 인간이 최후로 최고의 것을 발견하는 기회다.

Ⅷ. 끝으로 에녹과 같이 죽음은 생애를 동행했던 "하나님 앞으로 보다 가까이 나아가는 것"이라고 생각하는 사람들이 있다. 하나님과 더불어 살았던 사람은 죽은 후에도 영원히 주님과 더불어 함께 있을 수 있다.

다음으로 저자는 그리스도를 믿는 자가 가져야 할 두 가지 기본적인 태도를 가르쳐 주고 있다.

Ⅰ. "하나님을 믿어야 한다." 하나님이 없는 종교란 있을 수 없다. 종교는 인간이 하나님을 의식할 때 시작하며 하나님의 존재를 부정할 때 소멸한다.

Ⅱ. "하나님께서 우리에게 관심을 갖고 계시다는 것을 믿어야 한다." 히브리서 저자가 말하고 있다시피 하나님은 하나님을 열심히 찾고 구하는 자에게 보답하신다는 것을 믿어야 한다. 예전 사람 가운데에서는 신들의 존재는 믿으면서도 그 신들은 세상 이외의 공간 속에서 살고, 인간이라고 불리는 이상한 동물 따위

에는 아무런 관심이나 관계를 갖지 않고 자기 스스로만 만족하고 있다고 생각하는 사람들이 있었다. "하나님은 아무 일도 하시지 않는다"고 한 것이 에피쿠로스(Epicurus)의 첫째 원칙이었다. 오늘날에는 하나님을 믿으면서도 하나님은 사람에게 아무런 관심도 갖고 있지 않다고 생각하는 사람들이 많다. 천문학자는 무신론자일 수가 없다고 말하지만 동시에 천문학자가 믿는 신은 수학자라고도 말하고 있다. 그러나 수학자인 신은 사람들을 생각해 줄 필요가 없는 것이다. 사람들은 오늘날까지 하나님을 제일의 원칙이며 제일의 원인, 창조의 에너지 또는 생명력이라고 불러 왔다. 이러한 말은 진실을 나타내고 있다 해도 사랑의 하나님을 나타낸 것은 아니다. 마르쿠스 아우렐리우스(Marcus Aurelius)는 왜 신들을 믿고 있는가 하고 질문을 받았을 때, "확실히 신들은 인간의 눈으로는 볼 수가 없다. 그러나 나는 눈에 보이지 않는 영혼을 존중히 여기고 있다. 나는 하나님을 믿으며 하나님을 앙모한다. 나는 신들의 힘을 이때까지 여러 번 보아 왔기 때문이다"라고 대답했다. 그에게 신을 믿게 한 것은 논리가 아니라 생명력이었다. "신들을 예배하는 첫째 조건은 신들의 존재를 믿을 것과 세계에 대한 신들의 지배를 알 것 등이다. 신들은 힘을 가지고 우주를 지배하고 전 인류의 안전을 위해 역사하면서도 더욱이 개인 개인을 기억하고 있기 때문이다"라고 세네카(Seneca)는 말했다. 에픽테토스(Epictetus)는 "신들을 예배하기 위해 알아 두어야 할 가장 중요한 것은 신들이 존재해서 모든 것을 정의와 질서를 가지고 다스린다는 사실을 올바르게 믿는 일이다"라고 했다. 우리는 하나님의 존재를 믿을 뿐만 아니라 하나님은 인간에 대해 마음을 쓰고 계시며 인간 생활에 관계하신다는 것을 믿지 않으면 안 된다. 이것은 기독교인에게는 어려운 일이 아니다. 하나님께서는 예수 그리스도를 통하여 이 세상에 오셨으며 하나님의 깊은 사랑을 보이셨기 때문이다.

하나님의 말씀을 믿는 사람

히브리서 11:7

7믿음으로 노아는 아직 보이지 않는 일에 경고하심을 받아 경외함으로 방주를 준비하여 그 집을 구원하였으니 이로 말미암아 세상을 정죄하고 믿음을 따르는 의의 상속자가 되었느니라

노아의 이야기는 창세기 6–8장에 기록되어 있다. 이 땅 위에 사는 사람들은 구원할 수 없으리만큼 악해졌기 때문에 하나님께서는 그들을 멸망시키려고 결심하셨다. 그래서 하나님께서는 노아에게 이 땅을 심판하실 계획을 전하고 방주를 지어서 그의 가족과 동물의 여러 가지 종류 한 쌍씩 넣어서 멸망에서 벗어날 수 있도록 명하셨다. 노아는 하나님의 말씀을 믿고 경외하면서 그 말씀을 받아들였기 때문에 세상이 멸망할 때 그만이 구원을 받았다.

이 이야기에는 여러 가지 전설이 있어서 세밀한 점에 이르기까지 각색되었다. 저자는 아마도 이러한 전설을 알고 있어서 생생하게 마음속에 그리고 있었을 것이다. 어떤 전설에 의하면 노아가 방주의 모양을 어떻게 할 것인가 생각하고 있을 때 하나님께서는 그에게 티크나무로 새의 배 모양으로 만들라고 하셨다. 그래서 노아는 티크나무를 심어서 20년 후에 큰 나무가 되자, 그 나무로 방주 전체를 만들 수가 있었다고 한다. 또 다른 전설에 의하면 노아는 목재로 1.5미터 정도의 높이를 가진 종을 만들어서 매일 아침과 점심때와 저녁때 그 종을 쳤다는 것이다. 사람들은 그에게 왜 그렇게 하느냐고 물었을 때 그는 "하나님께서 홍수를 보내서 너희를 멸하신다는 것을 경고하기 위해서"라고 대답했다. 또 다른 전설에 따르면 노아가 방주를 만들고 있을 때 사람들은 노아를 비웃고 미친 사람 취급을 했다. 그러자 노아는 "지금 너희는 나를 비웃고 있지만 이제 내가 너희를 조롱할 때가 온다. 그때 너희는 벌을 받을 것이다. 그리고 이 세상의 악인들과 이 세상을 심판하실 이가 누구인지를 알게 될 것이다"고 말했다.

노아는 아벨과 에녹보다도 뛰어난 신앙의 사람이라고 인정 받았던 것이다.

I. "노아는 하나님의 말씀을 그대로 믿었다." 그는 하나님의 명령을 그대로 받아들였다. 하나님의 말씀은 주어지는 시점에서는 어리석은 것처럼 보여서 실현될 가능성이 없는 것으로 생각되었는데 노아는 믿고 거기에다 모든 것을 걸었다. 하나님의 말씀을 받아들인 노아는 지금까지 그가 하던 모든 일을 제쳐놓고는 오직 하나님께서 말씀하신 명령대로 행했다. 노아는 온 생애를 걸어서 하나님께서 예고하신 사건을 예비하기 위해 노력을 계속했다. 사람에게는 누구에게나 언젠가는 하나님의 명령에 순종하느냐 않느냐를 결단짓지 않으면 안 될 시기가 온다. 그때 사람들은 하나님의 말씀을 쓸모없는 것이라고 소홀히 여기든지 가장 중요한 것으로 받아들이든지 선택할 수가 있다. 다른 말로 하면 노아는 하나님의 경고에 귀를 기울였고 그 결과 재난에서 벗어나 구원 받을 수 있었다. 하나님의 경고는 여러 가지 방법으로 주어진다. 어떤 때에는 올바르고 정결한 사람의 충고나 실책을 통해 또 어떤 때에는 성경이나 설교를 통해 하나님의 경고는 우리에게 다가온다. 그 경고를 무시하는 사람은 자기 스스로에게 위험을 초래하는 결과를 만든다.

II. "노아는 다른 사람들의 조롱에 좌절하지 않았다." 태양이 비치고 있는 동안에는 노아가 하는 짓이 어리석게 보였을 것이다. 바다나 강에서 멀리 떨어진 건조한 땅 위에서 큰 배를 만드는 일처럼 바보 같은 일이 또 어디 있겠는가. 하나님의 말씀을 받아들이는 사람은 때때로 다른 사람의 눈에는 어리석은 자로 보이며 그 행동은 미친 사람의 행동처럼 보이기도 쉽다. 하나님의 말씀을 받아들인 것으로써 새로운 가치관을 갖게 되며 세상 사람들이 중대하다고 생각하는 것을 버려야 하는 경우도 있다. 초대교회 사람들의 일을 생각해 보자. 어떤 성도가 그의 친구를 만나서 "나는 그리스도를 믿기로 결심했다"고 말하니까 그의 벗은 "기독교인이 되면 어떻게 된다는 것쯤 잘 알고 있을 것이다. 기독교인은 사회에서 추방되고 투옥되어 사자 밥이 되든지 십자가에 못 박히든지, 불에 타죽는 것 등을 당할 뿐이다"라고 말했다. 그러한 답에 대해 기독교인이 "그것은 잘 알고 각오하고 있다"고 하면 그의 벗은 "그렇다면 너는 미친놈이라고 할 수밖에 없군"이라며 멸시하고 말았다. 우리는 예수 그리스도를 위하여 미친 사람 취급을 당할 각오도 하지 않으면 안 된다. 그것은 그리스도 신앙의 가장 힘든 도전의 하나이기도 하다. 예수의 벗들이 예수가 미쳤다고 생각해서 집으로 데려가려 했던 일을 우리는 잊어서는 안 되겠다. 하나님의 지혜는 때때로 사람에게는 어리석은 것으로 보이기도 한다.

III. **"노아의 신앙은 다른 사람에 대한 심판이었다."** 어떤 의미로는 기독교인이란 위험한 존재라고 할 수 있다. 그것은 기독교인이 독선적이며 남을 비난하기 때문이 아니다. 또한 기독교인이 언제나 남의 결점만 찾아내고는 "그렇게 될 것을 당초에 나는 알고 있었어"라는 태도를 취하기 때문이 아니다. 기독교인이 기독교인이라고 하는 그 자체가 남을 심판하는 것이다. 알키비아데스(Alcibiades)라는 우수하지만 방종한 아테네의 젊은 청년은 소크라테스에게 "소크라테스, 나는 당신을 미워합니다. 내가 당신을 만날 때마다 나의 참모습을 보여 주기 때문입니다"라고 말하곤 했었다. 아테네 시민 가운데 가장 훌륭한 인물의 하나는 아리스티데스(Aristides)였다. 그는 "의로운 사람"이라고 불렸다. 그러나 아테네 시민들은 그를 추방할 것을 결의했다. 어찌하여 그런 결의를 했느냐는 질문에 대해 어떤 사람은 "의로운 사람 아리스티데스의 말을 듣는 것이 싫증났기 때문이다"라고 대답했다. 올바르다는 것은 위험하다. 올바른 빛은 악의 참모습을 폭로하기 때문이다.

IV. **"노아는 믿음으로 의롭다고 했다."** 노아는 성경 가운데서 **디카이오스**(dikaios), 즉 의인이라고 불린 최초의 사람이었다(창 6:9). 그가 의인이었다는 것은 그가 하나님의 말씀을 그대로 믿었기 때문이다. 남들이 하나님의 명령을 거역할 때 노아는 순종하고, 남들이 하나님의 경고에 귀를 기울이지 않았을 때 노아는 귀를 기울이고 따랐던 것이다. 남들이 하나님을 조롱할 때 노아는 하나님을 숭상했던 것이다. 노아는 빛나는 그의 신앙으로써 세상 사람들의 어두운 회의를 똑똑히 보았다. 사람들이 하나님을 망각하고 하나님을 무시하는 시대에 노아는 하나님의 임재하심을 확인하고 있었다. 모든 사람이 하나님을 버리고 떠났던 시대에 노아만이 홀로 하나님을 위해 살았던 것이다.

신앙의 모험과 인내

히브리서 11:8-10

8믿음으로 아브라함은 부르심을 받았을 때에 순종하여 장래의 유업으로 받
을 땅에 나아갈새 갈 바를 알지 못하고 나아갔으며 9믿음으로 그가 이방의
땅에 있는 것같이 약속의 땅에 거류하여 동일한 약속을 유업으로 함께 받은
이삭과 및 야곱과 더불어 장막에 거하였으니 10이는 그가 하나님이 계획하시
고 지으실 터가 있는 성을 바랐음이라

아브라함의 소명에 대한 기사는 창세기 12장 1절에 소박하면서도 극적으로 쓰여 있다. 아브라함에 대해서는 유대와 동방에도 여러 가지 전설이 있으며 아브라함의 이야기를 더욱 생생하게 전하고 있는데 저자는 아마도 그러한 전설을 알고 있었으리라. 이 전설들은 니므롯의 군대를 지휘하고 있던 데라의 아들인 아브라함에 대해 다음과 같이 기록하고 있다. 아브라함이 탄생할 때 매우 밝은 빛을 띤 별 하나가 나타나서 다른 별빛을 없애 버리고 말았다. 니므롯은 방금 태어난 아브라함을 죽여 버리려고 했는데 누군가가 아브라함을 동굴 속에 숨겨서 위험을 면하게 했다. 이 동굴 속에서 아브라함은 처음으로 하나님의 환상을 보았다. 젊은이로 자라난 그가 동굴에서 나와 사막을 둘러볼 때 태양이 눈부시게 솟아 있었다. 그래서 아브라함은 "진실로 저 태양은 하나님이시며 창조주이시다"고 말했다. 그래서 그는 무릎을 꿇고는 태양에게 절을 했다. 그런데 저녁때가 되니 태양이 서쪽으로 져서 아브라함은 "아니, 천지의 창조주가 질 수가 없다"고 말했다. 그런데 달이 동쪽에서 솟아오르고 별이 나타났다. 아브라함은 "저 달이 바로 하나님에 틀림없다. 별은 그의 시종이다"라고 말하고는 무릎 꿇고 달에 절을 했다. 그러나 밤이 지나가고 나니 달이 지고 태양이 다시금 솟아올랐다. 그래서 아브라함은 "법칙을 따르는 천체는 하나님이 아니다. 나는 이 법칙을 지배하시는 하나님을 믿자"고 말했다.

아랍 사람들 사이에는 이와는 다른 전설이 있다. 아브라함이 수많은 양과 가

축의 무리를 보고 어머니에게 "이 가축들의 주인은 누구예요?"라고 물으니 그의 어머니가 "아버지인 데라란다"라고 대답했다. "그럼 데라의 주인은 누구에요?"라고 아브라함이 물으니 "니므롯이란다"라고 어머니가 대답했다. "그럼 니므롯의 주인은 누구예요?"라고 다시 물어보니 그러한 질문은 다그쳐 물어서는 안 된다고 어머니가 말했단다. 그러나 그때 이미 아브라함의 마음은 모든 만물의 주이신 하나님께로 향해 있었다. 아브라함의 아버지 데라는 한 달에 하나씩 모두 12개 우상을 섬기고 있었을 뿐 아니라 스스로 그 우상을 만들기도 했다. 어느 날 아브라함이 집에 남아서 점포를 돌보고 있었는데 사람들이 우상을 사려고 왔었다. 아브라함이 손님의 나이를 물으니 60세라고 대답했다. 그래서 아브라함은 "이러한 나이가 되어서도 하루에 만들어진 것을 섬기다니 얼마나 비통한 일인가"라고 말했다. 어느 날 70세나 된 원기 왕성한 노인이 우상을 사러 왔다. 아브라함은 그 노인의 나이를 묻고는 "당신보다도 더 젊은 신을 섬기다니 얼마나 바보 같은 일이오"라고 했다. 어떤 여자가 신들에게 바치기 위해 음식을 가지고 가게로 왔다. 아브라함은 우상을 하나 남기고 나머지는 모두 몽둥이로 때려 부수고 한 개 남은 우상에 자신이 가지고 있던 몽둥이를 들려 주었다. 아버지인 데라가 돌아와서 아브라함을 힐책하자 아브라함은 "아버지여 어떤 여자가 신들에게 바친다고 음식을 가져왔는데 모든 신들이 제가끔 탐내서 그 중 가장 강한 신이 자기 혼자 먹으려고 나머지 신들의 머리를 때려 떨어뜨렸습니다"고 말했다. 데라는 "나무와 돌로 만들어진 것들인데 그런 일을 할 수가 없다"고 하니까 아브라함은 "지금 말씀하신 바로 그대로입니다"라고 대답했다.

이 모든 전설은 당시 사람들이 섬기고 있던 우상에 만족하지 못하고 참다운 하나님을 찾는 아브라함의 모습을 잘 나타내고 있다. 아브라함은 이와 같은 사람이어서 하나님께서 부르실 때 기꺼이 하나님을 따르고 하나님을 찾아 미지의 땅으로 떠났다. 아브라함은 신앙적으로 가장 뛰어난 사람의 모범이다.

I. 아브라함의 신앙은 "모험을 예비하는 신앙"이다. 하나님의 부르심을 따른 아브라함은 집이나 가족이나 과거의 업적이나 현재의 일도 다 버리고 미지의 땅을 향해 출발했다. 우리의 마음이 최선의 상태에 있는 때라도 어디엔가 소심한

점이 있어서 혹시 하나님의 명령이나 약속을 그대로 받아들이면 어떠한 일이 일어날지 의심하기도 한다. 뉴비긴(Newbigin) 감독은 남인도 교회 연합이 형성될 때까지의 전말을 다음과 같이 말하고 있다. 절충에 절충을 거듭하여 오랫동안 협의가 계속되는 동안 신중파 사람들이 무엇인가 한 가지 일을 행하자고 할 때마다 그 결과가 어떻게 되겠는가 하고 여러 가지 말만 하게 되니까 결국 위원장이 기독교인에게는 어디로 가느냐를 물을 권리는 없다고 말하지 않을 수 없었다 한다. 우리의 신앙에는 모험을 피하고자 하는 어리석음이 있어서 안전제일이라는 원칙에 따라 신중하게 살려고 하는 경향이 있다. 그러나 기독교인으로 살기 위해서는 의식적으로 위험을 무릅쓰는 용기가 필요하다. 모험이 없는 신앙은 신앙이라고 할 수 없다. 기독교인은 때로는 어디로 가는지 알지 못한 채 하나님께서 부르시는 소리를 따라 걷지 않으면 안 된다. 그러나 이것은 아브라함이 걸었던 길이며 올바른 걸음이기도 하다.

II. 아브라함의 신앙은 "인내심이 강한 신앙"이다. 아브라함은 약속하신 땅에 와서도 그 땅을 소유할 것은 허용되지 못했고 이국인으로서 천막살이를 하면서 조금씩 옮겨가며 방황해야만 했다. 이것은 후에 이스라엘 사람들이 황야에서 생활한 것과 흡사하다. 아브라함은 하나님의 약속이 실현되는 것을 볼 수는 없었지만 그래도 신앙을 버리지 않았다. 기다린다는 것은 모험하는 것보다도 훨씬 힘든 일이며 훌륭한 사람이라도 결과를 빨리 알고자 조바심내기도 한다. 우리에게서 가장 괴로운 것은 기다리고 있는 사이다. 결단을 내리는 순간은 흥분과 감격이 있으며 목적을 달성했을 때에는 영광과 만족이 있다. 그러나 중간 사이라는 기간에 아무런 일이 일어나지 않고 있는 듯이 생각을 키우는 때에도 끊임없이 걷고 기다리고 일하고 조심하는 것을 게을리하지 않는 일이 중요하다. 이럴 때 소망을 버리고 높은 이상을 포기하고 꿈을 잃고 무감각한 상태가 되기 쉽다. 신앙의 사람이란 끊임없이 소망의 불을 밝게 켜고 암담한 날에도 최대의 노력을 기울이고 결과가 나타나지 않을 때에도 계속해서 기다리는 사람이다.

III. 아브라함의 신앙은 "이 세상의 저편을 바라보는 신앙"이다. 후기 전설에 의하면 아브라함이 하나님의 소명을 받았을 때 환상 속에서 한순간 새 예루살렘을 볼 수가 있었다고 한다. **바룩**(Baruch)**의 묵시록**에는 하나님이 "나는 그것을 밤에 나의 종에게 보였다"(4:4)고 말씀하셨다고 했다. **에스드라**(Ezra)4서에서 저자는 "사람들이 주님 앞에서 죄를 범했을 때 주님은 사람들 가운데서 아브라함이라는 이름의 한 사람을 택하셨다. 주님은 그를 사랑하셔서 그에게만 밤에 비밀히 이 세상의 종말을 보이셨다"(4:13)고 기록되어 있다. 위대한 일을 하는 삶은 반드시 환상을 본다. 최후의 날의 환상이 아브라함에게 도중의 곤란과 실망을 극복하는 힘을 주었던 것이다. 그는 마음의 만족을 이 땅 위의 것에서 찾지 않았다. 영혼의 고향에 도달하는 날만을 오로지 바라고 있었던 것이다. 그의 육체는 팔레스타인의 들판을 방황하고 있으면서도 영혼만은 하나님과 더불어 있었다. 환상을 보고 싶은 자는 하나님에게 환상을 보이실 기회를 주어야 한다. 인생의 황야에 있으면서도 하나님을 기다리고 싶은 자에게 하나님은 환상을 주시며 그 환상을 받은 사람은 도중의 노고나 곤란에도 참고 견뎌 나갈 수 있다.

불가능한 것을 믿는 자

히브리서 11:11-12

11믿음으로 사라 자신도 나이가 많아 단산하였으나 잉태할 수 있는 힘을 얻
었으니 이는 약속하신 이를 미쁘신 줄 알았음이라 12이러므로 죽은 자와 같
은 한 사람으로 말미암아 하늘의 허다한 별과 또 해변의 무수한 모래와 같이
많은 후손이 생육하였느니라

아브라함과 사라에게 아들을 낳도록 하신다는 하나님의 약속은 창세기 12장 15-22절, 18장 9-15절, 21장 1-8절에 기록되어 있다. 아브라함과 사라는 90세로 자식을 낳을 나이를 훨씬 넘고 있었는데도 하나님의 약속이 주어졌고 더욱이 그것도 실현되었다고 하니 참으로 이상하다고 할 수밖에 없다.

이 약속에 대한 아브라함과 사라의 반응에는 세 가지 단계가 있다.

I. 첫째는 철저한 "불신"으로 시작됐다. 아브라함은 처음으로 약속을 들었을 때 땅에 엎드려 웃었고(창 17:17) 사라도 마음속으로 웃었다(창 18:12). 하나님의 약속과 제의와 초대를 들은 인간의 최초 반응은 "그것은 너무나도 지나치리만큼 좋은 것이어서 믿을 수가 없다"는 것이다.

"당신께서는 무엇 때문에 우리를 돌보시나이까.
그러신 고로 당신은 하나님이오이다.
당신께서는 내 이성에는 어두운 것일지라도
나의 마음에는 빛으로 빛나리이다."

창조 중에서 최대의 신비는 하나님의 사랑이다. 하나님께서 인간을 사랑하시고 인간을 위해 고통 받으시고 인간을 위해 죽는다는 것은 있을 수 없는 것이라고 생각된다. 그러나 이런 것이 너무나도 놀라워서 사실이라고 믿을 수가 없기 때문에 비로소 복음이라 하며 **좋은 소식**이라 하는 것이다.

II. 둘째는 "실현의 가능성을 깨닫는" 것이다. 불신 후에 급기야 아브라함은 **약속하시는 분이 하나님이시라는** 것을 깨닫기 시작했다. 하나님께서 말씀하신다면 진실임에 틀림없다. 하나님에게는 거짓이 없기 때문이라고 생각하기 시작하는 것이다. 유대인은 교사가 지켜야 할 첫째 규율로서 교사는 자기 자신이 실행할 의지나 능력이 없는 것을 학생들에게 약속해서는 안 된다고 가르치고 있다. 그러나 교사가 이따금 이 규율을 깨뜨렸기 때문에 학생들은 일찍부터 약속이나 맹세를 어기는 일에 익숙해져 버렸지만, 하나님께서 약속하신 경우에는 아무리 놀라운 일이고 불가능하게 생각되어도 진실이다.

III. 끝으로 "불가능한 것을 믿는 마음이 주어진다." 아브라함과 사라가 자식을 갖는다는 것은 사실 인간적으로 보아 불가능하였기 때문에 사라는 "누가 자식들을 젖먹이겠다고 말하였으리오"(창 21:7)라고 말했다. 그러나 하나님의 은혜와 힘으로써 불가능이 가능하게 됐다. 이것은 우리에게 대한 도전이며 격려다. 카버(Cavour)는 정치가의 첫째 조건은 "가능한 것을 아는 능력"이라고 했다. 인간의 계획이나 이론이나 사고를 듣고 있으면 이 세상에는 인간이 바라면서도 불가능하다고 해서 포기하고 있는 일들이 실로 허다하다는 것을 알 수 있다. 숭고한 꿈과 환상과 계획도 "할 수 없다"는 한마디 말로 처리되어 버리고 만다. 인간은 하나님의 힘을 제한하는 일에 실로 많은 시간을 소비하고 있다. 신앙이란 우리의 약한 곳에 작용하시는 하나님의 힘에 의지하여 모든 일에 충만하는 하나님의 은혜를 받는 것이다. 그로써 인간에게 불가능한 것이 하나님에게는 가능하게 되는 것이다. 불가능이라는 어휘는 그리스도를 믿는 자와 그리스도의 교회에는 있어서는 안 되겠다.

외국인과 나그네

히브리서 11:13-16

13이 사람들은 다 믿음을 따라 죽었으며 약속을 받지 못하였으되 그것들을
멀리서 보고 환영하며 또 땅에서는 외국인과 나그네임을 증언하였으니 14그
들이 이같이 말하는 것은 자기들이 본향 찾는 자임을 나타냄이라 15그들이
나온바 본향을 생각하였더라면 돌아갈 기회가 있었으려니와 16그들이 이제
는 더 나은 본향을 사모하니 곧 하늘에 있는 것이라 이러므로 하나님이 그들
의 하나님이라 일컬음 받으심을 부끄러워하지 아니하시고 그들을 위하여 한
성을 예비하셨느니라

조상 가운데 누구 한 사람 하나님께서 아브라함에게 약속하신 땅을 완전히 소유할 수 있었던 사람은 없었으며 정착 생활을 하지 못하고 최후까지 유목 생활을 계속해야 했다. 여기에는 불멸의 진리가 있다.

I. 조상은 일생 동안 외국인으로서 생활했다. 히브리서 저자는 세 종류의 헬라어를 사용하면서 그들의 상태를 여러 가지로 묘사하고 있다.

1. 11장 13절에서는 외국인을 **크세노이**(xenoi)라고 부르고 있다. **크세노이**는 헬라어로 **이국인 또는 외국인**을 가리키는 말이다. 고대 사회에서 이국인은 괴로운 입장에 놓이게 되며 증오와 혐의와 경멸의 대상이었다. 스파르타에서 **크세노스**는 **야만인**과 같은 존재였다. 어떤 사람은 "나는 **크세노스**, 외국인이다"라는 이유로 사람들에게서 경멸당한다는 불만을 써서 남겼다. 또 어떤 사람은 아무리 가난하다 해도 자기 나라에서 사는 것이 **에피 크세네스**(epi xenēs), 즉 외국 땅에서 사는 것보다 낫다고 쓰고 있다. 조합 같은 모임에서 회식을 하는 경우에는 **회원석**과 **크세노스**, 즉 **외부인석**이 구별되어 있었다. **크세노스**라는 어휘는 **피난민**을 가리키는 경우도 있었다. 유대의 조상은 일생 동안 타국에서 외국인으로 살았다.

2. 11장 9절에서는 아브라함에게 **파로이케인**(paroikein), 즉 **거류한다**는 어휘를 사용하였다. 어느 나라에서든지 **파로이코스**(paroikos)는 **외국인 기류자**란 말이었다. 이것은 바빌론이나 애굽에 있던 유대인을 두고 한 말이었으며 사회적으로는 노예 같은 취급을 받고 있었다. **파로이코스**는 외인세를 지불했고 어느 장소에 허가를 얻고 거주했다. 그리고 늘 외부인으로 취급받았다. 조상은 현대어로 말한다면 일생 동안 자기 부족을 제외하고는 인간 사회에서는 눈 밖에 난 존재였다.

3. 11장 13절에서는 **파레피데모스**(parepidēmos)란 어휘를 사용하고 있다. **파레피데모스**란 어느 사회에서나 자신이 거주하고 있는 땅이 있으면서 다른 땅에서 일시적으로 체재하고 있는 사람을 가리키는 말이다. **파레피데모스**는 체재 기간을 이를테면 20일간으로 엄중하게 제한되어 있었다. **파레피데모스**는 유숙자이며 지금 있는 땅에는 집이 없는 사람이었다. 조상은 일생 동안 고향이라고 부를 땅을 갖지 못했던 것이다.

고대 사회에서는 외국에 산다는 것이 지금보다는 훨씬 굴욕적인 것이었으며 외국인에게는 어떤 종류의 오명이 붙여졌다. 〈아리스테아의 편지〉에서 필자는 다음과 같이 말하고 있다. "모국에서 살고 죽는 것은 퍽이나 좋은 일이다. 외국에 있는 부자는 수치를 당한다. 외국인은 무엇인가 나쁜 일을 해서 추방당한 것이 아닌가 하고 혐의를 받기 쉽기 때문이다."

《**집회서**(*Ecclesiasticus*)》(29:22-28)에는 다음과 같은 슬픈 말이 기록되어 있다.

자기 지붕 밑에서 지내는 가난한 생활이
남의 집의 호사스런 음식보다 나은 것이다.
적든 많든 간에 만족하자구나.
이 집에서 저 집으로 옮겨 사는 것은 치욕이며
길손으로 있는 곳에서는
너는 스스로 입을 열 용기조차도 없느니라.
네가 사람들에게 술을 마시게 하지만
그런데도 너는 감사한 말은 듣지 못하고
더욱이 매우 쓰린 말만을 들을 것이다.
"이리 오시오, 길손이여. 식탁을 마련해서
그대 손에 무엇이든 갖고 있으면
그것을 나에게 먹여 주오."
"길손이여, 귀한 분에게 자리를 양보하시오.
내 형제가 내 곁으로 체류하고자 왔다오.
그러니 나는 내 집이 필요한 것이라오."
길손이 듣는 나무람과 돈을 꾸는 치욕
이것은 생각 있는 사람에게는 슬픈 것들이라오.

어느 시대든지 간에 미지의 땅에서 이국인으로서 산다는 것은 불행한 일인데 예전에는 그 불행에 한 가지 덧붙여 치욕이란 것이 있었다. 선조들은 그 생애를 이국땅에서 지냈는데 기류자이며 이국인이며 순례자이며 외국인인 이런 사람들이 바로 기독교인의 모습이었다. 터툴리아누스(Tertulian)는 기독교인에 대해 "이 땅 위에서는 순례자이며 자신을 확보하는 지위는 천국에 있다는 것을 알고 있다"고 했으며 알렉산드리아의 클레멘트(Clement)는 "이 땅 위에는 우리에게 조국이 없다"고 했다. 어거스틴은 "우리는 조국에서 추방된 기류자다"라고 했다. 이 말은 기독교가 어리석어서 세상일과 떨어져 있다든가 이 세상의 생활과 일에 무관하게 됐다는 것이 아니라 오히려 늘 여행을 계속하고 있는 자라는 것을 의미한다. 기록되어 있지는 않지만 예수의 말씀이라고 전해지고 있는 것에 "이 세상은 교량이다. 현명한 자는 그 다리를 건너지만 그 다리 위에 자기 집을 세우지는 않는다"는 말씀이 있다. 기독교인은 자기 스스로가 영원한 것을 향해서 여행하는 자라고 생각하고 있다.

II. 조상은 이러한 곤란 가운데서도 그들의 환상과 소망을 잃지 않았다. 소망을 이루는 데는 장구한 시일이 요한다 해도 끊임없이 소망의 빛은 그들의 눈에서 빛났다. 또한 행선지가 아무리 멀다고 하더라도 도중에서 발을 멈추지는 않았다. 로버트 루이스 스티븐슨(Robert Louis Stevenson)은 "소망을 가지고 여행하는 것은 목적지에 도달하는 것보다 즐거운 것이다"라고 했다. 조상은 결코 소망을 버리지 않았고 딴 길로 흐르지도 않고 여행의 피곤으로 포기하는 일 없이 소망 가운데 살고 소망을 갖고 죽었다.

III. 조상은 어떠한 때에도 되돌아가려고 하지 않았다. 그들의 자손인 이스라엘 사람들은 사막에 있는 동안에 때때로 고기 가마를 찾아 애굽으로 돌아가길 원했지만 조상은 한 번 출발한 후에 되돌아간다는 따위의 일은 생각조차도 하지 않았다. 비행기의 경우 **불환 지점**(the point of no return)이란 것이 있다. 비행기가 이 지점에 이르면 **되돌아갈 수 없다**. 되돌아가는 만큼의 가솔린이 없어지기 때문에 목적지로 향해 나아가는 길 이외에는 도리가 없다. 세상에는 너무나도 빨리 되돌아가려고 하는 사람들이 많은 데 이는 한탄스러운 일이다. 좀더 노력을 하고 좀더 기다리고 좀더 소망을 가지면 꿈이 실현됐을지도 모르는 일이다. 기독교인은 하나님에게서 맡은 기업을 시작하고 기독교인으로서 걸음을 내딛기 시작한 순간부터 이미 불환 지점을 통과했다고 생각해야만 할 것이다.

IV. 조상이 앞을 향해 나아갈 수 있었던 것은 끊임없이 저편에 있는 것에 마음이

끌려 있었기 때문이다. 여행을 즐기는 사람들은 아직 보지 못한 나라들에 마음이 끌린다. 위대한 예술가나 작곡가는 아직 연주하지 않은 연주나 이제부터 창작하려는 미에 매혹당하기도 한다. 스티븐슨은 일생을 마구간의 거름 속에서 지낸 어떤 늙은이에 대해 기록하였다. 어떤 사람이 그 마구간 노인에게 "그러한 생활은 이제 싫증이 날 때가 있지 않겠소?"라고 물으니까 그 노인은 "이 세상 저 건너편에 무엇이 있는지를 아는 사람에게는 피곤함이 없다"고 대답했다 한다. 이러한 사람들은 저 건너편에 무엇인가를 갖고 있었다. 우리도 그와 마찬가지라 할 수 있다.

V. 조상은 이와 같이 살았기 때문에 하나님께서는 그들의 하나님이라고 불리는 것을 수치스럽게 여기지 않으셨다. 하나님께서는 용기를 갖고 미지의 것을 향해 전진하는 사람들의 하나님이시다. 신중한 사람이나 조심 많은 사람 또는 몸의 안전만을 생각하는 사람들은 하나님 곁에 서는 자들이 아니다. 미지의 세계로 여행을 떠나고 계속해서 앞으로 나아가는 자는 언젠가는 하나님에게 도달할 수가 있다.

최고의 제물

히브리서 11:17-19

17아브라함은 시험을 받을 때에 믿음으로 이삭을 드렸으니 그는 약속들을 받
은 자로되 그 외아들을 드렸느니라 18그에게 이미 말씀하시기를 네 자손이라
칭할 자는 이삭으로 말미암으리라 하셨으니 19그가 하나님이 능히 이삭을 죽
은 자 가운데서 다시 살리실 줄로 생각한지라 비유컨대 그를 죽은 자 가운데
서 도로 받은 것이니라

이삭의 얘기는 창세기 22장 1-18절에 기록되어 있다. 아브라함이 자신의 아

들을 드리라는 명령을 받고 가장 어려운 시험을 이겨 낸 이야기다. 이 이야기는 오늘날은 그리 환영 받지 못하며 종교 교육의 과목에도 들어 있지 않다. 이것은 시대에 뒤떨어진 사고방식이라고 생각되기 때문이다. 근래는 하나님께서 인간을 제물로 바라지 않으신다고 가르치고 있기 때문이다. 확실히 하나님에게 장자를 드리는 것이 하나님에 대한 인간의 가장 신성한 의무라고 생각했던 시대가 있었으니까 이러한 견해도 옳다고 할 수 있다. 그러나 이 이야기에서 최고의 의미를 알기 위해서는 히브리서 저자처럼 이 이야기를 그대로 받아들일 필요가 있다. 이것은 자신의 아들을 하나님에게 드리라고 명령 받은 사람의 응답을 기록한 기사다.

I. 이 이야기는 하나님에게 참되게 봉사하는 자는 자신에게 가장 귀중한 것이라도 제물로 드린다는 각오가 서지 않으면 안 된다는 것을 가르치고 있다. 오늘날까지 많은 사람들이 하나님의 뜻을 믿고 그들의 명성을 희생의 제물로 해 왔다. 스트러더(J. P. Struthers)는 개혁파 장로교회의 목사였다. 그는 조그마한 교회에서 얼마 되지 않는 교인을 목회하고 있었다. 그 일 자체는 별로 나쁜 일은 아니지만 그 교회는 과거에는 크게 번성했었는데 이제는 장래의 발전성이 없는 교회가 되었다. 그가 조상이 지어 놓은 교회를 떠난다 해도 그를 맞이할 교회는 어디에나 있었다. 그러나 그는 하나님의 뜻이라 믿고 그 교회에 머물렀다. 때로는 인간관계를 희생시키지 않으면 안 되는 경우도 있다. 어떤 사람에게는 아주 힘들고 사람들이 싫어하는 일을 하도록 하나님께서 명하실지도 모른다. 또 어떤 사람은 결혼하려고 생각했던 상대 여자에게서 함께 곤란을 받기는 싫으며 괴롭고 부자유한 생활은 하고 싶지 않다는 말을 들을지도 모른다. 이럴 때 그 사람은 하나님의 뜻이든가 가장 사랑하는 사람이든가 어느 쪽을 택하지 않으면 안 된다. 번연(Bunyan)은 옥중에서 자신이 처형되는 경우 가족은 어떻게 될 것인가 생각하고 특히 그가 귀여워했던 눈이 먼 딸의 일이 마음에 걸렸다. 그러나 그는 "오! 이러한 상태에 놓여 있는 나는 처자들의 머리 위에 자기 집을 넘어뜨리는 사내와 같다. 그러나 나는 무슨 일이 있어도 그 일을 하지 않으면 안 된다. 그 일을 해야만 하는 것이다"라고 했다.

내가 가장 귀하게 알고 있는 우상
그것이 어떠한 것이든 간에
당신 앞에서 끌어내리고
오직 당신만을 섬기게 해 주소서.

아브라함은 자신에게 가장 귀한 것을 제물로 드리려고 했다. 이러한 일은 초대교회에서는 왕왕 있었던 일이다. 가족 중 어느 한쪽만이 성도가 되기도 하고 애들만이 그리스도를 믿고 부모들은 믿지 않는 경우가 있어 가족이 죽음을 당하는 일도 있었다. 세상의 어느 것보다도 그리스도를 귀하게 여기는 사람들이 없었다면 오늘날의 기독교는 없어졌을 것이다. 하나님께서는 하나님을 첫째로 삼지 않는 사람의 마음속에는 살지 않으신다.

어느 때 두 어린이가 노아의 방주라는 장난감을 선물로 받은 이야기가 있다. 이 어린이들은 구약성경의 이야기를 듣고 있었기 때문에 자신들도 하나님께 아무것이나 드리자고 생각해서 장난감 방주 속에 있는 동물 중 이것저것을 찾아보다가 끝에는 **다리 부러진 양** 한 마리를 택했다. 그것은 버려도 괜찮은 못쓰게 된 장난감이었다. 많은 사람은 하나님에게 이 어린아이들과 같은 제물을 드리고 있다. 그러나 하나님에게 합당한 것은 우리가 가장 귀하다고 여기는 것, 우리에게 가장 중요한 것이다.

II. 아브라함은 자신이 이해할 수 없는 것을 받아들이는 전형적인 인물이다. 아브라함에게서 하나님의 명령은 모두 이해할 수 없는 것이었으며 불합리한 것이었다. 하나님의 약속에 따르면 이삭의 자손이 그 수가 늘어나서 나중에는 위대한 국민이 되고 이로써 모든 국민이 축복을 받게 되어 있었다. 모든 것은 이삭의 생명에 달려 있었는데 그 생명을 걷어가겠다는 하나님의 명령이 나왔던 것이다. 이것은 크리소스톰이 말한 바와 같이 "하나님의 것이 하나님의 것을 거역하고 신앙이 신앙과 싸우며 명령이 약속과 싸웠다"는 것이다. 어느 누구의 인생에도 이해할 수 없는 것과 설명할 수 없는 일이 일어난다. 그때 사람은 인생에서 가장 곤란한 싸움을 만나게 된다. 그 싸움이란 이해할 수 없는 일을 받아들이는 것이다. 그러한 때 할 수 있는 유일한 일은 자신을 드리고 받아들이고 순종하는 일이며 반항하거나 거역하지 않고 오직 "하나님이시여! 당신께서는 사랑이십니다. 나는 나의 신앙을 사랑 위에 세우겠습니다"라고 말하는 것이다.

III. 아브라함은 시험 받고 도망하는 길을 보인 사람의 전형이다. 우리가 하나님의 말씀을 그대로 받아들여서 그것에 모든 것을 건다면 앞길이 막혀 있는 듯이 생각되지만 반드시 도망할 길이 열린다.

죽음도 이기는 신앙

히브리서 11:20-22

[20]믿음으로 이삭은 장차 있을 일에 대하여 야곱과 에서에게 축복하였으며
[21]믿음으로 야곱은 죽을 때에 요셉의 각 아들에게 축복하고 그 지팡이 머리
에 의지하여 경배하였으며 [22]믿음으로 요셉은 임종시에 이스라엘 자손들이
떠날 것을 말하고 또 자기 뼈를 위하여 명하였으며

이상 세 사람이 보인 신앙의 모범에는 공통되는 요소가 있다. 그것은 죽음이 가까워졌을 때 신앙이다. 이삭이 준 축복은 창세기 27, 28, 39, 40장에 기록되어 있는데 이삭은 "내가 이제 늙어 어느 날 죽을는지 알지 못하니"라고 말한 후에 죽었다(창 27:2). 이 축복이란 "하나님은 하늘의 이슬과 땅의 기름짐이며 풍성한 곡식과 포도주를 네게 주시기를 원하노라. 만민이 너를 섬기고 열국이 네게 굴복하리라"라는 것이다. 야곱의 축복은 창세기 48장 9-22절에 기록되어 있다. 이 축복 역시 "이스라엘의 죽을 날이 가깝다"(창 47:29)는 때 주어진 것으로 "이 아이들에게 복을 주시오며 이들로 내 이름과 내 조상 아브라함과 이삭의 이름으로 칭하게 하시오며 이들로 세상에서 번식되게 하시기를"(창 48:16)라는 것이었다. 요셉에 대한 것은 창세기 50장 22-26절에 기록되어 있다. 요셉은 그의 죽음

이 가까웠을 때 자신의 유골을 애굽에 남기지 말고 약속의 땅으로 들어갈 때 가지고 가도록 이스라엘 자손들에게 맹세를 시켰다. 이스라엘 백성은 후에 그 약속을 이행했다(출 13:19; 수 24:32).

히브리서 저자가 강조하고자 하는 점은 이 세 사람이 약속의 땅으로 들어간다는 약속과 또한 위대한 국민이 된다고 하는 약속의 실현을 보지 못하고 죽었다는 사실이다. 이삭은 유목민으로서, 야곱은 조국을 떠난 애굽 땅에서, 요셉은 높은 지위를 얻기는 했지만 그래도 외국 땅에 있는 이국인으로서 죽었다. 그들은 하나님의 약속이 반드시 실현된다고 믿어 의심하지 않았다. 그들은 절망하지 않고 소망을 갖고 죽었다. 그들의 신앙이 죽음을 이겼던 것이다. 그들은 죽어도 하나님의 약속은 살아 있었기 때문이다. 여기에는 영원히 남겨지는 위대함이 있다. 이 세 사람의 마음속에는 똑같은 생각이 있었음에 틀림없다. 그 생각을 추측하고 그 말을 들을 수가 있다면 아마도 다음과 같은 것이 아닌가 한다. "하나님의 약속은 진실이다. 하나님께서는 결코 약속을 어기시는 분이 아니기 때문이다. 나는 죽을지도 모른다. 하나님의 약속이 실현되고 꿈이 현실로 되기 이전에 죽을지도 모르는 일이다. 그러나 나는 그 약속과 지금을 잇는 쇠사슬의 한 토막이다. 그렇기 때문에 약속이 실현될지 안 될지는 나에게 달려 있다."

여기에 인생의 위대한 기능이 있다. 우리의 꿈은 실현하지 못하는 경우도 있고 소망이 이루어지는 경우도 있다. 그러나 우리가 살아 있는 동안에 그 소망이나 꿈이 조금이라도 빨리 실현될 수 있도록 하지 않으면 안 된다. 모든 사람이 하나님의 약속이 실현되는 것을 볼 수는 없는 노릇이다. 그러나 한 사람 한 사람이 참되게 살고 봉사하는 것으로써 다른 사람들이 그 실현하는 날을 조금이라도 빨리 볼 수 있도록 할 수는 있다. 하나님의 약속이 이루어질 수 있도록 하나님을 위해 일하는 기회는 우리 한 사람 한 사람에게 주어졌다.

신앙과 그 비결

히브리서 11:23-29

[23]믿음으로 모세가 났을 때에 그 부모가 아름다운 아이임을 보고 석 달 동안
숨겨 왕의 명령을 무서워하지 아니하였으며 [24]믿음으로 모세는 장성하여 바
로의 공주의 아들이라 칭함 받기를 거절하고 [25]도리어 하나님의 백성과 함께
고난 받기를 잠시 죄악의 낙을 누리는 것보다 더 좋아하고 [26]그리스도를 위
하여 받는 수모를 애굽의 모든 보화보다 더 큰 재물로 여겼으니 이는 상 주
심을 바라봄이라 [27]믿음으로 애굽을 떠나 왕의 노함을 무서워하지 아니하고
곧 보이지 아니하는 자를 보는 것같이 하여 참았으며 [28]믿음으로 유월절과
피 뿌리는 예식을 정하였으니 이는 장자를 멸하는 자로 그들을 건드리지 않
게 하려 한 것이며 [29]믿음으로 그들은 홍해를 육지같이 건넜으나 애굽 사람
들은 이것을 시험하다가 빠져 죽었으며

히브리인에게 모세는 사상 최대의 인물이었다. 그는 히브리서 사람들을 노예 상태에서 구해 내고 그들을 위해 하나님의 율법을 받은 위대한 지도자였으며 뛰어난 신앙의 사람이었다. 이제 공부하고자 하는 구절 속에는 모팻이 지적하고 있는 대로 다섯 가지 신앙 행위를 엿볼 수 있다. 어떠한 위인에 대해서도 하는 말이지만 모세에 대해서도 수많은 전설이 있다. 저자는 아마도 그것을 알고 있었으리라.

I. 모세의 부모는 신앙의 사람이었다. 이 부모의 행위에 대해서는 출애굽기 2장 1-10절에 기록되어 있다. 출애굽기 1장 15-22절의 구절에 의하면 애굽 왕은 이스라엘 사람을 미워해서 자식들을 낳자마자 곧 다 죽여서 한 사람도 살아 있지 못하도록 명했다. 한 전설에 따르면 모세의 부모인 아므람과 요게벳은(출 6:20) 바로 왕의 명령을 듣고 마음 아파했으며 아므람은 요게벳과 절연할 것을 결심했다. 그것은 요게벳을 사랑하지 않았기 때문이 아니라 태어난 자식이 죽음

을 당하는 슬픔을 그의 처에게 맛보지 않도록 하기 위해서였다. 그 부부는 3년간이나 별거하고 있었는데 어느 날 미리암이 "우리 부모는 아들을 낳을 것인데 그는 곧 이스라엘을 애굽 사람의 손에서 구해 낼 것이다"고 예언하고는 아버지에게 "아버지는 무엇을 하셨나요? 아내를 집에서 내보내지 않으셨던가요. 그것은 아버지가 주님 되시는 하나님을 믿지 않았기 때문이에요. 하나님께서 태어난 어린애를 지키신다는 것을 믿지 않으셨기 때문이에요"라고 말했다. 그래서 아므람은 부끄럽게 여겨서 하나님을 믿고 아내를 다시금 맞이했던 것이다. 그러고는 때가 되어 모세가 태어났는데 매우 예쁜 아들이어서 부모는 아들을 집에 숨겨 놓으려고 결심하고 3개월을 지냈다. 전설에 따르면 그때 애굽 사람들은 잔인한 계획을 생각하고 있었다. 바로 왕은 숨겨 놓은 애들을 모두 찾아내어서 죽이려고 결심하고 있었다. 어린애는 다른 어린애가 울면 따라서 울므로 애굽 사람들은 갓난애를 데리고 있는 애굽 여자를 이스라엘 사람들의 집으로 보내기로 했다. 그러고는 애굽 여인이 집에 들어가서 자기애를 따끔하게 찔러서 울렸던 것이다. 그러면 숨겨져 있던 이스라엘 어린애가 따라 울게 된다. 그래서 그 아이를 찾아내서 죽이자는 계획이었다. 이러한 때 아므람과 요게벳은 조그마한 상자를 만들어서 모세를 그 안에 넣어서 나일 강에 띄웠다. 이렇게 해서 모세가 태어난 것도 신앙 행위의 결과이며 그의 생명이 구원 받은 것도 신앙 행위의 결과였던 것이다. 모세는 신앙의 아이로서 태어났다. 부모의 신앙이 없었더라면 모세는 태어나지 않았을 것이며 그 생명도 보호 받지 못했으리라.

II. 모세는 자기 백성에게 충실했다. 이러한 이야기는 출애굽기 2장 11-14절에 기록되어 있다. 여기에도 재미있는 전설이 있다. 나일 강 위에 놓인 모세는 바로의 딸에 의해 발견됐다. 그 공주의 이름은 비디아(Bithia)인데 일반적으로는 데르므디스(Termouthis)라고 알려지고 있다. 그녀는 모세의 아름다움에 매혹되었다. 전설에는 그녀가 상자를 물에서 건져 냈을 때 천사장 가브리엘이 어린 아기의 귀를 때려서 울렸다고 한다. 데르므디스는 슬픔으로 얼굴을 찌푸리고 눈에 눈물을 가득 머금고 우는 어린애를 보고 모성애를 일으켰다. 공주는 어린애가 없는 것을 늘 슬퍼하고 있었기 때문에 어린 아기 모세를 집으로 데려가서 친아들처럼 사랑하고 교육과 훈련을 시켰다. 장성해 가는 모세는 매우 아름다웠기 때문에 마을 사람들은 되돌아보고 일손을 멈추면서까지 그를 쳐다볼 정도였다. 그리고 그는 대단히 총명해서 학문이나 지식에서도 다른 아이들을 훨씬 능가했다. 그가 아직 어릴 때 데르므디스는 모세를 바로 왕에게 데리고 가서 어린애를 발견하게 된 경위를 말하고 그를 바로 왕에게 안기려고 했다. 그런데 바로 왕은 이 어린애에게 마음이 끌려서 그를 안고 올라오는 데르므디스의 청을 받아들여 그에게 왕위를 계승한다고 약속했다. 왕은 농담으로 자기 왕관을 벗어서 어린애 머리 위에 씌웠다. 그랬더니 어린 모세가 그 왕관을 집어서 땅에 떨어뜨리고는 발로 짓밟았다. 애굽의 현인들은 장차 이 어린애가 바로 왕의 권세를 발아래 짓밟으리라는 예감에 가득 차서 당장에 어린애를 죽이자고 했다. 그런데 그들은 어떤 시험을 해 보고 죽이자고 제안했다. 그것은 어린아이 앞에 보물단지와 불이 활활 타오르고 있는 석탄 항아리를 놓고 어린애가 보석 단지에 손을 대면 총명해서 위험하다는 것이고 혹시 탄불에 손을 대면 총명하지 못하니 위험하지 않다고 결정짓자는 것이었다. 어린 아기 모세가 보석에 손을 막 대려고 할 때 가브리엘이 그 손을 잡아 탄불 위에 놓았다. 손에 화상을 입은 어린 아기는 그 손가락을 입으로 넣어 버려 입안도 온통 데었다. 그래서 모세는 말에 능하지 못하고 (출 4:10) 일생 동안 말을 더듬거렸다고 한다. 이렇게 해서 죽음을 면한 모세는 왕국의 계승자로서 가질 수 있는 모든 부귀 속에서 자랐다.

그는 애굽의 장군 중에서도 가장 뛰어난 장군이었으며 에티오피아가 애굽을 위협했을 때에는 이를 정복하고 나중에는 에티오피아의 공주와 결혼했다. 그러나 모세는 항상 그의 동포인 이스라엘 백성을 잊은 적이 없었으며 때가 왔을 때에는 학대 받고 있는 동포의 편에 서서 약속되어 있는 부귀와 쾌락과 안이함과 왕위를 버릴 것을 결심했다. 모세는 하나님의 백성을 위해 이 땅 위의 영광을 한결같이 포기해 버렸던 것이다. 그리스도는 사람들을 위하여 자신의 영광을 버리시고 멸시당하시고 사람들에게서 버림 받으셨다. 그리스도는 하늘의 영광을 버리시고 사람들에게서 얻어맞고 채찍질을 당하셨으며 곤욕을 치르셨다. 모세는 자신의 세대에서 그리스도의 고난을 함께한 자라고 할 수 있겠다. 그는 지상에서 영광을 약속하는 안락한 생활보다도 오히려 고난이 뒤따르는 참된 삶의 방법을 택했다. 그는 악을 위해 호사스러운 생활을 하는 것보다도 정의를 위해 괴로움을 받기로 결심했다. 그는 하나님께서 마지막 날에 주실 보답에 비하면 이 땅 위의 영광 따위는 말할 수 없이 천한 것임을 알았던 것이다.

III. 모세는 동포들을 대신해서 간섭했기 때문에 애굽에서 미디안(Midian) 땅으로 도망가야 했다(출 2:4-22). 문장의 순서로 보아서 본문 27절은 이 말을 가리키는 것이라고 생각된다. 본문과 관련이 있는 출애굽기는 모세가 바로 왕을 두려워하여 미디안 땅으로 피했다(출 2:15)고 기록되어 있다. 그 뜻의 해석이 어렵다고 하는 사람들이 있는데 히브리서 저자는 왕의 노함을 무서워하지 않고 떠났다고 말하고 있다. 이것은 모순이 아니라 히브리서 저자가 이 이야기 속에서 깊은 뜻을 알아냈기 때문이다. 모세로서는 미디안 땅으로 피한 것은 두려워서 한 행동이 아니라 용기 있는 행동이었다. 그것은 기다리는 것을 배운 사람의 용기를 보이는 것이다. 스토아파의 사람들은 현명해서 사람이란 폭군을 노하게 해서 불필요하게 생명을 던져 버려서는 안 된다고 생각하고 있었다.

세네카(Seneca)는 "선원이 고의적으로 폭풍의 위험 속으로 배를 저어가지 않는 것처럼 현명한 사람은 권력자를 노하게 하지 않으며 그것을 피할 것이다"라고 말했다. 모세는 그때 전진할 수 있었는지도 모른다. 그러나 그의 백성은 그때까지도 그와 더불어 떠날 준비가 되어 있지 않았다. 단지 앞뒤를 가리지 않고 나아간다 해도 스스로의 생명을 잃을 뿐이지 애굽 탈출은 실현할 수 없었을 것이다. 모세는 그 인물이 크고 용기가 있었으므로 기다리는 시기를 알고 있었다. 하나님께서 "지금 가라"고 명령을 내리실 때까지 인내와 용기를 가지고 있었다. 모팻은 피크(A. S. Peake)의 말을 인용하고 있다. "마음에 정한 일들을 내동댕이치고 하나님의 뜻이라고 믿고 기꺼이 정지 상태를 받아들이는 용기는 최고의 것으로 가장 뚜렷한 영안으로써만 생기고 지탱된다." 우리의 전투 본능이 "가라"고 명령할 때 기다릴 수 있다는 것은 위대하며 용감한 사람이다. 좋은 기회를 놓치는 것이 아닌가 하고 두려워하는 것은 인간으로서 당연한 일이지만 그럴 때에도 하나님의 시기를 기다린다는 것은 중요한 일이다.

IV. 모세는 애굽에 있을 때 최초의 유월절 준비를 했다. 이 기사는 출애굽기 12장 12-48절에 기록되어 있다. 무교병을 만들고 유월절에 쓸 양을 잡고 대문에 양의 피를 칠해서 죽음의 신이 그 피를 보고 그 집을 지나쳐서 처음 난 것들의 죽음을 당하지 않도록 한다는 것 등이다. 이러한 여러 가지 규례를 모세가 이스라엘 자손들이 출발하는 밤을 위해서만 규정한 것이 아니다. **그것을 행사로서 해마다 지키도록** 정한 것이니 정말 놀라운 일이라고 할 수 있다. 다시 말해 모세는 백성이 애굽에서 탈출하여 해방되리라는 것을 의심하지 않았다. 그리고 자기 백성은 약속의 땅으로 도달할 것이라고 의심하지 않았다. 바로의 노기가 극도에 달하여 있을 때에도 모세는 애굽을 피해서 반드시 약속의 땅에 이르러 승리를 얻을 것이라는 사실을 조금도 의심하지 않았다. 지금 당장 길을 떠나려는 사람들은 히브리의 불쌍한 노예들로서 미지의 사막을 가로질러 미지의 약속의 땅을 향해 가고 있다. 애굽이 노여움이 충만해서 이 백성을 전멸시키고자 온 힘을 내고 있다. 이러한 때에 모세는 하나님께서 자기 백성을 안전하게 인도하신다는 것을 결코 의심하지 않았다. 모세는 실로 뛰어난 신앙의 사람이다. 명령 내리시는 하나님은 그 명령을 이행할 수 있는 힘을 주시고, 해야 할 일을 주시는 하나님은 그것을 완성할 수 있는 힘을 주신다고 모세는 확신하고 있었다. 모세는 하나님께서 위대한 사명을 그 종들에게 주시고는 결코 그대로 도우심 없이 남겨두지 않으신다는 것을 알고 있었다. 하나님께서는 한 걸음 한 걸음 나아가는 자와 동행하신다.

V. 끝으로 홍해를 건넜다는 위대한 행적이 있다. 이것은 실로 놀라운 일로 출애굽기 14장에는 이스라엘 자손들이 홍해를 건너간 후에 뒤따라서 애굽 사람들이 건너려고 하자, 물이 애굽 사람들을 삼켜 버렸다고 기록되어 있다. 이때 모세의 신앙은 사람들을 격려하고 후퇴할 위험마저 있었는데도 사람들을 전진시켰다. 여기 지도자와 백성의 신앙이 있는 것이다. 이러한 신앙으로 그들은 하나님의 명령을 순종하여 불가능한 것을 해낸 것이다. 그들은 어떠한 장애가 있다고 하더라도 그것을 뛰어넘을 수 있게 하시는 하나님의 도우심이 있으면 그 장애는 장애가 아니라는 것을 깨달았다. 《아담처럼》이라는 책에는 다음과 같은 구절이

있다. "인생의 기업이나 삶의 길이란 장벽을 뛰어넘는 것으로써 이쪽에 가로놓여 있어서 탄식하고 있는 것이 아니다." 뛰어넘을 수 없다고 생각되는 장벽이라도 뒤돌아보지 않고 끊임없이 전진하는 자를 하나님께서는 반드시 도우신다고 믿는 일, 이것이 바로 모세의 신앙이었다.

끝으로 본문 구절에는 모세의 신앙만을 말하고 있는 것이 아니라 **신앙의 원천**을 보여 주고 있다. 27절에 모세는 보이지 않는 자를 보는 것같이 해 참았다고 기록되어 있다. 모세로서 특히 뛰어나다고 하는 특전은 하나님과 매우 친한 관계를 맺고 있었다는 점이라 할 수 있다. 출애굽기 33장 9-11절에는 모세가 회막에 들어갈 때 "사람이 자기의 친구와 이야기함같이 여호와께서는 모세와 대면하여 말씀하셨다"고 기록되어 있다. 민수기 12장 7-8절에는 사람들이 모세에 대해 모반하려고 할 때 하나님께서 모세에 대해 "그와는 내가 대면하여 말한다"고 말씀하셨다고 기록되어 있다. 쉬운 말로 말하면 모세의 신앙 비결은 그가 하나님을 개인적으로 알고 있었다는 것이다. 나폴레옹(Napoleon)은 큰 전투에 임할 때에는 천막 안에 혼자 서서 그의 사령관을 한 사람씩 불러들였다. 사령관이 들어오면 나폴레옹은 한마디도 말하지 않고 눈만을 쳐다보다가 악수를 했다 한다. 사령관들은 천막을 나설 때에는 사랑하는 장군을 위해 죽음을 걸고라도 쌍루 결의를 했다고 알려지고 있다. 이것은 모세와 하나님과의 사이와 흡사하다. 모세는 하나님을 친하게 알고 있었기 때문에 이와 같은 신앙을 가질 수가 있었다. 하나님에게서 곧장 일에 착수하는 자는 무슨 일이고 좌절되는 일이 없다. 자기 혼자서 하고자 하는 자는 두려워하게 되고 실패하고 좌절을 당하게 된다. 승리하는 생활의 비결은 사람을 만나기 전에 하나님을 맞이하는 일이다.

현실을 초월하는 신앙

히브리서 11:30-31

30믿음으로 칠 일 동안 여리고를 도니 성이 무너졌으며 31믿음으로 기생 라합

은 정탐꾼을 평안히 영접하였으므로 순종하지 아니한 자와 함께 멸망하지 아니하였도다

지금까지 저자는 이스라엘 백성이 약속의 땅으로 들어갈 때까지 나타났던 신앙의 영웅에 대해 논증을 해 왔는데 지금부터는 이스라엘 백성이 팔레스타인에 정주하려고 고투하고 있는 시기에 나타난 두 인물에 대해 기록하고자 하고 있다.

I. 첫째 이야기는 여리고를 무너뜨리는 이야기로 여호수아 6장 1-20절에 기록되어 있다. 여리고는 아주 견고한 요새로 함락시키기란 정말 불가능한 일이라고 생각되었다. 그런데 하나님께서는 다음과 같이 명하셨다. 즉, 6일 동안에 매일 백성이 7명의 제사장을 선두로 해서 양각(羊角) 나팔을 휴대하고 언약궤 앞으로 나아갈 것, 6일간 조용히 성 주위를 돌 것과 7일째에는 성 주위를 일곱 번 돈 후 제사장은 나팔을 불고 백성이 힘을 다해서 큰 소리로 외치면 "성벽이 납작하게 무너진다"는 것이었다. 백성이 그와 같이 그대로 행하니 예언한 그대로의 일이 일어났다. 이 사건은 이스라엘 사람들에게 결코 잊을 수가 없는 깊은 인상을 주었다. 그로부터 수세기 후에 유다 마카비(Judas Maccabaeus)가 카스피스(Caspis) 시를 공격했다. 이 도시는 견고해서 도시 수비대가 안심하고 있는 틈을 타서 "유다는 부하들을 데리고 전에 여호수아 시대에 양이나 전차도 사용하지 않고 여리고 성벽을 무너지게 하신 위대하신 하나님이시며 온 세계가 주님의 이름을 부르며 성벽을 향해 과감한 공격을 가해 하나님의 뜻으로 그 도시를 함락시켰다"(마카비2서 12:13-16). 이스라엘 백성은 하나님께서 택한 백성을 위해 행하신 위대한 일들을 결코 잊지 않았으며 큰 사건이 일어났을 때에는 과거에 있었던 하나님의 역사하심을 상기하고는 용기를 고무시켰다.

이것이 바로 저자가 강조하려는 점이다. 여리고를 무너뜨릴 수 있었던 것은 백성이 신앙을 가지고 행동했고 자신의 힘을 의지하지 않고 하나님의 도우심을 믿었기 때문이다. 그들은 하나님께서 불가능을 가능케 하시는 것을 믿고 약한 자에게도 놀라울 만한 일을 시키실 수 있는 분이라는 것을 믿었기 때문이다. 스

페인 함대를 격침하고 난 후 플리모스 호(Plymouth Hoe)에 세워진 기념비에는 "하나님께서 보내신 바람으로 그들은 흩어졌다"고 새겨져 있다. 다시 말해 영국 국민은 폭풍과 돌풍이 스페인 함대를 침몰시켰을 때 "그것은 하나님의 역사다"라고 말했던 것이다. 우리는 곤란한 일에 직면했을 때 자기 힘을 의지하지 말고 하나님께서 함께하셔서 도우신다는 것을 믿지 않으면 안 된다. 우리는 자신의 힘을 생각할 때 하나님께서 나의 편이라는 것을 잊어서는 안 된다. 우리가 단독으로는 할 수 없는 일이라도 하나님께서 다 이루어 주시기 때문이다.

II. 둘째 이야기는 라합에 대한 것으로 여호수아 2장 1-21절과 6장 25절에 기록되어 있다. 여호수아가 여리고의 상태를 엿보려고 척후를 파견했을 때 기생인 라합이 그들을 자신의 집에 숨겨서 위험을 모면할 수 있게 했다. 그로써 여리고가 함락되어 그 백성이 몽땅 살해당했을 때 라합과 그 여자의 가족들은 난을 면할 수가 있었다. 이 사건은 이스라엘 사람들에게는 놀라우리만큼 깊은 감명을 주었으며 야곱은 그녀를 신앙에 기초를 둔 선한 행실의 훌륭한 모범으로 삼고 있다(약 2:25). 그래서 랍비들 가운데서 자신의 계보를 라합까지 소급시킬 수 있었던 자는 그것을 자랑으로 생각했던 것이다. 그리고 그녀는 예수의 족보 속에 그 이름이 들어 있으니(마 1:5) 정말 놀랄 수밖에 없다. 로마의 클레멘트는 그녀를 신앙과 손님에게 보인 후의로 구원 받은 자의 좋은 한 예라고 인정하고 있다.

저자가 라합을 예로 들고 있는 의도는 무엇일까? 라합은 현실의 가능성에 반(反)하여 이스라엘의 하나님을 믿었기 때문이다. 그녀는 자신의 집에 숨긴 척후들에게 "주님께서 이 땅을 당신들에게 주신 줄을 알고 있습니다…. 당신들의 하나님이신 주님은 위로는 하늘에서도 아래로는 땅에서도 하나님이시니이다"(수 2:9-11)라고 말했다. 당시에는 이스라엘 자손들이 여리고를 함락시키는 확률은 100만분의 1이었을 것이라고 말할 수 있겠다. 사막에서 온 유목민은 대포도, 포위하는 병기도 갖고 있지 않았기 때문에 여리고 성벽에 접근해서 공격을 가한다는 것은 불가능한 역사라고 생각되었다. 그런데도 라합은 하나님께서 불가능을 가능케 하신다고 믿고 그러한 신앙에 생명을 걸었다. 상식으로는 절망일 수밖에 없을 때에도 상식을 초월한 감각이 현실의 저편을 보고 있었다. 라합은 패자의 편에 서는 것처럼 생각되었을 때에도 하나님에게 생명을 거는 과감한 용기를 지니고 있었다. 참다운 신앙과 용기는 패배의 비운이 감돈다고 보일 때라도 하나님 편에 서는 신앙과 용기다.

훼버(Faber)는 다음과 같이 쓰고 있다.

> 눈에는 보이지 않아도 하나님께서 싸워 주신다고
> 아는 자는 곧 축복받는 자이다.
>
> 하나님 함께하시면 정의는 승리하나니
> 그것을 의심하는 자는 곧 불충이며 죄이니라.

기독교인은 사실에 역행하여 하나님을 믿는다. 하나님 편에 서는 자는 궁극적으로는 패배하지 않는다는 것을 알고 있으며 이 세상의 싸움에는 패배한다 하더라도 하늘에서 승리의 영광을 받는다는 것을 알고 있다.

신앙의 용사

히브리서 11:32-34

32내가 무슨 말을 더 하리요 기드온, 바락, 삼손, 입다, 다윗 및 사무엘과 선
지자들의 일을 말하려면 내게 시간이 부족하리로다 33그들은 믿음으로 나라
들을 이기기도 하며 의를 행하기도 하며 약속을 받기도 하며 사자들의 입을
막기도 하며 34불의 세력을 멸하기도 하며 칼날을 피하기도 하며 연약한 가
운데서 강하게 되기도 하며 전쟁에 용감하게 되어 이방 사람들의 진을 물리
치기도 하며

이스라엘의 역사를 돌이켜 보는 자자의 마음속에서 신앙의 용사들의 이름이

차례로 떠올랐다. 여기에 적혀 있는 이름의 순서는 일정하지 않지만 그 가운데 한결같이 일관되는 사상이 흐르고 있다.

기드온의 이야기는 사사기 6장과 7장에 기록되어 있다. 기드온은 불과 300명으로 당시 이스라엘에 압력을 가하고 있던 아모리 사람들을 격파했다. 이 승리는 대대로 이스라엘 사람들 사이에 전해 내려오고 있다.

바락의 이야기는 사사기 4장과 5장에 기록되어 있다. 여선지자인 드보라가 하나님에게서 받은 지시에 따라서 바락은 만 명의 젊은 남자들을 모아서 900대의 철로 된 전차를 가지고 있는 가나안 사람들의 군세와 싸워 놀라울 만한 승리를 거두었다. 그것은 무장이 없는 보병이 전차 1개 사단과 대항하는 것과 같았다.

삼손의 이야기는 사사기 13-16장에 기록되어 있다. 삼손은 늘 혼자서 싸웠다. 혼자 힘으로 눈부신 힘을 발휘해서 불가능하다고 생각되는 싸움을 해서는 항상 승리를 거두었다.

입다의 이야기는 사사기 11장과 12장에 기록되어 있다. 입다는 기생의 아들로 가족에게서 배척 받아서 고독한 생활을 지내고 있었다. 아모리인의 위협이 이스라엘에 임박했을 때 그때까지 전혀 잊혀지고 있던 입다가 불려 와서 굉장한 승리를 거두었다. 그러나 이로써 입다가 하나님에게 서원한 대로 외동딸을 번제물로 바치는 결과를 만들어 버리고 말았다.

다윗은 양을 치는 목동이었는데 후에 임금이 되었다. 이것은 본인이나 다른 모든 사람에게도 실로 의외의 일이었다(삼상 16:1-13).

사무엘은 자기 어머니의 만년의 아들이며(삼상 1:), 겁이 많고 불만이 많고 반항적인 사람들 가운데서 오직 홀로 강하게 서서 하나님에게 성실하고 충성스럽게 살아간 사람이었다. 이외에도 선지자들은 동지가 적은 중에도 하나님에게 대해 충실한 증거를 세웠다.

여기에 이름이 기록되어 있는 사람들은 하나님을 위해 불가능하다고 생각되는 일을 이룬 사람들이다. 이 사람들은 하나님께서 강대한 군대와 함께하시지 않는다고 믿어 하나님을 위해 놀랍고도 무섭기까지 한 모험을 했다. 그들은 기쁨과 용기와 확신을 가지고 하나님께서 주신 사명을 받아들였다. 그 사명은 인간적으로 보아서는 불가능하다고 생각되어도 그들은 굳건하게 행해 나갔다. 그들은 홀로 서는 것을 두려워하지 않았으며 하나님께 충성하고자 패한 적이 없는 것으로 생각되는 적과 맞섰다. 이 명예스러운 명부에는 이 세상의 다수자 속에 끼는 것보다는 오히려 하나님의 소수자라는 것을 택한 사람들의 이름이 기록되어 있다.

이번 구절의 후반에는 이 사람들이 어떤 사람들이며 이러한 사람들이 어떠한 일을 했는지를 기술하였는데 저자는 마치 기관총과 같은 말을 연속적으로 쓰고 있다. 이러한 표현이 지니는 박력을 우리는 그대로 느낄 수는 없을지도 모른다. 그것은 **하나하나의 말이 옛날을 회상하기** 때문이다. 그러나 헬라어로 된 성경을 알고 있는 사람 가운데는 이 말의 하나하나가 깊은 감동을 불러 일으켰으리라고 생각된다.

나라들을 이긴다는 것은 유대의 역사가인 요세푸스가 다윗에 대하여 한 말이고, **의를 행했다**는 것은 사무엘하 8장 15절에서 다윗에 대해 한 말이다. 또 **사자들의 입을 막았다**는 것은 다니엘 6장 18절과 23절에서 다니엘에 대해 표현한 말이고, **불의 세력을 멸했다**는 것은 다니엘 3장 19-28절에 기록되어 있는 사드락과 베삭과 아벳느고에 대한 이야기다. **칼날을 피한다**는 것은 엘리야가 살해의 위협을 모면했을 때의 이야기로 열왕기상 19장 1절 하반에 기록되어 있으며, 엘리사에 대해서는 열왕기하 6장 31절 하반절에 기록되어 있다. **전쟁에 용감하게 되어 이방 사람들의 진을 물리친다**는 것은 유대 사람으로서는 잊을 수가 없는 마카비(Maccabaean) 시대의 승리를 말한다. **연약한 가운데서 강하게 된다**는 것은 여러 가지 광경을 상기시킨다. 히스기야가 죽음을 앞두고 얼굴을 벽으로 향해서 주님에게 기도드렸을 때 이상하게 치유했다는 것(왕하 20:1-7)도 그 중 하나이지만 히브리서 저자가 기록한 시대에 쓴 것으로서 구약성경의 외서 중 하나라고 불리는 **유딧서**(Book of Judith)의 기록도 그 중 하나다. 이스라엘군이 홀로파네스(Holofernes) 장군이 이끄는 느브갓네살 왕의 군대에게 위협을 당할 때가 있었다. 베둘리아(Bethulia)라고 하는 유대 마을은 먹을 것과 마실 물이 부족해서 닷새 후에는 항복하기로 되어 있었다. 이때 이 마을에는 유딧이라고 하는 과부가 살고 있었다. 그 여자는 아름답고 부자였는데 남편인 마나세와 사별한 후로는 무척 적적한 생활을 하고 있었다. 어느 날 이 과부는 정장을 하고 마을 사람들을 설득해서 마을 밖으로 나갔다. 그러고는 곧장 아시리아의 진영으로 가서 홀로파네스의 앞으로 갈 수 있도록 허용되었다. 그래서 그녀는 자기 동포가 지은 죄로 반드시 벌 받게 되어 멸망당한다고 말하고는 예루살렘으로 숨어 들어가는 길을 알려주겠노라고 제의했다. 이렇게 해서 홀로파네스의 신용을 얻은 후에 그가 술 취해 자고 있는 사이에 그의 칼로 그를 죽이고 자른 목을 들고 백성에게 돌아갔다. 진영 내부에 있던 반역자들도 그것을 보고 침묵을 지켰으며 패배 직전에 있던 백성은 빛나는 승리를 얻을 수가 있었다. 연약한 여자가 강하게 되어 조국을 구했던 것이다.

히브리서 저자는 독자들에게 옛날 일을 회상시킴으로써 새로운 용기와 새로운 책임감을 주려고 했다. 그가 하는 방식은 야단스럽지 않고 참으로 세련되어 있다. 그는 자신이 직접 독자들에게 말하는 것보다는 그들에게 가냘픈 암시를 주어서 자기 자신이 회상하도록 하고 있다. 올리버 크롬웰(Oliver Cromwell)이 아들 리처드(Richard)의 교육 방침을 세우고 있을 때 "아들에게 조금이라도 역사를 배우도록 하고 싶다"고 했다. 우리는 실망할 때 과거를 돌이켜 보고 다시 한 번 용기를 내어 분발하여야 하지 않겠는가. 하나님의 팔이 짧아져서 사람들을 구할 수 없게 된 것이 아니다. 하나님의 힘이 약해진 것도 아니다. 하나님께서는 옛적에 행하신 바를 또다시 행하실 수가 있다. 역사의 주님이신 하나님께서는 오늘날 우리가 예배 드리고 있는 하나님과 동일한 분이시기 때문이다.

핍박에도 굴하지 않는 사람들

히브리서 11:35-40

35여자들은 자기의 죽은 자들을 부활로 받아들이기도 하며 또 어떤 이들은
더 좋은 부활을 얻고자 하여 심한 고문을 받되 구차히 풀려나기를 원하지 아
니하였으며 36또 어떤 이들은 조롱과 채찍질뿐 아니라 결박과 옥에 갇히는
시험도 받았으며 37돌로 치는 것과 톱으로 켜는 것과 시험과 칼로 죽임을 당

하고 양과 염소의 가죽을 입고 유리하여 궁핍과 환난과 학대를 받았으니
38(이런 사람은 세상이 감당하지 못하느니라) 그들이 광야와 산과 동굴과 토
굴에 유리하였느니라 39이 사람들은 다 믿음으로 말미암아 증거를 받았으나
약속된 것을 받지 못하였으니 40이는 하나님이 우리를 위하여 더 좋은 것을
예비하셨은즉 우리가 아니면 그들로 온전함을 이루지 못하게 하려 하심이라

이 구절에는 여러 시대에 일어났던 일들이 기록되어 있다. 어떤 것은 구약성경 시대에 또 어떤 것은 구약과 신약의 중간 시대인 마카비 시대에 일어났다.

우선 구약성경에 있는 일부터 들어보기로 하자. 엘리야 시대(왕상 17:17 이하)와 엘리사의 시대(왕하 4:8 이하)에 선지자들의 힘과 신앙에 의해 죽은 어린애가 살아나서 어머니에게 돌아갈 수 있었다. 또 어떤 자는 돌로 쳐서 죽음을 당했다. 역대하 24장 20-22절에는 선지자인 스가랴가 진실을 말했기 때문에 백성에게서 돌로 맞아 죽었다고 기록되어 있다. 전설에 따르면 예레미야는 애굽에서 동포에게서 돌로 맞아 죽었다고 한다. 선한 임금인 히스기야가 죽고 므낫세가 왕위에 올랐다. 므낫세는 우상을 섬겼는데 이사야에게도 우상을 섬기고 우상 숭배를 인정하도록 하려 했다. 그런데 이사야가 거부하였기 때문에 그 벌로 나무톱으로 켜서 갈기갈기 찢겨져 버리고 말았다. 그는 그의 신앙을 버릴 것을 강요당해서도 완강하게 거절하고 므낫세의 멸망을 예언했다. "톱이 그의 육신을 먹어들어갈 때도 이사야는 한마디 불평도 하지 않고 한 방울의 눈물도 흘리지 않고 끊임없이 성령과 교제하고 있는 동안에 톱은 그의 육체의 중심부까지 이르렀다." 저자는 하나님을 위해 위업을 성취한 사람들과 하나님으로 말미암아 고문이나 고통을 이겨 내는 힘을 받은 사람들을 회상하고 있었으리라.

그 중에서도 저자의 마음속에 특히 회상되는 얘기는 마카비 시대의 고투다. 이 고투에 대해서는 기독교인이라면 누구나 알아야 할 일이 있다. 왜냐하면 유대인이 이 살해의 시대에 신앙을 버리고 하나님을 배반했다면 예수께서는 이 세상에 오실 수가 없었으리라. 유대인이 신앙을 굳게 지키고 고문에도 굴하지 않았기 때문에 비로소 이스라엘에 대한 하나님의 계획이 수행될 수 있었다고 할 수 있다. 그 고난은 다음과 같다.

주전 170년경 수리아에 안티오코스 에피파네스(Antiochus Epiphanes)라고 하는 국왕이 있었다. 그는 통치자로서는 뛰어난 사람이었는데 이상하리만큼 그리스의 것을 사랑해서 자신을 그리스 문화와 그리스 종교의 포교사로 자처했다. 그는 그리스의 생활양식을 팔레스타인에 소개해서 얼마간의 성공을 거둘 수가 있었다. 어떤 사람들은 기꺼이 그리스의 문화와 연극과 경기를 받아들였기 때문이다. 그리스 경기자들은 벌거벗고 연습했기 때문에 유대의 제사장 가운데는 자기 몸에서 할례의 흔적을 지우고 완전히 그리스 사람이 되려 했던 자들도 있었다. 안티오코스의 노력은 유대 국민에게 분열을 일으키기는 했지만 대부분의 유대인은 그들의 신앙을 견지하고 있었다. 처음 얼마간은 그리스 문화나 종교를 강요하기 위해 폭력을 쓰는 일은 없었다. 그런데 기원전 168년에 사태는 폭발점에 이르렀다. 안티오코스는 애굽을 원정하고자 대군대를 이끌고 이 나라로 침입했다. 그러나 로마는 그에게 귀국하라고 명령했다. 그 일 자체가 굴욕이었는데 그 방법이 굴욕을 참지 못하게 했다. 로마는 그의 진격을 저지시키기 위해 군대를 파견하지는 않았다. 강대국인 로마는 그렇게 할 필요가 없었다. 그 대신 포필리우스 라이나스(Popilius Laenas)라고 하는 상원의원과 무장하지 않은 소수의 수행원을 보냈다. 포필리우스와 안티오코스는 애굽의 국경 지대에서 회견했다. 두 사람은 로마에서 알게 된 친구 사이였다. 그래서 포필리우스는 매우 온건하게 로마가 안티오코스의 파병을 좋아하지 않으며 즉시 귀국할 것을 희망한다는 뜻을 전했다. 안티오코스가 고려해 보겠노라고 약속하니까 포필리우스는 손에 들고 있던 자신의 단장으로 안티오코스 주위의 모래 위에 둥근 원을 그리고는 "지금 생각해 보시고, 여기 그린 원 밖으로 나오기 전에 당신의 결단을 알려 주시오"라고 조용히 얘기했다. 안티오코스는 잠시 동안 생각하고는 로마를 거역한다는 것이 불가능하다는 것을 깨닫고 "나는 귀국하겠소"라고 대답했다. 이것은 최대의 치욕이었다. 그래서 안티오코스는 군대를 돌려보냈는데 분노를 견딜 수 없어 돌아오는 길에 예루살렘으로 향했다. 그는 이 도시를 습격해서 쉽게 점령했다. 이때 8만 명의 유대인이 죽고 만 명이 포로가 됐다고 알려지고 있다. 그러나 연달아 보다 더 무서운 사건이 일어났다. 안티오코스는 신전에 침입해서 진설병을 드리고 향을 피우는 제단과 황금 등대, 황금 용기와 그 외에 장막과 휘장 등도 가지고 가고 수납소에 있던 것도 몽땅 약탈해 갔다. 그뿐만이 아니다. 번제를 드리는 제단에 돼지고기를 올려놓고 제우스(Zeus) 신에게 제사를 드리고 신전에 있는 조그마한 방을 창부들이 사는 방으로 만들어 버렸다. 이렇게 신전을 더럽히기 위해 모든 짓을 다 했다. 그러나 이것이 최악의 것은 아니었다. 안티오코스는 할례를 금하고 성경과 율법서를 소유하는 것을 금했다. 또한 유대인에게 부정한 고기를 먹고 그리스의 신들에게 제사 드리라고 명했다. 이 명령을 실행시키기 위해 검사관을 전국에 파견하고 이 명령에 복종하지 않는 자가 있을 때에는 굉장히 비참한 짓을 하고 가혹하게 고문했다. 즉, 채찍질을 해서 몸을 갈기갈기 찢고 산 채로 십자가에 못 박았던 것이다. 아들에게 할례를 시킨 부녀자들을 보면 함께 잡아서는 왕의 명령에 따라서 아들의 목에 밧줄을 걸어서 십자가형처럼 매달게 했다. 혹시 율법서를 가지고 있는 자가 있으면 율법서를 태우고 그 책의 소유자는 비참하게 살해당했다(요세푸스, 유대 고대사 12:5, 4). 한 국민의 종교를 박멸하기 위해 이와 같이 잔인하고 계획적인 수단을 취한 일은 역사상 딴 곳에서는 찾아볼 수 없는 일이다. 이와 같은 기록이 당시의 핍박하에서도 읽혀졌다는 것은 쉽게 상상할 수 있는 일이다. 마카비4서에 있는 두 가지 유명한 사건은 신앙인의 고난을 기록한 저자의 마음속에 있었던 것이라고 생각된다.

첫째 기록은 늙은 제사장인 엘르아살에 대한 것이다(마카비4서 5-7). 그는 안티오코스 앞에 끌려 나와서 돼지고기를 먹으라는 명령을 받고, 그 명령에 복종하지 않는 경우에는 극형에 처한다고 알렸다. 그는 거부하고 "안티오코스여, 하나님 율법하에서 살고 있는 자로서 율법을 순종한다고 하는 명령 이상으로 강제력을 가진 것은 없소이다" 라고 말했다. 또 왕의 명령에 대해서는 "내 눈이 빠지고 나의 내장이 불에 태워지는 한이 있다고 하더라도 따를 수가 없소" 라고 말했다. 그래서 그는 알몸으로 벗겨져서 채찍으로 맞는 동안에 왕의 병사들이 옆에 서서 "국왕의 명령에 따르라" 고 계속해서 말했다. 채찍질로 육체는 찢기우고 피가 흐르고 옆구리의 상처는 크게 벌어져서 기절하니 한 군인 병사 하나가 배를 심하게 걷어차서 일으켜 세우려고 했다. 결국에는 수비하는 병사가 동정해서 조리가 된 돼지고기가 아닌 다른 고기를 가지고 와서 돼지고기인 것처럼 해서 먹는 것이 좋겠다고 했다. 그러나 엘르아살은 이것을 거절하고 "우리가 돼지고기를 먹는 구실을 만들었다면 젊은이들에게 불신의 표본을 보이는 것이 된다"고 말했다. 그래서 병사들은 불 속으로 그를 던져 버려 잔인하게도 고통을 주기 위해 고안해 낸 기구를 사용해서 콧구멍에 악취가 나는 액체를 부으면서 태워 죽였다. 이렇게 해 그는 "나는 율법을 위해 불의 고문을 받으면서 죽어간다"고 말하고는 숨을 거두었다. 히브리서 저자는 신앙을 위해 순교한 사람들의 일을 말할 때 많은 사건 중에서 적어도 이 일을 상기하지 않았을까 하고 생각한다.

둘째 기록은 일곱 형제의 순교 얘기다(마카비4서 8-14). 이 형제들도 똑같은 선택이 주어져서 동일한 협박을 받았다. 그들에게는 "차바퀴와 톱니바퀴와 쇠갈고리, 투석기와 큰 솥, 프라이팬과 손가락 끼는 기계와 철로 된 솥과 쐐기와 뜨거운 석탄재"의 고문이 기다리고 있었다. 첫째 형은 부정한 음식을 먹기를 거절했다고 해서 우선 채찍으로 맞고 차바퀴에 묶여 손발의 뼈가 빠지고 깨질 때까지 돌려졌다. "그들은 땔나무를 쌓아 놓고 불을 붙여서 그를 차바퀴에서 더 돌려 그로써 차바퀴에서 흘러내리는 피로 불이 꺼지고 살점이 차바퀴 주위에 튀었다." 그러나 그는 이러한 고문을 받으면서도 절조를 굽히지 않고 죽어 갔다. 다음 둘째 동생은 투석기에 묶여서는 큰 못이 튀어나온 장갑을 낀 남자들 앞에 끌려 나왔다. "이들 짐승들은 표범과 같이 사나워서 우선 쇠로 된 장갑으로 턱이 있는 곳까지 건(腱)과 근육을 갉아내고 머리의 피부를 벗겨 버렸다." 이렇게 해서 그도 하나님의 신앙을 버리지 않고 죽어 갔다.

셋째 동생이 끌려 나왔다. 집행관들은 이 사나이의 용기에 참을 수 없게 되어 "톱니바퀴로 손과 발을 잘라내고 관절을 비틀어 잡아빼 버리고는 수족을 갈기갈기 찢어 버렸다. 그러고는 또 손가락과 팔과 다리와 팔꿈치를 꺾어 버리고 말았다." 최후로 그들은 투석기에 그를 걸어서는 살아 있는 채로 가죽을 벗겨 버리고 말았다. 이렇게 해서 그도 충절을 굽히지 않고 죽어 갔다. 또한 그들은 넷째 동생을 고문하기 전에 혀를 잘라냈다. 다섯 번째의 아우에 대해서는 몸을 둥그렇게 굽혀서 차바퀴에 묶어 버렸다. 그러고는 그에게 족쇄를 끼우고 투석기에 묶어서는 가루가 되도록 갈기갈기 부수고 말았다. 여섯째 아우에 대해서는 차바퀴에 걸고 "그 밑에서 불을 피우고 예리한 불 꼬챙이를 달구어 등에 대기도 하고 옆구리에서 찔러 내장을 태우고 말았다." 그도 하나님에 대한 충성을 굽히지 않고 죽어 갔다. 일곱째 동생은 큰 프라이팬 같은 것에 살아 있는 그대로 집어 넣어 태워 죽였다. 이러한 일들을 히브리서 저자는 생각하고 있었을 것이며 우리도 이러한 일들을 잊어서는 안 되겠다. 이러한 사람들의 신앙으로 유대교의 신앙은 완전히 말살되지 않았다. 유대교의 신앙이 소멸되고 말았더라면 과연 예수께서는 이 세상에 오실 수 있었을 것인지? 우리가 오늘날 기독교 신앙을 가질 수 있는 것은 안티오커스가 유대교를 파멸시키고자 철저하게 박해를 행했을 때 이 사람들이 순교함으로써 신앙을 굳건히 지켜 나갔기 때문이다.

그런데 얼마 후에 반역의 불이 불붙기 시작하는 때가 왔다. 안티오코스의 역원들이 모딘이라는 마을에 제단을 만들고는 그곳 주민들에게 그리스신들에게 제사를 드리도록 하려 했던 것이다. 안티오코스의 사자들은 그곳 마을의 유력가인 마타디아(Mattathias)에게 먼저 제사 드리라고 요구했다. 그러나 그는 노기를 띄우고 거절했다. 그런데 다른 유대인이 당국자들을 기쁘게 하고 자기 생명을 구할 생각에 앞으로 나와서 제사 드리려고 했다. 마타디아는 분노를 억제하지 못하고 칼을 잡고는 동포인 배신자에게 달려들어 그를 베어 버리고는 국왕의 사자도 죽여 버리고 말았다. 반항의 기치가 오르게 된 것이다. 마타디아와 그 아들들과 동지들은 산으로 피신했다. 히브리서 저자의 마음속에는 "그리하여 마타디아와 그 자식들은 아무것도 없이 산으로 피신했다"(마카비1서 2:28)는 구절이 상기되었을지도 모르겠다. "유다 마카비(Judas Maccabaeus)는 그의 동지들과 광야로 후퇴해서 짐승과 같은 생활을 하며 살았다"(마카비2서 5:27). "다른 사람들은 동굴 속으로 도망가서 그곳에서 남몰래 안식일을 지켰던 것인데… 발견되어 모두 불타는 죽임을 당했다"(마카비2서 6:11). "그들은 산에서 산으로 또는 동물처럼 토굴로 유리방황했다"(마카비2서 10:6). 나중에는 유다 마카비와 그의 형제의 지도하에 유대인은 자유를 회복하고 신전을 정결케 해서 유대교의 신교를 부활시켰다.

여기에서도 저자는 사건 그 자체를 기록하지 않고 박해를 기록한 문장의 일부를 차례차례로 기록하면서 독자들의 기억을 불러일으키고 지난날 사람들이 신앙을 지키기 위해 얼마만한 희생을 치렀는지를 상기시키려 하고 있다.

끝으로 저자는 중대한 발견을 하고 있다. 여기에 등장하는 인물들은 하나님의 약속이 실현되기 전에, 다시 말해 구세주가 이 세상에 오시기 전에 죽었던 것이다. 이 일은 우리가 이러한 사람들과 더불어 하나님 영광의 밝은 빛을 분명하게 볼 수 있을 때까지 하나님께서 완전한 계시를 주실 것을 기다리겠는가 하는 것이다. 저자는 "보아라, 이제 하나님의 영광이 오신 것을 볼 수 있다. 그러나 그것을 위해 얼마만한 희생이 지불되었는지 알겠는가. 그들이 신앙을 지켰기 때문에 비로소 너희는 신앙을 가질 수가 있다. 너희는 이와 같은 유업과 전통에 참되기 위해 무엇을 할 수 있겠는가" 라고 말하고 있다.

The Letters to the Hebrews 12

경주와 결승점

히브리서 12:1-2

[1]이러므로 우리에게 구름같이 둘러싼 허다한 증인들이 있으니 모든 무거운
것과 얽매이기 쉬운 죄를 벗어 버리고 인내로써 우리 앞에 당한 경주를 하며
[2]믿음의 주요 또 온전하게 하시는 이인 예수를 바라보자 그는 그 앞에 있는
기쁨을 위하여 십자가를 참으사 부끄러움을 개의치 아니하시더니 하나님 보
좌 우편에 앉으셨느니라

여기 기록된 구절은 신약성경 가운데서도 감동적인 부분으로 기독교인의 생활을 참으로 잘 표현하고 있다.

I. 신앙생활에는 "결승점"이 있다. 신앙생활은 자신에게 주어진 코스를 달리는 것과 같다. 기독교인은 그저 무관심하게 이리저리 소풍길을 거니는 것이 아니라, 코스를 곧바로 달리는 사람이다. 기독교인은 아침에 출발해서 밤에 자기 숙소로 돌아오는 관광객이 아니라 끊임없이 앞으로 앞으로 나아가는 순례자다. 목적지는 다름 아닌 그리스도이며 그리스도의 앞으로 나아가서 그리스도와

닮은 자가 된다는 것이 그 목표다. 기독교인은 목표를 향해서 나아가는 자이므로 하루 일이 끝났을 때 "오늘은 내가 보다 앞으로 전진했는가?"라고 반성해야 한다.

II. 신앙생활에는 "격려"가 있다. 여기에는 눈에는 보이지 않으나 구름같이 둘러싼 증인들이 있다고 기록되어 있다. 이 사람들은 두 가지 뜻에서 증인이다. 그들 자신이 그리스도의 증인으로서 신앙을 고백하고 지금은 우리의 증인으로서 우리의 경주를 지켜보고 있기 때문이다. 기독교인은 관중으로 가득 찬 운동경기장에서 뛰는 경주자와 같아서 관중이 지켜보는 속에서 계속해서 뛰어나간다. 지켜보고 있는 관중은 이미 승리의 월계관을 얻은 사람들이다. 롱기누스(Longinus)는 《숭고한 것》이라는 제목을 붙인 유명한 저서에서 문학하는 사람으로서 성공하기 위한 비결을 기록하고 있다. "다음과 같은 물음을 자신에게 묻는 것은 유익한 일이다. '호머는 이것을 어떻게 표현했을까?' 또는 '플라톤이나 데모스테네스는 어떻게 이것을 숭고한 것으로 했을까?' 이러한 사람들의 얼굴을 자신의 모범으로서 상기시킬 때, 그들은 말하자면 우리가 가는 길을 비추고 우리 마음속에 그리고 있는 최고의 표준을 향해서 우리를 높여 줄 것이다. 그러나 그것보다도 더욱 유리한 물음은 다음과 같다. '혹시 호머가 여기에 있다면 나의 표현에 대해 무엇이라고 생각할 것인가?' 라든가, '데모스테네스가 여기에 합석했다면 이것에 대해 어떠한 반응을 보일까?' " 등이다. 자신의 작품에 대해 이와 같은 심사 위원에게 판정을 의뢰한다는 것은 최고의 심사를 의미한다.

배우는 유명한 극작가가 관람석에 있을 때 한층 노력해서 연기할 것이며, 경기자는 유명한 올림픽 선수들이 관전하고 있을 때 몇 배 되는 힘을 다하여 뛸 것이다. 기독교인의 생활은 각각 그들 시대에 살고 고난을 받고 죽어 간 신앙 영웅들의 응시 속에서 살아가는 것이다. 이와 같은 관중이 지켜보는 가운데 신앙의 용사가 되기 위해 살아가는 힘든 투쟁을 피할 수 있을 것인가?

III. 신앙생활에는 "장애"가 있다. 우리는 과거의 위인들에게만 둘러싸여 있는 것이 아니다. 자신의 죄라고 하는 장애물에게도 둘러싸여 있다. 어느 누구라도 지나치게 무거운 짐을 지고는 영광에 도달할 수가 없다. 땔감을 산더미처럼 지고는 에베레스트산을 오를 수가 없는 노릇이다. 멀리 가기 위해서는 몸이 가벼운 여장이 필요하다. 인생행로에서 불필요한 것은 정리하지 않으면 안 된다. 습관이나 오락이나 욕망, 그리고 인간관계가 장애가 되고 있다면 출발지점에서는 경주자가 윗옷을 벗는 것과 같이 그 모든 것을 버리지 않으면 안 된다. 뛰기 위해 방해가 되는 것을 버리는 데는 그리스도의 도움이 필요하다.

IV. 신앙생활에는 "추진력"이 있다. 그것은 불굴의 인내를 말한다. 헬라어로는 **휘포모네**(hupomone)라고 한다. 이 어휘는 단지 아무것도 하지 않고 앉아서 오는 것을 그대로 받아들이는 그러한 인내도 아니며, 머리를 숙이고 팔짱을 끼고 만사 체념하는 마음으로 되는 대로 그저 맡겨 버린다는 싫증나 버린 그러한 인내도 아니다. **휘포모네**는 곤란한 것을 극복해 나아가는 인내력이다. 그것은 곤란한 사건이나 장소를 날개 있는 것처럼 뛰어넘는 공상적인 것이 아니라 어떠한 경우에도 뒤지지 않고 착실하게 쉬지 않고 전진하는 결의를 말한다. 장애물에도 굴하지 않고 지연되더라도 낙담하지 않고 실의에도 절망하지 않으며 내면적인 지장이나 외면적인 반대에도 멈추지 않고 참고 견디는 자만이 비로소 목적지에 도달할 수 있게 된다.

V. 신앙생활에는 "모범"이 있다. 그 모범은 예수 그리스도이시다. 예수께서는 결승점을 지향하고 모든 것을 참고 견뎌 내셨다. 예수께서는 그 목적을 달성하기 위해 하늘에 있는 영광을 버리시고 이 땅 위에 승리를 물리치시며 십자가의 길을 택하셨다. 히브리서 저자는 **부끄러움을 개의치 아니하시더니**라고 기록하고 있는데 이것은 그의 마음속에 번쩍 떠오르는 말이었을 것이다. 예수께서는 감수성이 강한 분이셨으므로 십자가의 굴욕을 어느 누구보다도 강하게 느끼셨을 것이다. 십자가는 사회에서 인간쓰레기라고 보던 범죄자에게 주는 형벌이었는데 그런데도 예수께서는 그것을 받아들이셨다. 네리(Neri)의 성 필립은 "이 세상을 멸시하고 자기 자신을 멸시하고 자기 자신이 멸시당하고 있다는 사실을 멸시하라"고 권하고 있다. 예수가 이와 같이 참고 견뎌 내셨으니 우리도 참고

견뎌 내야 한다.

VI. 신앙생활에는 "동행자"가 있다. 그것은 다름 아니라 예수 자신이시다. 예수께서는 우리의 여로(旅路)의 종점인 동시에 그 여행자의 동행자이시다. 예수께서는 우리가 만나보고자 원하는 분이신 동시에 여행의 동반자이시기도 하다. 기독교인 생활의 감격이란 성도들이 둘러서서 지켜보는 가운데 전진하고, 오직 결승점의 영광만을 목표로 해서 다른 것은 뒤돌아보지 않고 예수와 함께 살아가는 일이다. 이 예수께서는 이미 그의 여행을 끝내고 목적지에 도달해서 우리가 도착하는 것을 따뜻하게 영접하시려고 기다리고 계신다.

비교해야 할 일

히브리서 12:3-4

3너희가 피곤하여 낙심하지 않기 위하여 죄인들이 이같이 자기에게 거역한
일을 참으신 이를 생각하라 4너희가 죄와 싸우되 아직 피 흘리기까지는 대항
하지 아니하고

여기에는 **피곤하여 낙심한다**고 하는 표현이 사용되어 있다. 이것은 매우 실감 있는 말로 아리스토텔레스가 결승점에 승리자로서 숨을 헐떡이고 뛴 **후에** 경기장 위에 벌떡 드러눕는 선수들의 모습을 표현하기 위해 사용했던 말이다. 그래서 저자는 "끝까지 힘을 내다가 결승점 바로 앞에서 방심하지 않도록, 그리고 결승점 가까이에서 속력을 늦추지 않도록 최후의 순간까지 힘을 다하라"고 말하고 있는 것이 아닐는지.

위의 권고의 말을 철저히 시키기 위해 저자는 두 가지 점을 들고 있다.

I. 이 사람들의 신앙의 싸움은 아직 치명적인 것은 아니다. 피 흘리기까지 대항

하라고 기록되어 있는 것은 마카비 시대의 지휘관들이 부하 사병들에게 결사적으로 싸우라고 명했을 때 쓰던 말이다. "너희가 아직 피 흘리기까지는 대항이 아니라 치욕이다"라고 주석하고 있다. 이 사람들에게 신앙을 전하면서 기력을 잃는다는 것은 용서 받을 수 없는 것이다.

II. 히브리서 저자는 지금 받고 있는 고난과 예수의 고난을 비교하라고 호소하고 있다. 예수께서는 당초에 자신에서 속하는 영광을 버리시고 인간으로서 모든 고통을 맛보고 최후에는 십자가에 달리셨다. 그래서 저자는 "예수의 고통과 비교해 볼 때 예수는 지금 너희를 위해 이와 같은 일을 감당하고 행하셨다. 너희는 예수를 위해 무엇을 하겠는가?"라고 말하고 있다.

히브리서 12장 3절과 4절은 기독교인의 신앙에는 값비싼 대가가 지불되었다는 것을 강조하고 있다. 그 대가는 모든 성도와 순교자의 생명이며 더욱이 하나님의 독생자의 생명이다. 값진 대가를 지불한 것을 가볍게 포기해서는 안 된다. 또한 이와 같이 해서 전해 내려온 전통을 끊어서는 안 되겠다. 또한 이와 같은 유업을 더럽힌다거나 그 질을 저하시켜서도 안 되겠다. 본문 구절은 기독교인을 향해서 "앞서 간 사람들과 하나님께서 지불한 희생에 알맞은 생활을 하라"고 명하고 있다.

하나님의 훈련

히브리서 12:5-11

[5]또 아들들에게 권하는 것같이 너희에게 권면하신 말씀도 잊었도다 일렀으
되 내 아들아 주의 징계하심을 경히 여기지 말며 그에게 꾸지람을 받을 때에
낙심하지 말라 [6]주께서 그 사랑하시는 자를 징계하시고 그가 받아들이시는
아들마다 채찍질하심이라 하였으니 [7]너희가 참음은 징계를 받기 위함이라
하나님이 아들과 같이 너희를 대우하시나니 어찌 아버지가 징계하지 않는

아들이 있으리요 [8]징계는 다 받는 것이거늘 너희에게 없으면 사생자요 친아
들이 아니니라 [9]또 우리 육신의 아버지가 우리를 징계하여도 공경하였거든
하물며 모든 영의 아버지께 더욱 복종하여 살려 하지 않겠느냐 [10]그들은 잠
시 자기의 뜻대로 우리를 징계하였거니와 오직 하나님은 우리의 유익을 위
하여 그의 거룩하심에 참여하게 하시느니라 [11]무릇 징계가 당시에는 즐거워
보이지 않고 슬퍼 보이나 후에 그로 말미암아 연단 받은 자들은 의와 평강의
열매를 맺느니라

곤란함과 고난을 기꺼이 참고 견뎌야 하는 이유로서 저자는 지금까지 과거의 위대한 성도들이 참고 견딘 일을 기술하고 다시금 예수 그리스도께서 참고 이겨 낸 고난에 비하면 지금의 고통과 고난은 아무것도 아니라고 지적하고 있는데 거기에 한 가지 이유를 더 보이려고 하고 있다. 그것은 고난이란 것은 하나님께서 훈련으로 주신 것이다. 훈련을 받지 않은 것은 가치가 없다. 아버지는 그 자식들을 끊임없이 훈련시킨다. 자식들이 좋아하는 대로 편한 생활만을 시키는 아버지는 자식을 사랑하고 있다고 할 수 없다. 그러한 아버지는 자식을 마치 사생아처럼 취급하고 그 자식에게 애정을 느끼지 않고 책임도 느끼고 있지 않다고 말할 수밖에 없다. 우리는 이 땅 위의 아버지에게서 훈련을 받지만 성인이 될 때까지의 짧은 기간이다. 이 세상 아버지의 훈련은 아무리 올바른 것이라 하더라도 다소는 독선적인 점이 있다. 그렇더라도 육신의 아버지에게 그 훈련을 받는 것이라고 한다면 하물며 영혼의 아버지이신 하나님께서는 모든 지혜로 무엇이 우리에게 최선의 것인지를 아시는 유일한 분으로서 우리를 훈련시키신다.

크세노폰(Xenophon)의 《시로페디아(*cyropaedia*)》에는 기묘하고도 흥미 있는 구절이 있다. 그것은 이 세상에서 유익한 사람이란 남을 웃기든지 울리든지 하는 어느 한 사람이라는 이론이다. 아글라티다스(Aglaitidas)는 "사람을 웃기는 사람보다는 울리는 사람 쪽이 나에게는 벗이다. 당신에게 올바른 판단력이 있다면 내가 하는 말이 옳다고 생각할 것임에 틀림없다. 아버지는 그 자식을 울림으로써 자제심을 기르고, 교사도 그러한 방법을 써서 학생들의 마음에 큰 교훈을 심는다. 법률도 시민을 울림으로써 올바른 사람을 만들 수 있다. 이와는 반대로 사

람을 웃기는 자가 과연 우리의 몸을 단련시킬 것인지, 또한 우리의 마음을 가다듬고 개인의 일이나 국가사업에 참여함에 합당한 자로 만들 수 있겠는가?" 라고 말했다. 진실로 동포를 사랑하고 그들에게 유익한 일을 하는 자는 훈련에 힘쓴다고 하는 것이 아글라티다스의 의견이다.

본문 구절을 처음으로 읽은 사람들은 강한 인상을 받았음에 틀림없다. 당시에는 부친의 권력은 절대적이었기 때문이다. 로마의 부친에게는 가족에 대한 절대권이 법률로써 부여되었다. 자식이 결혼해서 손자까지 생겨도 그 부친의 자식에 대한 주권에는 변함이 없었다. 부친의 절대권은 처음 자식이 태어났을 때부터 행사된다. 로마의 부친들은 낳은 지 얼마 되지 않은 자식이라도 살리든지 죽이든지 할 수 있었으며 자식을 묶고 채찍으로 때리고 노예로 팔고 죽이는 일까지도 허용되어 있었다. 부친이 가족 중 한 사람의 의사를 반대하고 중대한 결단을 내릴 때에는 일반적으로는 가족 중 성인이 된 남자들을 불러 가족회의를 하는 것으로 되어 있었지만 이것도 반드시 열어야 한다는 것도 아니었다. 훗날에는 부친이 아들을 처형한다는 것을 여론으로 금지하게 되었지만 아우구스투스(Augustus) 시대까지 그러한 일이 행해졌다.

로마의 역사가인 살루스트(Sallust)는 카틸리나(Catiline)가 반역했을 때 일을 전하고 있다. 카틸리나가 로마에 반역했을 때 로마 사람 가운데는 그를 지지하고 그의 군대에 가담한 사람들이 있었다. 그 중에 로마 상원의원의 아들인 아울루스 풀비우스(Aulus Fulvius)가 있었다. 아울루스는 곧 체포되어 그의 부친이 행한 재판에서 사형을 선고 받았다. 로마 사람들은 절대권을 가지고 있는 부친 밑에서는 성인이 될 수가 없었다. 아들이 국가의 지도자가 되고 장관으로서 최고의 지위를 얻고 온 국민에게서 존경 받는다 해도 부친이 살아 있는 집안에서는 부친의 절대 주권하에 놓이게 되었던 것이다. 당시 사람들은 로마에서 부친의 절대적인 권위를 알고 있었기 때문에 이 땅 위의 아버지는 그 자식을 훈련시킨다고 하는 저자의 말뜻을 정확하게 이해할 수가 있었을 것이다. 저자는 인생의 고난을 하나님께서 주시는 훈련이며 그 훈련은 우리를 상하게 하는 것이 아니라 최선이고 궁극적으로 유익함을 주시는 것이라고 생각한다고 권하고 있다. 이 점을 강조하기 위해 저자는 잠언 3장 11-12절을 인용하고 있다.

하나님의 훈련을 받는 사람들의 태도는 여러 가지다.

I. 단념해서 훈련을 "받는" 사람. 이것은 스토아파의 태도다. 이러한 사람들은 이 세상에서 일어나는 모든 일은 하나님의 의지에 의한 것이기 때문에 받는 것 이외에는 도리가 없으며 그 외의 일을 하는 것은 우주의 벽에 머리를 부딪치는 일과 같은 것이라고 말한다. 이것은 분명히 훈련을 받아들이는 일이며 받아들이는 데 가장 현명한 방법인지는 모르지만, 그것은 아버지이신 하나님의 사랑이 아니라 힘을 받아들이는 것이다. 그것은 기쁨으로 받아들이는 것이 아니라 패배라고 받아들이는 것이다.

II. 받아들이지 않으면 안 될 훈련이라면 "가급적 속히 받아서 위험을 피하는 편이 낫다고 생각"하는 사람. 어떤 유명한 로마 사람이 "나는 무엇이든지 나의 인생에 간섭하는 것을 용납하지 않는다"라고 말했다. 이러한 사람은 훈련을 자신의 몸에 닥쳐오는 고난이라고 보고 이를 악물고 참고자 한다. 그러나 그에게는 훈련에 대한 감사 같은 것이 전혀 없다.

III. "자기 연민에 빠져서 급기야는 넘어지는" 사람. 고난을 당하면 자신만이 이 세상에서 가장 괴롭고 슬픔을 당하고 있다고 생각해서 자기 자신을 불쌍하게 여기는 사람이 있다. 이러한 사람은 사랑하는 사람과 사별하는 때에도 죽은 사람을 위해 슬퍼하는 것이 아니라 자기 자신을 위해 슬퍼한다.

IV. "훈련을 징벌이라고 생각"하는 사람. 이상하게도 당시의 로마 사람들은 국가나 개인에게 재난이 일어나면 그것을 신들의 징벌이라고 간주했다. 루카누스(Lucan)는 "신들이 로마 사람들에게 징벌을 주실 만큼 뜻을 가지고 사랑하신다면 로마는 행복하며 그 시민은 축복을 받을 것이다"라고 말했다. 타키투스(Tacitus)는 "나라에 재해가 일어난다는 그 자체는 신들이 인간을 안전하게 지키는 것보다는 오히려 인간을 벌하는 것에 흥미가 있다는 것을 증명하고 있다"고 했다. 오늘날에도 하나님을 복수하는 존재로 생각하는 사람들이 있다. 자신이나 자신이 사랑하고 있는 사람에게 무엇인가 일어나면 "왜 이러한 일을 당하게 하는 것일까?"라고 말한다. 이러한 질문을 하는 기분이나 말의 경향으로도 하나님이 옳지 않고 부당하게 벌을 내리신다고 말하고 싶은 심정인 것이다. 이러한 사람들은 "하나님은 나에게 무엇을 가르치려고 하는 것인가? 하나님은 나를 어떻게 만들려고 하는 것이며 이러한 경험을 통해 나를 어떻게 사용하려고 하는 것인가?"라는 것 따위는 아예 생각도 하지 않는 자들인 것이다.

V. 최종적인 태도가 있는데 인생에서 고난을 "하나님의 사랑의 훈련이라고 생각하는" 사람들이 있다. 제롬(Jerome)은 "하나님의 최대 노여움은 죄를 범하는 사람에 대해 노여워하시지 않는 것이다"라고 말했는데 이것은 역설적인 진리다. 하나님께서 주시는 최대의 벌은 사람을 상관하지 않고 그대로 내버려 두는 일인데, 즉 이제는 더 가르친다든가 올바르게 한다든가, 눈을 뜨게 할 가망이 전혀 없다고 간과해 버리고 마는 일이다. 참다운 기독교인은 자신에게 일어나는 모든 것은 아버지이신 하나님에게서 온 것이며 "그 아버지는 불필요하게 자식들을 슬프게 하지 않는다"는 것을 알고 있다. 기독교인은 모든 것에는 의미가 있고 목적이 있으며 모든 일이 자신을 보다 현명하고 보다 올바른 사람으로 만들기 위한 것이라고 알고 있다. 로버트 브라우닝(Robert Browning)은 〈랍비 벤 에스라(Rabbi ben Ezra)〉에서 다음과 같이 쓰고 있다.

평온한 생활을 흐트리는 냉대도 받아들이고 가자.
고난은 고한다. "정지 말고 전진하라"고.
기쁨의 태반은 괴로움이다.

고통을 견디고 노력하자.
아픔을 생각지 말고 배우고,
괴로움을 초월해서 앞으로 나아가자.

확실히 그것은 모순이다.

비웃으며 위로한다는 것은
인생의 성공은 실패라고 보이는 곳에 있다.
찾아도 구할 수 없는 것이 위안이니라.
잔인할지도 모르나 패배는 아니다.

훈련은 한결같이 하나님의 사랑에서 우러나온 것이며 우리에게 유익하다는 것을 안다면 우리가 가지고 있는 자기 연민, 노여움, 반역, 불평은 사라질 것이다.

의무와 목표와 위험

히브리서 12:12-17

[12]그러므로 피곤한 손과 연약한 무릎을 일으켜 세우고 [13]너희 발을 위하여 곧
은 길을 만들어 저는 다리로 하여금 어그러지지 않고 고침을 받게 하라 [14]모
든 사람과 더불어 화평함과 거룩함을 따르라 이것이 없이는 아무도 주를 보
지 못하리라 [15]너희는 하나님의 은혜에 이르지 못하는 자가 없도록 하고 또
쓴 뿌리가 나서 괴롭게 하여 많은 사람이 이로 말미암아 더럽게 되지 않게
하며 [16]음행하는 자와 혹 한 그릇 음식을 위하여 장자의 명분을 판 에서와 같
이 망령된 자가 없도록 살피라 [17]너희가 아는 바와 같이 그가 그 후에 축복을
이어받으려고 눈물을 흘리며 구하되 버린 바가 되어 회개할 기회를 얻지 못
하였느니라

이번 구절에서 히브리서 저자는 기독교인의 일상생활에 대한 문제들을 들고 있다. 확실히 기독교인에게는 독수리와 같은 날개를 펴고 올라가는 힘이 있다. 그리고 숭고한 목적을 수행하려 할 때 피곤함을 잊고 뛰어가는 기력도 있다. 그러나 평범한 매일의 생활 속에서 연약해지지 않고 걸어간다는 것은 모든 일 가운데 가장 어렵기도 하다. 본문 구절에는 기독교인의 매일매일의 생활과 그에

대한 고투가 기록되어 있다.

I. 기독교인에게는 해야 할 의무가 있다. 교회나 성도의 무리 가운데는 연약한 사람, 외딴길로 나가 방황하는 사람, 유혹에 빠지기 쉬운 사람, 고통이 있으면 곧 도중에서 집어치우는 사람들이 있다. 싸우는 것을 그만두려는 사람들에게 힘을 주고 활력을 주는 것은 강한 사람들의 의무다. 강한 사람은 힘 빠진 손이나 다리에 새로운 힘을 넣어 주지 않으면 안 된다. 여기에 **피곤한 손**이라고 사용된 구절은 이스라엘 자손들이 애굽에서 안락한 생활과 고기 가마를 찾아 황야를 건너는 괴로운 여행을 포기하려고 하던 때의 상태를 나타낸 것이다. 〈솔로몬의 시〉(6:41 이하)에는 참다운 종과 참다운 목자의 모습이 그려져 있다.

그들은 마른 입술을 달래고
연약해진 마음을 불러일으켰다.
그들은 힘 잃은 손과 무릎에
새로운 활력으로 일으켜 세웠다.

절망하고 있는 사람을 격려하고 기력을 잃고 있는 사람에게 힘을 불어넣는 것은 매우 귀한 일이다. 이러한 사람들을 돕기 위해서는 그들에게 올바른 길을 마련해 줄 필요가 있다. 기독교인은 이중의 의무가 주어져 있는데 그것은 하나님에 대한 의무와 사람에 대한 의무다. 〈시므온의 증언(The Testimony of Simeon)〉(5:2-3)에는 올바른 사람의 의무에 대해 다음과 같은 통찰력 있는 말이 쓰여 있다. "하나님 앞에서 마음을 올바르게 하고 사람 앞에서 행실을 올바르게 하라. 그렇게 하면 하나님과 사람에게서 호감을 살 것이다." 사람은 하나님에 대해 청결한 마음을 드리고 사람에게는 올바른 생활을 보여야 한다. 걸어가야 할 올바른 길에서 벗어나지 않도록 스스로 모범을 보이고 사람들을 망설이게 하는 장애물을 그 길에서 제거하고 다리가 연약한 사람과 비틀거리기 쉬운 사람들의 발걸음을 용이하게 하는 것은 기독교인의 의무다. 사람은 진심을 하나님에게 드리고 봉사와 모범을 사람들에게 보이지 않으면 안 된다.

II. 다음에는 기독교인은 무엇을 "목표"로 해서 노력해야 하는지를 기록하고 있다.

1. **평화**를 지향해야 한다. 히브리인의 사상과 언어에 의하면 평화는 소극적인 것이 아니라 매우 적극적인 것이다. 그것은 단순히 문제없다고 하는 것이 아니라 다음과 같은 두 가지 뜻이 있다.

첫째, 평화는 인간이 최고의 선을 만들어 내는 것이며 인간이 지닐 수 있는 최대의 행복과 인간이 찾아낼 수 있는 최고의 것이다. 히브리인들의 생각에 따르면 최대의 행복과 최고의 선은 하나님에 대한 순종에서 찾을 수 있다. **잠언**의 저자는 "내 아들아, 나의 법을 잊어버리지 말고 네 마음으로 나의 명령을 지키라. 그리하면 그것이 네가 장수하여 많은 해를 누리게 하며 평강을 더하게 하리라" (잠 3:1-2)고 기록하고 있다. 기독교인은 하나님에의 완전한 복종을 목표로 하지 않으면 안 된다. 그러한 복종만이 인생에서 최대 행복과 최대 선과 완전한 의의 평안이 얻어지는 것이다.

둘째, **평화**는 사람과 사람과의 올바른 관계다. 평화는 미움이 없고 서로가 이웃의 유익만을 추구하고 사랑과 용서와 봉사로써 서로가 맺어지고 있는 상태다. 히브리서 저자는 "그리스도와 더불어 동행하는 생활로 서로 간에 참다운 일치를 유지하면서 기독교인에게 합당한 생활을 하라" 고 권고하고 있다. 우리가 지향하는 평화는 하나님 뜻에 복종하는 것으로써 얻어지며 인생 최고의 것을 향해서 우리를 끌어올려 동포와의 사이에 바른 관계를 만들어 준다.

한 가지 더 기억해야 할 것은, 이러한 평화가 바로 우리의 **목표**이며 끊임없이 **추구**해야 할 일이라는 점이다. 그것은 우연히 생기는 것이 아니라 노력과 훈련과 정신적이며 영적인 노고와 땀으로 생기는 것이다. 루다드 키플링(Rudyard Kipling)은 다음과 같이 쓰고 있다.

> 우리 영국은 정원이다.
> 이 정원은
> 단지 "오! 아름답다" 고 노래하면서
> 그늘에 앉아 있어서는 만들어질 리 만무하다.

누군가 훌륭한 사람들이 밖에 나아가서
수고하지 않으면 안 된다.
못쓰게 된 식탁용 나이프로
자갈길에서 잡초를 뽑아 내면서.

하나님의 선물은 주어진다고 해도 무의미하게 얻어지는 것이 아니다. **노력해서** 얻어지는 것이다. 하나님의 선물을 받는 데는 하나님의 조건을 채워야 한다. 그런데 그 절대적인 조건이란 하나님에의 복종인 것이다.

2. **거룩함**(hagiasmos)을 지향해야 한다. 하기아모스는 **하기오스**(hagios)라는 형용사와 어원이 같으며 일반적으로 **거룩한**이라고 해석하게 된다. 이 어원에는 **구별**과 **분리**라는 의미가 있다. 하기오스한 사람은 이 세상에 있다 하더라도 어떤 의미로는 이 세상 사람과는 다르고 이 세상 사람들과 떨어져 있지 않으면 안 된다. 그의 기준은 이 세상의 기준과 다르고 그의 행동은 이 세상 사람의 행동과는 다르다. 그의 이상과 그의 보답과 그의 목표는 다른 사람과는 다르다. 그가 지향하는 바는 사람 앞에 잘 보이는 것이 아니라 하나님을 기쁘시게 하는 것이다. 하기아모스, 거룩한 것을 웨스트콧은 "하나님 앞에로 나아갈 준비"라고 표현했는데 정말 정확한 표현이다. 기독교인의 생활을 지배하고 인도하는 목표는 하나님 앞에 나아가는 일이다. 우리는 이 목표를 늘 마음속에 깊이 새겨 놓고 있지 않으면 안 된다.

III. 이제 저자는 기독교인 생활을 위협하는 "위험"을 지적하고 있다.

1. **하나님 은혜에 이르지 못할** 위험이 있다. 이것을 다른 말로 한다면 **하나님의 은혜를 따라갈 수 없는** 이라고 하게 되겠다. 데오필락토스(Theophylact)라고 하는 초기 헬라어 주석자는 이 말을 여행자의 일단으로 비유하고 있다. 여행자는 때때로 "누구도 늦은 사람은 없는가? 모두가 앞으로 나가고 있는 동안에 뒤처져 있는 사람은 없는가?"라고 알아보고 묻기도 하는 것이다. 미가는 이러한 길을 미가서 4장 6절에 하나님의 말씀으로써 "내가 저는 자를 모은다"고 하는 인상적인 말을 쓰고 모팻은 이것을 "나는 탈락자를 모은다"고 번역하고 있다.

사람에게 뒤처져서 탈락하고 앞으로 나가기는커녕 옆길로 나가서 하나님의 은혜에 이르지 못하는 위험은 늘 있는 법이다. 인생에는 두 번 다시 오지 않는 기회가 있다. 하나님께서는 우리에게 인생의 의의를 알게 하시려고 기회를 주고 계신다. 사람이란 자신의 무기력과 경솔함, 무지각과 뒤로 미루는 버릇 등으로 하나님께서 주시는 은혜를 받는 기회를 놓치는 일이 있을지도 모른다. 그렇게 되지 않기 위해 우리는 항상 깨어 있지 않으면 안 되겠다.

2. 우리는 KJV에 "**쓴 뿌리**"라고 번역한 말에 주의하지 않으면 안 된다. 이 말씀은 신명기 29장 18절에서 온 것으로 외국의 신들을 자신이 섬기는 것뿐 아니라 다른 사람에게도 섬기도록 이와 같은 악영향을 끼치는 사람의 일을 가리키고 있다. 저자는 이와 같은 악영향을 끼치는 사람을 조심하라고 권고하고 있다. 어느 시대에나 기독교인의 도덕적인 기준이 너무나도 불필요하게 꼼꼼하고 엄격하다고 생각하는 사람들이 있다. 또 기독교인은 왜 이 세상의 성공이나 쾌락이라고 부르고 있는 것에 휘말려서는 안 되는 것인가 하고 묻는 사람도 있다. 또한 기독교인들 중에도 이 세상 사람들과 같은 생활 기준과 행실에 만족하고 있는 사람들이 있다. 초대교회에서는 특히 이러한 경향이 강했다. 초대교회는 이교 신앙이라는 바다에 포위되어 있는 조그마한 섬과 같아서 교회 직분을 가진 사람들은 이교 신앙에서 벗어난 지 한 세대밖에 되지 않아서 용이하게 옛 생활로 역행할 위험이 있었다. 여기에 쓰여 있는 말씀은 기독교인이 하나님보다도 이 세상의 것에 보다 깊은 관심을 갖지 않도록 하기 위해 또한 기독교인 사회에 의식적으로나 무의식적으로 퍼져가는 이 세상의 악영향을 깊이깊이 조심하도록 경고하는 말씀이다.

3. 기독교인은 **음탕한 것과 더러운 생활에 빠지지 않도록** 조심하지 않으면 안 된다. **더러운**이라는 어휘는 헬라어로는 베벨로스(bebēlos)다. 이 어휘에는 매우 흥미 있는 역사가 있다. 이 어휘는 옛날 이 신성한 **땅**과는 대조적으로 **더럽혀진 땅**을 의미하고 있었다. 고대 종교는 정식으로 성도가 된 사람 이외에는 받아들이지 않았는데 베벨로스는 **가입하지 않은 자**나 종교적 **관심이 없는 자**를 말하는 것으로 **믿음 깊은** 사람의 반대였다. 베벨로스한 사람이란 안티오코스 에피파네스처럼 모든 올바른 종교를 말살하겠다고 공언한 사람이나, 유대 사람처럼 하

나님을 버리고 배교한 배신자를 가리키는 말이다. 웨스트콧은 이 어휘를 요약해서 이것은 이 세상보다도 더 높은 것이 없다고 인식하는 자 또는 신성한 것은 아무것도 없다고 생각하는 자와 눈에 보이지 않는 것에 대해 하나님을 숭배하는 경건함을 갖지 않은 자를 말하는 것이라고 했다. 더러운 생활이란 하나님을 의식하지 않고 하나님에게 완전히 관심을 갖지 않는 생활이다. 사고도, 목표도, 기쁨이나 생활의 기반도 이 땅 위에 있는 것에만 달려 있는 상태다. 우리는 이 세상을 초월한 세계를 생각하고 느끼는 능력을 잃어버리지 않도록 조심하지 않으면 안 된다. 그러한 생활을 하는 자는 반드시 순결함과 명예를 잃어버리기 때문이다.

끝으로 히브리서 저자는 에서의 일을 예로 들고 있다. 이것은 **창세기** 25장 28-34절과 **창세기** 27장 1-39절의 두 가지 얘기를 합친 것이다. 이야기의 첫 부분은 들에서 돌아온 에서가 몹시 배가 고파서 야곱이 마련했던 음식을 나누어 먹기 위해 장자의 특권을 팔아 버린 이야기이며 나머지 후반 부분은 이삭이 나이 들어 눈이 어두워 잘 보지 못하게 된 때 야곱이 에서 노릇을 해서 장자인 에서가 가지고 있던 특권과 그가 마땅히 받아야 할 축복을 교묘하게 빼앗은 얘기다. 야곱이 책략으로 획득한 축복을 되찾으려 했지만 그렇게 할 수 없음을 안 에서는 소리를 높여 울었다(창 27:38). 여기에는 표면적으로 나타나는 의미 이상으로 깊은 뜻이 있다. 히브리인의 전설과 랍비의 해설에 의하면 에서는 육욕적인 사람, 즉 육체의 욕구를 첫째로 생각하고 순간순간의 욕정에 굶주려 쾌락을 추구하는 자이며 배를 채우기 위해 장자의 특권을 팔아 버린 사람으로 보고 있다. 히브리의 전설에 따르면 야곱과 에서는 이 세상에 나기 전에—둘은 쌍둥이였다—둘다 모태에 있을 때 야곱이 에서에게 "형님, 우리 앞으로는 두 세계가 있습니다. 하나는 이 세상이고 다른 하나는 앞으로 다가올 세상입니다. 이 세상에서는 인간은 먹고 마시고 장사도 하고 결혼해서 애들도 기르게 되는데 앞으로 다가오는 세상에서는 그러한 일은 하지 않습니다. 형님이 원하신다면 이 세상을 가지십시오. 나는 앞으로 다가올 세상을 취하겠습니다"라고 말했다 한다. 에서는 만족스럽게 이 세상을 취했다. 이 세상 이외에 다른 세계가 있다는 것을 믿지 않았기 때문이다. 야곱이 교묘하게 이삭의 축복을 받았던 바로 그날의 전설에 의하면 에서는 이미 다섯 가지 죄를 범하고 있었다. 즉, "그는 섬겨서는 안 되는 것을 섬겼고 죄 없는 자의 피를 흘렸고 약혼한 여자의 뒤를 쫓아다녔고 다가오는 세상의 생명을 부정하고 장자의 특권을 경시했다." 히브리인의 해설에 의하면 에서는 육욕적인 인간이었으며 이 세상의 조잡한 즐거움 이외에는 아무 낙도 갖고 있지 않았던 사나이였다. 이러한 사람은 장자의 특권을 팔아 버린다. 상속의 권리를 팔아서 영원한 것을 포기한다.

KJV에 의하면 **에서가 회개할 기회를 얻지 못하였다**고 저자는 말하고 있다. 회개라는 어휘는 헬라어로 **메타노이아**(metanoia), 문자 그대로의 뜻은 **마음을 바꾸는** 것이다(a change of mind). 에서는 마음을 바꿀 수가 없게 되었다. 이 일은 하나님에게서 용서 받을 길이 막혀 버렸다는 것이 아니다. 이 뜻은 보다 더 단순하다. 우리 인생에서는 한 번 결단을 한 일은 바꿀 수 없는 경우가 있으며 한 번 일어나 버리고 만 일은 하나님께서도 거두어 가실 수 없는 경우가 있다. 알기 쉬운 예를 들면, 한 청년이 동정을 잃는다든가 처녀가 순결을 잃어버렸다면 어떠한 일을 한다 하더라도 그것을 돌이킬 수는 없다. 한 번 결단을 낸 일의 결과는 영원히 남는다. 하나님께서는 용서하실 수 있고 용서하시고자 하시겠지만 하나님이라 할지라도 시계바늘을 되돌아가게 할 수는 없으며 한 번 일어났던 결과를 바꿀 수는 없다. 인생에는 결정적인 것이 있다는 것을 잊어서는 안 된다. 에서처럼 이 세상을 택하고 육욕적인 것에 탐닉하고 육체의 쾌락만을 추구하고 영원한 기쁨 대신에 지금 이때의 쾌락만을 추구한다면 아무리 하나님께서 용서하실 수가 있고 용서하시고자 한다 해도 결코 바꿀 수 없는 결과가 남는다. 사람이 마음을 바꾸고자 해도 바꿀 수 없는 경우가 있다. 사람은 자신이 택한 일의 결과를 변경시키지 못한 채로 일생을 보내고 마는 경우가 있다는 것을 속히 깨달아야 할 것이다.

낡은 시대와 새로운 시대

히브리서 12:18-24

18너희는 만질 수 있고 불이 붙는 산과 침침함과 흑암과 폭풍과 19나팔소리와
말하는 소리가 있는 곳에 이른 것이 아니라 그 소리를 듣는 자들은 더 말씀
하지 아니하시기를 구하였으니 20이는 짐승이라도 그 산에 들어가면 돌로 침
을 당하리라 하신 명령을 그들이 견디지 못함이라 21그 보이는 바가 이렇듯
무섭기로 모세도 이르되 내가 심히 두렵고 떨린다 하였느니라 22그러나 너희
가 이른 곳은 시온 산과 살아 계신 하나님의 도성인 하늘의 예루살렘과 천만
천사와 23하늘에 기록된 장자들의 모임과 교회와 만민의 심판자이신 하나님
과 및 온전하게 된 의인의 영들과 24새 언약의 중보자이신 예수와 및 아벨의
피보다 더 나은 것을 말하는 뿌린 피니라

여기에서는 낡은 것과 새로운 것을 대비시키고 있다. 이 구절은 시내 산에서 주어진 율법과 예수를 중보자로 하는 새 언약의 비교다. 18-21절은 시내 산상에서 일어났던 일을 상기시키는 기사다. 신명기 4장 11절에는 최초에 율법이 주어지던 당시의 일이 기록되어 있다. "너희가 가까이 나아와서 산 아래에 서니 그 산에 불이 붙어 불길이 충천하고 어둠과 구름과 흑암이 덮였는데 여호와께서 불길 중에서 너희에게 말씀하셨다." 출애굽기 19장 12-13절에는 사람이 가까이 가는 것을 용서하지 않는 무서운 산에서의 일이 기록되어 있다. "너희는 삼가 산에 오르거나 그 경계를 침범하지 말지니 산을 침범하는 자는 반드시 죽임을 당할 것이라 그런 자에게는 손을 대지 말고 돌로 쳐죽이거나 화살로 쏘아 죽여야 하리니 짐승이나 사람을 막론하고 살아남지 못하리라 하고 나팔을 길게 불거든 산 앞에 이를 것이니라." 신명기 5장 23-27절에는 사람들이 하나님의 음성을 듣는 것을 두려워해서 모세에게 가서 하나님의 음성을 들어주도록 부탁한 일을 기록하고 있다. "우리가 우리 하나님 여호와의 음성을 다시 들으면 죽을 것이라."

신명기 9장 19절은 모세가 두려워했다고 기록되어 있는데 히브리서 저자는 이러한 말씀을 율법이 주어질 때 일어났던 일이라고 말하고 있다. 그러나 실제로 모세가 두렵고 떨린다고 한 것은 그가 산에서 내려와서 백성이 금송아지를 섬기고 있는 것을 보았을 때 일이다. 본문 21절까지는 시내 산에서 율법이 주어질 때 일을 회고한 문장이다. 그 광경의 처참할 정도를 두려움을 강조하기 위해 모든 무섭고 두려운 표현을 사용하고 있다.

시내 산에서 율법이 주어질 때 일에 대해 세 가지 점을 강조하고 있다.

I. "하나님의 절대적인 위엄"이 강조되어 있다. 이야기 전체가 분쇄해 버리는 하나님의 힘을 강조하고 있다. 이 힘 가운데는 사랑이란 것을 전혀 볼 수가 없다.

II. "절대로 사람을 가까이 하지 않는 하나님의 배타성"이 강조되어 있다. 하나님께로의 길을 열려지는 것이 아니라 굳게 닫혀 있어서 그러한 하나님에게 가까이 가고자 하는 자는 죽음을 당했다.

III. "하나님에 대한 철저한 공포"가 강조되어 있다. 사람들은 두렵고 떨려서 하나님을 우러러볼 수도 없었으며 그 음성을 들을 수조차 없었다.

22절부터는 완전히 다른 일들이 기록되어 있다. 앞부분에는 옛날 율법하에서 상태가 기록되어 있다. 거기에는 초연하고도 고귀해서 인간에게서는 완전히 떨어져 홀로 계신 하나님과, 하나님 앞에서 두렵고 무서워서 떠는 인간의 모습이 그려져 있다. 그러나 여기부터는 기독교인에게 부여된 새 언약과 하나님과의 사이에서 새로운 관계가 기록되어 있다.

이번 구절에서 히브리서 저자는 기독교인을 기다리고 있는 영광과 기독교인 앞에 열려 있는 영광의 종류를 들고 있다.

I. 새 예루살렘, 즉 하늘의 예루살렘과 새로 만들어진 세계가 기독교인을 기다리고 있다. 일시적이며 공포와 신비스런 요소로 가득 찼고 하나님에게서 동떨어져 있는 세계는 지나가고 새로운 세계가 만들어진 것이다.

II. 천사들의 즐거운 축제가 기독교인을 기다리고 있다. 이 **즐거운 축제**는 헬라어로는 **파네구리스**(paneguris)라고 해서 사람들이 신들을 축하하기 위하여 즐기는 축제일을 말한다. 이 축제일에는 모든 국민이 신들을 축하하며 즐긴다. 기독교인을 기다리고 있는 하늘의 즐거움은 너무나도 방대해서 천사들까지도 즐거움을 나눈다.

III. 하나님께서 택하신 백성이 기독교인을 기다리고 있다. 택한 백성을 표현하는 데 두 개 그리스 어휘를 사용하고 있다. 그것을 문자 그대로 해석하면 **최초로 탄생한 것**이다. 장자는 재산과 가명을 계승하는 자다. 여기에는 그 이름이 하늘에 등록되어 있다고 쓰여 있다. 고대에는 국왕은 충실한 시민을 등록한 목록를 가지고 있어서 거기에 이름이 적혀 있는 자는 임금에게 받아들여지고 인정됐다. 기독교인을 기다리고 있는 것은 이와 같이 하나님에게서 충실한 시민이라고 인정 받은 사람들이다.

IV. 심판자이신 하나님께서 기독교인을 기다리고 계신다. 기독교인은 최후의 날에 심판을 받는다. 그것은 영광의 때이기는 하지만 동시에 엄숙한 때이기도 하다. 신약성경에는 하나님을 감상적으로 표현하는 경향은 전혀 볼 수가 없다.

V. 자신이 할 바를 다한 의인의 영혼이 기독교인을 기다리고 있다. 한때 기독교인은 이러한 의인들에게 보이지 않는 구름처럼 둘러싸여 있었는데(당시에는 그들을 육안으로 볼 수가 없었다) 이제는 의인과 일원이 된 것이다. 기독교인은 하나님에게서 명예를 받은 사람들, 즉 그 신앙이 하나님에 의해 시인되어 하나님에게 받아들인 바가 된 사람들과 함께 된다.

VI. 끝으로 새 언약을 맺고 하나님과 새로운 관계를 가능하게 하신 것은 예수다. 시내 산의 두려움을 제거하고 하나님과 새로운 관계를 맺는 영광을 사람들에게 주신 분은 예수가다. 예수가 바로 완전한 제사장이며 완전한 희생의 제물이며 가까이 할 수 없었던 하나님에게 인간을 접근시키고 하나님에 대한 두려움을 제거하신 분이다. 더욱이 예수께서는 이러한 일을 위해 자신의 피로써 대가를 지불하셨다. 다시 말해 당신의 죽음으로써 이러한 일을 가능케 하신 것이다.

그래서 저자는 아벨의 피와 예수의 피를 비교함으로써 여기 구절을 끝맺고 있다. 아벨이 살해당해서 땅으로 스며든 피는 사람을 저주했다(창 4:10). 그의 죽음은 무엇인가 복수를 요구하는 것이었다. 그러나 예수가 죽음을 당해서 흘리신 피는 인간을 저주하는 것이 아니라 화해하는 새로운 길을 열었던 것이다. 예수의 생명과 죽음, 희생의 제물은 사람이 하나님과 벗 섬길 수 있는 길을 열어 주셨다.

한때 사람은 율법의 두려움 속에 있었으며 사람과 하나님과의 사이에는 가까워질 수 없는 거리와 두려움이 있었다. 그러나 예수가 살고 죽음으로써 멀리 떨어져 있던 하나님과 가까워지고 전에는 막혀 버렸던 하나님께로의 길이 열려졌다.

보다 큰 의무

히브리서 12:25-29

25너희는 삼가 말씀하신 이를 거역하지 말라 땅에서 경고하신 이를 거역한
그들이 피하지 못하였거든 하물며 하늘로부터 경고하신 이를 배반하는 우리
일까보냐 26그때에는 그 소리가 땅을 진동하였거니와 이제는 약속하여 이르
시되 내가 또 한 번 땅만 아니라 하늘도 진동하리라 하셨느니라 27이 또 한
번이라 하심은 진동하지 아니하는 것을 영존하게 하기 위하여 진동할 것들
곧 만드신 것들이 변동될 것을 나타내심이라 28그러므로 우리가 흔들리지 않
는 나라를 받았은즉 은혜를 받자 이로 말미암아 경건함과 두려움으로 하나
님을 기쁘시게 섬길지니 29우리 하나님은 소멸하는 불이심이라

여기서 비교되어 있는 것은 우리에게는 경고이기도 하다. 모세는 이 땅 위에

하나님의 성령의 말씀을 고해서 알렸다. 여기서 저자가 사용하고 있는 어휘는 모세가 **크레마티제인**(chrēmatizein)을 했다고 되어 있는데 이것은 그가 단순히 하나님의 성령의 말씀을 전한 **전달자**에 지나지 않는다는 것을 나타낸다. 그래도 모세가 전한 명령을 거역한 자는 벌을 면할 수가 없었다. 반면 예수에 대해서는 **랄레인**(lalein)이라는 어휘를 사용하고 있다. 이것은 하나님께서 직접 말씀하셨다는 것을 의미한다. 예수께서는 단순히 하나님의 음성을 전한 전달자인 것뿐만 아니라 예수 자신이 하나님의 음성이었다. 예수께서는 이 지상의 말투로 이 땅 위의 것을 말씀하신 것이 아니라, 예수 안에서 하늘이 말씀하신 것이다. 그렇기 때문에 예수를 거역한 자는 보다 더 엄한 벌을 받아야 하는 것이 당연하지 않겠는가. 율법의 불완전한 명령을 배반한 자가 벌을 받는다고 하면 복음의 완전한 말씀을 무시하는 자는 보다 더 엄한 벌을 받을 것이 아니겠는가? 복음이 하나님의 완전한 계시이며 복음으로써 하나님께서 과거와 미래를 통해 단 한 번만 완전히 그 뜻을 표시하셨기 때문에 그 복음을 들은 자에게는 두 배나 무거운 책임이 과해지는 것이다. 낡은 율법만을 들은 자는 하나님의 진리의 전모를 들을 수가 있었다. 따라서 하나님의 완전한 이 계시를 배역하는 자는 그만큼 중한 벌을 받지 않으면 안 된다. 그러고는 저자는 또 다른 사상을 그리려 하고 있다.

율법이 주어질 때에는 땅이 진동했다. "시내 산에 연기가 자욱하니 여호와께서 불 가운데서 거기 강림하심이라 그 연기가 옹기 가마 연기같이 떠오르고 온 산이 크게 진동하며"(출 19:18). "땅이여 하나님 앞에서 떨지어다"(시 114:7). "땅이 진동하며 하늘이 하나님 앞에서 떨어지며"(시 68:8). "회오리바람 중에 주의 우렛소리가 있으며 번개가 세계를 비추며 땅이 흔들리고 움직였나이다"(시 77:18). 이러한 일들이 율법이 주어질 때 일어났다. 땅이 진동했다는 것에 대해서는 이것 외에 학개 2장 6절이 인용되어 있다.

구약성경의 헬라어 역에서는 "조금 있으면 내가 하늘과 땅과 바다와 육지를 진동시킬 것이요"라고 되어 있다. 히브리서 저자는 이 구절을 이 세상이 지나가고 새로운 시대가 시작하는 날을 고하는 것이라고 해석하고 있다. 그날에는 진동하는 것은 근본부터 뿌리 뽑혀져서 멸망하고 진동하지 않은 것만이 남게 된다. 남은 것 중에서 최고의 것은 하나님에 대한 우리의 관계다. 모든 것은 다 지나가 버리고 말 것이다. 지금 우리가 살고 있는 이 세계는 뿌리 뽑혀지고 우리가 경험하고 있는 생명도 그 종말이 이르게 될 것이다. 그러나 오직 한 가지 변하지 않고 멸망하지 않고 흔들리지 않는 것이 있다. 그것은 기독교인과 하나님과의 관계다. 비록 다른 모든 것이 파괴되고 영원히 소멸된다 하더라도 이 관계는 영원히 변치 않는다.

이러한 사실은 우리에게 중대한 의무를 지우고 있다. 우리는 경외하는 마음으로 하나님을 섬기고 두려운 마음으로 하나님에게 봉사하지 않으면 안 된다. 이 세상이 지나간다 하더라도 우리는 하나님에게서 구원 받을 것이다. 이러한 관계는 어떠한 일이 있다손치더라도 깨어져서는 안 되겠다.

그래서 히브리서 저자는 끝으로 성경 말씀을 인용하였는데 이것은 무서운 것으로서 듣는 사람에게 우레와 같은 충격을 주었다. 인용된 말씀은 신명기 4장 24절이다. 여기에서는 모세가 그 백성에게 하나님과의 약속을 깨뜨리지 말 것과 우상에 빠진 나머지 조각한 우상을 섬기지 말 것을 가르쳐 깨우치고 있다. 하나님은 질투하시는 하나님이시기 때문에 오직 하나님만을 섬기도록 할 것이며 그렇지 않으면 하나님께서는 백성을 불로 소멸하신다고 말하고 있다. 히브리서 저자는 아마도 이렇게 말하고 있는 것 같다. "너희는 어느 쪽을 택하겠는가? 하나님과 굳게 맺어져 있다면 우주가 진동하고 멸망하는 때에도 너희와 하나님의 관계는 흔들리지 않을 것이다. 그러나 하나님에 대해 진실하지 못하면 너희를 구원하실 수 있는 하나님께서는 너희를 불로써 소멸하실 것이다"라고. 이것은 참으로 무시무시한 생각인데 거기에는 변치 않는 영원한 진리가 내포되어 있다. 즉, 하나님에게 충실한 자는 모든 것을 얻고 하나님에게 충실치 못한 자는 모든 것을 잃는다는 것이다. 이 세상에서 영원에 걸쳐 가장 가치 있는 것은 하나님에 대한 충성이다.

The Letters to the **Hebrews** 13

기독교인의 표적

히브리서 13:1-6

[1]형제 사랑하기를 계속하고 [2]손님 대접하기를 잊지 말라 이로써 부지중에 천
사들을 대접한 이들이 있었느니라 [3]너희도 함께 갇힌 것같이 갇힌 자를 생각
하고 너희도 몸을 가졌은즉 학대 받는 자를 생각하라 [4]모든 사람은 결혼을
귀히 여기고 침소를 더럽히지 않게 하라 음행하는 자들과 간음하는 자들을
하나님이 심판하시리라 [5]돈을 사랑하지 말고 있는 바를 족한 줄로 알라 그가
친히 말씀하시기를 내가 결코 너희를 버리지 아니하고 너희를 떠나지 아니
하리라 하셨느니라 [6]그러므로 우리가 담대히 말하되 주는 나를 돕는 이시니
내가 무서워하지 아니하겠노라 사람이 내게 어찌하리요 하노라

이 서한을 끝낼 때 히브리서 저자는 실제적인 문제를 들고 있다. 기독교인으로서 다섯 가지 기본적인 생활태도를 기록하고 있다.

I. "형제애", 초대교회는 때때로 형제애가 짓밟히는 상태에 놓여 있었다. 초대교회의 사람들에게 신앙이란 매우 어려운 것이었지만 어떤 의미에서는 위험하기

도 했다. 초대교회는 외부의 힘에 위협을 당하면서도 살아 나가려고 필사의 노력을 계속하고 있었는데 여기에는 항상 두 가지 위험이 있었다. 첫째는 이단자 수색의 위험이다. 자신들의 신앙을 순수하게 지키려고 하는 사람들은 이단자와 배신자를 수색해서 제거하려는 경향이 있다. 둘째는 신앙이 연약해진 사람들에 대해 이해나 동정도 하지 않고 가혹하게 대하는 위험이 있다. 적의에 가득한 이교도 가운데 있으면서 굴하지 않고 하나님에 대한 충성을 지켜 나가려 하는 경우 어떠한 위기를 당해서 굳게 신앙을 지키지 못하는 사람들에 대해 엄하고도 가혹한 태도로 넘보는 경향이 엿보이기도 했다. 신앙을 순수하게 지켜 나가는 것은 훌륭한 일이긴 하지만 그것 때문에 남을 비난하고 험담하고 규탄하고 동정심이 결여된다면 형제애를 잃어버린다. 이럴 때 피해 보려고 노력하던 상태보다도 더욱 악화된 상태가 되고 만다. 우리는 어떻게 해서든지 신앙에 대한 열성과 신앙을 잃어버린 사람에 대한 친절한 생각, 이 두 가지를 지니도록 유의해야 한다.

II. "손님을 대접하는 친절." 고대 사회에서는 손님에 대한 친절이 존중되었다. 유대인은 이 세상에서 좋은 결과를 초래하고자 세상에서 축복 받을 것이 여섯 가지 있다는 말이 있으며 첫 번째로 손님을 대접하고 병자를 방문하는 것을 들고 있다. 그리스 사람들이 즐겨 쓰던 제우스 신의 칭호는 **제우스 쿠세니오스**(ZeusXenios), 즉 여행자의 신이었다. 여행자와 몸 둘 곳 없는 손님은 신들의 왕인 제우스 신의 보호하에 있었다. 여행자를 대접하는 것은 모팻이 말한 바와 같이 고대 종교의 신조 중의 하나였다. 고대 사회에서는 여인숙이란 것이 매우 불결한데다가 숙박비도 엄청나게 비싸서 매우 평이 좋지 않았다. 또한 그리스 사람들은 돈을 받고 손님을 대접하는 것을 싫어하고 있었기 때문에 숙박업은 그리스인의 성격에 합당치 않은 것이었다고 할 수 있다. 아리스토파네스의 《개구리》 중에서 디오니시소스(Dionysus)는 헤라클레스(Heracles)와 숙소를 찾으려고 의논하는 가운데 벼룩이 가장 적은 숙박소를 알고 있는가를 묻고 있다. 플라톤은 《법률(*The Law*)》 중에서 여인숙의 주인이 여행자를 인질로 삼았다고 말하고 있다. 요세푸스가 여리고에서 여호수아의 척후들을 숨겨 주었던 기생 라합은 숙박업을 하고 있었다고 쓰고 있는 점은 매우 흥미 있다. 테오파라투스(Theophrastus)는 무모한 사람의 특징을 표현하려고 그 사람을 여인숙이나 기생집 같은 것을 할 수 있는 사나이라고 기록하면서 숙박업소와 기생집을 동일시했다. 고대 사회에는 "빈객교제" 라고 불리던 훌륭한 제도가 있어서 가족끼리는 서로 얼마동안 친하게 접촉을 갖지 못했다 하더라도 필요한 경우에는 언제든지 상호간에 숙박 시설을 마련하여 준다는 타협이 있었다. 이와 같은 접대는 기독교인 사이에는 특히 필요했다. 돌아갈 집이 없는 노예, 순회하는 설교자나 선지자들 또는 여행 중에 있는 것뿐만 아니라 사업 관계로 여행하는 성도들에게는 숙박비도 비쌀 뿐 아니라 도덕적인 분위기 자체도 말이 아니어서 기숙하는 데 힘이 들었다. 그 외에 홀로 도와주는 이 없이 고된 생활을 하고 있는 성도들도 있었음에 틀림없다. 기독교는 예나 지금이나 사람을 따뜻하게 맞이해 주는 종교다. 저자는 여기에서 부지중에 천사들을 대접한 일이 있는 사람들이 있다고 쓰고 있는데 아마도 아브라함과 사라에게 와서 아들의 탄생을 알린 천사의 일이라든가(창 18:3) 그와 같이 아들의 탄생을 마노아에게 고한 천사의 일(삿 18:3)을 가리키고 있는 것이리라.

III. "고통 중에 있는 사람들에 대한 동정." 초대교회의 성도들은 이 점에 대해서는 특히 뛰어났었다고 할 수 있겠다. 당시 그리스도를 믿는 사람들은 때때로 옥에 갇히기도 하고 때로는 그 이상의 형벌을 받기도 했다. 그것이 신앙으로 인한 경우도 있었고 때로는 가난해서 부채를 갚을 수 없는 경우도 있었다. 때로는 산적이나 해적의 인질이 되는 때도 있었다. 이럴 때 교회의 성도들은 이들을 구하려고 노력했다. 터툴리아누스는 《옹호론》 중에서 "누군가가 하나님의 교회에 충성함으로써 탄광으로 추방되거나, 섬으로 유배되거나, 옥에 갇히게 되는 경우에는 그들은 그 신앙의 옹호자가 되는 것이다" 라고 쓰고 있다. 아리스티데스(Aristides)라고 하는 이교도의 변론가는 기독교인에 대해 "동료가 그리스도 때문에 투옥된다든가, 고난을 받는 경우에 그들은 모든 수단을 써서 그 사람이 필요한 대로 원조하고 돈으로 자유를 되찾을 수 있는 때에는 그 사람의 해방을 위해 노력했다" 고 말했다. 젊었을 때 오리게네스에 대해 "그는 거룩한 순교자들이 투옥되고 형의 선고를 받을 때까지 그들 곁에 있었다. 그리고 그들이 처형될 때에는 위험을 무릅쓰고 형장까지 동행했다"고 기록되어 있다. 기독교인 가운데에는 탄광으로 보내지는 자들이 있었는데 이것은 마치 시베리아나 악마의 섬으로 보내지는 것과 흡사했다. 《사도교헌(*The Apostolic Constitutions*)》에는 "기독교인이 그리스도로 인해 죄 많은 사람들의 손에 의해 탄광행을 선고받았을 때에는 그를 못 본 체하지 말고 자신의 수고로 얻은 것으로 그를 후원하고 그리스도의 군병에게 보답하지 않으면 안 된다"고 정해 있다. 기독교는 황야에서도 동료인 성도를 찾아내려고 노력했다. 페노(Phaeno)의 탄광 안에는 실제로 조그마한 교회가 있었다. 그리고 기독교인은 약탈자나 산적의 인질이 된 동료를 몸값을 주고 구하기도 했다. 《**사도교헌**》에는 "정당한 노동으로 획득한 돈으로 노예나 포로나 죄수나 폭군에 의해 부당하게 형벌을 받고 있는 사람은 속전을 주고 구제해야 한다"고 기록되어 있다. 누미디아의 도적들이 성도들의 동료를 유괴해 갔을 때 카르타고의 교회는 1,000파운드의 몸값을 조달하고 필요하면 더 주겠다고 약속했다. 기독교인 가운데에는 실제로 자기 자신을 노예로 팔아서 그 돈으로 자기 친구의 몸값을 치르고 친구를 살린 자도 있다. 또 기독교인은 간수에게 뇌물을 주면서까지 옥중의 성도를 구하는 자도 있었다. 기독교인이 옥중에 있는 동료들을 돕는 일이 너무나도 빈번해지자 4세기 초반에 리키니우스(Licinius) 황제는 새로운 규칙을 통과시켜서 "죄수에게 음식물을 보내서 친절을 보인다거나 옥중에서 굶주리고 있는 자들에게 은총을 베풀어서는 안 된다"고 명령하고 거기에 한 가지 더 부가해서 그 규칙을 위반하는 자에게는 돕고자 하는 죄수와 똑같은 형벌을 부과한다고 했다. 이러한 일들은 하낙(Harnack)의 《기독교의 발전(*Expansion of Christianity*)》이라고 하는 책에 기록되어 있는데 그 외에도 많은 실례가 있다. 초대교회에서는 신앙 때문에 고난 받고 있는 사람들을 동료 성도들이 잊는 일이 없었다.

IV. "순결"이 있었다. 혼인을 귀히 여기라고 하는 말의 이면에는 두 가지 뜻이 있다고 생각된다.

1. 결혼을 경시하는 금욕주의자가 있었다. 어떤 사람들은 순결하다고 행각하

는 것을 지키기 위해 거세를 했다. 예를 들면 오리게네스가 이것을 행한 사람 중의 하나다. 갈렌(Galen) 같은 이교도의 의사는 기독교인에 대해 "그들 가운데에는 일생 동안 이성과 같이 사는 것을 피하는 사람들이 있다"고 기록하고 있다. 히브리서 저자는 이러한 금욕주의를 배격하고 결혼을 귀히 여기라고 강조하고 있다.

2. 자칫하면 윤리에 역행하기 쉬운 사람들이 있었다. 저자는 두 가지 어휘를 사용하고 있다. 하나는 간음하는 생활을 표시하는 말이고 다른 하나는 부자연한 행위 같은 모든 종류의 불순한 행위를 가리키는 말이다. 기독교인은 사회에 새로운 순결의 이상을 보였다. 이러한 일은 이교도들도 시인하고 있어서 그리스의 의사인 갈렌은 이미 앞에서 인용한 말을 계속하면서 "그리고 그들 사이에는 자제하고 절제할 수 있는 사람들이 있다. 그들이 날카롭고 투철하게 덕을 추구하는 태도는 철학자의 그것에 결코 뒤떨어지지 않는다"고 기록하고 있다. 비티니아(Bithynia)의 총독인 플리니(Pliny)는 기독교를 조사한 결과를 황제인 트라얀(Trajan)에게 보고했을 때 기독교인을 고발하는 이유를 찾으려고 하면서도 그들의 행동에 대해서는 주의 날 모임에서 "그들이 맹세를 하는 것은 범죄를 저지르기 위해서가 아니라 도적질이나 약탈이나 음행을 피하려고 하는 것으로 그들은 그 맹세를 깨뜨리지 않으며 지불할 것을 요구했을 때는 거절하는 일이 없었다"고 시인하지 않을 수 없었다.

초대교회의 기독교인이 사회에 보인 순결의 모범은 기독교를 비난하고 멸망시키려고 하던 사람들까지도 인정할 수밖에 없었다.

V. "만족"이 있었다. 그리스도를 믿는 자는 금전을 사랑하지 말고 자신이 가지고 있는 것으로 만족하지 않으면 안 된다. 하나님께서 그와 함께하시고 하나님을 가지고 있는데 어찌하여 그렇게 안 될 수가 있겠는가? 히브리서 저자는 구약성경 가운데서 귀한 두 구절을 인용하고 있다. 여호수아 1장 5절과 시편 118편 6절인데 하나님을 믿는 자에게는 끊임없이 하나님께서 함께 거하시고 하나님의 도움을 받을 수 있기 때문에 그 이상의 것은 필요하지 않다고 말한다. 인간이 줄 수 있는 어떤 것이나 인간의 야심으로 이 세상에서 획득할 수 있는 그 무엇도 이것보다 뛰어난 것은 없다.

참다운 지도자

히브리서 13:7-8

[7]하나님의 말씀을 너희에게 일러 주고 너희를 인도하던 자들을 생각하며 그
들의 행실의 결말을 주의하여 보고 그들의 믿음을 본받으라 [8]예수 그리스도
는 어제나 오늘이나 영원토록 동일하시니라

여기에는 참다운 지도자의 모습이 암시되어 있다.

I. 교회의 참다운 지도자는 그리스도를 전도하고 그 선교로써 사람들을 그리스도에게 인도한다. 그는 사람들의 주의를 자신에게 끌지 않고 예수 그리스도에게 향하게 한다. 레슬리 웨더헤드(Leslie Weatherhead)는 전도사가 되겠다고 결심한 어느 고교생의 일에 대해 다음과 같이 기술하고 있다. 이 고교생은 어떻게 해서 그와 같은 결심을 하게 됐는가 하고 질문을 받았을 때 "학교 예배당에서 어떤 설교자의 설교를 듣고 난 후부터"라고 대답했다. 그래서 그 설교자의 이름이 무엇인가 물으니 그 사람의 이름은 모르지만 그 사람은 자신에게 예수를 보였다고 대답했다. 참다운 설교자는 자기 자신이 아니라 오직 예수 그리스도만을 사람들에게 보여야 한다.

II. 교회의 참다운 지도자는 자신이 신앙 속에 삶으로써 그리스도를 사람들에게 인도한다. 성도는 "그 사람 안에 그리스도께서 다시 살고 있는 사람"을 가리킨다. 참다운 설교자의 본분은 사람들에게 그리스도를 말로만 많이 하는 것이 아니라 자신의 생활과 일과 전 인격을 통해 그리스도를 보이는 사람이다. 사람들이 주목하고 있는 것은 그 사람이 하는 말이 아니다. 그 사람의 인품이다. 그러한 사람은 말로 의논하는 것이 아니라 생활을 통해 그 본질을 보인다.

III. 참다운 지도자는 필요하다면 신앙을 위해 생명도 던져 버린다. 그는 사람들

에게 어떻게 살아야 하는지를 보이고 최후에는 어떻게 죽어야 하는지를 보여 준다. 그는 철저한 충성을 표시한다. 예수께서는 당신에게 속하는 사람들을 사랑해 왔고 끝까지 사랑하셨다. 참다운 지도자는 예수를 사랑해 왔고 끝까지 사랑하는 자이며 그 충성은 도중에서 포기하는 것이 아니다.

IV. 참다운 지도자는 뒤따르는 사람들에게 모범과 영감을 남긴다. 로마의 출중한 변론가인 퀸틸리안(Quintilian)은 "옛적 사람들이 이룩한 눈부신 역사를 알고 끊임없이 상기해 보는 일은 유익한 일이다"라고 말했다. 에피쿠로스(Epicurus)는 옛날 덕행으로 살아간 사람들을 끊임없이 기억하도록 제자들에게 가르쳤다.

이와 같은 지도자가 바로 모든 시대에 이 세상과 교회가 가장 필요로 하는 지도자다.

그러나 여기서 한 가지 더 생각하지 않으면 안 될 것이 있다. 모든 땅 위의 지도자들은 왔다가는 또 사라져 간다. 각기 그 시대에 지도적인 역할을 다하고는 무대에서 사라져 가는 것이다. 인생이라는 연극에서 자신이 맡은 연기를 다하고 나면 막이 내리고 이 세상의 무대에서 사라져 간다. 그러나 예수 그리스도는 어제나 오늘도 또한 영원에 이르기까지 변함이 없다. 예수의 우월성은 불변이며 그 지도성은 영원하다. 따라서 이 땅 위의 지도자는 예수 그리스도에게 지도를 받는 자라야 한다. 교회를 세우고 사람들을 이상으로 향해서 인도한 지도자들은 어느 시대에도 이 영원하고도 불변한 그리스도에게 지도를 받은 사람들이었다. 옛날 갈릴리의 길을 걸으신 예수께서는 오늘도 이전과 같은 힘으로 악을 타파하고 죄인들을 사랑하고 계신다. 옛날 예수께서 열두 제자를 택해서 이 세상에 보내신 것처럼 지금도 사람들을 예수께로 인도하고 예수를 사람들에게 소개하는 일을 할 사람들을 찾고 계신다.

옳은 제물과 그릇된 제물

히브리서 13:9-16

9여러 가지 다른 교훈에 끌리지 말라 마음은 은혜로써 굳게 함이 아름답고
음식으로써 할 것이 아니니 음식으로 말미암아 행한 자는 유익을 얻지 못하
였느니라 10우리에게 제단이 있는데 장막에서 섬기는 자들은 그 제단에서 먹
을 권한이 없나니 11이는 죄를 위한 짐승의 피는 대제사장이 가지고 성소에
들어가고 그 육체는 영문 밖에서 불사름이라 12그러므로 예수도 자기 피로써
백성을 거룩하게 하려고 성문 밖에서 고난을 받으셨느니라 13그런즉 우리도
그의 치욕을 짊어지고 영문 밖으로 그에게 나아가자 14우리가 여기에는 영구
한 도성이 없으므로 장차 올 것을 찾나니 15그러므로 우리는 예수로 말미암
아 항상 찬송의 제사를 하나님께 드리자 이는 그 이름을 증언하는 입술의 열
매니라 16오직 선을 행함과 서로 나누어 주기를 잊지 말라 하나님은 이 같은
제사를 기뻐하시느니라

이 구절의 배후에 어떠한 의미가 있는지는 어느 누구도 자세히 알 수는 없는 일이다. 아마도 이 서한을 보낸 교회에는 그릇된 가르침이 퍼져 있던 것이 분명하다. 저자는 그것이 무엇인지를 독자에게 설명할 필요가 없었다. 그 정도는 모두 알고 있던 문제였으며, 모든 사람이 그것에 영향 받을 위험성이 있었으며, 어떤 이는 이미 그 가르침을 받아들이고 있었을 것이다. 그 문제가 무엇이었는지는 우리로서는 상상하는 것 이외에는 알 도리가 없다.

우선 근본적인 사실로서 저자가 참다운 영적 힘은 하나님의 은총에서 오는 것이며 사람들이 먹고 마시는 것은 그것과는 아무런 관계가 없다고 말한 것에 유의해야 한다. 아마도 이 서한을 쓰고 있는 교회에는 음식에 대한 규범을 너무 지나치게 중하게 여기는 사람들이 있었을 것이다. 그래서 다음과 같은 가능성을 생각할 수가 있다.

i. 유대인에게는 음식에 대해 엄한 규범이 있었다. 그것은 레위기 12장에 기록되어 있다. 유대인이 돼지고기를 먹지 않는다는 사실은 이 세상의 어느 누구도 다 알고 있는 터이지만 그들은 어떤 특정한 음식을 먹고 안 먹고 하는 것으로써 하나님에게 봉사하고 하나님을 기쁘시게 할 수 있다고 생각하고 있었다. 아마도 이 교회에 있는 어떤 사람들이 기독교인의 자유를 버리고 다시 한 번 음식에 대한 유대인의 규칙이나 규범에 속박되어 그렇게 함으로써 영적인 생활과 그들의 영혼에 힘을 줄 수가 있다고 생각하고 있었을 것이다.

ii. 그리스 사람들 중에도 음식에 대해 특별한 사고방식을 갖고 있던 사람들이 있었다. 예전에 피타고라스도 그러한 사람의 하나였는데 그는 윤회(輪廻)를 믿고 있었다. 윤회란 인간의 혼이 최후로 완전히 해방될 때까지 한 몸에서 다른 몸으로 옮겨간다는 것이었는데 그 해방의 시기는 기도와 명상과 수양과 금욕으로 빠르게 촉진할 수 있다는 것이다.

그래서 피타고라스는 채식가였으며 고기를 일체 입에 대지를 않았다. 그노시스파의 사람들도 그와 같은 생각을 지니고 있어서 물질은 모두 악한 것이기 때문에 사람을 선한 것인 영에 대해서만 주의를 집중해야 한다고 생각하고 있었다. 그들은 육체는 모두 사악한 것이기 때문에 자신의 몸을 단련하고 혹독하게 취급하고 고행해야 한다고 생각하고 있었다. 그래서 그들은 극한에 이르기까지 절식하고 육식을 피했다. 그리스인 가운데는 어떤 음식은 먹고 어떤 것은 먹지 않는 것으로 영적인 생명에 힘을 주고 혼의 해방을 꾀할 수가 있는 것이라고 생각하고 있는 사람들이 적지 않았다.

iii. 그러나 여기서 생각하고 있는 것이 이런 것만은 아니었다고 생각된다. 아마도 이 음식은 예수의 몸과 무슨 관계가 있었던 것으로 생각된다. 여기서 저자는 속죄일의 규칙을 재차 들고 있다. 이 규칙에 따르면 대제사장의 죄를 위해 드리는 수송아지의 몸과 사람들의 죄를 위해 드리는 염소의 몸은 진(陣) 밖으로 내어다가 불살라 버려야만 했다(레 16:27). 죄를 위한 제물이었기 때문에 그것을 드린 사람들이 아무리 그 고기를 먹고 싶다고 해도 먹을 수는 없었다. 히브리서 저자는 예수를 완전한 희생의 제물이라고 알고 있다. 여기에는 완전한 유사점을 볼 수가 있는데 그것은 예수도 문밖에서, 즉 예루살렘 성벽 밖에 있는 갈보리 산에서 희생의 제물이 됐던 때문이다. 당시 십자가형은 항상 마을 밖에서 집행되었다. 예수도 사람들의 죄 때문에 죄를 위한 제물이 되었던 것인데 여기에서 나오는 결론은 속죄일에 죄를 위해 드리는 제물의 고기를 먹을 수 없는 것과 같이 어느 누구도 예수의 살을 먹을 수 없다는 것이다. 이 일을 단서로 상상해 보면 교회 안에 있는 일부 사람들은 성찬식이나 일반 회중의 회식 같은 것이 있을 때 예수를 위해 성별된 음식을 먹으면 실제로 그리스도의 몸을 먹는 것이라고 주장하고 있었던 것이 아닌가 생각한다. 그들은 그리스도를 위해 성별된 음식을 먹으면 그리스도의 몸이 내 안에 들어온다고 생각하고 있었는지도 모른다. 이러한 사고방식은 종교적인 그리스인이 자신들에 대해 가지고 있던 생각이다. 그리스 사람은 신에게 제물을 드리면 그 고기의 일부를 되돌려 받아 신전에서 벗들을 초청해서 연회를 베풀었다. 이것은 제사 드린 고기를 먹으면 신이 그 고기 안에서 사람의 체내에 들어온다고 생각하고 있었기 때문이다. 다시 말해 이 고기와 더불어 신의 생명이 인간의 몸과 마음에 들어온다는 것이다. 아마도 그리스인이 이러한 생각을 교회에 가지고 들어와서 그리스도의 몸을 먹는 것에 대해 여러 가지 말하고 있었으리라. 히브리서 저자는 음식이 그리스도를 사람의 체내로 인도하는 것이 아니라 하나님의 은혜로써만 그리스도가 사람 안에 들어오신다는 것을 확고하게 믿었다. 여기에 쓰여 있는 것은 성례를 지나치게 강조한 것에 대한 반발이 아니었는가 한다.

히브리서 저자가 성례에 대해서는 아무런 것도 언급하지 않고 있다는 것은 주목할 만한 일이다. 성례에 대한 것은 이 서한의 제작 계획에는 없었던 것이 아닌가 생각한다. 아마도 이른 시기에 이 서한이 쓰인 때에는 이미 성례 자체가 자동적으로 변화를 초래하는 것으로 생각하고 있는 사람들이 있었을지도 모른다. 성례는 그것 자체가 변화를 일으키는 것이 아니라 이 성례에서 하나님의 은혜가 인간의 신앙과 만나게 될 때만 변화를 일으키는 것인데 그들은 그것을 잊어버리고 있었을는지도 모른다. 중요한 것은 음식이 아니라 신앙과 은혜다.

그러나 이 기묘한 논의는 저자의 사고를 자극한 것으로 생각된다. 그리스도는 문밖에서 십자가에 못 박히고 인간이 사는 세계에서 추방되었다. 기독교인은 범죄인으로서 비난 받고 위범자가 되었다. 여기에는 한 가지 사실이 시사되어 있다. 우리도 이 세상의 생활과 떨어져서 이 세상의 문밖으로 나아가서 그리스도가 받으신 비난을 달갑게 받지 않으면 안 되겠다. 그리스도의 품으로 오는 자는 분리와 고립과 치욕을 경험하지 않으면 안 될지도 모른다. 그리스도를 따르는 자는 이 세상이 주님을 대접한 것과 같은 취급을 당한다는 것을 각오하지 않으면 안 된다.

히브리서 저자는 그의 이론을 더 앞으로 끌고 나간다. 기독교인이 성례로써 그리스도의 제사를 다시금 드릴 수 없다고 하면 도대체 어떤 제사를 드려야 하는 것일까? 여기에서 저자는 우리가 드릴 수 있는 것을 몇 가지 열거하고 있다.

I. 우리는 항상 찬미와 감사를 드릴 수가 있다. 옛날 사람들 중에도 감사의 제사가 죄를 위한 제사보다도 하나님을 기쁘시게 하는 것이라고 생각한 사람들이 있었다. 그 이유는 죄를 위한 제사는 하나님에게 죄를 용서 받는다는 보답을 얻으려고 하는 것이지만 감사의 제사는 무조건 감사하는 마음을 하나님에게 드리기 때문이다. 감사의 제사는 모든 사람이 드릴 수 있는 것이며 아울러 모든 사람이 드려야 할 일이다.

우리는 그리스도에 대한 신앙을 사람들 앞에서 기꺼이 고백할 수가 있다. 이것은 충성이라고 하는 제사다. 기독교인은 자신이 누구의 것이고 누구에게 봉사하고 있는지를 수치스럽게 여기지 않고 사람들 앞에 보이는 생활을 하나님에게 드려야만 한다. 예수 그리스도의 복음을 부끄럽게 여기지 않는 것도 하나님에게 드리는 제사다.

III. 우리는 동포에 대한 친절한 마음과 나누어 주는 행실을 하나님에게 드릴 수가 있다. 이 점은 사실상 유대인이 잘 이해하고 있었다. 주후 70년에 신전이 파괴되어 유대인은 신전에서 제사 드릴 수가 없게 되고 말았다. 그때 그들은 무엇을 하나님에게 드릴 수 있었을까? 랍비들은 신전에서 의식을 행할 수 없게 된

후에 신학과 기도와 참회와 율법의 학습, 자비가 옛것과 동등한 제사라고 가르쳤다. 랍비 요하난 벤 자카이(Jochanan ben Zakkai)는 신전을 잃어버린 후 슬픈 생활 속에서도 "자비를 베푼다는 것은 죄를 위한 제사를 드리는 것과 같은 가치가 있다"고 믿고 자위했다. 옛날 기독교인이었던 어느 저술가는 "너희는 사람에게 측은한 마음을 가짐으로써 너희 혼에 열매 맺고 만물의 창조주이신 하나님을 섬기며 하나님에게 끊임없는 기도를 드릴 수 있다. 사람이 남에게 보이는 연민의 정은 피를 섞지 않는 제물로써 하나님에게 드리는 것이기 때문이다"라고 쓰고 있다. "여기 내 형제 중에 지극히 작은 자 하나에게 한 것이 곧 내게 한 것이니라"(마 25:40)고 예수께서는 스스로 말씀하셨다. 하나님에게 드리는 최선의 제사는 곤경에 빠져 있는 하나님의 자녀들에게 원조라는 예물을 드리는 것이다.

순종과 기도

히브리서 13:17-19

[17]너희를 인도하는 자들에게 순종하고 복종하라 그들은 너희 영혼을 위하여
경성하기를 자신들이 청산할 자인 것같이 하느니라 그들로 하여금 즐거움으
로 이것을 하게 하고 근심으로 하게 하지 말라 그렇지 않으면 너희에게 유익
이 없느니라 [18]우리를 위하여 기도하라 우리가 모든 일에 선하게 행하려 하
므로 우리에게 선한 양심이 있는 줄을 확신하노니 [19]내가 더 속히 너희에게
돌아가기 위하여 너희가 기도하기를 더욱 원하노라

여기에서 저자는 교인들이 현재 함께 있는 지도자와 지금 부재중인 지도자에 대해 무엇을 할 것인지 그 본분을 기록하고 있다.

지금 함께 있는 지도자에게 대해서는 순종해야 한다. 교회는 민주주의라야 하겠는데 그것은 각자가 제멋대로 행동하는 것이 아니라 자신들이 지도자로 선출

한 사람에게 인도자로서 순종하는 것이다. 이러한 순종과 복종은 지도자의 권력 의식이나 특권 의식을 조장하는 것이 아니다. 이 세상 끝날에 지도자가 자신에게 맡겨진 영혼을 잃어버리는 일 없이 지키기 위함이다. 교회 지도자의 가장 큰 기쁨은 인도하고 있는 사람들이 신앙에 굳건히 서 있는 것을 보는 일이다. 요한은 "내가 내 자녀들이 진리 안에서 행한다 함을 듣는 것보다 더 즐거움이 없도다"(요삼 4)라고 말했다. 교회 지도자의 최대 슬픔은 자신이 인도하고 있는 사람들이 하나님에게서 점점 떨어져 나가고 있는 것이다.

부재중의 지도자에 대한 교인들의 임무는 기도하는 것이다. 기독교인은 지금 함께 있지 않는 사랑하는 사람들을 위해 기도해야 한다. 또한 아울러 지도하는 책임과 권위를 가진 사람들을 위해 매일같이 기도해야 한다. 볼드윈(Baldwin)은 당시는 평민이었지만 영국 수상이 되었을 때 축하하기 위해 운집한 벗들에게 "내가 필요한 것은 당신들의 축사가 아니라 당신들의 기도올시다"라고 말했다.

우리는 우리 위에 세워진 권위자에 대해 존경과 복종을 보이고 그들이 우리와 함께 있지 않을 때에는 끊임없이 기도하는 가운데 기억해야만 한다.

기도와 인사와 축도

히브리서 13:20-25

20양들의 큰 목자이신 우리 주 예수를 영원한 언약의 피로 죽은 자 가운데서
이끌어 내신 평강의 하나님이 21모든 선한 일에 너희를 온전하게 하사 자기
뜻을 행하게 하시고 그 앞에 즐거운 것을 예수 그리스도로 말미암아 우리 가
운데서 이루시기를 원하노라 영광이 그에게 세세무궁토록 있을지어다 아멘
22형제들아 내가 너희를 권하노니 권면의 말을 용납하라 내가 간단히 너희에
게 썼느니라 23우리 형제 디모데가 놓인 것을 너희가 알라 그가 속히 오면 내
가 그와 함께 가서 너희를 보리라 24너희를 인도하는 자들과 및 모든 성도들

에게 문안하라 이달리야에서 온 자들도 너희에게 문안하느니라 25 은혜가 너희 모든 사람에게 있을지어다

20절에서 21절까지는 위대한 기도로서 여기에는 하나님과 예수의 완전한 모습이 그려져 있다.

I. 하나님께서는 평강의 하나님이다. 근심된 일이 다가오고 괴로움을 받는 경우에도 하나님께서는 우리 마음속에 평화를 가져오신다. 분열과 분쟁은 사람이 하나님을 잊고 있기 때문에 일어난다. 사람이 하나님의 임재를 기억할 때만 평화는 회복된다. 사람의 마음이 흐트러질 때 그 생각은 찢어져 버리고 만다. 생활의 모든 것을 하나님에게 바침으로써 평화를 돌이킬 수 있다. 하나님만이 자기 자신과 동포와 영원한 것과의 관계를 올바르게 할 수 있다. 평강의 하나님만이 우리 자신과 다른 사람들과 하나님과의 사이에 평화를 가져오신다.

II. 하나님께서는 생명의 하나님이다. 하나님은 예수를 죽음에서 부활시키셨다. 하나님의 사랑과 하나님의 힘만이 살아 있는 사람에게 평화를 주시고 죽음에 임하는 사람에게 승리를 주신다. 하나님의 뜻에 따라 죽으신 예수께서는 같은 하나님의 뜻에 의해 죽음에서 다시 사실 수가 있었다. 하나님의 뜻에 순종하는 사람은 비극으로 끝나는 일이 없고 죽음까지도 극복하게 하신다.

III. 하나님께서는 당신의 뜻을 우리에게 보이시며 아울러 그 뜻을 행하는 힘을 우리에게 주시는 하나님이다. 하나님께서 사람에게 사명을 주실 때에는 반드시 그 사명을 이행할 수 있는 힘을 주신다. 하나님께서는 환상을 보내시며 동시에 힘도 보내신다. 우리가 어떠한 사명을 하나님에게서 받았을 때 자기 자신의 힘으로만 해야 한다는 것이 아니다. 그렇다면 강요의 중압감에 기력이 꺾일지도 모르겠다. 하나님께서 우리를 내보내실 때에는 우리가 필요로 하는 것은 모두 마련해 주시고 내보내신다.

여기에는 또한 예수의 모습이 세 겹으로 그려져 있다.

I. 예수께서는 위대하신 목자다. 선한 목자로서 예수의 모습은 우리에게는 귀한 것인데 이상하게도 바울은 목자로서 예수에 대해서는 한마디도 없었고 히브리서 저자 역시 그것을 기술한 것은 이곳뿐이다. 모세에 대해 매우 아름다운 전설이 있다. 모세가 애굽에서 도망하고 광야에서 이드로의 양을 치고 있을 때 한 마리의 양이 멀리 방황하게 됐다. 모세는 참을성 있게 그 양을 뒤따르며 다녔다. 나중에는 그 양이 산 중의 개울에서 물을 마시고 있는 것을 찾아냈다. 모세는 이 양을 어깨에 메고 "물이 마시고 싶어서 떠나 방황하고 있었군" 이라고 부드럽게 말하고는 양이 자신을 수고하게 한 것은 조금도 나무라지 않고 집으로 데리고 왔다. 하나님은 이것을 보시고 "모세라는 사나이가 유리방황하는 양에게도 이와 같이 인정이 깊다면 그가 바로 내 백성의 지도자로서 최적격자임에 틀림없다" 고 말씀하셨다고 한다. 목자는 자신의 양을 위해 언제든지 생명을 내던진다. 그리고 양이 어리석다고 하더라도 양을 사랑한다. 이것이 바로 예수께서 우리를 위해 하시는 일이다.

II. 예수께서는 새 언약을 세우셨다. 그것은 말하자면 예수로 인해 하나님과 인간 사이에 새로운 관계가 맺어졌다는 것이다. 예수는 하나님께서 어떠한 분이신지를 보이시는 동시에 하나님께로의 길을 열어 놓으셨다. 예수께서는 하나님에 대한 두려움을 제거하고 하나님에 대한 사랑을 우리에게 보이셨다.

III. 예수께서는 생명을 바치셨다. 새 언약을 세우시고 하나님의 본질을 보이시고 하나님께로의 길을 열기 위해 예수께서는 생명을 대가로 바치셨다. 우리와 하나님과의 새로운 관계는 예수의 피라고 하는 대가를 요구했다. 예수께서는 우리를 하나님께 접근시키고 우리에게 생명을 주기 위해 죽으셨다.

그리하여 이 서한은 최후의 인사로 끝내고 있다. 히브리서 저자는 이 서한이 간단하다는 것을 다소는 변명하고 있다. 쓰고 싶었던 것을 낱낱이 썼다면 이 서한은 결코 끝날 수가 없었을 것이다. 이것은 짧은 편지다. 모팻이 지적하고 있다시피 이 편지는 한 시간 이내에 읽을 수 있으며 이 편지가 다루고 있는 영원하고도 무한한 진리를 생각하면 참으로 짧은 편지라고 할 수밖에 없다.

어찌해서 디모데의 이름이 이곳에 쓰였는지는 알 수 없으나 디모데도 그리스도를 위해 투옥되고 있던 것으로 생각된다.

마지막 구절은 축도다. 이 편지는 하나님께로의 길을 열어 주는 그리스도의 은혜를 말했지만 끝으로 이 놀랄 만한 은혜가 우리 모든 사람에게 있을 것을 기원하면서 이 편지를 끝맺고 있다.

바클레이 성경 주석

야고보

머리말

《야고보서》는 마틴 루터(Martin Luther)의 혹평으로 많은 수난을 겪어 왔습니다. 루터가 《야고보서》를 "틀림없는 지푸라기 서신" 이라고 부른 일과 《야고보서》에서는 그리스도를 발견하지 못하였다고 언명한 일은 쉽사리 잊어버릴 수가 없습니다. 루터의 《성경의 서언》 가운데에는 《야고보서의 서언》도 포함되어 있으며 《야고보서의 서언》은 울프(Bertram Lee Woolf)가 번역한 《마틴 루터의 종교개혁서(*Reformation Writings of Martin Luther*)》(Vol. II)에서 볼 수 있습니다. 《야고보서》를 읽으려는 사람은 필연적으로 이 책이 신약성경 중에서 가치가 적은 책이라고 생각하게 됩니다. 그러나 《야고보서》를 읽으면 읽을수록 이 짧은 서신이 위대하다는 것을 발견하게 되었습니다. 블랙맨(E. C. Blackman)은 "이 서신은 웅장하고 경건한 간결성의 걸작이다" 라는 마티(Marty)의 《야고보서》에 대한 평을 인용하고 있습니다. 아마도 독자들은 어떤 의무감에 못 이겨 이 야고보서의 연구를 시작할지 모르나 연구가 끝날 무렵에서는 나와 같이 이 책에서 기쁨을 찾아볼 수 있을 것입니다.

《야고보서》는 주해자가 많은 것으로 축복을 받고 있습니다. 첫째로, 헬라어 원전에 대한 주해서들이 있습니다. 《맥밀란 주석(*Macmillan Commentaries*)》에 있는 마이어(J. B. Mayor)의 주해서는 영어로 쓴 것 중 가장 잘 된 책입니다. 《I. C. C. 주석(*International Critical Commentary*)》에 있는 로푸스(J. H. Ropes)의 주해서는 판단이 정확하고 엄밀하며 학문적인 주해서의 모형이라 할 수 있습니다. 《헬라어 성경 강해(*Expositor' s Greek Testament*)》에 있는 외스털레이(W. O. E. Oesterley)의 주해서는 매우 유용하며 그 학자에게서 많은 것이 기대됩니다. 특히 그것은 이 서신의 배후에 담겨 있는 유대적 사상과 신앙을 밝혀 주고 있습니다. 《케임브리지 헬라어 성경(*Cambridge Greek Testament for Schools and Colleges*)》에 있는 카(A. Carr)의 주해서는 비록 규모는 작지만 역시 유용한 것이라 할 수 있습니다.

둘째로, 영어 본문에 대한 주해서들이 있습니다. 《모팻 주석(*Moffatt Commentary*)》에서 모팻(J. Moffatt)은 공동 서신을 주해하였는데 그 가운데 《야고보서》의 주해서가 있습니다. 이것은 유용하기는 하나 다소 빈약한 점이 있습니다. 극히 최근에 출간된 주해서 중에는 《틴데일 주석(*Tyndale Commentaries*)》에 있는 태스커(R. V. G. Tasker)가 쓴 것으로 보수적이며 학문적인 입장에서 최선의 것이며 가장 유용합니다. 《토치 성경 주석(*Torch Bible Commentaries*)》에 있는 블랙맨이 쓴 주해서는 그 총서 중에서는 가장 우수한 책입니다. 《성경 해석(*Interpreter' s Bible*)》에 있는 이스턴(B. S. Easton)이 쓴 주해서는 자극적이며 암시적인 것입니다.

《야고보서》는 새로운 발견이었습니다. 그리고 이 주해서가 독자들에게 이 서신을 발견하는 데 도움이 되기를 바랍니다.

1960년 3월

글래스고, 트리니티 대학에서

윌리엄 바클레이

| 차례 |

02

03

04

야고보서

서론

야고보서는 신약성경의 정경으로 편집이 될 때 어려운 시련을 많이 겪은 책 중의 하나다. 이 서신은 정경으로 인정을 받은 후에도 어떤 보류와 의심을 품고 이야기해 왔으며 16세기에 와서는 루터(Luther)가 기꺼이 이 서신을 신약성경 가운데서 삭제해 버리려고 할 정도였다.

교부들의 의문

라틴어를 사용하던 교회에서 **야고보서**는 4세기 중엽까지 교부들의 문서 가운데서 전혀 나타나 있지 않다. 주후 170년경에 《무라토리 경전(*Muratorian Canon*)》이라고 편집된 최초의 신약성경의 여러 책의 목록에는 **야고보서**가 빠져 있다. 3세기 중엽에 저술가로 유명한 터툴리아누스(Tertullianus)는 성경에서 많은 성구를 인용하는 사람이다. 그는 신약성경에서만도 7,258회나 인용하였다. 그러나 **야고보서**에서는 한 번도 인용한 일이 없다.

라틴어로 된 **야고보서**가 최초로 나타난 것은 주후 250년경에 나온 《코르베이엔시스(*Corbeiensis*)》 사본이라고 불리는 라틴어 사본에서다. 이 사본은 본서의 저자를 세베대의 아들 야고보라고 인정하고 있으나 그 책은 보편적으로 승인된 신약성경의 책으로서가 아니라 초대 교부들이 써서 모아 놓은 일련의 종교 문서로 취급되었다. 이런 의미에서 **야고보서**는 그 이름이 나타나기는 했으나 어떤 보류를 붙여서 받아들여졌던 것이다. 야고보서를 **문자대로** 인용한 최초 라틴 계통의 저자는 포이티어(Poitiers)의 힐러리(Hilary)다. 그는 주후 357년경에 쓴 《**삼위일체론**》에서 인용하고 있다. **야고보서**가 이와 같이 라틴 교회에서 늦게 나타났으며 나타났을 때에도 아직 얼마간의 불안정을 안고 있었다면 어떻게 신약성경에 완전히 편입할 수가 있었을까? 이 일에 영향을 끼친 사람은 제롬(Jerome)이었다. 그는 주저하지 않고 **야고보서**를 라틴어(Vulgate)판 신약성경에 포함시켰다. 그러나 그때까지만 해도 의문의 어떤 강조점이 없었던 것은 아니다. 제롬은 그가 쓴 《명인전(*Famous Men*)》에서 말하기를 "주의 형제라고 불리는 야고보는… 오직 하나의 서신을 썼다. 그것은 일곱 편의 공동서신 가운데 하나이며 야고보의 이름을 빌려서 다른 사람이 발행한 것이라고 어떤 사람들은 말하고 있다"고 했다. 그러므로 여기에서도 의문점은 강렬하게 남아 있다.

제롬(Jerome)은 이 서신을 성경으로서는 완전히 용납이 되었으나 본서의 저자가 누구인지에 대해서는 아직 의문이 있음을 알고 있었다. 그러면 이런 의문점을 라틴 교회에서는 어떻게 최후적으로 해결을 보았을까? 어거스틴(Augustine)이 **야고보서**를 완전히 용납한 사실이 최후적으로 문제를 해결하였다. 그에게는 당시 문제시되어 있는 야고보가 주의 형제라는 사실은 의심할 여지가 없는 일이었다.

야고보서는 라틴 교회에서 늦게 나타났으며 오랫동안 이 서신에 대하여 어떤 종류의 의문을 가지게 되었다. 그러나 제롬이 라틴어판에 야고보서를 편입시켰으며 어거스틴이 완전히 용납하였기 때문에 비록 논쟁한 다음이기는 하지만 완전히 최종적으로 인증이 되었다.

시리아 교회

야고보서가 참으로 팔레스타인에서 쓰였으며 참으로 주의 형제 야고보가 쓴 것이라면 시리아 교회가 최초로 야고보서를 받아들였을 것이라고 생각하는 사람이 있을지 모른다. 그러나 시리아 교회에서도 전술한 바와 같은 동요가 있었다. 시리아 교회의 공인 신약성경은 페시토(Pashitto)라고 불린다. 라틴어(Vulgate)판이 라틴교회를 위한 것이라면 페시토(Peshitto)판은 시리아 교회를 위한 것이었다. 시리아어 성경 페시토판은 에뎃사(Edessa) 감독 라불라(Rabbula)에 의하여 주후 412년에 번역된 것이었다. 그 안에 **야고보서**가 최초로 시리아어로 번역되었다. 그때까지 야고보서의 시리아어판이 존재하지 않았다. 그리고 주후 451년에 이르기까지 시리아어의 종교 문서 중에서 **야고보서**의 흔적은 찾을 수 없다.

그 후 **야고보서**는 광범위하게 용납이 되었지만 주후 545년에 와서도 니시비스(Nisibis)의 바울(Paul)은 아직 야고보서를 신약성경에 편입할 정당성에 의문을 품고 논의의 대상이 될 만한 책들과 같은 부류에 넣었다.

8세기 중엽에 와서야 **야고보서**에 대하여 라틴 교회에서 어거스틴이 행한 역할을 시리아 교회에서는 당시의 권위자 다메섹의 요한이 이룩한 것이 사실로 밝혀졌다.

그리스 교회

야고보서가 헬라어를 사용하는 교회에 나타난 것은 라틴 교회나 시리아 교회보다 일렀지만, 결정적으로 나타난 것은 퍽 후의 일이었다. 야고보서를 그 명칭을 들어서 인용한 최초의 저자는 위대한 학자이며 알렉산드리아 학파의 지도자인 오리게네스(Origenes)였다. 그는 3세기 중엽까지 저작 활동을 했다. 그는 말하기를 "신앙이라고 불리는 신앙이라도 행위를 떠나서 존재한다면 그런 신앙은 야고보가 쓴 것으로 일반적으로 알려진 서신에서 읽을 수 있는 바와 같이 죽은 믿음이다"라고 했다. 다른 모든 저서에서도 그는 아무런 의심도 품지 않고 이 서신을 야고보의 서신으로 인용하였으며 야고보는 우리 주의 형제라고 믿고 있음을 보여 주었다. 그러나 그의 인용이 있은 후에도 아직 의문의 흔적이 엿보인다.

가이사랴(Caesarea)의 위대한 학자 유세비우스(Euesbius)는 그가 활동하던 시대인 4세기 중엽에 신약성경과 그 주변의 여러 가지 문서의 내용을 조사한 일이 있다. 그는 야고보서를 "논의"의 대상이 될 만한 책들과 같은 부류에 속하도록 했다. 그리고 그는 그 일에 대하여 다음과 같이 기록하였다.

"공동서신 중 최초의 것은 야고보서라고 말하고 있으나 위조 작품이라고 간주하는 사람들이 있다는 것에 주목하지 않으면 안 된다." 그리고 고대 저술가들이 야고보서에 대하여 거의 언급하지 않았다는 것도 확실하다. 여기에 다시 의문의 흔적이 나타난다. 유세비우스 자신은 야고보서를 용납하였지만 그 서신을 받아들이지 않는 사람들이 있다는 것을 잘 알고 있었다.

헬라어를 사용하는 교회의 결정적 전환기가 주후 367년에 찾아왔다. 그해에 아다나시우스(Athanasius)는 유명한 부활절 서신(Easter Letter)을 애굽에서 출판하였다. 그 서신의 목적은 어느 책이 성경이며 어느 책이 성경이 아닌가 하는 것을 성도들에게 알려 주는 일이었다. 그 이유는 성도들의 독서가 확실히 너무나 광범위해졌으며 지나치게 많은 책이 성경으로 간주되었기 때문이었다. 이 서신에서 야고보서는 아무런 조건 없이 성경 가운데 포함되었으며 그 후 그 지위는 보장되었다.

이리하여 초대교회에서는 야고보서의 가치를 진심으로 의심하는 사람은 없었다. 그러나 어느 교회에서든지 이 서신의 출현은 지연되었다. 그리고 어느 교회에서든지 야고보서는 일단 문제가 되었으며 신약성경의 서신으로 인정받을 정당성 여부에 대하여 논의하였던 시기가 반드시 있었다.

사실 야고보서의 역사는 로마 가톨릭 교회에서 그 서신이 차지하고 있던 지위를 보아서도 알 수 있다. 1546년의 트렌트(Trent) 회의는 로마 가톨릭의 성경을 최종적으로 결정하였다. 이 회의에서는 책의 목록을 나열하고 거기에 누구든지 첨가할 수도 없고 삭제할 수도 없도록 했으며 성경은 라틴어(Vulgate)판만 읽어야 하며 다른 판 성경을 읽지 못하도록 규정하였다. 그리고 이 책들은 두 부류로 구별되었다. 하나는 원정경(Proto-Canonical)이다. 이것은 최초부터 아무런 의문이나 문제가 되는 일이 없이 용납이 된 책들이다. 그리고 또 하나는 부정경(Deutero-Canonical)이다. 이것은 많은 시련의 단계를 거쳐서 신약성경의 위치를 차지한 책들이다. 로마 가톨릭 교회는 야고보서에 대하여 아무런 의문도 품고 있지 않았지만, 그런데도 후자의 부류에 포함시켰다.

루터와 야고보서

대부분의 사람들에게 야고보서가 신약성경의 주요 부분에 위치하지 않다는 것은 현대에 와서도 사실이다. 요한복음이나 로마서나 누가복음이나 갈라디아서를 대함과 같은 태도로 야고보서를 언급하는 사람은 거의 없다. 아직도 야고보서에 대하여 어떤 종류의 조건이나 제한을 붙이는 사람이 많다. 왜 그렇게 될까? 그것은 초대교회에서 야고보서에 대한 의문과는 아무런 관련성이 없다. 아득히 먼 옛날 신약성경 시대의 역사는 현대 교회의 대부분의 사람에게는 알려지지 않았기 때문이다. 그 이유는 이런 데 있다. 로마 가톨릭 교회에서 야고보서의 지위는 트렌트 회의의 칙령에 의하여 최종적으로 결정되었다. 그러나 프로테스탄트 교회에서 야고보서의 역사는 어려움을 겪으며 내려왔으며, 특히 루터가 그 책을 공격하면서 신약성경에서 추방하려는 일로 더욱 곤란한 지경에 이르게 되었다.

독일어판 신약성경을 인쇄할 때 루터는 책들을 한정하고 번호를 매긴 목차를 두었다. 그리고 그 목차의 마지막에 작은 그룹을 첨가시켰다. 이 그룹에 속한 책들은 다른 책들과 조금 떨어져 있었으며 번호도 붙여 있지 않았다. 그 그룹에는 야고보서, 유다서, 히브리서, 요한계시록이 포함되어 있었다. 이 책들은 루터가 제2차적인 책으로 정의한 것들이었다.

루터는 야고보서에 대해서는 특별히 엄격하게 다루었다. 그리고 위대한 인물이 내린 불리한 평가는 어떤 책이라도 그 목에 맷돌을 다는 것 같은 큰 타격을 받지 않을 수 없다. 루터의 야고보서에 대한 유명한 판단이 그의 신약성경 서론 부분의 말미에 다음과 같이 나타나 있다.

> 요컨대 요한복음과 요한일서, 바울 서신 특히 로마서, 갈라디아서, 에베소서, 그리고 베드로전서는 사람들에게 그리스도를 보여 주는 책들이다. 비록 다른 어

떤 책에서 보지도 못하였고 듣지도 못하였으며 다른 어떤 교훈에서도 배우지 못하였다 하더라도 이 책들만 읽는다면 사람들은 구원에 대하여 필요한 모든 것을 알 수 있게 될 것이다. 이러한 책들과 야고보서를 비교한다면 그것은 **틀림없는 지푸라기 서신**이라고 하지 않을 수 없다. 거기에 복음적인 것은 조금도 포함되어 있지 않기 때문이다. 이 이상의 이야기는 각 책의 서론에서 다시 언급하기로 한다.

루터는 이렇게 약속한 대로 **야고보서와 유다서의 서론**에서 그의 판단을 상세히 진술하였다. 그는 이렇게 말하였다. "나는 야고보서를 높이 평가한다. 초기에는 거부하였다 할지라도 지금은 가치 있는 서신으로 간주한다. 이 서신은 인간적인 교훈을 해설한 것이 아니라 하나님의 율법을 많이 강조하고 있다. 그러나 다른 사람에게서 선입관이 없이 나의 견해를 말한다고 하면 나는 이 서신을 사도적인 권위가 있는 책이라고 확신할 수는 없다."

그리고 그는 이렇게 거부하는 이유를 다음과 같이 열거하였다. 첫째로 야고보서는 바울 서신과 다른 성경과는 정반대로 행위에 의하여 의롭게 됨을 주장하였으며 행위에 의하여 의롭게 된 사람의 예로 아브라함을 인용하는 과오를 범하였다. 이 일 자체는 이 서신이 사도의 정신에 입각한 기원을 갖지 못하다는 것을 증명해 준다. 둘째로 야고보서는 단 한 번도 그리스도의 수난과 부활 또는 그리스도의 영에 대한 교훈이나 주의를 기독교인에게 주지 않았다. 그리스도에 대해서는 단지 두 번밖에 언급하지 않고 있다.

그리고 루터는 이어서 책을 검토할 때 그의 원리를 이렇게 말하고 있다. "책을 검토하기 위한 참된 표준은 그리스도의 탁월성을 강조하고 있느냐 아니냐를 발견하는 것이다…. 그리스도를 가르치고 있지 않다는 것은 비록 베드로나 바울이 가르친 것이라 할지라도 사도적이라 할 수는 없다. 반대로 그리스도를 전한다는 것은 비록 유다나 안나스나 빌라도나 헤롯이 전한 것이라 할지라도 사도적이라 할 수 있다." 야고보서는 이런 검토 과정에서 불합격이 되었다. 루터는 계속해서 말한다. "그리고 야고보서는 사람들을 율법과 그 행위에 몰아넣을 뿐이다. 야고보는 한 가지 일을 다른 일과 혼돈하고 있기 때문에 나는 이 서신이 어느 선량하고 경건한 사람이 사도들의 제자들이 말한 것을 조금씩 모아 가지고 써서 낸 것이라고 생각한다. 그렇지 않다면 아마도 이 서신은 야고보의 설교를 적어 두었던 어떤 사람이 썼을 것이다. 야고보는 율법을 자유의 율법이라고 부른다(약 1:25, 2:12). 그러나 바울은 율법을 노예의 율법, 분노의 율법, 죽음의 율법, 죄의 율법이라고 부른다(갈 3:23 이하; 롬 4:15, 7:10-11)."

이렇게 해서 루터는 결론에 도달한다. "결국 야고보는 행위에 이르지 못하는 신앙에만 의존하려는 사람들에 대하여 경고하고자 했으나 그는 성령도 사상도 가지지 못하였으며 그 직무에 적합한 웅변도 갖고 있지 않았다. 그는 성경에 대하여 폭력을 가했으며 바울과 모든 성경 말씀과 모순되었다. 그는 사도들이 인간을 사랑에 접근시킴으로써 완수하려던 것을 율법을 강조함으로써 성취하려 하고 있다. 그렇기 때문에 나는 성경 정경의 진정한 저자로서 지위를 그에게 제공하는 것을 거부한다. 그러나 나는 다른 사람이 그에게 지위를 제공하며 그가 원하는 데까지 높이 평가하는 일을 방해할 마음은 없다. 이 서신이 훌륭한 문장을 많이 내포하고 있기 때문이다. 그렇지만 인간이란 혼자서는 세상에서 인간으로서 인정받을 수 없다. 그렇다면 이같이 고독하고 고립된 저자가 바울이나 성경의 다른 모든 저자들에게 대항하여 가치를 인정받는 일이 과연 있을 수 있을 것인가?" 루터는 실제로 야고보서를 용서하지 않는다. 그러나 우리가 일단 야고보서를 연구해 본다면 루터가 한 번 정도는 정당한 판단을 그르친 주관적 편견에 사로잡혀 있었다는 것을 생각할 수 있게 될 것이다.

이와 같이 야고보서의 역사는 고난의 역사였다. 다음으로 우리는 저자와 연대에 대한 문제를 해결하기 위하여 전진해야 한다.

야고보의 신원

먼저 이 편지의 저자에 대하여 생각해 보고자 한다. 그는 자기 자신에 대해서는 전혀 아무것도 전해 주지 않았다. 그는 자기 자신을 단순히 "하나님과 주 예수 그리스도의 종 야고보"(약 1:1)라고 불렀다. 그러면 이 야고보는 누구인가? 신약성경 안에는 확실히 야고보라는 이름을 가진 사람이 적어도 다섯 사람이 있다.

I. 가룟 유다가 아닌 열두 제자 중의 유다의 아버지가 되는 야고보가 있다(눅 6:16). 그는 이름 외에는 알려지지 않았으며 이 편지와는 아무런 관계가 없다.

II. 열두 제자 중의 하나인 알패오의 아들 야고보가 있다(마 10:3; 막 3:18; 눅 6:15; 행 1:13). 마태복음 9장 9절과 마가복음 2장 14절을 비교해 본다면 마태와 레위는 같은 사람인 것을 알 수 있다. 레위도 알패오의 아들이기 때문에 따라서 마태와 야고보는 형제임에 틀림없다. 그러나 알패오의 아들 야고보에 대해서도 아무것도 알려지지 않았기 때문에 그도 이 편지와는 아무런 관계가 없다.

III. "작은 야고보"라고 불리는 야고보가 있다. 마가복음 15장 40절에 언급되어 있다(마 27:56, 19:25 참조). 그에 대해서도 알려진 바가 없기 때문에 그도 이 편지와는 아무런 관계가 없다.

IV. 열두 제자 중의 하나이며 세베대의 아들이자 요한의 형제인 야고보가 있다(마 10:2; 막 3:17; 눅 6:14; 행 1:13). 복음서 이야기에서 이 야고보는 그의 형제 요한에게서 독립해 나타난 일은 결코 없다(마4:21, 17:1; 막 1:19, 29, 5:37, 9:2, 10:35, 41, 13:3, 14:33; 눅 5:10, 8:15, 9:28, 54). 이 야고보는 사도 가운데서 최초로 순교의 죽음을 당하였다. 그는 헤롯 아그립바 1세의 명령에 의하여 주후 44년에 목베임을 당하였기 때문이다. 그는 이 편지와 관계가 있는 것같이 생각되었다. 제4세기 코르베인시스(Corbeiensis) 라틴어 사본에는 이 서신의 마지막에 세베대의 아들 야고보에 의해 쓰여졌다는 단서가 붙어 있다. 저자에 대한 이 학설을 충실하게 받아들인 유일한 교회는 스페인 교회였다. 이 교회에서는 17세기 말엽까지 세베대의 아들 야고보가 이 편지의 저자라는 것이 때때로 확인되었다. 이것은 컴포스텔라(Compostella)의 성 야고보가 스페인의 수호성인이라는 사실 때문이었다. 그는 세베대의 아들 야고보와 동일시되어 왔다. 스페인 교회가 자신들의 나라의 수호성인을 신약성경 편지의 저자라고 하고 싶어 했다는 것은 매우 자연스러운 일이었다. 그러나 야고보가 편지를 쓰기에는 그의 순교가 너무 일찍 왔다고 생각된다. 그러므로 어떤 일이 있어도 코르베인시스(Corbeiensis) 사본 이상으로 그를 이 편지와 관련시킬 수는 없다.

V. 마지막으로 예수의 형제라고 불리는 야고보가 있다. 3세기 전반에 와서 비로소 오리게네스(Origenes)가 이 야고보를 이 편지와 관련시켰으나 그 후 이 편지는 전통적으로 이 야고보의 저작으로 항상 인정해 왔다. 로마 가톨릭 교회는 이 편지가 그의 저작임을 결정하였다. 1546년 트렌트 회의(Council of Trent)에서 야고보서는 정경으로 인정된 책이며 한 사도에 의하여 쓰여졌다고 결정하였다.

그러면 이 야고보에 대하여 상고해 보자. 그리고 그에 대한 증거를 수집해 보자. 신약성경에서 그가 예수의 형제라는 것을 알 수 있다(막 6:3; 마 13:55). 형제라는 말의 의미가 어떻게 취해졌나 하는 문제는 뒤에 가서 논하기로 한다. 예수의 전도 기간 중에 예수의 가족이 예수를 이해하지도 않고 동정하지도 않고 도리어 그에게 실제로 적개심을 품고 그를 억제하려고 생각했던 것은 명백한 사실이다(마 12:46–50; 막 3:21, 31–35; 요 7:3–9). 요한은 예외 없이 이렇게 말한다. "이는 그 형제들까지도 예수를 믿지 아니함이러라"(요 7:5). 그러므로 예수의 지상에서의 전도 기간 중에서 야고보는 예수의 반대자에 속한 사람이었다.

그러나 사도행전에서는 갑자기 설명할 수 없는 변화가 나타났다. 사도행전의 서두에는 예수의 모친과 형제들이 기독교인의 소집단 속에 있다(행 1:14). 더 읽어보면 야고보가 예루살렘 교회의 지도자가 되어 있는 것이 명확하다. 왜 그렇게 되었는지는 설명이 없지만 야고보의 탁월성은 명백하다. 베드로가 자신의 탈옥 소식을 전한 사람도 야고보다(행 12:17). 야고보는 분명히 기독교 교회의 이방인을 맞아들이는 데 합의한 예루살렘 회의를 관장하고 있다(행 15:12–21).

바울이 처음으로 예루살렘에 올라갔을 때 만난 사람이 야고보와 베드로였으며 자신의 활동 영역에 대하여 같이 의논하고 결정한 사람도 교회의 기둥과 같은 베드로와 야고보와 요한이다(갈 1:19, 2:9). 바울이 이방인 교회에서 헌금을 모아서 상경한 예루살렘 방문은 그로서는 마지막 예루살렘 방문이 되었으며 여기서 체포되어 죄수가 되었는데 이때 방문한 사람이 야고보다(행 21:18–25). 이 최후의 일화는 중요하다. 야고보가 아직 유대의 율법을 지키고 있는 유대인에게 매우 동정적이며 그들의 망설임을 분노로써 대하지 않기를 열망하였으며 실제로 **나실인**의 맹세를 성취하고자 하는 유대인들의 비용의 책임을 바울이 맡는 것으로써 그가 율법에 충실하다는 것을 나타내라고 바울에게 설득한 사실을 보여주기 때문이다.

야고보가 예루살렘 교회의 지도자였다는 것은 아주 분명하다. 상상할 수 있는 대로 이것은 전승과 전설에 의하여 보충되었으며 발전되었다. 초기의 역사가 헤게십푸스(Hegesippus)는 야고보가 예루살렘 교회의 초대 감독이었다고 말하고 있다. 알렉산드리아의 클레멘트(Clement)는 한 걸음 더 나아가서 베드로와 요한에 의하여 그 직무를 선택 받았다고 말하고 있다. 제롬은 그의 저서 《**명인전**(*Famous Men*)》에서 아주 확신을 가지고 다음과 같이 말하고 있다. "주의 수난 후에 야고보는 곧 사도들에 의하여 예루살렘 교회의 감독으로 임명되었다. …그는 예루살렘 교회를 30년간, 즉 네로(Nero) 황제 치세 7년까지 처리하였다."《클레멘타인 교령집(*Clementine Recognitions*)》에서 이 전설은 최후의 단계까지 발전된 느낌이 든다. 야고보는 다른 사람이 아닌 예수에 의하여 예루살렘 교회의 감독으로 임명되었다고 말하고 있기 때문이다. 알렉산드리아의 클레멘트(Clement)는 기이한 전설을 이야기하고 있다. "주는 부활하신 후 의인 야고보와 요한과 베드로에게 지식을 위임하셨다. 그리고 그들은 그것을 다른 사도들에게 위임하였다. 그리고 다른 사도들은 그것을 70인에게 위임하였다."

예루살렘 교회에서의 야고보의 탁월성에 대한 전설은 점점 커지고 발전되어 간 것은 명백한 사실이다. 우리는 후대에 전개된 전설을 받아들일 필요는 없지만 기본적인 사실이 전설 가운데 남아 있음을 알아야 한다. 즉, 야고보는 의심할 여지가 없이 예루살렘 교회의 책임자였다는 것이다.

야고보와 예수

이상과 같은 변화는 약간의 해설을 필요로 한다. 예수에 대하여 냉담한 반대자였던 야고보를 교회의 지도자 야고보로, 그리고 마지막에는 앞으로 알게 되겠지만 그리스도의 순교자로 변화시킨 것은 무슨 일이었을까? 이런 변화의 설명은 신약성경 자체의 간결한 문장 속에서 얻는 것이 좋겠다. 고린도전서 15장에 바울은 예수 부활의 출현 순서를 기록하고 있다. 그 순서에는 다음과 같은 말이 있다. "그 후에 야고보에게 보이셨으며"(고전 15:7).

그런데 우연이라 할 수 있겠으나 **히브리인의 복음서**에는 야고보에 대하여 기이한 언급을 하고 있다. 이 복음서는 신약성경에는 편입되어 있지 않은 가장 초기 복음서의 하나다. 현존하는 단편으로 판단한다면 매우 가치 있는 책이라 할 것이다. 그 복음서 안에 제롬에 의하여 전해진 다음과 같은 기사가 있다.

> 주가 세마포 옷을 대제사장의 종에게 준 다음에 주는 야고보 있는 곳에 가서 그에게 나타나셨다. (야고보는 주의 잔을 마신 그때부터 잠자는 자들 중에서 다시 살아나신 주를 보기까지는 빵을 먹지 않겠다고 맹세하였기 때문이다.) 그리고 잠시 후 다시 주는 말씀하셨다. "식탁을 준비하고 빵을 가져오너라." 그리고 곧 다음과 같은 말을 덧붙이셨다. 주는 빵을 가지고 축복한 후 그것을 떼어 의인 야고보에게 주며 "나의 형제여, 그대의 빵을 취하라. 인자는 잠자는 자들 가운데서 다시 살아났노라"라고 말씀하셨다.

이 문장에는 난해한 부분이 없는 것은 아니다. 최초 부분은 예수가 죽음에서 부활하여 무덤에서 나타났을 때 죽을 때 입었던 세마포로 된 수의를 대제사장의 종에게 주고 그의 형제 야고보를 만나러 간 것을 의미하는 것같이 보인다. 또 야고보가 최후의 만찬에 참석한 것을 의미하는 것같이 보인다.

이와 같이 이 문장에는 모호한 점이 있기는 하지만 한 가지 사실만은 확실하다. 그것은 예수가 그의 생애 최후의 며칠 동안과 최후의 순간에 야고보의 마음을 사로잡았다는 사실과 야고보가 예수의 부활이 있기 전까지는 결코 먹지 않을 것을 맹세하였다는 사실이다. 그래서 예수는 그를 찾아가서 그가 대망하고 있던 사실을 확증시켜 주셨다.

야고보와 부활한 그리스도와의 회합이 있었다는 것은 분명하다. 그 신성하고 친밀한 순간에 일어났던 사건을 우리는 알 길이 없을 것이다. 그러나 다음과 같은 사실은 알 수 있다. 즉, 예수를 적대시하고 냉담하던 반대자 야고보가 그 후에는 일생 동안 예수의 종이 되었으며 죽음으로 예수의 순교자가 되었다는 사실이다.

그리스도를 위한 순교자 야고보

야고보가 순교했다는 것은 초기 전설의 일치된 주장이다. 그의 죽음의 상황에 대한 설명에 대해서는 일치하지 않지만 그가 순교하였다는 사실에 대해서는 일치하고 있다. 요세푸스(Josephus)의 설명은 매우 간결하다.

안나스(Ananus)는 그런 종류의 인간이었으며 베스도(Festus)는 사망하였고 알비누스(Albines)는 아직도 도착하지 않았기 때문에 좋은 기회를 얻었다고 생각하고 법정회의를 열었다. 그는 법정에서 그리스도라고 일컫는 예수의 형제—야고보라는 이름이었다—와 다른 몇 사람을 끌어내어 율법을 모독하였다는 죄목으로 돌로 쳐죽이라는 형벌에 처하였다(고대사 20:9, 1).

안나스는 유대교의 대제사장이었다. 베스도와 알비누스는 팔레스타인의 총독이었고 빌라도가 차지하고 있던 같은 지위를 얻고 있었다. 이 이야기의 강조점은 안나스가 어느 총독의 사망과 그 후임자가 취임하는 중간기를 이용하여 야고보와 기독교 교회의 지도자들을 제거해 버렸다는 점이다. 사실 이것은 우리에게 알려진 대로 안나스의 성격에 매우 적합한 일이다. 이리하여 야고보는 주후 62년에 순교한 것이 된다.

다시 더 긴 기사가 헤게십푸스(Hegesippus)의 역사 가운데 수록되어 있다. 헤게십푸스의 역사 그 자체는 상실되어 버렸지만 그가 기록한 야고보의 죽음에 대한 설명은 유세비우스(Eusebius)에 의하여 완전히 보존되어 있다(교회사 2:23). 이 기사는 길기는 하지만 그 전부를 인용할 만한 값어치가 있을 정도로 흥미가 있다.

사도들과 함께 주의 형제 야고보는 교회의 행정을 이어받았다. 주의 시대에서 우리의 시대에 이르기까지 사람들은 그를 의인이라 부른다. 그것은 야고보라는 이름을 가진 사람이 많았기 때문이었다. 그는 모태에 있을 때부터 성별되었다. 그는 포도주와 독주를 마시지 않았으며 고기도 먹지 않았다. 머리에 면도날을 대지 않았으며 기름도 바르지 않았다. 그리고 목욕도 하지 않았다. 성소에 들어감을 허락받은 사람은 그밖에 없었다. 그는 모직물을 입지 않고 린넬로 만든 옷을 입고 있었기 때문이었다.

혼자 성전에 들어간 야고보가 백성의 속죄를 기원하면서 무릎을 꿇고 있는 모습이 보였다. 그의 무릎은 낙타의 무릎과 같이 굳어져 있었다. 하나님께 기도를 드리며 백성이 지은 죄의 용서를 기원하기 위하여 끊임없이 꿇어 앉아 있었기 때문이다. 특히 그의 뛰어난 정의 때문에 그는 의인이라 불렸고 오블리아스(Oblias)라고 불렸다. 이 말은 그리스어로 백성의 방패(Bulwark of the People)라는 뜻이다. 그리고 선지자가 그에 대하여 예언한 바와 같이 그는 정의의 사람으로 불렸다.

그러므로 《회고록》에서 이미 내가 언급한 바와 같이 일곱 분파의 어떤 사람이 그에게 "예수의 문은 무엇인가?"라고 물었을 때 그는 예수는 구주이시다—어떤 사람은 '예수는 그리스도이시다'라는 신앙을 받아들였다—라고 대답하였다. 그런데 전술한 일곱 분파의 사람들은 부활을 믿는 사람들도 아니며 자신의 행위에 의하여 모든 사람에게 보답을 주시려고 오신 분을 믿는 사람들도 아니었다. 그러나 많은 사람이 야고보로 인하여 그렇게 믿게 되었다. 많은 행정관이 성도가 되었기 때문에 유대인, 학자, 바리새인들이 소동을 일으켰다. 모든 사람이 예수 그리스도에게 기대를 걸게 될 위험성이 있다고 생각하였기 때문이었다. 따라서 그들은 야고보와 같이 모였을 때 다음과 같이 말하였다.

"우리는 당신에게 사람들을 통제해 줄 것을 간청합니다. 그들은 예수에게로 길을 잘못 찾아 그를 그리스도라고 확신하고 있기 때문입니다. 우리는 유월절 절기에 모인 모든 사람에게 예수에 대하여 설득해 줄 것을 당신에게 간청합니다. 그날에는 우리 모두가 당신의 말을 듣기 때문입니다. 우리와 모든 백성이 당신은 의로우며 사람들을 차별 대우하지 않는다는 것을 증언하기 때문입니다. 이런 까닭이므로 백성을 설득시켜 주십시오. 예수께로 백성이 잘못 가지 않도록 해 주십시오. 모든 백성이 당신의 말을 경청하기 때문입니다. 당신의 연단을 성전 꼭대기에 올려 주십시오. 그렇게 되면 당신은 잘 보이게 될 것이며 당신의 말은 모든 백성에게 들리게 될 것입니다. 유월절을 지키기 위하여 전 부족이 집합하며 이방인들까지도 모이게 될 것이기 때문입니다."

이리하여 전술한 학자와 바리새인들은 야고보를 성전 꼭대기에 올려놓고 그를 향하여 부르짖었다. "아아, 당신은 의인입니다. 우리는 당신의 말씀에 귀를 기울이지 않으면 안 됩니다. 백성은 예수가 십자가에 못 박힌 후 예수에게로 길을 잘못 들고 있습니다. 예수의 문은 무엇인지를 가르쳐 주십시오." 그러자 야고보는 큰 소리로 대답하였다.

"어찌하여 당신들은 인자에 대하여 나에게 묻습니까? 예수는 하늘에 계신 위대한 힘을 가지신 분의 우편에 앉아 계시다가 드디어 하늘 구름을 타고 오실 것입니다." 많은 사람은 확신을 가지고 야고보의 증거에 영광을 돌리며 "다윗의 자손이여 호산나로다"라고 외쳤다. 이리하여 다시 같은 학자와 바리새인들은 서로 의논하였다. "우리가 예수에 대하여 그와 같은 증언을 허락한 것이 잘못이었다. 자, 올라가서 그(야고보)를 끌어내려서 공포심을 일으키게 하여 사람들이 그를 믿지 않도록 하자." 그러고는 그들은 부르짖었다. "아아, 의인마저도 길을 잘못 들었구나." 그러고는 그들은 이사야서에 기록되어 있는 말씀을 성취시켰다. "저 의인을 제거해 버리자. 그가 우리에게 말썽을 부렸기 때문이다. 따라서 그들은 그 행위의 열매를 먹지 않으면 안 될 것이다."

그리하여 그들은 올라가서 그 의인을 던져 버리고 서로 말했다. "의인 야고보를 돌로 치자." 그리고 그들은 돌을 던지기 시작하였다. 야고보는 던져 버리는 것만으로는 죽지 않았기 때문이었다. 그러나 그는 머리를 숙이고 무릎을 꿇고 말하였다. "주가 되시며 아버지가 되시는 하나님이시여 저들을 용서하여 주십시오. 저들은 저들이 하는 행동을 모르기 때문입니다." 그들이 돌을 던지고 있을 때 레캅(Rechab)의 아들 가운데서 나온 제사장의 한 사람, 즉 선지자 예레미야에 의하여 언급된 레카빔(Rechabim)의 아들이 외쳐 말하였다. "중지하시오! 당신네들은 무슨 짓을 하는 것이오? 저 의인은 당신네들을 위하여 기도하고 있지 않소." 그들 가운데 빨래방망이를 가진 세탁업자 한 사람이 있었다. 그 사나이가

> 방망이로 의인의 머리를 쳤다. 그리하여 야고보는 순교의 죽음을 이루었다.
>
> 그들은 야고보를 성전 가까운 곳에 매장하였다. 그는 유대인과 그리스인 쌍방에 대하여 예수는 그리스도이시라는 참된 증인이 되었다. 그 후 즉시 베스파시아누스(Vespasian) 황제가 그들을 포위 공격하였다.

이 헤게십푸스의 글에서 발췌한 최후의 문장은 헤게십푸스가 야고보가 순교한 날짜를 다른 사람과는 다르게 적어 놓았음을 보여 준다. 요세푸스는 그 날짜를 기원 62년으로 잡았다. 그러나 이 사건이 베스파시아누스 황제의 포위 공격 직전에 일어났다고 하면 아마도 기원 66년경이 될 것이다.

헤게십푸스의 이야기에는 전설적인 점이 많이 내포되었다고 할 수 있겠으나, 그 안에는 두 가지 사실이 표현되어 있다. 첫째는 야고보의 순교에 대한 증명이 있다는 사실이다. 둘째는 야고보가 기독교인이 된 후에도 정통적인 유대의 율법에 전적으로 충실하였다는 사실이다. 사실 야고보는 율법에 매우 충실하였기 때문에 유대교도들은 그를 자신들의 동지와 같이 간주하였다. 이 사실은 바울이 예루살렘 교회를 위하여 헌금을 가지고 예루살렘에 올라왔을 때 바울에 대하여 취한 야고보의 태도와 잘 일치되고 있다(행 21:18-25). 야고보는 바울에게 나실인의 서원의 성취를 약속하고 있는 사람들의 비용을 지불하는 것으로써 율법을 파괴하는 자가 아님을 보이도록 행동하라고 권고하고 있기 때문이다.

주의 형제

이 야고보가 어느 야고보이었는가 하는 문제를 끝맺기 전에 그에 대하여 해결하지 않으면 안 될 문제가 또 하나 있다. 갈라디아서 1장 19절에 바울은 야고보를 **주의 형제**라고 부르고 있다. 마태복음 13장 55절과 마가복음 6장 3절에 있는 예수의 형제의 이름 가운데 그의 이름이 있다. 사도행전 1장 14절에는 비록 이름은 기록되어 있지 않으나 예수의 형제들이 초대교회에서 예수를 따르는 자들 가운데 있었다고 전한다.

문제는 "**형제**라는 말의 뜻은 무엇인가"라는 것이며 우리는 이것을 해명하지 않으면 안 된다. 이것은 영국 교회의 앵글로 가톨릭(Anglo-Catholic) 교파인들과 마찬가지로 이 문제의 해답에 대단한 중요성을 느끼고 있는 로마 가톨릭 교회의 사람들에 대해서도 해답을 주지 않으면 안 될 문제다. 이것은 제롬의 시대 이후 교회 안에서 논쟁이 계속되어 온 문제다.

예수의 "형제"에 관계된 학설에는 세 가지가 있다. 이것을 하나하나 상고해 보기로 한다.

히에로니무스설(The Hieronymian Theory)

히에로니무스설의 이름은 제롬(Jerome)의 그리스어 이름인 히에로니모스(Hieronymian)에서 유래되었다. 그가 이 학설을 완성시켰다. 그 이전에는 이것을 언급한 사람은 없었다. 이 학설에 의하면 예수의 "형제"는 실은 그의 **사촌 형제**였다고 언명되어 있다. 이 학설의 중요한 점은 로마 가톨릭 교회의 공인된 신앙이기 때문이다. 이 학설은 로마 가톨릭 교회의 신앙 조항으로 되어 있다. 이 학설은 제롬에 의하여 기원 383년에 세워졌다. 제롬의 복잡한 논증을 이 문제의 서론에 취급함으로써 오해 없이 이해하고자 한다.

I. 주의 형제 야고보는 사도의 일원이었다. 바울은 "주의 형제 야고보 외에 다른 사도들을 보지 못하였노라"(갈 1:19)라고 기록하고 있다. 야고보가 **사도**였다는 증거가 여기에 있다.

II. 제롬은 "사도"라는 말이 열두 사도에게만 사용되었다고 주장한다. 그는 사도의 칭호는 그들에게만 한정되어 있다고 주장한다. 그렇다면 우리는 열두 사도 중에서 야고보를 찾지 않으면 안 된다. 이 야고보는 세베대의 아들, 요한의 형제 야고보와 동일시할 수는 없다. 사도행전 12장 2절에 간명하게 기록된 대로 그는 갈라디아서 1장 19절의 시대까지는 순교의 죽음을 이룩하였기 때문이다.

따라서 열두 사도 중 나머지 또 한 사람 야고보, 즉 알패오의 아들 야고보와 동일시하지 않으면 안 되게 된다. 이리하여 이 학설에 의하면 주의 형제 야고보와 알패오의 아들 야고보는 한 사람이며 동일인이 된다.

III. 제롬은 더 나아가서 또 하나의 검증을 보여 준다. 마가복음 6장 3절에 "이 사람이 마리아의 아들 목수가 아니냐 야고보와 요셉의 형제가 아니냐" 라고 기록되어 있다. 또 마가복음 15장 40절에서 십자가 곁에 작은 야고보와 요셉의 어머니 마리아가 있음을 볼 수 있다. 이 작은 야고보는 요셉의 형제이며 마리아의 아들이므로 마가복음 6장 3절의 야고보와 동일 인물이 되는 것이다. 마가복음 6장 3절의 야고보는 주의 형제다. 따라서 제롬에 의하면 주의 형제 야고보와 알패오의 아들 야고보와 작은 야고보는 각각 표현은 다르지만 동일 인물이 된다.

IV. 제롬은 다음에 최종적이며 결정적인 것으로서 예수가 십자가에 못 박혔을 때 그곳에 있었던 여인들의 리스트에서 연역된 논리에다 그의 논증의 근거를 두고 있다. 그러면 세 복음서의 저자들에 의하여 주어진 리스트를 살펴보기로 하자.

마가복음 15장 40절의 리스트—막달라 마리아와 또 작은 야고보와 요세의 어머니 마리아와 또 살로메가 있었다.

마태복음 27장 56절의 리스트—막달라 마리아와 또 야고보와 요셉의 어머니 마리아와 또 세베대의 아들들의 어머니도 있더라.

요한복음 19장 25절의 리스트—그 어머니와 이모와 글로바의 아내 마리아와 막달라 마리아가 섰는지라.

이러한 리스트를 분석해 보면 막달라 마리아는 이름으로 명시되어 있다. 살로메와 세베대의 아들들의 어머니를 동일시해도 틀림은 없다. 그러나 실제로 문제되는 것은 요한의 리스트다. 문제는 **요한의 리스트에 몇 사람의 여인이 있는가 하는 문제다**. 세 사람인지 혹은 네 사람인지? 이 리스트는 다음과 같이 읽을 수 있다.

(1) 예수의 어머니
(2) 예수의 이모
(3) 글로바의 아내 마리아
(4) 막달라 마리아

혹은 다음과 같이 읽을 수도 있다.

(1) 예수의 어머니
(2) 예수의 이모인 글로바의 아내 마리아
(3) 막달라 마리아

제롬은 제2의 방법이 옳으며 거기에는 세 사람의 여인이 있었고 예수의 이모와 글로바의 아내는 동일인이라고 주장한다. 그렇다면 예수의 이모 이름도 마리아며 다른 리스트에는 야고보와 요셉의 어머니 마리아라고 되어 있는 사람이다. 그렇게 되면 이 야고보는 작은 야고보, 알패오의 아들 야고보, 주의 형제라고 알려진 사도 야고보와 동일 인물이 된다. 이것은 야고보가 마리아의 동생의 아들이며, 따라서 예수의 사촌 형제가 된다는 것을 의미한다.

이상 말한 것이 제롬의 논증이다. 이 논증에 대하여 적어도 네 가지 비판을 가할 수 있다.

1. 거듭거듭 야고보는 예수의 "형제"라고 불리고 있으며 예수의 형제 이름 가운데 들어 있다. 형제라는 말은 어떤 경우에라도 **아델포스**(adelphos)라는 말을 사용하였으며 이것은 형제라는 뜻의 일상 용어다. 기독교인들이 상호간에 **형제**라고 부르는 것처럼 이 **아델포스**(adelphos)는 어느 공동체에 속한 사람들을 표현할 수 있는 말인 것도 사실이다. 이 말은 친애의 표시로 나타내는 말씨로 사용할 수 있는 것도 사실이며 우리가 사사로이 친교를 가진 사람을 **형제**라고 부를 수 있는 것도 사실이다.

그러나 이 말이 친족이나 혈연관계가 있는 사람에게 사용될 때에는 아무리 줄

잡아 말하더라도 **사촌형제**를 의미할 수 있다는 것은 매우 의심스러운 일이다. 야고보가 예수의 사촌형제였다면 그가 예수의 **형제 아델포스**(adelphos)라고 불렀다는 것은 전혀 있을 수 없는 일이며, 아마도 불가능한 일이 될 것이다.

II. 제롬이 "사도"라는 낱말을 열두 사도에게만 사용할 수 있다는 가정에서 논리를 진행시킨 것은 전적으로 잘못된 일이었다. 바울은 사도였다(롬 1:1; 고전 1:1; 고후 1:1; 갈 1:1). 바나바는 사도였다(행 14:14; 고전 9:6). 실라는 사도였다(행 15:22). 안드로니고와 유니아도 사도였다(롬 16:7).

사도라는 말을 열두 사도에게만 한정시킨다는 것은 전혀 불가능하다. 그렇다면 주의 형제 야고보를 열두 사도 가운데서 찾을 필요는 더 이상 없다. 따라서 제롬의 논증 전체는 무너져 버린다.

III. 요한복음 19장 25절은 문장면에서 보아 세 여인의 리스트가 아니라 네 여인의 리스트인 것같이 생각된다. 글로바의 아내 마리아가 진정으로 예수의 어머니 마리아의 동생이라고 한다면 동일 가정의 두 자매가 모두 마리아라는 이름을 가진 것을 뜻하는데 이런 일은 도무지 있을 수 없다.

IV. 제롬이 그의 학설을 확립한 기원 383년까지 교회는 이 학설에 대하여 아무것도 몰랐다는 것을 상기할 필요가 있다. 그가 이 학설을 내세운 것은 마리아의 종신 처녀성의 교리를 보호하며 지지하는 이유 외에 다른 뜻이 없다는 것은 매우 확실한 사실이다. 이 학설의 전체적 강조점은 마리아가 예수 이외에 다른 어린아이를 가지지 않았다는 것을 믿도록 보증을 하는 데 있다.

예수의 형제라고 불리는 사람들이 사실상 그의 사촌 형제라는 학설이 로마 가톨릭 교회의 공인된 학설이었다고 하여도, 또한 이 학설을 주장하는 프로테스탄트 사람들이 있다고 하더라도 이 학설을 이상의 사실에 의거하여 전적으로 지지할 수 없는 것으로 기각되어야 한다.

에피파니우스설(The Epiphanian Theory)

예수와 그의 형제와의 관계에 대한 제2의 큰 학설은 에피파니우스설이라 불린다. 이것은 예수의 "형제"라고 불린 사람들이 실은 의형제이며 요셉의 전처의 소생이었다는 학설이다. 이 학설은 기원 370년경에 이 학설을 역설한 에피파니우스(Epiphanius)의 이름을 따서 에피파니우스설이라고 부른다. 그가 이 학설을 안출한 것은 아니다. 이 학설은 오래 전부터 존재해 왔다. 그리고 초대교회가 사실상 가장 많이 사용한 견해이기도 하다.

이 학설의 대의는 **야고보서** 또는 **원복음서**(Protevangelium)라고 불리는 그 기원을 2세기 중엽까지 소급하게 되는 외전에 이미 나타나 있다. 이 책은 요아킴(Joachim)과 안나(Anna)라는 매우 경건한 부부의 이야기를 전해 준다. 그들의 커다란 슬픔은 어린아이가 없는 것이었다. 그러나 나이가 든 후에 어린아이가 출생하였으므로 매우 기뻐하였다. 그리그 이 이야기에서 확실히 알 수 있는 것은 이 어린아이도 처녀 수태에 의한 것으로 간주되었다는 것이다.

어린아이는 딸아이로 마리아라고 불렸으며 후에 예수의 어머니가 된 사람이다. 요아킴과 안나는 이 아이를 주께 바치기 위하여 세 살 된 마리아를 성전에 데리고 가서 제사장에게 맡기고 돌아왔다. 그녀는 성전에서 성장하였다. 12세가 되었을 때 제사장들은 그녀의 결혼에 대하여 생각하였다. 그리고 홀아비를 모이게 했으며 각자 지팡이를 가지고 올 것을 명령하였다. 그들 가운데 목수 요셉도 있었다. 대제사장은 지팡이를 보았다. 요셉의 지팡이가 마지막이었다. 다른 지팡이 때에는 아무런 일도 일어나지 않았으나 요셉에게서 지팡이를 받아들자 한 마리의 비둘기가 날아와서 요셉의 머리에 앉았다. 이리하여 마리아를 아내로 맞이할 것이 요셉에게 계시되었다.

요셉은 처음에 대단히 못마땅하게 생각하였다. "나에게는 자식들이 있으며 이미 늙었다. 그녀는 소녀가 아닌가! 나는 이스라엘 자손들의 웃음거리가 되고 싶지는 않다"(원복음서 9:1)라고 말하였다. 그러나 결국 그는 하나님의 뜻을 따라 마리아를 맞아들였으며 얼마 후 예수가 탄생하였다. 물론 원복음서의 자료는 전설적인 것이다. 그러나 드디어 에피파니우스의 이름을 가지고 나타난 이 학설이

2세기 중엽에 이르기까지 널리 알려져서 폭넓은 지지를 얻었다는 것을 보여 주고 있다.

최초로 이 학설에는 직접적인 증명이 없다는 것을 말하지 않으면 안 된다. 이 학설이 지지를 받았다면 간접적으로 지지를 받았음이 분명하다. 그러면 이 학설을 위하여 예증할 수 있는 간접적인 증명이나 성경의 암시는 과연 어떤 것들이 있을까?

I. 마리아에게 예수 외에 다른 아들이 있었다면 어찌하여 예수는 어머니의 시중을 요한에게 부탁했을까(요 19:26-27) 하는 문제가 생길 수 있다.

여기에 대한 대답은 우리가 아는 한도에서는 예수의 가족은 예수에 대한 동정이 부족했으며 어머니를 그들이 시중들도록 맡기기는 거의 불가능에 가까웠기 때문이었다는 사실이다.

II. 예수 "형제들"의 예수에 대한 태도는 형이 동생에게 행하는 태도였다는 것이 논의된다. 그들은 예수의 정신 상태에 의문을 품고 집으로 데리고 가려고 생각하였다(막 3:21, 31-35). 그들은 적극적으로 예수에게 적의를 품고 있었다(요 7:1-5).

그러나 그들의 행동은 연령 탓이 아니라 예수가 가족의 수치가 되었다는 사실에 의한 것이라는 점도 전술의 논증과 같이 논의될 수 있다.

III. 요셉은 마리아보다 나이가 많다는 것도 논의된다. 그것은 요셉이 복음서의 이야기 가운데서 완전히 자취를 감추었으며, 따라서 십중팔구 예수의 공생애가 시작되기 전에 사망하였다고 생각되기 때문이다. 예수의 어머니는 갈릴리 가나 혼인 잔치에 참석하였지만 거기에는 요셉에 대한 이야기가 없다(요 2:1). 예수는 적어도 여러 번 마리아의 아들이라고 불리고 있으며, 요셉이 사망하였고 마리아가 과부였다는 것을 암시해 준다(막 6:3; 마 13:55 참조). 더 나아가서 30세가 되기까지(눅 3:23) 오랫동안 나사렛에 체류하였다는 것은 요셉이 죽은 후 예수가 가계의 책임을 지지 않으면 안 되었다는 가설도 용이하게 세울 수 있다.

그러나 요셉이 마리아보다 연장자였다는 것이 반드시 마리아와의 사이에 다른 어린아이가 없었다는 사실은 될 수 없다. 그리고 가족을 부양하기 위해 예수가 마을의 목수로서 나사렛에 거주하였다는 사실도 예수가 막내 아이가 아니고 장남이었기 때문이라고 보는 것이 자연스러운 견해다.

이와 같은 논증에 대하여 라이트훗(Lightfoot)은 다시 일반적인 두 가지 논증을 첨가하였다.

첫째로, 이 학설은 기독교 전승의 학설이다. 둘째로, 이외의 학설은 "기독교인의 감정에는 용납되지 않는다"라고 주장하고 있다.

그러나 근본적으로 이 학설은 히에로니무스설과 동일한 근원에서 발생한 것이다. 그 의도하는 바와 이 학설이 존재하는 이유는 마리아의 종신 처녀성을 옹호하는 것에 있다. 이것은 교회의 사상 가운데 흐르고 있던 금욕주의를 찬양하며 보통 결혼 상태를 천하게 보는 경향에서 발생한 것이다. 어찌되었든 이 학설에 대한 직접적인 설명은 없다. 주의 어머니의 종신 처녀성에 관한 개념을 지지하고자 하는 욕구가 없었던들 누구도 이 학설에 대하여 생각하고자 하지는 않았을 것이다.

헬비디우스설(The Helvidian Theory)

제3의 학설은 헬비디우스설이라고 불린다. 이것은 예수의 형제와 자매는 그 언어 자체의 의미대로 예수의 형제이며 자매였다는 것을 단순하게 말해 준다. 즉, 술어를 사용한다면 그들은 예수의 동모이부(同母異父)의 형제 자매였다는 것이다. 이 학설과 관계된 헬비디우스(Helvidian)에 대해서는 아무것도 아는 바가 없다. 아는 것이라곤 제롬이 강력하게 반대하고 부인한 이 학설을 지지하는 논문을 그가 썼다는 것뿐이다. 그러면 이 헬비디우스설을 옹호하기 위하여 어떻게 말하고 있는지를 살펴 보자.

1. 신학적인 선입관이 없이 신약성경의 이야기를 읽는다면 누구라도 거기에

쓰여 있는 것 이외의 것을 생각하는 사람은 없다는 것이 사실이다. 신약성경의 기사는 문장면에서 보아 예수의 형제 자매를 그 언어가 의미하는 것 이외로는 조금도 생각하지 않는다.

II. 마태와 누가의 탄생 이야기는 마리아에게 다른 어린아이가 있다는 것을 전제하고 있다. 마태는 다음과 같이 기록하고 있다. "요셉이 잠에서 깨어 일어나 주의 사자의 분부대로 행하여 그의 아내를 데려왔으나 아들을 낳기까지 동침하지 아니하더니 낳으매 이름을 예수라 하더라"(마 1:24-25). 이 말의 명백한 언어의 의미는 요셉이 예수 탄생 후에 마리아와 정상적인 결혼 생활에 들어갔다는 것이다.

터툴리아누스는 이 기사를 사용하여 마리아가 처음에는 동정녀였다가 후에 완전한 의미의 아내가 되었다는 사실에 의하여 처녀성과 결혼 상태의 양자가 그리스도에 의해 신성하게 되었고 정결하게 되었다는 것을 증명하고 있다. 누가는 예수의 탄생을 기술할 때 마태와 같은 문구를 사용하고 있다. "**첫아들**을 낳아"(눅 2:7). 예수를 첫아들이라고 부른 것은 분명히 그 밑에 다른 자녀가 있다는 것을 암시한다. 마태와 누가가 기록한 탄생 이야기는 예수의 형제 자매가 요셉과 마리아의 자녀들이라는 것 이외의 견해를 지지해 주지는 않는다.

III. 전술한 바와 같이 예수가 30세까지 시골의 목수로서 나사렛에 거주하였다는 사실은 적어도 장남이며 요셉의 사후 가족을 양육할 책임을 져야 했다는 것을 보여 준다.

우리는 예수의 형제 자매는 사실 진정한 예수의 형제 자매였다는 것을 믿는다. 다른 어떤 학설도 결국은 금욕주의의 찬양과 마리아를 영원한 동정녀로 간주하고 싶은 데서 일어난다. 독신 생활이 결혼 생활의 사랑보다 고결한 것이라고 주장하는 것보다 가정의 존엄성을 존중하는 것이 더 아름다운 것이 확실하다.

이러한 이유로 주의 형제라고 불린 야고보가 여러 가지 의미에서 예수의 형제였다는 것을 믿을 수가 있다.

저자로서 야고보

그렇다면 주의 형제였던 야고보가 이 서신의 저자라고 할 수 있을까? 우리는 이 서신의 저자 문제와 연대 결정의 문제를 탐구하고자 하면 할수록 어려운 문제가 많아짐을 깨닫게 된다. 어느 쪽의 논쟁도 놀라운 균형을 가지고 재삼재사 나타나기 때문이다. 그러면 야고보가 저자라는 견해에 찬성의 뜻을 보여 주는 증거를 수집해 보자.

I. 야고보가 진정으로 이 서신을 썼다면 이 서신이 그렇듯이 그 서신은 일반적인 서신이 된다는 것은 극히 자연스러운 일이다. 야고보는 바울과 같은 여행자도 아니며 많은 지방 교회의 설립자도 아니다. 야고보는 유대계 교회의 지도자였다. 따라서 그가 쓴 서신의 유일한 자연적인 형식은 전유대 기독교인에게 보낸 일반적인 서신이었다고 생각된다.

II. 이 서신에는 선량하고 정통적인 유대인이 받아들일 수 없는 사항은 거의 없다. 그래서 신약성경에 편입시킨 유대인의 실제적인 윤리 소책자의 일례라고 보는 경향도 있다. 맥닐(A. H. Mcneile)은 기독교와 유대교가 똑같이 높이 평가할 수 있는 구절이 야고보서에 있다는 것을 하나하나 예를 들어 지적하고 있다. 흩어져 있는 열두 지파(1:1)란 세계에 흩어진 외국 기류의 유대 민족 가운데 있는 유대교도에 의하여 이해될 수 있는 말이다. 그리고 하나님의 새로운 이스라엘인 기독교 교회 내의 기독교인에 의해서도 이해될 수 있는 말이다.

이 서신에 거듭해서 나타나는 "주"(The Lord)라는 말은 예수와 하나님의 어느 편에도 적용될 수 있는 말이다(1:7; 4:10, 15; 5:7, 8, 10, 11, 14, 15). 하나님은 우리를 그의 피조물 중에 첫 열매가 되게 하시려고 진리의 말씀으로 우리를 낳으셨다(1:18)는 것은 하나님의 세계 창조의 최초 행위라고 받아들일 수 있으며 하나님이 예수 그리스도 안에서 인간의 재창조를 이룩하셨다고 이해할 수도 있다. 온전한 율법과 존중할 율법(1:25, 2:8)은 십계명 중의 윤리적 율법으로도 이해되며 그리스도의 새 계명으로도 이해된다. **에클레시아**(ekklesia－교회)의 장로들(5:14)은 기독교 교회의 장로들을 뜻하기도 하며 유대교의 장로들을 뜻하기도 한다고 이해된다. 70인역에서는 에클레시아라는 말은 하나님의 선민의 명칭이기 때문이다. 2장 2절에는 "**너희 회당**"에 대하여 말하고 있다. **회당**을 표시하는 말은 **수나고게**(Sunagōge)이며 물론 이것은 그리스도인의 회중을 의미함보다 **시나고구**(Synagogue)를 의미함이 많다고 할 수 있다. 저자가 독자에게 **형제**라고 부르고 있는 것은 전적으로 기독교적 용법인 동시에 전적으로 유대교적 용법이기도 하다. 주의 강림과 심판, 문밖에 서 계신다(5:7, 9)는 묘사는 기독교 사상과 유대교 사상에 아주 공통된 것이다. 의인을 죽였다(5:6)는 비난은 예언서에 거듭거듭 나타나는 묘사이며 문구지만 기독교인도 그것을 그리스도의 십자가를 서술한 것으로서 받아들일 수 있다. 정통적인 유대인이 자신들의 용어로 읽어간다면 이 서신에는 그들에게 마음으로 받아들일 수 없는 사항은 아무것도 없다.

이러한 모든 것이 야고보에게 적합한 것이라고 논할 수 있다. 야고보는 유대적 기독교라고 불릴 수 있는 집단의 지도자였다. 결국 그는 예루살렘을 중심으로 머물러 있던 교회 일부의 지도자였던 것이다. 교회가 유대교에 매우 밀착되었던 시대 또는 사실 교회가 개혁되고 재창조된 유대교에 다름이 없었던 시대가 있었음이 틀림없다. 바울이 나타내 준 정도의 넓이와 보편성을 가지지 못한 어떤 종류의 기독교가 존재하고 있었다. 바울 자신이 말하기를 이방인의 영역은 나에게 할당되었으며 유대인의 영역은 야고보와 게바와 요한에게 할당되었다(갈 2:9). 야고보의 서신은 가장 초기의 상태를 보여 주는 어떤 종류의 기독교를 잘 표현해 주는지도 모른다. 이것은 두 가지 사실의 설명이 될 것이다.

첫째로, 야고보가 산상의 설교를 빈번하게 되풀이하고 있는 것을 설명하고 있다. 많은 예 가운데서 야고보서 2장 12-13절과 마태복음 6장 14-15절, 야고보서 3장 11-13절과 마태복음 7장 16-20절, 야고보서 5장 12절과 마태복음 5장 34-37절을 비교할 수 있을 것이다. 어떠한 유대인의 기독교인이라 할지라도 이 기독교 신앙의 윤리적 교훈에는 비상한 관심을 품게 될 것이다.

둘째로, 바울의 교훈에 대한 이 서신의 관계를 설명하는 데 도움을 준다. 처음 읽어 보면 야고보서 2장 14-26절은 바울주의에 대한 직접적인 공격과 같이 읽기 쉽다. "사람이 행함으로 의롭다 하심을 받고 믿음으로만은 아니니라"(약

2:24). 얼른 보아서 이것은 믿음으로 의롭게 된다는 바울의 교리와 명백하게 모순되는 것같이 보인다. 야고보의 서신이 공격하고 있는 것은 윤리적 효과나 성과를 나타내지 못하는 그런 신앙인 것이다.

그러나 한 가지는 아주 분명하다. 바울이 그러한 신앙을 설교한다 해서 그를 비난하는 사람은 진정으로 바울의 서신을 읽어 보지 못한 사람이다. 바울의 서신에는 윤리적인 요구로 꽉 차 있다. 바울이 충분한 윤리적 성과를 가진 신앙을 설교하였다는 것을 이해하기 위해서는 로마서 12장 한 장만 읽어도 충분하다.

그런데 야고보는 기원 62년에 사망하였다. 그러므로 바울의 서신을 모두 읽어 볼 수 없었다. 그것은 바울의 모든 서신이 적어도 기원 90년까지는 교회의 공통적 재산이 되지 못하였기 때문이다. 그때까지 아직 바울의 서신은 편집되어 교회 전체에 일반적으로 공개되지 않았다. 그러므로 야고보의 서신이 공격하고 있는 것은 바울이 말하고 있는 것의 오해와 곡해에 대한 것이다. 이러한 오해와 곡해가 가장 일어나기 쉬웠던 곳은 예루살렘이었다. 바울의 신앙과 은혜의 강조와 바울의 율법 공격은 다른 어디보다도 예루살렘에서 보다 많이 의심을 받았으며 오해를 받은 것 같다. 야고보의 서신이 바울을 공격했다고는 결코 생각되지 않는다. 이 서신이 공격하고 있는 것은 바울주의의 잘못된 해석이다.

이와 같은 서신을 쓸 장소는 예루살렘 이상으로 적합한 장소는 없다. 이 서신의 유대적인 성격은 야고보에게 잘 어울린다.

III. 야고보의 서신과 이방인 교회에 대한 예루살렘 회의의 편지에는 적어도 두 가지 재미있는 유사점이 있다. 쌍방이 모두 **문안한다**는 말로 시작된다(약 1:1; 행 15:23). 이 말은 **카이레인**(chairein)이다. 이것은 그리스어로 편지의 서두에 사용하는 전형적인 말이지만 신약성경에서는 이 밖에 지방의 총독 글라우디오 루시아에게 보낸 편지 첫머리 이외에는 사용되어 있지 않다(행 23:26). 편지의 첫머리에 이 말을 사용한 것이 신약성경에만 두 군데인데 그것이 야고보의 이름과 결부되었다는 것은 기이한 사실이다.

두 번째로 사도행전 15장 17절에는 예루살렘 회의의 편지에서 **내 이름으로 일컬음을 받는 이방인**에 대하여 말한 구절이 있다. 이 구절은 야고보의 서신 2장 7

절 이외에는 신약성경 어디에도 있지 않다. 여기에는 **너희에게 대하여 일컫는 바 그 아름다운 이름**이라고 번역되어 있다. KJV에는 이 두 문구가 다르게 되어 있으나 그리스어의 문구는 정확하게 일치되어 있다. 예루살렘 회의의 편지가 야고보에 의하여 기초되었음이 틀림없다고 생각될 때 그 예루살렘 회의의 편지에 야고보의 서신에만 있는 일반적이 아닌 두 개의 어구가 사용되어 있는 것은 실로 재미있는 사실이다.

그것은 한편으로는 야고보의 서신이 주의 형제이며 예루살렘 교회의 지도자인 야고보의 저작이라는 확신을 깊게 하는 증거가 된다. 그러나 다른 면에서는 주의 형제 야고보가 결국 이 서신의 저자라고 한다면 우리를 약간 의문나게 하는 사실도 있다.

I. 이 서신의 저자가 주의 형제라고 한다면 그가 그 사실에 대하여 조금이라도 언급해 줄 것을 기대하여도 좋을 것이다. 그는 자기 자신을 말할 때 언제나 "하나님과 주 예수 그리스도의 종"(1:1)이라고 부른다. 이와 같은 표현은 어떠한 의미에서도 그의 개인적인 명예를 표시하려는 것이 아니라 단순히 이 서신에 권위를 부여하려 했던 것이리라. 이와 같은 권위는 야고보가 전혀 알려지지 않았던 팔레스타인 이외의 지방에서 특히 효과적이었을 것이다. 야고보가 진정으로 주의 형제였다면 그가 그런 사실에 대하여 직접적으로나 간접적으로 아무런 언급을 하지 않았다는 것은 놀라운 일이다.

II. 그와 예수의 관계에 대한 언급이 없기 때문에 주의 형제 야고보가 이 서신의 저자라고 한다면 우리는 그가 사도였다는 사실에 대한 언급에 기대해 볼만도 하다. 그가 사도였다는 것에 의문은 없다. 바울은 편지를 쓸 때 자신이 사도라는 언명을 서두에 쓰는 것이 언제나의 습관이었다. 이것도 개인적 명성의 문제가 아니고 단순히 그가 쓴 것에 대하여 권위를 보증하려는 것뿐이었다. 야고보가 실제로 주의 형제, 예루살렘 교회의 지도자, 사도단의 한 사람이었다면 우리는 그가 그 사실에 대하여 편지의 첫머리에 적어도 어떤 언급을 기대하게 된다.

III. 그러나 가장 놀라운 사실은 루터에게 이 서신을 신약성경에 수록시킬 것인가 아닌가 하는 의문을 품게 했다는 점이다. 즉, 가장 놀라운 일은 본서에서 예수 그리스도에 대한 언급이 거의 완전하게 결핍되어 있다는 것이다. 이 서신 전체 중에서 예수의 이름은 단지 두 번밖에 언급되어 있지 않으며 그 언급도 거의 우발적인 것이다(1:1, 2:1). 예수의 부활에 대한 언급도 전혀 없다. 우리는 초대교회가 부활하신 그리스도의 신앙 위에 세워졌다면 이것은 사도행전의 모든 사건과 동시대의 것이며 그 사도행전에는 부활에 대한 기사가 25회보다 적지 않게 언급되어 있다. 인생의 방향을 전적으로 변하게 했으리라고 상상되는 예수의 현현을 경험했을 터인데도 그것에 대하여 기록할 수 없는 개인적이며 사사로운 이유가 있다는 것은 더욱 놀라운 일이다.

교회의 역사에서 이 시대의 저자가 예수의 부활을 언급하지 않고 저작한다는 것은 놀랄 만한 일이다. 그리고 그 저자가 주의 형제 야고보였다면 이중적으로 놀라운 일이 된다. 더 나아가서 메시아로서 예수 그리스도에 대한 언급도 없다. 유대인 교회의 지도자인 야고보가 이러한 극히 초기에 유대인 기독교인에게 편지를 쓴 것이라고 한다면 그의 주요한 목적은 메시아로서 예수를 제시하는 것이며 적어도 그가 그 사실을 믿고 있음을 명백하게 밝혔을 것이라고 생각해도 좋다. 그런데 이 서신에는 그것에 대한 언급이 없다.

IV. 이 서신의 저자가 구약성경에 조예가 깊은 것은 명백하다. 그가 또 지혜문학에 아주 정통하다는 것도 확실하다. 그리고 이러한 일은 야고보만이 할 수 있는 일이다. 그의 서신에는 확실히 산상 설교에서 인용한 것으로 생각되는 것이 23회나 나타난다. 이것도 이해하기 쉬운 일이다. 복음서가 기록되기 퍽 이전에 극히 초기에서 예수의 교훈 요지는 회람으로 모든 교회에 전해졌을 것이 틀림없기 때문이다.

그가 신앙이나 행위에 대하여 쓰기 위해서는 바울의 로마서나 갈라디아서를 알고 있었다고 어떤 사람들은 주장한다. 또 팔레스타인 밖에 한 발자국도 나가 보지 못하고 기원 62년에 사망한 한 유대인에게는 바울의 서신을 알 수 없다고 논하고 있는 것도 사실이다. 전술한 바와 같이 이 논쟁에는 근거가 없다. 그것은 야고보서에 있는 바울의 교리에 대한 비판은 직접 바울의 서신을 읽지 않고 바울의 교리에 대한 오해나 곡해를 처리하고자 했던 사람에 의해서만 제출되었던 비판이었기 때문이다. 그러나 1장 17절의 문구 "온갖 좋은 은사와 온전한 선물"은 육각운(六脚韻)의 시다. 그리고 확실히 그리스의 시인에게서 인용한 것이다. 그리고 3장 6절의 문구 "삶의 수레바퀴"는 아마도 밀의종교의 신비적인 어구가 될 것이다. 그렇다면 팔레스타인의 야고보가 어떻게 이와 같은 인용을 할 수 있었겠는가?

우리가 보아 온 대로 주의 형제 야고보가 이 서신의 실제 저자였다는 가정을 이해시키며 설명한다는 점에는 어려운 일이 있다.

이 서신의 저자와 연대 결정의 증거를 고찰하고자 할 때 우리는 몇 번이고 쓰여 있는 말에서 출발하였다. 그리고 우리는 긍정과 부정의 이론이 균형을 이루고 있다는 것을 알았다. 이 서신의 저자가 과연 누구인가 하는 데 대해서는 찬부 양론이 있으며 매우 불명확하다. 그러므로 여기서 우리는 미결정의 문제를 떠나서 다른 문제로 옮겨가지 않으면 안 된다.

서신의 저술 연대

이 서신의 연대 결정의 증거를 구하고자 할 때 우리는 전자의 문제와 같이 동일한 균형이 있음을 발견하게 된다. 이 서신은 극히 초기의 것이라고 논하는 것도 가능하며 약간 후대의 것이라고 논하는 것도 가능하다. 그러면 그 증거를 살펴보기로 한다.

1. 야고보가 이 서신을 쓰고 있었을 때에는 예수 그리스도의 재림의 희망은 아직 매우 현실적인 것이었다(5:7-9). 재림의 희망은 기독교 교회에서 사라져 버린 일은 결코 없었으나 예기한 것보다는 지연되었기 때문에 교회 사상의 전경(前景)에서 어느 정도 후퇴한 것만은 사실이다. 따라서 이런 근거에서 이 서신은 교회 역사의 아주 초기에 저술 연대를 잡은 것이라고 논할 수 있다.

II. 사도행전의 처음 부분과 바울의 서신에서는 신앙과 은혜만을 가지고 이방인을 교회에 받아들이는 데 반대하는 유대적 논쟁이 계속적인 배경으로 되어 있다. 바울이 가는 곳마다 유대주의자들이 뒤따랐다. 이방인을 받아들인다는 일은 쉬운 투쟁은 아니었다. 그런데 야고보의 서신에는 유대인과 이방인과의 논쟁에 대한 암시마저도 없다. 사도행전 15장에 기록되어 있는 대로 주의 형제 야고보가 예루살렘 회의에서 이 논쟁에 결정을 내리는 데 지도적 역할을 취하였다는 것을 상기한다면 이것은 이중으로 놀라운 사실이다.

그렇다면 이 서신은 아주 초기의 것으로 이 논쟁이 일어나기 전에 쓰인 것이 아니면 후대의 것으로 논쟁의 영향이 완전히 사라져 버려서 이방인이 문제없이 교회에 통합된 후에 쓰인 것 중 어느 것이 될 것이다. 유대인과 이방인과의 논쟁에 대하여 언급이 없다는 사실은 어느 쪽의 논쟁에도 유리하게 이용될 수 있는 것이다.

III. 이 서신의 배경에 나타난 교회의 직제에 의한 증명도 일치하지 않다. 교회의 집회 장소를 아직 **수나고게**(Sunagōge)라고 불렀다(2:2). 이것은 초기의 연대를 지적해 준다. 후에는 기독교인의 집회를 정의하여 **에클레시아**(ekklesia)라고 불렀으며 유대교적 용어는 얼마 후 사용하지 않았기 때문이다.

교회의 장로에 대해서는 언급이 있으나(5:14), 집사나 감독에 대해서는 언급이 없다. 이것도 초기의 연대를 표시해 주는 것으로 다분히 유대교와 관련이 있다. 장로직은 기독교적 용어가 되기 이전에는 유대교의 제도이었기 때문이다. 야고보는 **많은 선생**의 존재에 대하여 염려하고 있다(3:1). 이것은 극히 초기의 제도, 교회가 그의 직무를 조직화하고 어떤 종류의 직제를 도입하기 이전의 제도를 보여 주는 것이 아니면 혹은 이단적인 선생들이 많은 거짓으로 교회를 혼란시키려고 일어난 후기의 연대를 보여 주는 것일 것이다. 그러나 야고보의 서신이 후대의 것이라고 생각되는 일반적인 사실이 두 가지 있다. 전술한 바와 같이 예수에 대한 언급이 전혀 없다. 이 서신의 주제는 사실은 교회원의 잘못과 결점, 불충분함과 불완전함, 죄와 과오들이다. 이것은 결정적으로 상당히 후기 연대를 지적하는 것같이 생각된다. 초기의 설교는 부활한 그리스도의 은혜와 영광으로 열중하고 있었다. 여기에 비하여 후대의 설교는 때때로 오늘의 설교가 그렇듯이 교회원의 불완전함에 대한 장광설이 되었다. 둘째로 보편적인 사실은 부자에 대한 비난이다(2:1–3, 5:1–6). 부자에 대한 아첨과 부자의 오만은 이 편지가 쓰인 당시의 현실적인 문제였다고 생각된다. 그런데 초기의 교회에는 부자가 거의 없었거나, 전혀 없었다(고전 1:26–27). 일찍이 가난했던 교회나 교회원이 세속적인 정신으로 흘러가 버렸던 후대의 상황을 이 야고보의 서신이 보여 주는 것같이 생각된다. 이 상태는 초기의 것이라고 하는 것보다 후기의 것이라고 생각함이 타당하다.

고대 세계의 설교자들

우리가 소위 야고보의 서신이라고 하는 이 책을 고대 세계와 관련시켜 본다면, 이 서신의 위치를 정하는 데 도움이 될 것이며 저자를 확인하는 데도 도움이 될 것이다.

설교는 기독교 교회와 동일시하고 있으나 결코 기독교 교회의 발명품은 아니었다. 설교는 헬레니즘 세계와 유대 세계의 쌍방에서 유래되었다. 그리고 야고보의 서신을 이러한 헬레니즘의 설교와 유대의 설교와 함께 나란히 놓는다면 우리는 유사성이 많은 데 놀라지 않을 수 없다.

(1) 최초로 그리스의 설교자들과 그들의 설교를 상고해 보자.

소요 철학자는 고대 세계에서 잘 알려진 존재였다. 때로는 그들은 스토아학파 철학자였으며 그보다 더 가끔 견유학파의 사람이었다. 사람이 모여 있는 곳이면 어디나 미덕을 권하는 철학자를 발견하게 되었을 것이다. 거리 모퉁이에서도 시중의 광장에서도 경기하기 위하여 군중이 모인 넓은 경기장에서도 그리고 격검장에서까지도 그들을 발견할 수 있었다. 때로는 황제를 향하여 직접 연설하며 그의 사치와 폭정을 질책하며 미덕과 정의를 호소하였다.

철학의 선교사인 고대의 설교자들은 고대 세계에서는 흔히 볼 수 있는 인물이었다. 철학이 학교의 전과업인 시대가 있었다. 더구나 그 당시는 철학적인 음성과 도덕적 요구를 시장에서 매일같이 들을 수 있었다.

이러한 고대의 설교는 어떤 특징이 있었다. 그 방법도 항상 동일했으며 그 방법은 바울이 복음을 표현하는 데 깊은 영향을 주었다. 그리고 야고보도 같은 계열에 속해 있었다. 이러한 고대 설교자들이 하는 방법의 습관을 몇 가지 들어 보기로 하자. 그리고 이것이 야고보서에 어떻게 나타났는지를 보기로 하자. 또 바울이 여러 교회에 써서 보낸 방법을 마음에 담아 두기로 하자. 이와 같은 고대의 설교자들의 주요한 목적은—이것은 기억해 두지 않으면 안 된다—새로운 진리를 연구하는 것은 아니었다. 그것은 죄인들에게 죄인의 잘못된 길을 자각시켜 주는 것이었다. 그들이 알고 있지만 무시했거나 망각했거나 하는 진리에 눈을 돌리도록 강요하는 것은 아니었다. 그들의 목적은 하나님을 잊어버린 해이한 생활 속에 있는 사람들을 선한 생활에 직면하게 하는 것이었다.

I. 그들은 때때로 가공적인 적에 대하여 가공적인 회화를 계속하였다. 때때로 그들은 "잘라 줄인 대화(truncated dialogue)"라고 일컫는 방법으로 이야기하였다. 야고보도 2장 8절 이하와 5장 13절 이하에서 이 방법을 사용하고 있다.

II. 그들은 흔히 설교의 어떤 부분에서 다른 부분으로 옮기는 경우 또 하나의 주제에서 다른 주제로 옮기는 경우에 새로운 주제를 소개하는 질문을 사용함으로써 효과를 거두었다. 역시 야고보도 그것을 2장 14절과 4장 1절에 사용하고 있다.

III. 그들은 바른 행위에 따르고 과오를 버리라고 청중에게 명령할 때 즐겁게 명령형을 사용하였다. 야고보의 서신은 모두 108절로 되어 있는데, 그 가운데서 60절이 명령형이다.

IV. 그들은 청중을 향하여 수사학적인 질문을 던지는 것을 대단히 좋아하였다. 야고보도 가끔 이런 질문을 사용하고 있다(2:4–5, 2:14–16, 3:11–12, 4:4 참조).

V. 그들은 가끔 청중 가운데서 특정한 사람들을 불러 세워서 생생하며 직접적인 연설을 했다. 이와 같은 방법으로 야고보는 큰돈을 벌겠다는 상인과 오만한 부자를 지적하고 있다(4:13, 5:1).

Ⅵ. 그들은 미덕과 악덕, 죄와 은혜를 인격화하기를 좋아하였다. 야고보도 죄(1:15)와 긍휼(2:13)과 녹(5:3)을 인격화하고 있다.

Ⅶ. 그들은 일상생활의 묘사와 사물에 의하여 청중의 관심을 각성시키고자 했다. 재갈이나 키나 산불의 예시는 고대의 설교에서는 표준적인 예시였다(3:3-6 참조). 다른 많은 예시 가운데에서 야고보는 농부와 농부의 인내하는 묘사를 생생하게 나타내 주고 있다(5:7).

Ⅷ. 그들은 때때로 그들의 미덕을 지적하기 위하여 모범적인 유명한 사람들을 인용하였다. 야고보 역시 아브라함(2:21-23), 라합(2:25), 욥(5:11), 엘리야(5:17)를 모범적 인물로 인용하였다.

Ⅸ. 청중의 주의를 끌게 하는 역설이나 사람들을 경청케 하는 놀라운 성명으로 설교를 시작하는 것이 고대 설교자들의 습관이었다. 야고보는 "너희가 여러 가지 시험을 당하거든 온전히 기쁘게 여기라"(1:2)고 말함으로써 고대 설교자들과 같은 방법을 썼다. 동일한 방법으로 고대의 설교자들은 가끔 인생에서 진정한 의미에서의 선한 것은 도리어 일반적인 판단의 반대가 된다는 것을 지적하였다. 이와 같이 야고보도 부한 사람의 행복은 자기의 낮아짐에 있다고 주장하고 있다(1:10). 그리고 빈정대는 말을 무기로 사용하였다(2:14-19, 5:1-6).

X. 고대의 설교자들은 귀에 거슬리는 말이나 준엄한 말을 할 수 있었으며 실제로 그렇게 했다. 이와 같이 야고보는 독자를 "아, 허탄한 사람!"이라고 말하고 있으며 그의 설교를 듣는 사람들을 향하여 "간음한 사람들"이라고 부르고 있다(2:20, 4:4). 고대의 설교자들은 격렬한 비난을 퍼부었다. 그리고 야고보도 그렇

게 하고 있다.

XI. 고대의 설교자들은 그들의 설교를 구성하는 데 일정한 기준을 가지고 있었다.

1. 그들은 때때로 한 문단을 끝낼 때 잘못된 방법과 올바른 방법을 병행시켜 주는 생생한 대조법을 사용하였다. 야고보도 이러한 습관에 따르고 있다(2:13, 2:26 참조).

2. 그들은 가끔 불꽃이 튀기는 것 같은 문제를 청중에게 퍼부어서 논지를 철저하게 했다. 야고보도 그렇게 하고 있다(4:12).

3. 그들은 때때로 설교 가운데 인용을 사용하였으며 최후의 인용에 의하여 그의 논쟁을 결말지었다. 이것도 야고보가 하고 있는 것이다(1:11, 17, 4:6, 5:11).

그리스의 설교자들이 사용하였던 통렬함과 질책, 폭넓은 유머를 야고보의 서신 가운데서 찾아낼 수 없는 것은 사실이다. 그러나 헬레니즘 세계의 소요 설교자들이 사람들의 지성과 마음을 포착하기 위하여 사용한 다른 모든 방법을 야고보가 사용하고 있다는 것을 알기는 쉽다.

(2) 유대 세계에도 설교의 전통이 있었다. 그런 설교는 주로 시나고구(Synagogue)의 예배 때 랍비들에 의하여 행해졌다. 이 설교에는 그리스의 소요 철학자들이 행한 설교의 특징이 많이 있었다. 거기에는 수사학적인 의문문과 명령문 또는 인생에서 얻은 묘사와 모습, 신앙의 영웅들의 모범에서 인용한 것과 인증한 것이 많이 내포되어 있다.

그러나 유대의 설교에는 하나의 기이한 특징이 있었다. 그것은 고의로 연결성이 없게 만드는 것이었다. 유대의 교사들은 하나의 주제에 우물쭈물 긴 시간을 걸어서 학생에게 가르치지는 않았다. 그들은 듣는 이의 흥미를 유지하기 위하여 하나의 주제에서 다른 주제로 급속하게 옮겨 갔다. 그래서 설교의 명칭이 **하라즈**(charaz)였다. 문자대로는 실로 **꿴 구슬**을 뜻한다. 유대의 설교는 가끔 도덕적 진리와 도덕적 권고를 줄줄이 맺어 나간 실이었다. 야고보의 편지도 전적으로 이와 같다. 야고보의 서신에서 계속적이며 시종일관한 계획과 설계를 뽑아 낸다는 것이 불가능한 일은 아닐지라도 곤란한 일은 된다. 각 문단은 연결성이 없이 이어져 있다.

굿스피드(Goodspeed)는 "이 작품은 고리가 앞뒤에 하나씩 달려 있는 사슬에 비교되어 왔다. 다른 사람들은 이 애용을 한 가닥 실에 꿴 구슬에 비교시켰다…. 그런데 야고보의 서신은 아마도 사상이나 구슬의 한 사슬이라 하기보다 듣는 이의 마음에 한 개씩 떨어지는 손바닥에 가득 찬 진주라고 하는 편이 나을 것이다"라고 쓰고 있다. 따라서 그리스적인 견해로 보나 유대적 견해로 보나 야고보의 서신은 고대 설교의 한 전형이다. 여기서 우리는 이 서신의 저자 문제에 필요한 단서를 발견할 수 있을 것 같다. 이 일을 마음에 두고 저자는 누구일까 하는 문제로 옮겨가기로 하자.

야고보서의 저자

다섯 가지 가능성이 있다.

I. 약 40년 전 마이아(Meyer)에 의하여 상세하게 수행해 왔으며 《새로운 성경 해석(*New Interpreter's Bible*)》에서 이스턴(Easton)에 의하여 다시 각광을 받은 학설부터 시작하고자 한다. 고대 세계에서는 극히 평범한 일로 책을 과거의 어떤 위대한 인물의 이름으로 출판하였다. 구약성경과 신약성경의 중간 시대의 유대 문서에는 이러한 책으로 충만해 있다. 모세 열두 지파, 바룩, 에녹, 이사야, 다른 많은 사람의 이름을 빌린 문서가 있다. 경건한 사람들이 엄격한 시대 속을 걸어가는 동시대의 사람들을 격려하기 위하여 책을 써서 자신들이 말하지 않으면 안 될 것을 과거의 위대한 인물에 위탁하여 말하였다. 이것은 유대인 사이에서 용납되는 관습이었다. 외경 중에서 가장 잘 알려진 책은 《**솔로몬의 지혜**》다. 그 가운데에서 후대의 현인은 새로운 지혜를 역대의 왕 중에 가장 지혜가 있는 솔로몬의 지혜로 돌리고 있다.

그러면 야고보서에 대하여 세 가지 일을 상기해 보자.

1. 1장 1절과 2장 1절에 있는 예수에 대한 두 가지 언급을 제거해 버린다면—이것은 쉽게 제거될 수 있다—이 서신에는 정통적인 유대인이 용납하지 못할 사항은 아무것도 없다.

2. 야고보의 그리스어는 **야코보스**(Iakōbos)다. 이것은 물론 야곱을 말한다. 이것은 신약성경에서는 제임스(James), 우리말 번역은 야고보, 구약성경에서는 야곱으로 번역되었다.

3. 이 책은 "흩어져 있는 열두 지파"에게 보낸 것이다. 이 학설에 의하면 야고보서는 다름 아닌 유대교의 문서이며 구약의 야곱의 이름을 빌려서 썼으며 팔레스타인에서 추방되어 세계에 흩어져 있는 유대인에게 보낸 것으로 이방에서 생활하는 데서 오는 시련 가운데 있는 그들을 격려하며 그들에게 신앙과 확신을 갖게 하기 위하여 쓰인 것이라고 말한다.

이 학설은 다시 다음과 같이 자세히 진술되어 있다. 창세기 49장에 야곱이 그의 아들들에게 준 마지막 고별사가 있다. 이것은 아들들 하나하나의 성격을 간단하게 서술한 일종의 짧은 인물 연구와 같다. 마이야(Meyer)는 야고보의 서신 가운데서 열두 지파의 한 사람 한 사람(야곱의 연설 중에서는 열두 지파의 한 사람 한 사람)의 서술을 상기케 하는 반복과 암시를 찾아낼 수 있다고 명언하였다. 그는 다음과 같이 야고보의 서신에 나타난 참조와 암시라고 추측되는 창세기의 기사화를 검증하고 있다.

약 1:9–11, 창 49:20: 아셀은 이 세상에서의 부자다

약 1:12, 창 49:14–15: 잇사갈은 선행의 실행자다

약 1:18, 창 49:3: 르우벤은 처음 열매다

약 1:19–20, 창 49:5–7: 시므온은 분노를 나타낸다

레위는 특별히 종교와 결부된 지파이며 야고보서 1장 26–27절에 언급되어 있다.

약 3:18, 창 49:21: 납달리는 화평이 특징이다

약 4:1-2, 창 49:19: 갓은 전쟁과 투쟁을 나타낸다
약 5:14-18, 창 49:22-26: 요셉은 기도를 표시한다
약 5:20, 창 49:27: 베냐민은 탄생과 죽음을 나타낸다

이 학설은 가장 독창적인 학설이다. 누구라도 이 학설을 입증할 수도 반증할 수도 없다. 그리고 이 학설은 가장 자연스러운 방법으로 1장 1절에 있는 외국에 흩어져 있는 열두 지파에 대한 언급을 명백하게 설명할 수 있을 것이다. 이 학설은 어느 기독교인이 구약의 야곱의 이름으로 써서 외국에 거주하는 유대인에게 보내 이 유대교의 문서를 읽고 그 도덕적 가치에 매우 감동했기 때문에 이것을 어느 정도 조절하고 첨가하여 기독교 문서로써 출판한 것이라고 말하고 있다. 이것은 확실히 매력적인 학설이다. 그러나 너무 교묘한 학설이라는 느낌을 면할 수 없다.

II. 유대인이 행한 것처럼 기독교인도 기독교 신앙의 위인의 이름을 빌려서 책을 저작하였다. 베드로와 도마, 야고보의 이름으로 간행된 복음서들이 있다. 바나바의 이름을 붙인 편지가 있다. 니고데모와 바돌로메의 복음서가 있다. 그리고 요한, 바울, 안드레, 베드로, 도마, 다른 사람들에 의한 사도행전이 있다. 교회의 위대한 인물의 이름을 빌려 책을 쓴다는 것은 보편적인 관습이었다. 이러한 책을 전문적인 용어로 **위경**(僞經)이라고 한다. 즉, **거짓 이름**으로 쓰였기 때문이다.

이러한 일로 인하여 야고보의 서신은 주의 형제 야고보의 이름을 빌려서 다른 사람이 쓴 것이라는 것을 밝혀 준다. 이 서신이 "야고보의 이름을 빌려 다른 사람이 간행하였다"는 것을 제롬(Jerome)이 말했을 때 그의 마음에 있었던 것은 이상과 같은 것이었다.

그러나 이 저작은 그렇게 성립된 것이라고는 아무래도 믿을 수 없다. 이와 같은 책을 쓸 때 어떤 사람이라도 이름을 빌리고 있는 인물을 확실히 설명하는 데 마음을 두고 그 이름으로 간행한 과거의 위대한 인물의 이름을 특별히 표시하기 때문이다. 이 서신이 위경이라고 한다면 저자가 **주의 형제** 야고보라는 추측에

의문의 여지가 없도록 설명하였을 것이다. 그러나 사실은 그러한 설명은 전혀 없다. 이리하여 이 학설의 위경설은 제외된다.

III. 모팻(Moffatt)은 이 책은 우리가 전혀 알지 못하는 야고보라고 불리는 교사에 의하여 쓰였다는 학설에 치우쳤다. 모팻은 이 책의 저자는 야고보가 확실하나 그 사람은 주의 형제 야고보도 아니며 우리가 알고 있는 다른 야고보도 아니며 그의 생애와 이야기에 대하여 우리가 아무것도 알지 못하는 야고보라고 이름하는 단순한 교사라고 믿고 있다. 이 학설은 결코 불가능한 것이 아니다. 야고보라는 이름은 오늘날에도 흔히 있는 이름이지만 당시에도 매우 많았기 때문이다. 그러나 그와 같은 문서가 어떻게 신약성경에 편입되었는가라는 사실과 어떻게 주의 형제 야고보의 이름과 관련되었는가라는 사실을 이해하기란 도리어 어려운 일이 될 것이다.

IV. 이 책이 주의 형제 야고보에 의하여 쓰였다는 것은 전통적인 견해다. 이와 같은 책에 예수에 대한 언급이 단지 두 번 우발적으로 있었다는 것과 예수의 부활과 메시아로서 예수에 대하여 전혀 언급이 없었다는 것은 기이하게 생각된다고 우리는 이미 보아 왔다. 그리고 다시 더 가장 곤란한 일은 다음과 같다. 이 책은 더욱이 훌륭한 그리스어로 쓰였다. 로푸스(Ropes)는 그리스어는 저자의 모국어일 것이라고 말하고 있다. 또한 위대한 그리스어의 학자 마이어(Mayor)는 "아마도 히브리인에게 보낸 서신을 제외한다면 이 서신의 그리스어는 신약성경 중의 다른 어느 문서보다도 순수한 고전 그리스어에 가장 가까운 것으로 간주하고 싶다"고 말하고 있다. 그런데 야고보의 모국어는 아람어이지 그리스어가 아닌 것은 확실하다. 그가 썼다면 아람어를 사용했을 것이다. 그리고 그가 고전 그리스어를 습득하지 않았음도 확실한 일이다. 그는 정통적인 유대인의 교육을 전면적으로 받고 자랐기 때문에 아마도 그리스어를 이방적이며 저주 받은 언어라며 경멸하고 피했을 것이다. 야고보가 실제로 이 서신을 집필했다고 생각하는 것은 불가능한 것이나 다름없다.

V. 여기서 우리는 다섯 번째 가능성에 도달한다. 야고보의 서신이 어떻게 설교와 유사한지를 생각해 보자. 이 서신은 실제로는 야고보에 의하여 행해진 설교이며 다른 사람이 필기하여 그리스어로 번역되었으며 약간의 첨가와 수정이 가해진 후 여러 교회에 반포되었기 때문에 모든 사람이 소유하게 되었고 많은 것을 배우게 되었다는 것은 확실히 가능한 일이다. 결국 이것은 어떻게 야고보의 이름이 붙게 되었는지를 설명해 주며 나아가서는 예수의 부활과 예수의 메시아성에 대한 언급이 없다는 것도 설명해 주고 있다. 단 한 번의 설교로 야고보는 정통적 교리에 전영역을 진술할 수는 없었으며 이 설교는 사실 인간의 도덕적 책임을 명시하려는 것뿐이고 신학에 대해서는 아무것도 말하고 있지 않기 때문이다.

이 모든 사실에 비추어서 생각해 본다면 이 학설은 야고보서는 실제로는 야고보의 설교이며 누군가가 듣고 알고 사랑하고 기억하고 다시 애정을 가지고 익숙하게 편집하여 교회 전체에 반포한 것같이 생각된다.

한 가지 사실만은 확실하다. 즉, 신약성경 중에서는 열등한 책이라는 느낌을 가지고 이 작은 편지에 우리가 접근하게 될 것이지만, 충실하게 배워 나간다면 드디어 이 편지가 우리의 교화(敎化)와 영감을 위해 보존되어 있다는 것을 하나님께 감사하게 될 것이 틀림없다는 사실이다.

The Letters of James 01

인 사

야고보서 1:1

[1]하나님과 주 예수 그리스도의 종 야고보는 흩어져 있는 열두 지파에게 문안
하노라

이 서신의 서두에 야고보는 자신의 유일한 명예와 유일한 영광이 담겨 있는 칭호를 사용하여 자신을 소개하고 있다. 그는 자기 자신을 **하나님과 주 예수 그리스도의 종**이라고 기술하고 있다. 유다서를 제외한다면 그는 아무런 자격 부여 없이 이 용어(doulos–종, 노예)로 자신을 말하고 있는 유일한 신약성경의 저자가 된다. 바울은 자신을 그리스도 예수의 종이며 사도라고 말하고 있다(롬 1:1; 빌 1:1). 그는 종이라는 칭호에 사도라는 칭호를 추가하고 있다. 그러나 야고보는 자신을 하나님과 주 예수 그리스도의 종 이상으로 부르는 일은 없다.

이 칭호에는 적어도 네 가지 내용적 의미가 있다.

I. "절대적 복종"의 의미를 내포하고 있다. 노예에게는 그의 주인의 말이 유일하고 절대적인 법률이다. 노예에게는 그 자신을 위한 권리는 아무것도 없다.

노예는 주인의 절대적인 소유물이며 그 주인에게 무조건 반대할 수 없는 복종을 바치지 않으면 안 된다.

II. "절대적 겸손"의 의미를 내포하고 있다. 이 말은 자신의 특권에 대해서는 생각하지 않고 자신의 책임에 대해서만 생각하는 인간이나, 자신의 권리에 대해서는 고려하지 않고 자신의 의무에 대해서만 고려하는 사람에 대하여 사용하는 말이다. 이 말은 하나님에 대한 봉사 때문에 자신을 버린 사람에 대하여 사용하는 말이다. 그것은 문자 그대로 자신을 부인하는 사람 즉, 자신에 대해서는 아니오(No)라고 말하는 대신에 하나님께 대해서는 언제나 예(Yes)라고 대답하는 사람에게 사용하는 말이다.

III. "절대적 충성"의 의미를 내포하고 있다. 이것은 자기 자신에 대해서는 아무런 관심을 가지고 있지 않는 사람에 대한 말이다. 그는 완전히 자신을 하나님께 맡기고 있기 때문이다. 이익이나 좋아하는 것은 계산에 넣지 않는다. 그의 충성은 하나님에 대한 것이다.

IV. 그러나 이 말은 그 배후에 어떤 "자부심"을 내포하고 있다. 이 말은 불명예스러운 칭호가 아니고 구약성경 가운데 있는 가장 위대한 인물들에게 사용한 칭호였다. 모세는 하나님의 종(doulos)이었다(왕상 8:56; 단 9:11; 말 4:4). 여호수아와 갈렙도 그랬다(수 2:8; 민 14:24). 위대한 족장들, 아브라함, 이삭, 야곱도 그랬다(신 9:27). 욥도 그랬다(욥 1:8). 이사야도 그랬다(사 20:3). 그리고 둘로스(doulos)는 특히 선지자들에게 사용된 칭호였다(암 3:7; 슥 1:6; 렘 7:25).

종(doulos)이라는 칭호를 사용함으로써 야고보도 하나님의 뜻에 완전히 복종하는 일에 자신들의 자유와 평안과 영광을 발견하였던 사람들처럼 위대한 후계자로서 자기 자신의 위치를 정하고 있다. 기독교인이 언제나 멸망할 수 있는 유일한 위대함은 하나님의 노예가 되는 위대함이다.

이 서두의 인사말에는 일반적이 아닌 것이 한 가지 있다. 야고보는 독자에게 인사말을 보낸다. 여기에 사용한 말은 **카이레인**으로 인사의 서두에 사용하는 습관적인 언어다. 바울은 이 언어를 한 번도 사용하지 않고 있다. 그는 항상 기독교인의 독자적인 인사말이 되는 "은혜와 평강"을 사용하고 있다(롬 1:5; 고전 1:3; 고후 1:2; 갈 1:3; 엡 1:2; 빌 1:2; 골 1:2; 살전 1:1; 살후 1:2; 몬 3). 모든 경우에서 바울은 보통 통속적인 인사말을 피하고 기독교인의 독자적인 인사말을 사용하고 있다. 한편 야고보는 당연한 통속적인 인사말을 사용하고 있다.

이 인사말은 신약성경의 다른 부분에는 단지 두 번밖에 나오지 않는다. 그것은 로마의 장교 글라우디오 루시아가 바울이 여행할 때 안전을 보증하기 위하여 벨릭스에게 쓴 편지(행 23:26)와 예루살렘 회의의 결정 후 이방인을 교회에 용납해 들이는 것을 공표하는 공동적인 편지(행 15:23)다. 이것은 흥미 있는 일이다. 야고보는 그 회의의 의장이었기 때문이다(행 15:13). 아마도 야고보는 머리에 떠오르는 가장 일반적인 인사말을 사용했을 것이다. 그 까닭은 그의 편지가 가장 광범위한 독자에게 보내져 있었기 때문이다.

전 세계에 있는 유대인

야고보서 1:1(계속)

이 서신은 **흩어져 있는 열두 지파**에게 보내졌다. 여기에 우리가 머물러서 검토해야 할 술어가 있다. 문자대로 이 인사는 **디아스포라**(Diaspora)의 열두 지파에게 보낸 것이다. **디아스포라**라는 말은 팔레스타인 이외에 살고 있는 유대인에 대한 술어다. 여러 가지 이유에서 약속의 땅 이외에 거주하고 있는 수백만의 모든 유대인은 **디아스포라**였다. 유대인이 어찌하여 전 세계에 흩어졌으며 다수의 사람들이 여러 나라에 거주하고 있는지를 심사숙고해 본다는 것은 가치 있는 일이다.

전 세계에 걸친 유대인의 흩어짐은 기독교 전파에서 가장 중대한 의의를 가진다. 그 이유는 유대인이 흩어져 산다는 것은 전 세계에 시나고구(Synagogue)가 있었다는 것이며 이러한 시나고구에서 기독교의 설교자들이 전도를 시작할 수 있었기 때문이다. 그리고 유대인이 흩어져 살게 되므로 세계 도처에 구약성경을 잘 아는 남녀 집단이 생겼으며 적어도 자신들의 신앙에 관심을 가지는 이방인에 대하여 설득하는 사람이 존재하게 되었기 때문이다. 유대인의 흩어짐은 하나님의 섭리적 역사의 일부다. 이 일로 기독교의 설교자는 세계에 있는 거의 모든 도시와 거리에서 접촉점을 발견하였기 때문이다. 그러면 어떻게 이런 흩어짐이 생겼는지를 조사해 보자.

흩어짐의 과정은 이렇게 시작되었다. 때때로 유대인은 그의 조국에서 강제적으로 추방되어 외국에서 포로민으로서 생활하는 것을 강요당해 왔다. 이러한 큰 움직임에는 세 가지가 있다.

I. 최초의 강제적인 이주는 사마리아를 수도로 했던 북왕국 사람들이 앗수르군에 점령되어 앗수르에 포로로 끌려가던 때 일어났다(왕하 17:23; 대상 5:26). 이런 사람들은 후에 와서도 귀국하지 못한 잃어버린 열 개 부족이다. 유대인은 만물의 종말이 올 때에는 모든 유대인이 예루살렘에 모인다고 믿고 있었지만 이 열 개 부족만은 세계의 종말이 오기까지 귀국하는 일은 결코 없을 것이라고 믿었다. 유대인은 이런 확신을 구약성경의 다소 기발한 해석에 근거를 두었다. 랍비들은 이같이 논하고 있다. 열 개 부족이 귀국할 수 없다는 것은 다음과 같이 말하고 있기 때문이다. 주는 그들을 다른 나라에 내던지심이 오늘과 같다(신 29:28). 그때와 마찬가지로 오늘날 출국하는 사람도 귀국할 수 없다. 그리고 앞으로 출국하는 사람도 귀국할 수 없다. 이날은 캄캄하게 되지만 다시 밝아지게 된다. 이와 같이 암흑에 있던 열 개 부족에게 어떤 날 다시 빛이 비칠 것이다. 이렇게 앗수르로 최초의 강제적 이주가 행해졌다.

II. 두 번째의 강제적인 이주는 주전 580년경에 행해졌다. 바빌론이 당시 예루살렘을 수도로 하고 있던 남왕국을 점령하고 가장 유능한 인물들은 바빌론으로 연행해 갔다(왕하 24:14-16; 시 137). 바빌론에서는 유대인은 보통과는 매우 특이한 행동을 취하였다. 그들은 동화되는 것과 자신들의 민족성이 상실되는 것을 완강히 거부하였다. 그들은 주로 네할디아(Nehardea)와 니시비스(Nisibis)라는 도시에 모여 살았다고 한다. 유대의 학문과 꽃이 가장 아름답게 핀 곳은 실은 바빌론이었다. 그것은 거기서 60권이나 되는 방대한 유대의 율법 강해서인 《바빌론 탈무드(*Babylonian Talmud*)》가 출판되었기 때문이다.

요세푸스(Joesphus)가 《**유대 전쟁사**(*Wars to the Jews*)》에서 책의 초판에 사용한 말은 헬라어가 아니고 아람어였으며 그것은 바빌론에 있는 교양 있는 유대인을 위해 계획한 것이었다. 그는 바빌론에서 유대인의 권력이 커져서 한때 메소포타미아 지방이 유대인의 지배하에 있었다고 말하고 있다. 당시 두 사람의 유대인 위정자는 아시다에우스(Asidaeus)와 아닐라에우스(Anilaeus)였다. 아닐라에우스의 죽음이 있을 때 5만 명 이상의 유대인 대학살이 있었다고 전해진다. 흩어지게 함은 유대인을 바빌론으로 이주하게 했으며 거기서 유대적인 우월성을 일으켰다.

III. 세 번째의 강제적인 이주는 퍽 후대에 와서 일어났다. 폼페이(Pompey)가 유대를 점령하고 주전 63년에 예루살렘을 취하였을 때 그는 많은 유대인을 노예로 로마에 끌고 갔다. 의식적 율법에 대한 유대인의 강직한 고집과 안식일의 엄수는 노예로서 부리기에게는 불편하였기 때문에 유대인들은 거의 자유를 얻었다. 티베르(Tiber) 강변에서 좀 떨어진 곳에 그들은 자신들만의 거주 구역을 만들고 살았다. 그러나 얼마 안 가서 로마 시내 어디서든지 그들의 번영된 생활을 볼 수 있게 되었다.

디오 카시우스(Dio Cassius)는 그들에 대하여 이렇게 말하고 있다. "그들은 때때로 억압되었으나 그런데도 강력하게 증가했으며 자신들의 습관을 자유롭게 행할 수 있게까지 되었다." 줄리어스 시저(Julius Caesar)는 그들의 위대한 보호자였다. 어떤 책에 의하면 시저의 영구 앞에서 유대인이 밤을 새워가며 통곡하였다는 것이다. 그리고 키케로(Cicero)가 후락커스(Flaccus)를 변호할 때 많은 유대인이 있었다는 것이다.

주전 19년에 유대인이 성전에 금전을 보낸다는 구실로 부유한 여성의 개종자에게 사취하였다는 이유로 모든 유대 사회인들이 로마에서 추방당했다. 그때 그 중 4천 명이 살다니아(Sardinia)에서 로마 군대와 싸우기 위하여 징용되었으나 곧

해산되었다. 팔레스타인의 유대인이 아켈라오(Archelaus)의 통치에 불만을 표시하기 위하여 로마에 대표단을 파송했을 때 그 대표단에 로마시에 거주하는 8천 명이 가담하였다고 한다. 로마의 문학은 유대인에 대한 경멸적인 언급으로 가득 차 있다. 반유대주의(anti-semitism)는 새로운 일이 아니기 때문이다. 그리고 유대인에 대한 경멸적인 언급의 빈도는 유대인이 로마시의 생활에서 행한 역할을 알 수 있는 증거가 된다.

이와 같이 무수한 유대인이 바빌론과 로마에 강제로 이주하게 되었다. 그러나 이보다 더 많은 사람이 보다 살기 좋고 보다 유익한 지방을 향하여 자유의사로 팔레스타인을 떠났다. 특히 두 지방에 수천 명의 유대인이 정착하였다. 팔레스타인은 시리아(Syria)와 애굽과 같은 두 강대한 세력 사이에 끼워 있었다. 그러므로 팔레스타인은 언제나 전쟁터가 되기 쉬웠다. 이런 이유에서 많은 유대인이 애굽이나 시리아 어느 쪽에든 거주하기 위하여 팔레스타인을 떠났다.

느부갓네살 왕 시대에 많은 유대인이 자진해서 애굽으로 떠났다(왕하 25:26). 주전 650년까지 소급해 올라가면 애굽 왕 프사메티커스(Psammetichus)의 군대 가운데 유대인 부대가 있었다고 말한다. 알렉산더(Alexander) 대왕이 알렉산드리아(Alexandria)를 건설하였을 때 특권을 이주자에게 주었기 때문에 많은 유대인이 모여 들었다. 알렉산드리아는 다섯 개 행정구로 분할되었고 그 중에 두 개 행정구에 유대인이 거주하고 있었다. 알렉산드리아에만도 백만 명 이상이나 되는 유대인이 살았다. 애굽의 유대인은 발전하여 주전 50년경에는 예루살렘 성전을 원형으로 하는 성전을 애굽 거주의 유대인을 위하여 레온토폴리스(Leontopois)에 건설하기까지 했다.

유대인은 시리아에도 이주하였다. 가장 많이 집결되었던 곳이 안디옥이었다. 그곳은 복음이 최초로 이방인에게 선교된 곳이며 처음으로 기독교인이 기독교인이라고 불린 곳이었다. 다메섹은 유대인이 공격을 받아 일시에 일만 명이나 대학살을 당한 곳으로 전해진다.

이와 같이 애굽과 시리아에는 대단히 많은 유대인 인구가 살았다. 그러나 그들은 그곳에 머무르지 않고 더 멀리 퍼져 나갔다. 북아프리카에 있는 키레네(Cyrene)에는 인구가 도시민과 농민과 재류 외국인과 유대인으로 나누어졌다고 한다. 로마의 역사가 멈센(Mommsen)은 "팔레스타인의 주민은 단지 일부분에 지나지 않으며 유대인의 가장 중요한 부분도 아니었다. 바빌론, 시리아, 소아시아, 애굽 등의 유대인 사회가 팔레스타인의 유대인 사회보다 훨씬 뛰어난 것이었다"라고 쓰고 있다. 소아시아에 대한 언급은 수많은 유대인이 다른 지역에도 살고 있었다는 것을 알게 해 준다.

알렉산더 제국이 그의 죽음으로 인하여 붕괴된 후 애굽은 프톨레마이오스(Ptolemies) 왕가에게로 돌아갔고 시리아와 그 주변 지역은 셀레우커스(Seleucus)와 셀레우커스(Seleucids) 가(家)로 알려진 그의 후계자들에게 돌아갔다. 셀레우커스 가 사람들은 커다란 두 가지 특징을 가지고 있었다. 그들은 인종 융합에 대한 계획적인 정책을 수립하고 민족주의를 추방하는 것에 의하여 안전 보장을 얻고자 희망하였다. 그리고 그들은 상습적인 도시의 건설자들이었다. 이러한 도시는 시민을 필요로 했다. 그래서 그러한 도시에 이주하는 사람들에게 특별한 매력과 특권을 제공하였다. 수많은 유대인이 이러한 도시에서 시민권을 얻었다. 소아시아 전역에, 지중해안의 대도시에, 상업의 대중심지에 유대인의 수는 많아졌으며 그들은 번영하였다. 거기에도 강제적 이주는 있었다. 안티오커스(Antiochus) 대왕은 바빌론에서 2천 가족의 유대인을 리디아(Lydia)와 프리지아(Phrygia)에 이주시켰다. 사실 팔레스타인에서 이탈이 너무 많았기 때문에 팔레스타인의 유대인은 아시아와 프리지아의 목욕탕과 제전의 매력에 끌려서 팔레스타인의 준엄한 생활을 버리는 동포들에 대하여 불평을 늘어놓았다. 아리스토텔레스는 "헬라어에 능통했을 뿐 아니라 그의 정신도 그리스적인" 소아시아에 살고 있는 어느 유대인과의 만남에 대하여 이야기한 일이 있다.

세계 어디에나 유대인이 살고 있었다는 것은 매우 확실한 일이다. 그리스의 지리학자 스트라보(Strabo)는 "전 세계에서 유대인에 의하여 점령되고 지배되지 않은 장소는 한 군데라도 발견하기 힘들다"라고 쓰고 있다. 유대의 역사가 요세푸스(Josephus)는 "그리스든지 미개한 지역이든지 유대 율법과 유대 습관이 뿌리 박혀 있지 않은 도시나 부족은 없다"라고 쓰고 있다. 주전 140년경에 쓰인 《시빌라의 신탁(*Sibylline Oracles*)》은 모든 육지와 모든 바다는 유대인으로 가득 차 있다고 말하고 있다.

아그리파(Agrippa)가 칼리굴라(Caligula)에게 보낸 것이라며 필론(Philo)이 인용하였다는 편지가 있다. 거기에서 그는 예루살렘은 유대뿐 아니라 거의 모든 나라의 수도이며 식민지라는 이유로 이민을 위한 적합한 기회를 포착하여 애굽, 페니키아(Phoenicia), 시리아(syria), 코엘레시리아(Coelesyria) 등 이웃 나라에 이민단을 보냈으며 다시 멀리 떨어진 밤빌리아(Pamphylia)와 실리시아(Cilicia)에 보냈으며, 멀리 비티니아(Bithynia)에 이르기까지 아시아의 대부분의 지방에 보냈으며, 가장 먼 지방인 폰투스(Pontus)까지 보냈으며 역시 유럽 테살리아(Thessaly), 보이오티아(Boeotia), 마케도니아(Macedonia), 에톨리아(Aetolia), 아티카(Attiac), 아르고스(Argos), 고린도(Corinth)와 펠로폰네스(Peloponnese)의 대부분과 가장 좋은 지방에 내보냈다고 한다. 유대인의 정착지는 대륙에 많이 있을 뿐 아니라 중요한 도서—유비아(Euboea), 키프로스(Cyprus), 크레타(Crete)—에도 있었다. 단지 유프라테스(Euphrates) 강 건너에 있는 지방에 대해서는 언급이 없다. 모든 지방에 유대인 거주민이 살고 있기 때문이다.

유대인의 디아스포라(Diaspora, 이산한 유대인)가 세계 도처에 퍼져 살았다는 것은 사실이다. 그리고 이 사실의 중요성은 기독교의 전파에 이것보다 더 큰 요인이 없다는 점이다.

서신의 수취인

야고보서 1:1(계속)

이리하여 야고보는 **디아스포라**의 **열두 지파**에게 편지를 썼던 것이다. 즉, 세계에 흩어져 있는 열두 지파에게 보낸 것이다. 그러면 그가 이 편지를 쓸 때 그의 눈에 떠오르는 사람은 누구일까? 이 편지를 누구에게 보냈으며 누구에게 그 의미가 있는 것일까? 디아스포라에 있는 열두 지파란 다음 세 가지 사항 어느 것에도 같은 의미를 가진다고 할 수 있을 것이다.

I. 팔레스타인 밖에 있는 모든 유대인을 말한다고 할 수 있다. 우리는 그와 같은 유대인을 백만 단위로 계수한다는 것을 보아 왔다. 실제로 팔레스타인 안에 있는 유대인보다 시리아, 애굽, 그리스, 로마, 소아시아, 지중해 지방 그리고 멀리 바빌론에 흩어져 있는 유대인의 수가 훨씬 많았다. 고대 세계라는 조건에서는 이와 같이 광범위하게 흩어져 있는 지지자에게 메시지를 전달한다는 것은 전혀 불가능한 일이라 할 것이다. 현대의 인쇄술과 방송 기술에 의하여 비로소 가능해질 것이다. 야고보서 시대에는 그러한 일이 불가능했다.

II. 팔레스타인 밖에 있는 유대 기독교인을 의미할 수 있다. 이것은 야고보에게는 팔레스타인 주변의 나라들, 아마도 특별히 시리아나 바빌론에 있는 유대인을 의미할 것이다. 이 일은 아주 가능성이 있는 일이다. 그리고 그러한 지방에 거주하고 있는 유대인에게 편지를 쓴 사람이 있다고 하면 그것은 야고보서밖에는 없었을 것이다. 야고보는 유대적 기독교의 공인된 지도자였기 때문이다.

III. 그러나 이 구절은 제3의 의미를 가질 수도 있다. 기독교인에게 교회는 진실한 뜻에서 이스라엘이었다. 갈라디아서의 마지막에서 바울은 그의 축복을 하나님의 이스라엘에게 보내고 있다(갈 6:16). 기독교에 대한 개념 중에서 가장 일반적인 것은 새로운 이스라엘로서의 교회라는 개념이었다. 민족으로서 이스라엘은 하나님이 특별히 선택한 백성이었다. 그러나 그들은 실패하였으며 지위와 책임과 과업을 계승할 것을 거부하였다. 하나님의 아들이 왔을 때 그들은 하나님의 아들을 배척하였다. 따라서 일찍이 그들에게 속해 있던 특권 전부가 교회에 양도되었다. 교회는 진실로 하나님이 선택한 백성이기 때문이었다. 바울은 완전히 이 사상을 나타내 주었다(롬 9:7-7 참조).

아브라함의 참 자손인 참 이스라엘은 아브라함의 육체적 혈통의 계승자가 아니고 아브라함이 행한 것과 같은 신앙의 모험을 행하는 자들이었다. 참 이스라엘은 민족과 인종에 의하여 구성되는 것이 아니라 신앙으로 예수 그리스도를 받아들이는 사람들에 의하여 구성되었다. 이러므로 이 구절은 기독교 교회 전체를 의미한다고 할 수 있다.

제2의 의미와 제3의 의미 중 어느 편을 선택하여도 거기에 뛰어난 생각이 있음을 발견하게 된다. 야고보는 주변에 있는 여러 나라에 흩어져 있는 유대 기독교인에게 편지를 썼던가, 그렇지 않으면 참 이스라엘, 새로운 이스라엘이 되는 하나님의 교회에 편지를 썼던가 그 어느 편일 것이다.

시험 받음과 승리

야고보서 1:2-4

**[2]내 형제들아 너희가 여러 가지 시험을 당하거든 온전히 기쁘게 여기라 [3]이는
너희 믿음의 시련이 인내를 만들어 내는 줄 너희가 앎이라 [4]인내를 온전히 이
루라 이는 너희로 온전하고 구비하여 조금도 부족함이 없게 하려 함이라**

야고보는 편지를 받는 기독교인들에게 기독교는 안이한 길이라고는 결단코 비치지 않았다. 그는 사람들에게 KJV에서 **여러 가지 유혹**이라고 불리는 것에 말려들게 되는 자신을 발견하게 될 것이라고 경고하고 있다. KJV에서 유혹이라고 번역된 글자는 페이라스모스(Peirasmos)라는 말이다. 우리가 기독교적 생활의 본질을 이해하려고 한다면 이 글자는 그 뜻을 완전히 이해하지 않으면 안 될 중요한 낱말이 된다.

페이라스모스(Peirasmos)는 현대 영어로는 **유혹**을 의미하지 않는다. **페이라스모스**는 **시험하는 것**을 뜻한다. **페이라스모스**는 시련이며 시험하는 것이며 **어떤 목적**을 위한 유혹이다. 그리고 그 목적이란 시험을 받은 사람이 그 시험에 의하여 보다 강하게 되며 보다 순수하게 되야 한다는 것이다. 이것에 관련된 동사의 페이라제인(perazein)은 KJV에서는 보통 **유혹한다**라고 번역되어 있지만 실은 시험한다는 의미다. 이 말의 개념에는 죄 가운데로 유혹해 넣는다는 뜻은 없다. 강하게 하며, 순수하게 하며, 시험하며, 다루어 본다는 뜻이다. 예를 들면, 새끼 새는 그 날개를 시험한다(peirazein)라고 말한다. 시바의 여왕은 솔로몬의 지혜를 시

험하기 위하여 왔다고 했다. 하나님이 이삭을 바치라고 명령하기 위하여 나타났을 때 하나님이 아브라함을 시험하신다라고 했다(창 22:1).

이스라엘 민족이 약속의 땅에 왔을 때 하나님은 거기에 이전부터 살던 백성을 이동시키지 않았다. 하나님이 그들을 그곳에 머물러 있게 한 것은 그들과 항쟁하는 것으로 이스라엘 민족을 시험하기 위해서였다(삿 2:22, 3:1, 4). 이스라엘에서 체험은 이스라엘 민족을 형성하는 시험이었다(신 4:34, 7:19).

여기에 위대한 정신을 앙양시키는 사상이 있다. 홀트(Hort)는 "기독교인은 기독교인다운 생활을 할 때 시련에 부딪칠 각오를 해야만 한다"라고 쓰고 있다. 모든 종류의 경험이 우리에게 닥쳐올 것이다. 우리의 신앙을 없애 버리려는 슬픔과 실망의 시험이 있을 것이다. 우리를 바른 길에서 유혹의 길로 꾀이려는 시험이 있을 것이다. 기독교인의 생활이 가끔 말려들 것이 틀림없는 위험과 희생과 인기가 없는 시험이 있을 것이다. 그러나 이러한 시험의 중심점은 우리를 타락시키기 위하여 보내진 것이 아니라 우리를 앙양시키기 위하여 보내졌다는 것이다. 우리를 패배시키기 위한 것이 아니라 우리가 유혹을 타파할 수 있도록 보내진 것이다. 우리를 보다 약하게 만들기 위해 보내진 것이 아니라 우리를 보다 강하게 하기 위하여 보내진 것이다. 그러므로 우리는 이러한 시험을 탄식할 필요는 없다. 도리어 기뻐하고 즐거워해야 한다. 기독교인은 운동선수와 같다. 코치가 연습량을 많이 주면 줄수록 연습 과정은 강화되어 운동선수는 강해진다. 격렬한 승리를 얻는 길이 점점 자신을 적응시켜 가는 것을 알기 때문에 기뻐하게 된다.

브라우닝(Browning)이 말한 대로 우리는 지상의 안일을 격렬함과 바꾸는 결단을 환영해야만 한다. 괴로운 일은 모두 전진하기 위한 일보이기 때문이다.

시험의 결과

야고보서 1:2-4(계속)

야고보는 **도키미온**(dokimion)이라는 말에 의하여 이 시험의 과정을 설명하고 있다. 이것은 흥미 있는 말이다. 그것은 순은의 화폐 또는 불순물이 들어 있지 않은 돈을 나타내는 언어다. 시험의 목적은 우리 속에서 모든 불순물을 추방하고 자신의 성격 중에서 필요 없는 것을 소각해 버리며 우리를 깨끗하게 하고 순화시키는 것이다.

우리가 바른 방법으로 이 시험에 대결한다면 확고한 불변성이 생기게 된다. 이 말은 **휴포모네**(hupomone)다. KJV는 이 말을 **인내**라고 번역하고 있다. 그러나 인내란 말은 너무 수동적인 말이다. **휴포모네**는 단순히 여러 일을 인내하는 능력만은 아니다. 그것은 여러 일을 위대한 것으로, 영광에 가득 찬 것으로 변하게 하는 능력이다. 박해 시대에 이교도를 경탄케 한 것은 순교자들이 할 수 없이 죽어간 데 있는 것이 아니라, 하나님을 찬미하면서 죽어간 데 있다. 어느 순교자는 화염 속에서 미소를 짓고 있었다. 이교도들은 그에게 무엇을 보고 웃음 짓는가 물었다. "나는 하나님의 영광을 보고 기뻐한다" 고 그는 말하였다. **휴포모네**라는 말은 사람이 단순히 여러 가지 괴로움을 견디는 데 그치지 않고 사람이 그것을 기쁘게 받아들이고 극복할 수 있는 능력을 뜻하는 말이다. 시험을 바르게 극복한다면 보다 더 많은 인내력을 받게 되며 다시 더 곤란한 전투에도 이길 수 있는 능력을 얻을 수 있다.

이 확고한 불변성은 결국 세 가지 성격을 사람에게 형성시켜 준다.

1. 인간을 결점이 없게 만든다. 이 말은 **텔레이오스**(telieos)다. 헬라어의 **텔레이오스**는 대개의 경우 **기정적 목표와 기정적 목적에 대하여 완전하다**는 뜻을 가지고 있다. 제물로 희생된 동물이 하나님께 바치는 데 적합하다면 **텔레이오스**다. 학자가 학문의 최초의 단계를 거쳐 숙달한 경지에 도달했다면 **텔레이오스**다. 사람이 육체적으로 미성숙한 연대를 거쳐서 완전히 성장했다면 **텔레이오스**다. 그러므로 시험을 만나서 생겨난 불변성은 사람을 **텔리이오스**로 만든다. 즉, 그것은 인간이 무엇인가를 할 수 있도록 보내졌으며 하나님이 인간에게 무슨 일인가를 하도록 명령한 이 세상에서 과업에 그를 적응시키도록 하는 것을 말한다.

여기에 위대한 사상이 있다. 우리는 우리의 생애에 일어나는 모든 체험에 어떻게 대처하는가에 의하여 하나님이 우리에게 명령한 과업에 적응하고 있는가, 아닌가를 판단할 수 있다.

II. 인간을 완전하게 한다. 이 말은 **홀로클레로스**(holokleros)다. **홀로클레로스**는 **모든 부분에서 충실하며 완전하다**는 뜻의 말이다. 이 말은 하나님께 드리기에 합당한 동물이나 하나님을 섬기기에 적합한 제사장에게 사용한다. 동물이나 인간에게 외형적인 손상이나 자질을 의심나게 하는 상처가 조금도 없다는 것을 보여 주는 말이다.

이 확고한 불변성은 인간의 인격에서 조금씩 약점과 불완전함을 제거해 버린다. 날마다 옛 죄악을 극복하는 힘을 주며 옛 상처를 씻어 버리고 새로운 덕을 얻게 한다. 그리고 마지막에는 하나님에 대한 봉사와 동포에 대한 봉사에 완전히 적응하도록 하게 한다.

III. 인간을 부족하게 해 주지 않는다. 여기에 사용한 부족하다는 말은 **레이페스다이**(liepesthai)다. 이 **레이페스다이**는 군대가 패배했을 때나 투쟁을 단념했을 때나 또는 도달해야 할 표준에 미치지 못했을 때 사용한다. 사람이 올바른 방법으로 시험에 대처해 가며 날마다 확고한 불변성을 성장시켜 간다면 매일매일 많은 승리를 얻으면서 살아갈 것이며, 예수 그리스도의 표준에 점점 더 가까이 도달할 수 있을 것이다.

하나님의 주심과 인간의 구함

야고보서 1:5-8

5너희 중에 누구든지 지혜가 부족하거든 모든 사람에게 후히 주시고 꾸짖지
아니하시는 하나님께 구하라 그리하면 주시리라 6오직 믿음으로 구하고 조
금도 의심하지 말라 의심하는 자는 마치 바람에 밀려 요동하는 바다 물결 같

으니 [7]이런 사람은 무엇이든지 주께 얻기를 생각하지 말라 [8]두 마음을 품어 모든 일에 정함이 없는 자로다

전술한 말과 이 기사 사이에는 밀접한 관련이 있다. 야고보는 독자에게 올바른 방법으로 인생의 시련을 체험한다면 인간은 모든 덕의 기초가 되는 확고한 불변성을 가지고 시험에서 벗어날 수 있다고 말하였다. 그러나 곧 다음과 같은 의문이 생긴다. "어떻게 이러한 시련을 체험할 수 있을까? 어디서 올바른 방법으로 시련에 사용할 지혜와 이해를 얻을 수가 있을까?" 야고보는 이렇게 대답한다. "어떤 사람이든 인생을 체험할 때 올바르게 사용할 수 있는 지혜를 가지지 못했다고 느꼈다면—이런 지혜를 가진 사람은 아무도 없다—하나님께 구하라."

여기에 한 가지 사실이 두드러지게 된다. 유대적 배경을 가지고 있는 기독교인 교사인 야고보에게 지혜는 실제적인 것이다. 지혜는 철학적 사색이나 지적인 인식이 아니다. 지혜는 인생을 위한 지혜다. 스토아학파 철학자는 지혜를 "인간적이며 신적인 사물에 대한 인식이다"라고 정의하였다. 그러나 로푸스(Ropes)는 이 기독교적 지혜를 "정의를 알고 그것을 행하는 영혼의 탁월한 신적인 자질이다"라고 정의하고 있다. 홀트는 "인생의 올바른 행위에 필요한 마음과 지성의 재능이다"라고 정의하고 있다. 기독교의 지혜 가운데는 물론 하나님에 대한 깊은 사물의 인식이 있다. 물론 탐구적인 지성의 구도심과 목표도 있다. 그러나 기독교인의 지혜는 본래 실제적인 것이다. 일상생활에서 결단이나 인간관계에서 행동으로 옮겨지는 지혜다. 사람이 하나님께 지혜를 구할 때 다음과 같은 두 가지 사실을 기억해야 한다.

1. 하나님이 어떤 방법으로 주시는지를 기억해야 한다. 하나님은 주시는 데 관대하시다. 하나님은 결코 선물을 타산적으로 주시지 않는다. "모든 지혜는 하나님에게서 오며 영원히 하나님과 함께 있다"라고 시락(Sirach)의 아들 예수께서는 말했다(집회서 1:1). 그러나 유대의 지혜자들은 이 세상의 최신 선물이라도 주는 방법에 따라서는 손상을 받는다는 것을 잘 알고 있었다. 그들은 어리석은 사람들의 선물하는 방법에 대하여 많이 말하였다. "내 아들이 너의 선행을 손상시켜

서는 안 된다. 그리고 무엇인가 선물할 때 불유쾌한 말을 해서는 안 된다. 보라, 말은 선물보다 좋은 것이 아닌가? 그러나 이 두 가지는 품위 있는 사람과 같이 있다. 어리석은 자는 야비하게 비난할 것이다. 그리고 질투 많은 사람의 선물은 눈을 초췌하게 한다(눈물을 흘린다는 뜻)" (집회서 18:15-18).

"어리석은 자의 선물은 그것을 받았다 하더라도 당신에게 즐거운 것이 되지는 않을 것이다. 또 질투심이 많은 자의 선물은 자신의 필요 때문이다. 그는 하나를 주고 많은 것을 얻기를 바라기 때문이다. 그는 거의 주지는 않으면서 비난만 많이 퍼붓는다. 그는 부르짖는 자처럼 입을 연다. 그는 오늘 빌려 주고 내일 다시 찾을 것이다. 이런 자는 하나님과 사람에게 싫어함을 받는 자다" (집회서 20:14-15). 동일한 저자는 "친구들 앞에서 비난하는 저자는 연설을 하는 것" 에 대하여 경고하고 있다(집회서 41:22).

자신이 준 것보다 더 많은 것을 얻고자 하는 생각만 가지고 선물하는 유형의 사람이 있다. 그는 받는 이를 자신의 결단코 잊어버리지 못할 은혜 밑에 구속하는 것으로 자신의 허영심과 권력 의식을 만족시키려고 선물을 하는 사람이다. 그는 준 다음에 자신이 준 선물을 끊임없이 계산해 보는 사람이다.

그러나 하나님은 관대한 마음으로 주신다. 그리스의 시인 빌레몬은 하나님을 "선물의 연인" 이라고 불렀다. 그것은 선물을 받는 것이 사랑한다는 의미가 아니라 선물을 주는 것이 사랑한다는 의미다. 그리고 하나님은 그 선물을 계산하지 않으신다. 하나님은 그 훌륭한 사랑 때문에 주신다. 주시는 것이 하나님의 본성이기 때문이다.

II. 구하는 자는 어떻게 구해야 하는지 기억해야 한다. 구하는 자는 의심 없이 구해야 한다. 그는 주시고자 하시는 하나님의 능력과 소망을 확신해야 한다. 그는 의심을 품고 구해서는 안 된다. 의심을 품고 구한다면 그 사람의 마음은 부서지는 바다의 물결처럼 바람결에 이리저리 요동하게 된다. 마이어는 그런 사람은 파도에 떠다니는 코르크와 같은 사람으로 바닷가에 가까이 있다가도 곧 멀리 흘러가 버린다고 했다. 이런 사람은 그의 생활에 안정성이 없는 사람이다.

홀트는 이런 사람은 술에 취하여 길 위에서 이쪽저쪽으로 비틀거리면서 조금도 앞으로 전진하지 못하는 사람과 같다고 묘사하고 있다. 야고보는 이런 사람에 대하여 실로 생생한 말을 사용하고 있다. 그는 그런 사람을 **디푸스코스**(dipsuchos)라고 말한다. 문자적으로는 그 내부에 두 개 혼이나, 두 개 마음을 가진 사람을 의미한다. 하나의 마음은 믿고 있지만 또 하나의 마음은 불신을 표시한다. 내부에 하나님에 대한 신뢰와 불신이 서로 계속적인 전투를 전개하고 있는 소위 걸어다니는 내란을 안고 있는 사람이다.

우리가 가치 있는 인격을 낳기 위하여 인생을 바르게 체험하려면 하나님께 지혜를 구해야 한다. 그리고 구할 때에는 하나님의 절대적인 관대하심을 기억해야 한다. 그리고 우리가 소유하기에 선하며 옳다는 것만을 하나님의 뜻에 따라 받을 수 있다는 것을 믿고 구해야 한다.

각자의 필요한 대로

야고보서 1:9-11

[9]낮은 형제는 자기의 높음을 자랑하고 [10]부한 자는 자기의 낮아짐을 자랑할
지니 이는 그가 풀의 꽃과 같이 지나감이라 [11]해가 돋고 뜨거운 바람이 불어
풀을 말리면 꽃이 떨어져 그 모양의 아름다움이 없어지나니 부한 자도 그 행
하는 일에 이와 같이 쇠잔하리라

야고보가 판단한 대로 기독교는 모든 사람에게 각 사람이 필요한 것을 가져다준다. 메시아가 "경멸 받는 사람은 자존심을 배우며 오만한 부자는 자신의 낮아짐을 배운다"라고 말씀하신 것과 같다.

1. 기독교는 가난한 사람에게 자신의 가치에 대한 새로운 의미를 가져다준다. 그는 자신이 가지고 있는 무가치함에서 벗어나서 자신 안에 가치가 있으면 중요하다는 새로운 관념을 가지도록 들어올림을 받게 된다.

1. 그는 **교회 안에서** 자신이 중요하다는 것을 배운다. 초대교회에서는 계급의 차이가 없었다. 노예가 교회의 목사가 되어 설교를 했으며 성례전을 집행하였으며 그 노예의 주인이 평신도에 지나지 않았다는 것은 있을 수 있는 일로 실제로 그런 일이 생겼다. 교회 안에서는 이 세상에서 인간을 구별하는 것 같은 사회적인 차별은 말살되었으며 다른 사람보다도 중요하게 생각되는 인물도 없었다.

2. 그는 이 **세상에서** 중요하다는 것을 배운다. 이 세상에 있는 모든 사람이 자신이 해야 할 과업이 있으며 하나님이 사람을 이 세상에 남겨 두고 있는 한 하나님은 그 사람에 대하여 어떤 목적이 있다는 것이 기독교의 교훈이다. 무용한 사람은 한 사람도 없다. 모든 사람이 하나님께 유용하기 때문이다. 비록 그 사람이 무력하며 고통의 병석에 붙들려 있다 하여도 그의 기도의 힘은 인간 세계에서 아직 역사할 수 있다.

3. 그는 **하나님에게서** 중요하다는 것을 배운다. 뮤레투스(Muretus)가 오래 전에 "그리스도가 그 사람을 위하여 죽은 한 어떤 사람도 무가치하다고 부를 수는 없다"고 말한 것과 같다. 모든 사람이 하나님에게는 귀중한 존재다.

II. 기독교는 부자에게 자신의 낮아짐이라는 새로운 감각을 가져다준다. 부유함의 커다란 위험은 잘못된 보장 감각을 인간에게 가져다주기 쉽다. 그는 안전하다고 생각한다. 그는 어떤 일이라도 잘 처리할 수 있는 자력을 가지고 있다고 생각한다. 그는 원하는 것이라면 무엇이든지 살 수 있으며 자신이 도망치고 싶다든지 피하고 싶다고 생각하면 어떠한 상황이라도 돈을 주고 해결할 수 있다고 생각한다.

야고보는 팔레스타인에 살고 있는 사람들에게 매우 낯익은 사실을 생생하게 묘사하고 있다. 사막에서는 소나기가 한 번 지나가면 풀에서 가냘픈 싹이 움틀 것이다. 그러나 하루 종일 뜨거운 태양이 비치게 되면 마치 거기에 아무것도 없었던 것같이 그런 풀은 자취를 감추고 말 것이다. 열풍은 **카우손**(Kauson)이다. **카우손**은 **시뭄**(Simoom)이라 부르는 동남풍이다. 이 바람은 사막에서 직접 불어닥치며 오븐 뚜껑을 열 때 내뿜는 열기와 같이 팔레스타인을 태워 버린다. 한 시간 동안만 불더라도 그 불 같은 열로써 모든 초목을 태워 버릴 수 있을 것이다.

이 모든 것이 부유함에 의존하는 인생이란 바로 그와 같은 것이라는 묘사다. 부유함을 신뢰하고 있는 사람은 언제라도 인생의 우연한 일이나 변화에 의하여 사라져 버릴 것을 신뢰하고 있는 것이 된다. 인생 그 자체는 불확실한 것이다. 야고보의 마음 가운데는 이사야의 묘사가 있었다. "모든 육체는 풀이요, 그의 모든 아름다움은 들의 꽃과 같으니 풀은 마르고 꽃이 시듦은 여호와의 기운이 그 위에 붊이라. 이 백성은 실로 풀이로다"(사 40:6-7; 시 103:15 참조).

야고보의 목적은 다음과 같다. 인생이 그와 같이 불확실하다면, 인생이 그와 같이 상하기 쉬운 것이라면, 인생의 외적인 것이 그와 같이 멸망하기 쉬운 것이라면, 불행과 재난이 어느 때 닥쳐올지 모를 일이다. 그렇다면 인생은—부유함과 같은—언제 잃어버리게 될지 알지 못하는 것으로 이를 신뢰하는 자는 어리석은 자다. 인간은 잃어버리지 않는 것에 그의 신뢰를 둘 때 현명하다.

그리하여 야고보는 부유한 사람들이 자기 자신의 힘을 저축해 둘 수 있는 것에 그들의 신뢰를 둘 것을 중지하라고 권고하고 있다. 그는 부유한 사람들에게 자신의 인간적인 무력함의 본질을 알고 그것을 용인하여 우리에게 영원한 것을 주실 수 있는 하나님께 겸손히 그들의 신뢰를 둘 것을 권고하고 있다. 그는 하나님에 대한 전적인 의존을 인정하는 새로운 인간성에 영광을 돌리라고 사람들에게 설득하고 있다.

생명의 면류관

야고보서 1:12

12 시험을 참는 자는 복이 있나니 이는 시련을 견디어 낸 자가 주께서 자기를 사랑하는 자들에게 약속하신 생명의 면류관을 얻을 것이기 때문이라

올바른 방법으로 시련과 시험에 직면하는 사람에게는 이 세상과 저 세상의 기쁨이 있다.

I. 이런 사람은 이 세상의 생활에서 진정한 가치가 있는 사람이 된다. 그는 **도키모스**(dokimos)다. 그는 불순물에서 깨끗함을 받아 순화된 금속과 같다. 그의 인격의 유약함은 근절되었고 결점은 깨끗이 씻겨 버렸다. 그리고 강하게 되었으며 순수하게 되었다.

II. 이런 사람은 오는 세상에서 "생명의 면류관"을 받는다. 여기에는 하나의 개념 이상의 것이 있다. 고대 세계에서 면류관(stephanos)은 적어도 네 가지 큰 연상을 가지고 있다.

1. 화관은 기쁠 때, 예를 들면 결혼식이나 축제 때 썼다(사 28:1–2). 면류관은 행복과 축복의 상징이었다.

2. 면류관은 왕권의 표시였다. 그것은 임금이나 권위 있는 사람들이 썼다. 이것은 때로는 금관의 표시였다. 때로는 린넬의 띠 혹은 끈으로 이마 둘레를 둘렀다(시 21:3; 렘 13:18 참조).

3. 월계관은 경기에서 승리한 자의 면류관이었다. 무엇보다도 운동선수들이 탐내는 상품이었다(딤후 4:8 참조).

4. 면류관은 명예와 존경의 표시였다. 부모의 교훈은 그것을 듣는 자들에게 은혜의 면류관을 가져올 수 있다(잠 1:9). 지혜는 사람에게 영광의 면류관을 준다(잠 4:9). 재난과 불명예에 처해 있을 때에는 "우리 머리에서 면류관이 떨어졌다"고 했다(애 5:16).

우리는 이상 네 가지 의미 중에서 어느 것을 선택할 필요는 없다. 그런 의미가 모두 내포되어 있기 때문이다. 기독교인은 일찍이 다른 사람이 가질 수 없었던 **기쁨**을 가지고 있다. 기독교인의 인생은 영원한 잔치에 참석하고 있는 인생이다. 기독교인은 다른 사람이 결코 알 수 없는 **왕권**을 가지고 있다. 비록 지상에서 상황은 비천한 것이지만 그는 하나님의 아들이기 때문이다. 기독교인은 다른 사람이 얻을 수 없는 **승리**를 가지고 있다. 그는 예수 그리스도의 현현과 교제의 극복력에 의하여 인생과 그 모든 요구를 충족시킬 수 있기 때문이다. 우리에게 승리를 가져다주는 것은 하나님 자신이다. 그리고 기독교인은 새로운 **존엄**을 가진다. 하나님이 인간을 예수 그리스도의 삶과 죽음에 해당하는 값어치가 있는 것으로 생각하였다는 것을 자각하고 있기 때문이다. 그리스도가 그 사람을 위하여 죽으셨다면 어떠한 사람도 무가치한 사람은 없다.

면류관은 무엇인가? 그것은 **생명의 면류관**이다. 그리고 이 말은 생명을 이루고 있는 면류관을 뜻한다. 이 면류관은 생명 자체다. 기독교인의 면류관, 그리스도의 재산은 실은 생명 바로 그것이며, 그 생명은 새로운 종류의 생명이다. 예수 그리스도를 통하여 기독교인은 생명으로 보다 풍부한 생명으로 들어갔다.

그러므로 기독교인이 인생의 시련과 시험과 유혹에 그리스도가 줄 수 있는 견고하며 빗나가지 않는 불변성을 가지고 대결한다면 그의 인생은 이전보다도 무한하게 훌륭한 것이 된다고 야고보는 말하고 있다. 고투는 영광에의 길이다. 바로 그 고투 자체가 영광이다.

하나님께 책임을 돌림

야고보서 1:13-15

[13]사람이 시험을 받을 때에 내가 하나님께 시험을 받는다 하지 말지니 하나
님은 악에게 시험을 받지도 아니하시고 친히 아무도 시험하지 아니하시느니
라 [14]오직 각 사람이 시험을 받는 것은 자기 욕심에 끌려 미혹됨이니 [15]욕심이
잉태한즉 죄를 낳고 죄가 장성한즉 사망을 낳느니라

이 기사의 배후에는 유대적인 신앙의 태도가 있다. 그것은 우리 모두가 잘못을 범하고 있는 보편적인 신앙 태도다. 야고보는 여기서 하나님에게 유혹의 책임을 돌리는 사람을 책망하고 있다.

유대 사상가는 모든 사람의 내부에 있는 내적 분열 때문에 괴로움을 당하였다. 이것이 바울을 괴롭힌 문제였다. "내 속사람으로는 하나님의 법을 즐거워하되 내 지체 속에서 한 다른 법이 내 마음의 법과 싸워 내 지체 속에 있는 죄의 법으로 나를 사로잡는 것을 보는도다"(롬 7:22-23). 모든 사람은 움직이는 내란이다. 그리고 모든 사람이 두 방향으로 이끌리고 있다. 유대인은 단순히 경험의 해석에 의하여 모든 사람의 내부에 두 경향과 두 본질이 있다는 교리에 도달하였다. 그들은 그것들을 **예체르 하토브**(Yetser Hatob)와 **예체르 하라**(Yetser Hara)라고 불렀다. **예체르 하토브**는 **선한 경향**이란 뜻이며 **예체르 하라**는 **악한 경향**이란 뜻이다. 그런데 이것은 단지 문제를 제기하였을 뿐이고 설명을 가하지 않고 있다. 특별히 나쁜 경향이 어디서 온다는 것에 대해서는 말하지 않고 있다. 이러므로 유대 사상가는 악한 경향이 어디에서 발생하는지를 설명해 보고자 했다.

> 《집회서》의 저자는 악한 경향이 일으키는 대파괴에 깊은 인상을 받았다. "오, 악한 경향이여, 오, 예체르 하라여, 어찌하여 너는 이 세상을 속임으로 가득 차게 하기 위하여 만들어졌는가?"(집회서 37:3) 그의 견해로는 악한 경향은 사탄에게서 왔으며 이것에 대한 인간의 무기는 인간 자신의 의지였다고 보았다. "하나님은 최초에 인간을 창조하셨다. 그리고 하나님은 인간 자신이 하고 싶은 일을 할 수 있도록 하셨다. 하나님은 인간을 인간의 의지의 힘에 맡겨 버리셨다. 당신은 원하기만 한다면 그 계명을 지킬 수 있을 것이다. 신실함이 당신의 기쁨의 요소다"(집회서 15:14-15). 이 견해로는 인간에 악한 경향을 가져다준 것은 사탄이며 인간은 자신의 의지를 훈련함으로써 그것을 패배시킬 수 있다는 것이다.

이 악한 경향을 에덴동산까지 거슬러 올라가서 생각해 본 유대의 저술가가 있었다. 위경의 저작 중에 〈**아담과 이브의 생애**〉라는 이야기가 있다. 사탄이 천사의 모습으로 뱀을 통하여 속삭이면서 이브에게는 금단의 열매에 대한 욕망을 주입시키고 아담에게도 그 열매를 줄 것을 맹세하게 했다. "그가 나에게 맹세하게 한 후에 그는 나무에 올라갔습니다. 그런데 그는 내가 먹을 열매 속에 그의 해할 마음, 즉 **욕망이라는 독**을 넣었습니다. 욕망이 모든 죄의 시작이기 때문입니다. 그리고 큰 나뭇가지를 땅 위에 늘어뜨려 주었기 때문에 나는 그 열매를 따서 먹었습니다"라고 이브는 말하고 있다. 이 개념 가운데는 악한 경향은 육신의 욕망과 동일시되었다는 것이다. 이 이야기의 후반 전개에서는 일체 죄의 시작은 사실은 이브에 대한 사탄의 욕망이었다는 것이다.

《**에녹서**(*The Book Enoch*)》에는 두 가지 학설이 있다. 그 하나는 타락한 천사가 죄에 대하여 책임이 있다는 것이다(85). 또 하나는 인간 자신이 악한 경향과 죄에 대하여 책임이 있다는 것이다. "죄는 지상에 보내진 것이 아니요, 인간 스스로가 창조하였다"(98:4).

그러나 이 학설은 모두 문제를 단지 일보 후퇴하였을 뿐이다. **궁극적으로** 악한 경향은 어디에서 들어왔을까? 사탄이 인간에게 주입시켰는지도 모른다. 타락한 천사가 인간에게 주입시켰는지도 모른다. 인간이 자신에게 주입시켰는지도 모른다. 그러나 궁극적으로 악은 어디에서 들어왔을까?

이 문제를 해결하기 위하여 어떤 랍비들은 대담하고 매우 위험한 일보를 내디뎠다. 그들은 하나님이 만물을 창조하였기 때문에 악한 경향도 하나님이 창조한 것이 틀림없을 것이라고 논하였다.

그리하여 다음과 같은 랍비의 이야기도 우리가 읽을 수 있다.

"나는 인간 안에 악한 경향을 창조한 것을 뉘우치고 있다. 내가 그렇게 하지 않았다면 인간은 나에게 반역하지는 않았을 것이다. 나는 악한 경향을 창조하였다. 그래서 나는 치료의 수단으로 율법을 창조하였다. 인간이 율법을 지키기만 한다면 악한 경향의 힘에 굴복하는 일은 없을 것이다"라고 하나님은 말씀하셨다. 하나님은 인간의 오른손에 선한 경향을 놓아두셨고 인간의 왼손에 악한 경향을 놓아두셨다.

이 학설에 위험성이 있는 것은 확실하다. 결국 인간은 자기 자신의 죄를 하나님께 책임을 지울 수 있다고 이 학설은 의도하고 있다.

바울이 말한 대로 인간은 "이제는 그것을 행하는 자가 내가 아니요 내 속에 거하는 죄니라"(롬 7:17)라고 말할 수 있다. 모든 알 수 없는 교리 가운데서 실로 알 수 없는 교리는 하나님에게 인간의 죄에 직접적이며 궁극적인 책임이 있다는 학설이다.

책임 회피

야고보서 1:13-15(계속)

역사의 시초부터 인간에게는 자신의 죄를 다른 사람에게 전가시키는 원시적인 본능이 있었다는 것은 지금도 사실로 남아 있다. 에덴동산에서 최초로 일어난 죄의 이야기를 쓴 고대의 저자는 인간의 마음에 대한 깊은 지식을 가졌던 가장 뛰어난 심리학자였다. 하나님이 아담에게 그의 죄를 문책하였을 때 아담의 대답은 "하나님이 주셔서 나와 함께 있게 하신 여자 그가 그 나무 열매를 내게 주므로 내가 먹었나이다"라는 것이었다. 그리고 하나님이 여자의 행위를 책망하였을 때 그녀의 대답은 "뱀이 나를 꾀므로 내가 먹었나이다"이었다. 아담은 "나에게 책임을 지우지 마시고 하와에게 책임을 지우십시오"라고 말하였다(창 3:12-13). 언제나 인간은 책임 회피의 전문가였다.

로버트 번즈(Robert Burns)는 이렇게 썼다.

> 거칠고 사나운 정열로 당신은 나를 형성하였습니다.
> 그것을 당신은 알고 있습니다.
> 그 정열의 매혹적인 음성에 속아서 가끔 나는 길을 잘못 듭니다.

요컨대 그는 자신의 행동은 하나님이 자신을 그렇게 창조하였기 때문이라고 말하고 있다. 책임을 하나님께 지우고 있다. 그리고 사람들은 친구들에게 책임을 전가시킨다. 그들은 자신이 책임을 져야 할 죄에 대하여 자신들이 그렇게 만들어졌기 때문이니 책임이 없다고 한다.

야고보는 이러한 견해를 엄격하게 질책한다. 그는 죄를 범하게 하는 것은 인간 자신의 악한 욕망이라고 말한다. 죄에 공명하는 것이 인간 내부에 없었다면 죄는 무력했을 것이다. 유혹에 맞장구를 치는 일이 없었다면 유혹은 유혹이 될 수 없었을 것이다. 그런데 욕망은 장려할 수도 있고 말살할 수도 있다. 인간은 자신의 규율을 점검하며 제어할 수 있다. 그리고 욕망에 직면했을 때 하나님의 은혜로 그것을 소멸할 수도 있고 즉시 처리할 수도 있다. 그러나 인간은 자신의 사상을 어느 궤도에 따르게 할 수도 있으며 특정한 장소와 특정한 동료에게 발걸음을 향하게 할 수도 있다. 인간은 금지되어 있는 일에 눈길을 돌릴 수도 있으며 욕망을 조장하면서 생애를 마칠 수도 있다. 인간은 지성과 마음과 눈과 발과 입술을 욕망을 조장하는 데 사용할 수 있다. 인간은 자기 자신을 그리스도와 그리스도의 영에 넘겨주는 것으로 악한 욕망에서 깨끗해질 수 있다. 인간은 선한 일과 관계를 맺는 것으로 욕망이 들어올 시간과 장소를 주지 않을 수도 있다. 사탄이 위해를 가하는 것은 관리가 철저하지 못한 마음에 대해서다. 욕망의 포로가 되는 것은 훈련이 없는 지성이다. 범죄의 호소에 손상되기 쉬운 것은 의무를 행하지 않는 마음이다.

사람이 욕망을 장려하고 조장한다면 욕망의 영향을 피할 수는 없다. **욕망은 행동이 된다**. 사람이 무엇인가를 오래도록 생각하며 오래도록 요구하고 있다면 결국은 어떠한 우연한 일로 인해서 그것을 행하게 된다. 마음속에 있는 욕망은 결과적으로 행동적인 죄를 낳게 된다.

죄가 사망을 낳는다는 것은 유대교의 교훈이다. 이미 우리가 인용한 아담과 하와의 생애에는 하와가 그 열매를 먹는 순간에 그녀는 죽음을 흘긋 보았다고 기록되어 있다. 야고보가 15절에 사용하고 있는 말, 즉 KJV에서 **사망을 낳는다**고 번역된 말은 인간에게 사용하는 말이 아니다. 동물이 새끼를 낳을 때 쓰는 말이다. 그리고 그것은 죄가 사망을 **부화**(孵化) 한다는 의미다. 욕망에 사로잡히게 되면 인간은 인간 이하의 것이 되며 난폭한 동물의 수준으로 떨어지게 된다.

이 기사의 위대한 가치는 죄에 대하여 인간은 개인적인 책임이 있다는 것을 설명하고자 하는 데 있다. 그릇된 일에 대한 욕망을 가지지 않고 태어나는 사람은 한 사람도 없다. 욕망이란 단순한 성적인 욕망을 훨씬 넘는다. 욕망에는 여러 가지 종류가 있다. 그러나 그 중에서 그릇된 욕망이 모든 사람을 매혹시킨다. 사람이 고의로 그 욕망을 조장하며 장려하며 기운을 돋우게 하면 그 욕망은 드디어 완전히 성숙하게 되며 대단히 강하게 되어 필연적으로 죄의 행위를 범하게 할 것이다. 그리고 그것은 죽음에 이르는 길이다.

이러한 생각이—이 생각은 전 인류의 체험에 의하여 진실이라는 것이 승인되었다—우리를 틀림없이 하나님의 은혜로 인도해 줄 것이다. 이 하나님의 은혜만이 우리를 깨끗케 해 주며 깨끗함을 유지하게 해 주기 때문이다. 그리고 이 은혜는 모든 사람에게 유효하다.

선에 대한 하나님의 불변성

야고보서 1:16-18

16내 사랑하는 형제들아 속지 말라 17온갖 좋은 은사와 온전한 선물이 다 위로
부터 빛들의 아버지께로부터 내려오나니 그는 변함도 없으시고 회전하는 그
림자도 없으시니라 18그가 그 피조물 중에 우리로 한 첫 열매가 되게 하시려
고 자기의 뜻을 따라 진리의 말씀으로 우리를 낳으셨느니라

야고보는 다시 한 번 하나님의 주신 모든 선물은 선한 것이라는 위대한 진리를 강조하고 있다. 17절은 "모든 선물은 선하다"라고 번역되어도 좋을 것이다. 결국 하나님에게서 온 것으로 선하지 않은 것은 없다는 것이다. 여기 있는 헬라어에 기묘한 형상이 나타난다. "온갖 좋은 은사와 온전한 선물"이라고 번역되어 있는 어구는 실은 완전한 육각운(六脚韻)의 시다. 야고보는 좋은 운율에 대하여 율동적인 귀를 가지고 있었거나 현재 우리가 알고 있지 않는 작품에서 인용하였거나 그 어느 것이리라.

야고보가 여기서 강조하는 것은 하나님의 불변성이다. 그렇게 하기 위하여 그는 천문학적 용어 두 개를 사용하고 있다. 그가 사용하고 있는 변화라는 말은 **파랄라게**(Parallage)다. 그리고 회전하는 그림자에 사용한 말은 **트로페**(trope)다. 이 두 낱말은 다 같이 천체가 보여 주는 변화, 낮과 밤의 길이의 변화, 태양 궤도의 명료한 변화, 달이 차고 기우는 변화, 항성과 혹성 등 여러 가지 별의 시간적 변화와 광채의 변화 등에 사용하는 말이다. 변화는 모든 피조물의 특징이다.

하나님은 하늘의 빛—태양과 달과 별—의 창조자이시다. 유대교의 아침 기도는 "빛들을 만드신 주 하나님께 영광이 있을지어다"이다. 모든 빛은 변화되고 변용되지만 그것을 창조한 하나님은 결코 변하지 않는다. 하나님에게서 온 것은 무엇이나 선하지 않은 것이 없다.

하나님의 목적은 매우 은혜가 넘쳐 흐른다. **진리의 말은 복음**이다. 그리고 이 복음을 전달하는 것으로 인간은 새로운 생명으로 거듭나게 되는 것이 하나님의 목적이다. 복음이 인생의 내부에 들어올 때 그 인생은 마치 새로 출발하는 것과 같다. 그림자는 사라지고 확실한 진리의 말이 찾아온다.

그리고 이 재생은 하나님의 가족과 하나님의 소유에 들어가게 되는 재생이다. 고대 세계에서는 첫 열매를 하나님께 바치는 것이 규범이었다. 그 첫 열매는 하나님께 감사에 찬 예물로 바쳐졌다. 그 이유는 그것이 하나님께 속한 것이기 때문이다. 우리가 복음의 진실한 말로 재생된다면 우리는 하나님의 소유물이 된다. 마치 그것은 수확한 첫 열매가 하나님의 소유물인 것과 같다.

야고보는 하나님의 선물은 사람을 유혹하여도 어떤 경우에라도 선하다고 주장하고 있다. 일체의 사물 변화와 변화하는 이 세상의 여러 가지 변모 속에 있더라도 하나님의 선물은 결코 변하지 않는다. 그리고 하나님의 탁월한 목적은 복음의 진리에 의하여 인생을 재창조하는 일이며 그것에 의하여 인간은 당연히 하나님의 소유물이라는 것을 알게 하는 일이다.

속히 할 때와 더디 할 때

야고보서 1:19-20

19내 사랑하는 형제들아 너희가 알지니 사람마다 듣기는 속히 하고 말하기는
더디 하며 성내기도 더디 하라 20사람이 성내는 것이 하나님의 의를 이루지
못함이라

말하기를 너무 속히 하고 듣기를 너무 더디 하는 위험에 대하여 언급하지 않은 지혜자는 거의 없다. 속히 해서 좋을 사항과 더디 해서 좋을 사항을 수집한다면 가장 흥미 있는 리스트가 된다. 유대교 교부의 말 가운데 다음과 같은 말이 있다.

> 학자의 기질에 네 가지 형이 있다. 듣는 데 빠르고 잊는 데 빠른 형, 이 형은 이득이 그의 손실에 의하여 말살된다. 듣기를 더디 하고 잊기를 더디 하는 형, 이 형은 그의 손실이 그의 이득에 의하여 말살된다. 듣는 데 빠르고 잊는 데 느린 형, 이 형의 사람은 지혜 있는 사람이다. 듣기를 더디 하고 잊기를 빠르게 하는 형, 이 형은 형편이 없는 형이다.

오비드(Ovid)는 사람들에게 벌하기는 더디 하고 보상은 빨리 하라고 명하고 있다. 필론(Philo)은 사람에게 다른 사람을 이롭게 하는 데는 빠르게 하고 남을 해롭게 하는 데는 더디 하라고 명령하고 있다. 특히 지혜 있는 사람들은 말하기를 더디 하는 것이 불가결의 성격이다. 랍비 시메온(Simeon)은 "나는 태어나서 지금까지 지혜자들 속에서 성장하였는데 인간에게 침묵 이상으로 좋은 것은 발견하지 못하였다…. 말을 많이 하는 사람은 누구나 죄를 일으키게 한다"라고 말하였다. 시락(Sirach)의 아들 예수께서는 "이해하기 위하여 말 듣기를 빨리 하여라…. 이해하였다면 이웃에게 대답하여라. 이해하지 못하였다면 너의 손을 입에다 대라. 그것은 네가 서투른 말을 하다가 놀라고 당황하지 않도록 하기 위해서다"(집회서 5:11-12)라고 썼다.

잠언은 성급하게 말하는 데 대한 경고로 가득 차 있다. "말이 많으면 허물을 면하기 어려우나 그 입술을 제어하는 자는 지혜가 있느니라"(잠 10:19). "입을 지키는 자는 자기의 생명을 보전하나 입술을 크게 벌리는 자에게는 멸망이 오느니라"(잠 13:3). "미련한 자라도 잠잠하면 지혜로운 자로 여겨지고 그 입술을 닫으면 슬기로운 자로 여겨지느니라"(잠 17:28). "네가 말에 조급한 사람을 보느냐 그보다 미련한 자에게 오히려 희망이 있느니라"(잠 29:20).

홀트는 진정으로 선한 인간은 자기 자신의 의견을 오만하고 수다스럽게 떠벌리는 것보다 하나님의 말씀을 귀담아 듣는 데 열심 있는 사람일 것이라고 말하고 있다. 고전적 저자들도 같은 의견을 가지고 있었다. 제논(Zenon)은 "우리는 두 귀를 가지고 있으나 입은 오직 하나밖에 없다. 그것은 우리가 보다 많이 듣고, 보다 적게 말해야 하기 때문이다"라고 말하였다. 데모낙스(Demonax)는 인간이 어떻게 최선의 지배를 할 수 있는가라고 질문을 받았을 때 "성내지 않고, 말하기를 적게 하고, 듣는 것을 많이 하라"라고 대답하였다. 비아스(Bias)는 "당신이 속히 말하기를 싫어한다면 과오에 빠지지는 않을 것이다"라고 말하였다. 어느 위대한 언어학자가 7개 국어에서 침묵할 수 있었기 때문에 칭찬을 받은 일이 있었다. 우리도 기다리면서 많은 것을 듣고 성급하게 말하는 일이 없도록 주의해야 한다.

우리는 역시 성내기를 더디 해야만 할 것이라는 것이 야고보의 충고다. 그는 **아마도 격노하여 질책**하는 것도 인생 생활에는 필요하다고 논하는 사람들을 염두에 두고 있었을 것이다. 그것은 의심할 것도 없이 옳은 일이다. 죄의 남용과 포학에 항거하는 순백한 분노에 불타는 사람들이 없다면 이 세상은 하찮은 장소가 되고 말 것이다. 그러나 너무나도 자주 이것이 진실하고 올바른 분노가 아닌 신경질적이며 자기중심적인 노여움의 구실이 되어 버리고 만다.

교사는 진보가 더딘 사람, 퇴보하는 사람, 또한 태만한 학생에 대하여 화를 내고 싶은 유혹에 사로잡힐 것이다. 그러나 아주 드물게 예외적인 경우를 제외하고는 말로써 채찍질하는 것보다 격려해 주는 편이 목적을 달성하기 쉬울 것이다. **설교자**는 화를 내고 싶은 유혹을 받을 것이다. 그러나 "꾸짖지 말라"는 것이 언제나 설교자에 대한 좋은 충고가 된다. 설교자는 모든 언어와 동작으로 자신이 교인들을 사랑하고 있다는 것을 명백하게 하지 않으면 영향력을 상실하게 된다. 분노가 강단에서 튀어나와 혐오감과 경멸감을 청중의 마음에 심어 준다면 사람들의 영혼을 회심시킬 능력은 없다. **부모**는 분노의 유혹을 받는다. 그러나 부모의 분노는 도리어 통제할 수도 지도할 수도 없는 완고한 저항을 발생케 한다. 사랑의 악센트는 분노의 악센트보다도 항상 보다 많은 힘이 있다. 분노가 끊임없이 화 잘냄과 성급함과 성가심과 시끄러운 잔소리가 되었을 때에는 그것은 언제나 좋은 것이 되는 것보다 해를 주는 것이 된다.

말하기와 성내기를 더디하고 듣기를 빠르게 한다는 것은 인생에서 어느 때나 좋은 충고가 된다.

가르침을 받는 정신

야고보서 1:21

[21]그러므로 모든 더러운 것과 넘치는 악을 내버리고 너희 영혼을 능히 구원할바 마음에 심어진 말씀을 온유함으로 받으라

여기서 야고보는 일련의 생생한 언어와 묘사를 사용하고 있다.

그는 독자에게 모든 더러운 것과 악을 버리라고 말하고 있다. 그가 사용한 **버린다**라는 말은 글자 그대로는 **자신의 옷을 벗는다**는 의미로 사용하는 단어다. 그는 독자에게 더러운 옷을 벗어 버리는 것처럼 또는 뱀이 탈피하는 것처럼 모든 더러움을 벗어 버리라고 명하고 있다.

그가 사용한 **더러움과 악**이란 말은 생생한 말이다. 우리가 **더러움**이라고 번역한 낱말은 **루파리아**(ruparia)다. 그리고 이 말은 옷이나 몸을 흙탕으로 더럽힌 더러움을 의미하는 데 사용하는 말이다. 이 말은 매우 흥미 있는 관계를 가진 언어다. 이 말의 어원은 **루포스**(rupos)며 이 **루포스**는 의학적인 의미에서 사용할 때에는 **귀지**를 뜻한다. 이 언어가 여기서 나타내고자 하는 의미를 보유하고 있다는 것은 아주 가능한 일이다. 결국 야고보는 참된 하나님의 말씀에 독자의 귀를 기울이는 것을 방해하는 모든 것을 제거해 버리라고 말하고 있다. 귀지가 쌓이면 사람은 귀머거리가 된다. 마찬가지로 인간의 죄도 사람을 하나님께 대하여 귀머거리가 되게 한다.

그 외에 야고보는 악의 **파생물**(perisseia)에 대하여 말하고 있다. 그는 악을 베어 버려야 할 만큼 아무렇게 자란 엉겅퀴로 생각한다. 또는 몸이나 나무에 파생한 암성 물질로 생각한다. 악은 영혼의 흉한 암성 물질이며 더러운 파생물이다. 그

것은 잘라 버리지 않으면 안 된다.

그는 **마음에 심긴 말씀**을 온유함으로 받으라고 명한다. 심겼다는 말은 **엠푸토스**(emphutos)며 그것은 일반적으로 두 가지 의미가 있는 말이다.

I. 그것은 후천적으로 얻었다는 것의 반대를 표시하는 "선천적"이란 의미로 "심겼다"는 말을 사용할 수 있다. 야고보가 이런 의미로 이 말을 사용하고 있다면 그는 바울이 이방인에 대하여 이방인은 그 마음에 어떤 율법을 가지고 있기 때문에 본성으로 율법의 일을 행할 수 있다고 말하였을 때 생각하고 있던 것과 매우 같은 것을 생각하고 있다(롬 2:4-15). 이것은 율법은 "네게 매우 가까워서 네 입에 있으며 네 마음에 있다"(신 30:14)고 하는 구약의 묘사와 같은 것이다. 이것은 현재 사용하고 있는 **양심**이라는 말과 실제로 같은 말이 될 것이다. 야고보가 이런 의미에서 썼다면 그는 인간의 마음에는 선악에 대한 본능적인 지식이 있다는 것과 이 지식의 지도에 우리는 전적으로 복종하지 않으면 안 된다는 것을 의미했을 것이다.

II. 그것은 대지에 뿌려진 종자와 같이 "뿌리를 박았다"는 의미로 "심겼다"는 말을 사용할 수 있다. 에스드라(Ezra)4서 9장 31절에 하나님은 "보라 나는 네 안에 율법을 뿌렸다. 너는 이 일로 인하여 영원히 영광을 얻을 것이다"라고 말씀하셨다. 야고보가 이 의미에서 이 말을 사용하였다면 그 사상은 씨 뿌리는 비유에 거슬러 올라갈 수 있다(마 13:1-8). 이 비유는 말씀의 씨가 어떻게 인간의 마음에 뿌려졌는지를 말해 주고 있다. 하나님의 선지자와 설교자에 의하여 더욱이 예수 그리스도에 의하여 하나님은 그의 진리를 인간의 마음에 뿌리고 심었다. 지혜 있는 자는 그것을 받아들이고 환영한다.

이러한 두 가지 의미 중 어느 것 하나를 선택해야만 한다는 법은 없다. 야고보는 하나님의 참된 말씀의 지식이 **두 개 원천**에서 우리에게 왔다는 것을 암시해 주고 있다. 즉, 말씀의 지식은 우리 자신의 존재 깊은 곳에서 오며 하나님의 영광과 그리스도의 교훈과 인간의 설교에서 온다. 우리의 내부와 외부에서 우리에게 바른 길을 알려주는 음성이 들려온다. 지혜로운 자는 듣고 순종해야 한다.

그 사람은 말씀을 **온유함으로** 받아들일 수 있을 것이다. **온유함으로**라는 말은 야고보가 사용하고 있는 번역이 불가능한 말, 즉 **프라우테스**(prautes)의 시적인 번역어다. **프라우테스**는 영어에는 정확한 동의어가 없는 의미 깊은 헬라어다. 아리스토텔레스는 이것을 과도한 분노와 과도한 무분노의 중간을 뜻하는 말이라고 정의하였다. 이것은 그 사람의 감각과 감정과 충동이 완벽하게 통제되어 있는 인간의 소질을 말한다. 안드로니쿠스 로디우스(Andronicus Rhodius)는 아리스토텔레스의 말을 주해하기를 "**프라우테스**(prautes)는 분노에 대하여 중용이다…. **프라우테스**는 감정에 끌리지 않고 바른 이성이 주도권 아래에서 감정을 통어하는 평정과 힘이라고 정의할 수 있다"고 했다. 플라톤적인 **정의**는 "**프라우테스**는 분노에 의하여 일어난 영혼의 동요를 조정하는 것이다"라고 했다. 그것은 모든 것이 적합한 비율로 혼합된 영혼의 기질(Krasis)이다.

누구라도 이상과 같은 내용을 전부 포함한 단어를 발견할 수는 없으나 요약하면 참으로 가르침을 받는 정신이라는 말이 될 것이다. 가르침을 받는 정신은 유순하며 온순함이다. 따라서 겸손하게 배우는 데 충분하다. 가르침을 받는 정신은 분개하지도 분노하지도 않는 정신이다. 그러므로 진리가 자신을 손상시키고 징계하더라도 진리와 대면할 수 있다. 가르침을 받는 정신은 과도한 자부심에서 오는 **편견**에 의하여 맹목적이 되는 것이 아니라 진리에 대하여 투명한 눈을 가지는 것이다. 가르침을 받는 정신은 나태에 의하여 유혹당하는 것이 아니라 자기 통제에 의하여 기쁘고 충실하게 학습 훈련을 받아들이는 것이다. **프라우테스**는 진리를 보고 배우며, 복종하는 일에 방해가 될 수 있는 인간 성질의 모든 것을 완전하게 정복하고 통제하는 것을 말한다.

듣는 일과 행하는 일

야고보서 1:22-24

22 너희는 말씀을 행하는 자가 되고 듣기만 하여 자신을 속이는 자가 되지 말

라 [23]누구든지 말씀을 듣고 행하지 아니하면 그는 거울로 자기의 생긴 얼굴을 보는 사람과 같아서 [24]제 자신을 보고 가서 그 모습이 어떠했는지를 곧 잊어버리거니와

야고보는 여기에서 다시 자신을 완전한 인간으로서 자부하는 사람에 대하여 생생한 두 가지의 묘사를 보여 주고 있다. 최후로 그는 교회 집회에 출석하여 성경 말씀과 그 해석을 경청한다면 그 경청하는 것으로 자신이 기독교인이 될 수 있다고 생각하는 사람에 대하여 말하고 있다. 그는 예배에 출석하여 거기서 읽는 것과 말하는 것을 듣는 것만으로 충분하다고 생각함으로 자신을 속이고 있다. 그는 교회에서 읽고 듣고 한 것을 다음 생활 가운데서 실행하지 않으면 안 된다는 사실에 대해서는 눈을 감고 있다. 교회 출석과 성경 연구를 그리스도와 동일시하므로 교회에 충실하게 출석하며 부지런히 성경 연구를 하는 인간이 훌륭한 기독교인이라고 믿을 가능성은 오늘날에도 있다. 그러한 사람은 진정으로 중요한 일은 자신들이 들은 것을 실행에 옮기는 것이라는 사실을 이해하지 못하기 때문에 가야 할 길을 절반도 도달하지 못했다. 그러한 사람은 교회의 봉사에서 자신이 마땅히 해야 할 이상을 머릿속에서는 곧 이해가 되면서도 즉시 잊어버리고 마는 사람과 같다.

다음으로 야고보는 제2의 묘사를 제시해 준다. 그는 거울을 보는 사람과 같다. 고대의 거울은 유리로 된 것이 아니고 고도로 닦아서 만든 금속이었다. 그 사람은 자기 얼굴을 볼꼴 사납게 만든 더러움과 머리카락의 헝클어짐을 보긴 하지만 거울 앞을 떠나게 되면 자신이 어떻게 되었는지를 잊어버리고 몸단장을 하는 일을 생략해 버리고 만다. 참된 말씀을 들음으로써 인간은 현재의 자신과 마땅히 그렇게 되어야만 하는 자신을 명확하게 알 수 있다. 그는 과오를 발견하고 그것을 바르게 하기 위하여 자신이 무엇을 해야 할 것인지를 이해한다. 그러나 단순히 듣는 데 그친다면 그는 결국 현재의 자신으로 여전히 남을 것이며 들은 모든 것은 아무런 소용이 없게 될 것이다.

야고보는 거룩한 장소에서 들은 것을 시장에서 실행하지 않으면 안 된다는 것을 우리에게 깨우쳐 준다. 그렇게 되지 않으면 듣는다 하더라도 그것이 전혀 무

의미한 것이 된다.

참된 율법

야고보서 1:25

25자유롭게 하는 온전한 율법을 들여다보고 있는 자는 듣고 잊어버리는 자가 아니요 실천하는 자니 이 사람은 그 행하는 일에 복을 받으리라

이 구절이야말로 바로 루터가 매우 싫어한 야고보서 중의 한 문장이다. 루터는 율법이라는 개념을 극단적으로 싫어하였다. 왜냐하면 바울과 같이 그는 "그리스도는 율법의 마침"(롬 10:4)이라고 말하였다. 루터는 "야고보는 우리를 율법과 행위에 몰아넣는다"라고 말하였다. 그런데도 일체의 의심을 넘어서 야고보의 주장이 옳다는 생각이 든다. 기독교 안에 윤리적 요구가 있다. 기독교인이 인식하고 받아들여서 행동까지 옮기지 않으면 안 될 인생의 율법과 삶의 율법이 있다. 그 율법은 처음에는 십계명 중에서 발견되었고 다음에는 예수의 윤리적 교훈 안에서 발견되었다.

야고보는 이 율법을 두 가지로 부르고 있다.

I. 그는 "온전한 율법"이라고 부른다. 율법이 온전하다는 이유가 세 가지 있다.

1. 하나님이 주시고 계시하신 하나님의 율법이다. 예수가 제자들에게 보이신 삶의 길은 하나님의 뜻을 따라 살아가는 삶의 길이다.

2. 그 이상으로 좋은 것은 없다는 의미에서 완전하다. 기독교인의 율법은 사랑의 율법이다. 그리고 사랑의 요구는 이것으로 만족할 수는 결코 없다. 우리가 누군가를 사랑할 때 비록 전 세계를 주어도 전 생애를 희생하여도 그 사랑을 충족시킬 수 없으며 그 사랑에 해당할 만한 가치가 있는 일이 못 된다는 것을 잘

알고 있다. 사랑의 율법보다 숭고한 율법이 있을 수 없기 때문에 기독교인의 율법은 온전하다.

3. 기독교인의 율법이 온전하다는 또 하나의 의미가 있다. 온전하다는 말은 **텔레이오스**(teleios)다. **텔레이오스**는 대개의 경우 어떤 주어진 목적을 향하여 온전하다는 말로 사용한다. 어떤 주어진 용법에 대하여 온전하다는 것이다. 그런데 사람이 그리스도의 율법을 복종한다면 그는 자기 자신의 인간성의 목표를 인식하게 될 것이다. 그는 하나님이 자신을 이 세상에 보내신 목적을 성취할 것이다. 그는 마땅히 그렇게 존재하여야 할 인간이 될 것이다. 그리고 그는 이 세상에 대하여 당연히 하지 않으면 안 될 봉사를 할 것이다. 그는 하나님의 율법을 복종하므로 자신이 이 세상에 보내진 목적을 실현하게 되는 의미에서 온전하게 될 것이다.

II. 그는 "자유의 율법"이라고 부른다. 즉, 이것은 인간에게 참된 자유를 발견하게 하는 율법이다. 인간이 진실로 자유를 누리게 됨은 하나님의 율법을 복종하는 것에 의해서만이라는 것은 모든 위대한 인물들이 동의하는 사실이다. 세네카(Seneca)는 "하나님께 복종하는 것이 자유다"라고 말했다. "지혜 있는 자만이 자유로운 자고 어리석은 사람은 모두 노예다"라고 스토아 철학자들(Stoics)은 말하였다. 필론(Philo)은 "분노나 욕망이나 다른 어떤 정열의 포학 밑에 있는 사람은 모두 노예다. 율법과 함께 사는 사람은 모두 자유다"라고 말하였다.

사람이 성도의 정열과 감정과 욕망에 복종하고 있는 한 노예와 다를 바 없다. 사람이 하나님의 뜻을 받아들였을 때 진정으로 자유인이 된다. 그때 그는 선하게 되는 데 자유이며, 자신이 당연히 그렇게 되어야 할 일에 대하여 자유이기 때문이다. 그 사람의 봉사는 완전한 자유다. 그리고 하나님의 뜻을 행하는 것에 우리의 평화가 있다.

참된 예배

야고보서 1:26-27

[26]누구든지 스스로 경건하다 생각하며 자기 혀를 재갈 물리지 아니하고 자기
마음을 속이면 이 사람의 경건은 헛것이라 [27]하나님 아버지 앞에서 정결하고
더러움이 없는 경건은 곧 고아와 과부를 그 환난중에 돌보고 또 자기를 지켜
세속에 물들지 아니하는 그것이니라

우리는 여기서 야고보가 말하고 있는 것을 이해하기 위한 주의를 경주하지 않으면 안 된다. KJV에는 27절의 첫 머리에 있는 문구를 "정결하고 더러움이 없는 종교"라고 번역하고 있다. 종교(경건)라고 번역된 말은 **드레스케이아**(threskeia)다. 그리고 이 말은 종교라고 하기보다는 예식이나 예전이나 의식에 의하여 외견적으로 표현된 것을 의미한다. 그것은 예배 의식 중의 예배 행위라는 의미로 **예배**를 뜻한다. 각 교파에서 볼 수 있는 여러 가지 종류의 **예배**에 대하여 말할 경우에 사용하는 의미에서 예배라는 말을 가리킨다.

야고보가 말하고 있는 내용은 "너희가 하나님께 드리는 최고의 예식과 최고의 예전은 가난한 사람에게 대한 봉사와 인격적 순결이다"라는 것이다. 야고보에게 진실한 예배는 공들여 만든 예복이나 숭고한 예전이나 장엄한 음악이나 정성 드려 행해지는 예배 의식에 있는 것이 아니라 인류에 대한 실천적인 봉사와 자기 자신의 개인적인 생활의 순결 가운데 있는 것이다. 야고보는 이 세상에서 가장 아름다운 예배 의식이라도 기독교인의 자선의 내용은 결코 될 수 없다고 주장하고 있다. 교회가 교회당을 아름답게 꾸미고 그의 예전을 화려하게 진행하면서도 실천적인 기독교 봉사에는 시간도 금전도 쓰지 않는다는 것은 실제로 있을 수 있는 일이다. 야고보가 책망하고 있는 점이 바로 이것이다.

사실 야고보는 오래 전에 선지자들이 항상 책망하였던 것을 책망하고 있을 뿐이다. 시편 기자는 "그의 거룩한 처소에 계신 하나님은 고아의 아버지시며 과부의 재판장이시라"(시 68:5)고 말하였다. 진실한 재판을 행하며 서로 인애와 긍휼

을 베풀며 과부와 고아와 나그네와 궁핍한 자를 압제하지 말며 서로 해하려고 마음에 도모하지 말아야 할 시기에 사람들이 자신의 책임을 벗어 버리고 그 마음이 돌과 같이 굳어졌다는 것이 스가랴 선지자의 탄식이었다(슥 7:9-12). 사람이 정의를 행하지 않고 자비를 사랑하지 않으며 하나님과 함께 겸손히 행하지 않는다면 모든 의식적인 제물은 쓸모가 없다는 것이 미가 선지자의 탄식이었다(미 6:6-8).

인간은 그 역사 전체를 통하여 자기희생과 봉사의 대용으로 예식과 예전을 집행하고자 했다. 인간은 교회 **외부**에서는 신앙을 무시하는 일을 감행하고는 교회 **내부**에서는 신앙을 빛나게 하는 데 힘써 왔다. 이것은 하나님의 집 안에서 하나님께 숭고하고 가장 훌륭한 예배를 드리는 것을 원하는 것이 잘못이라는 것은 결코 아니다. 그러나 그러한 예배를 통하여 사람들이 하나님을 사랑하기 위해서는 동족을 사랑하지 않으면 안 된다는 것을 배우지도 못하고 이 세상의 여러 가지 유혹 속에서도 조금이라도 정결하게 생활하지도 못한다면 그런 예배는 허무하고 쓸모없는 것이라는 것을 말하고 있다.

The Letters of James 02

차별 대우

야고보서 2:1

[1]내 형제들아 영광의 주 곧 우리 주 예수 그리스도에 대한 믿음을 너희가 가졌으니 사람을 차별하여 대하지 말라

차별 대우란 부당하고 편파적인 편애에 대하여 사용하는 신약성경의 용어다. 차별 대우란 그 사람이 돈 많은 사람, 영향력이 있는 사람, 권력가, 유명인이란 이유 때문에 그에게 굴종하며 방조하며 특별한 주의를 기울이는 것을 의미한다. 이것은 신약성경이 시종일관 비난하는 과오다. 이것은 정통적 유대인 지도자가 예수에 한하여 전혀 범해지지 않았음을 인정한 과오다. 그들마저도 예수에게는 차별적 대우가 없고 속물적인 편견이나 선입관적인 편애로써 사람을 취급한 일이 없었다는 것을 이해하고 용인할 수밖에 없었다(눅 20:21; 막 12:14; 마 22:16).

베드로가 깨끗한 동물과 깨끗하지 못한 동물을 넣은 보자기의 환상을 본 후에 깨달은 교훈은 하나님은 사람을 차별 대우하시지 않는다는 것이었다(행 10:34). 하나님의 보시는 바로는 이방인도 유대인도 동일한 심판 아래 있다는 것이 바울의 확신이었다. 하나님에게는 차별적 대우나 편파적 사랑이 없기 때문이다(롬

2:11). 이것은 바울이 사람들에게 거듭거듭 권면하는 진리다(엡 6:9; 골 3:25).

이 말 자체는 **프로소폴렘푸시아**(Prosopolempsia)라고 하는 기묘한 낱말이다. 명사형은 **프로소폰 람바네인**(Prosopon Lambanein)이란 표현에서 나왔다. **프로소폰**은 **얼굴**이나 **용모**라는 말이다. **람바네인**은 여기서 **들어올리는** 것을 의미한다. 이 헬라어의 표현은 어원적으로는 히브리어의 음역이다. 사람의 얼굴을 들어올린다는 것은 그 사람을 호의로써 대우하는 것이며 아마도 그 사람의 낯을 **떨어뜨리는 것**의 반대되는 말이 될 것이다.

원래 이 말은 전혀 나쁜 말이 아니었다. 단순히 **호의를 가지고 사람을 용납한다**는 뜻이며 나쁜 의미는 없었다. 말라기 선지자는 사람들이 흠 있는 예물을 드렸을 경우에 총독이 그것을 기뻐하며 **그들을 받아 줄 것인지**를 묻고 있다(말 1:8-9).

그러나 이 말은 급격하게 나쁜 뜻을 가지게 되었다. 그것은 얼마 후 사람에게 호의를 보인다는 의미보다는 편애의 뜻을 보여 주기 시작하였으며 그 사람의 사회적 신분, 그 사람의 명성이나 권력이나 영향력, 그 사람의 재산이나 우월성에 의하여 부당하게 영향을 끼친다는 뜻을 보여 주기 시작하였다. 이런 의미에서 이 말은 용서 없이 비난을 받는다. 말라기 선지자는 사람들이 하나님의 길을 지키지 않고 **판단을 편파적으로 했기 때문**에 그들이 하나님에게서 책망 받은 죄를 비난하고 있었다(말 2:9).

하나님의 위대한 특징은 그의 공명정대함이며 그의 공의이며 그의 완전한 공평무사함이다. 율법에는 "너희는 재판할 때에 불의를 행하지 말며 가난한 자의 편을 들지 말며 세력 있는 자라고 두둔하지 말고 공의로 사람을 재판할지며"(레 19:15)라고 쓰여 있다. 사실 여기에 필연적인 강조점이 있다. 사람은 부자에게 아첨하는 속물근성 때문에 부정을 행하며 사람을 차별 대우하게 되는지도 모른다. 그리고 가난한 사람을 찬양한다는 반대적인 속물근성 때문에 마찬가지로 부정을 행할 수 있다. 벤 시락(Ben Sirach)은 "주는 재판관이시다. 그리고 차별 대우하지 않으시는 재판관이시다"(집회서 35:12)라고 말하였다.

구약성경과 신약성경은 다 함께 인간의 사회적 지위나 재산이나, 사회적 영향력을 부당하게 중요시함으로 야기되는 재판의 불공평과 편파적인 대우를 비난하는 점에서 일치하고 있다. 그리고 이것은 모든 사람이 자칫하면 빠지기 쉬운 과오다. 잠언은 "가난한 자와 부한 자가 함께 살거니와 그 모두를 지으신 이는 여호와시니라"(잠 22:2)라고 말하고 있다. 벤 시락(Ben Sirach)은 "지혜 있는 가난한 사람을 경멸하는 것도 적당한 일은 아니며 돈 많은 죄인을 찬양하는 것도 온당한 일은 아니다"(집회서 10:23)라고 말하고 있다. 폭군을 방조하는 것과 마찬가지로 군중에게 아첨하는 것도 차별 대우라는 것을 잘 기억해 두자.

교회 내의 속물근성의 위기

야고보서 2:2-4

2만일 너희 회당에 금 가락지를 끼고 아름다운 옷을 입은 사람이 들어오고
또 남루한 옷을 입은 가난한 사람이 들어올 때에 3너희가 아름다운 옷을 입
은 자를 눈여겨 보고 말하되 여기 좋은 자리에 앉으소서 하고 또 가난한 자
에게 말하되 너는 거기 서 있든지 내 발등상 아래에 앉으라 하면 4너희끼리
서로 차별하며 악한 생각으로 판단하는 자가 되는 것이 아니냐

교회 안에 속물근성이 침범해 들어올지도 모른다는 것이 야고보의 두려움이다. 그는 기독교의 집회에 모이는 두 종류의 인간을 묘사하고 있다. 그 한 사람은 아름다운 옷을 입고 손에 금반지를 끼고 있다. 고대의 허식가들은 가운데 손가락을 빼놓고는 모두 금반지를 꼈으며 손가락마다 두 개 이상의 반지를 끼기도 했다. 그들은 자신이 특별히 부자라는 인상을 주기 원할 때에는 반지를 빌려서라도 끼는 것이었다.

세네카(Seneca)는 "우리는 손가락마다 반지로 장식하고 모든 이은 부분마다 보석을 단다"라고 말하였다. 알렉산드리아(Alexandria)의 클레멘트(Clement)는 사실, 기독교인은 단지 한 개 반지를 껴야 할 것이며 그것도 작은 손가락에 껴야 할 것이라고 권고하고 있다. 그리고 반지는 마땅히 그 윗부분에 비둘기나 물고기나

닻 같은 종교적인 표상을 달아야 할 것이며 반지를 끼도록 용인되는 것은 그것이 봉인으로 사용될 때라고 했다.

교회의 집회에 우아한 옷을 입고 여러 가지 반지를 낀 돈 많은 사람이 들어온다. 한편 가난한 사람은 달리 입을 옷이 없기 때문에 초라한 옷을 입었으며 보석으로 꾸미지도 못하였다. 이런 경우에 야고보의 묘사에 의하면 부자는 예의와 존경으로 대우를 받으며 특별한 좌석에 안내된다. 그러나 가난한 사람은 서 있거나 부유한 사람의 의자 옆에 웅크리고 앉아 있도록 명령을 받는다.

이 묘사가 과장된 것이 아니라는 것이 초기의 예배식 문서 가운데 있는 교훈에 의해서도 알 수 있다. 로푸스(Ropes)는 《**에디오피아의 사도상**(*Ethiopic Statutes of the Apostles*)》에서 전형적인 기사를 인용하고 있다. "훌륭한 옷을 입은 남자나 여자가 들어온다면 그 사람이 같은 지구 사람이든지 다른 지구 사람이든지 관계할 것 없이 형제이며 장로인 당신이 하나님에 대한 말씀을 말하며 혹은 들으며 읽는다면 그 사람에게 아첨하지도 말 것이며 그 사람에게 좌석을 권하라고 하기 위해 말을 중지하지도 말 것이다. 다만 조용한 대로 있는 것이 좋다. 형제들이 그들을 접대할 것이기 때문이다. 그들이 앉을 자리가 없다면 형제 자매 가운데서 사랑이 풍부한 사람이 일어서서 그들에게 좌석을 제공해 줄 것이다…. 같은 지구나 다른 지구에 사는 가난한 남녀가 들어왔을 때 좌석이 없다면 장로인 당신은 비록 당신이 땅바닥에 앉을 수밖에 없더라도 그들을 위하여 좌석을 마음에서 우러나서 만들어 주어야 한다. 그것은 사람의 존경을 받기 위해서가 아니라 하나님의 인정을 받기 위해서다." 여기에 같은 묘사가 있다. 예배 지도자가 돈 많은 사람이 들어왔을 때 예배를 중지하고 특별한 좌석을 그 부자에게 마련해 줄 것을 지시하는 과오에 빠질 수 있다는 것을 암시하고 있다.

초대교회에 사회적인 문제가 있었다는 것은 의심할 여지가 없다. 고대 세계에서는 교회가 사회적인 차별이 존재하지 않았던 오직 하나의 장소였다. 주인이 자기 노예의 옆에 앉기도 하며 주인이 예배에 도착했을 때 그의 노예가 실제로 예배의 지도자가 되어 있거나 성례전의 집례자가 되어 있다는 것은 확실히 거북한 일이 아닐 수 없었다. 법률적으로는 단지 살아 있는 도구에 불과한 노예와 주인과의 간격은 도저히 접근시킬 수 없을 정도로 벌어져 있었음이 틀림없다. 더

군다나 초기 시대에서는 교회가 압도적으로 가난하고 천한 사람들로 꽉 차 있었다. 따라서 돈 많은 사람이 회개하고 기독교인과의 교제에 들어오게 되면 대소동을 일으키며 그 사람을 그리스도의 특별한 전리품과 같이 대우하는 매우 현실적인 유혹이 있었음이 틀림없을 것이다.

그러나 교회는 일체의 차별이 없는 유일한 장소임에는 틀림이 없다. 사람들이 영광의 주가 되시는 하나님 앞에서 회합한다면 계급이나 신분이나 명성의 차별은 없다. 사람들이 하나님의 뛰어난 성결성 앞에서 회합한다면 공적이나 가치의 차별은 없다. 그의 영광 앞에서는 지상에서 일체의 차별은 티끌만도 못하다. 그리고 지상의 모든 의도 더러운 누더기와 같다. 하나님 앞에서는 모든 인간이 하나다.

4절에는 번역상의 문제가 있다. 이 구절의 **디에크리데테**(diekrithete)란 말에는 두 가지 의미가 있을 수 있다.

I. 그것은 "당신이 그렇게 행한다면 당신이 판단을 내릴 때 동요하며 망설이며 주저하게 된다"는 것을 의미한다. 결국 "돈 많은 사람에게 특별한 경의를 표시한다면 당신은 이 세상의 표준과 하나님의 표준과의 사이에서 분열되어 당신이 행하고자 하는 일에 결정을 내릴 수 없게 된다"는 것이다.

II. 그것은 "당신은 계급적 차별을 만든 죄가 있다. 당신은 기독교인의 교제 사이에서 차별해서는 안 될 사람을 차별하는 죄가 있다"라는 의미가 있다.

우리는 여기서 두 번째 의미를 택하는 것이 좋다고 생각된다. 야고보는 "그렇게 한다면 악한 생각으로 사람을 판단하는 자가 된다"고 계속해서 말하고 있기 때문이다. 결국 그런 사람은 "비판을 받지 아니하려거든 비판하지 말라"(마 7:1)고 하신 분의 계명을 깨뜨리고 있는 것이다.

가난한 자의 풍부함과 부자의 빈곤함

야고보서 2:5-7

[5]내 사랑하는 형제들아 들을지어다 하나님이 세상에서 가난한 자를 택하사
믿음에 부요하게 하시고 또 자기를 사랑하는 자들에게 약속하신 나라를 상
속으로 받게 하지 아니하셨느냐 [6]너희는 도리어 가난한 자를 업신여겼도다
부자는 너희를 억압하며 법정으로 끌고 가지 아니하느냐 [7]그들은 너희에게
대하여 일컫는 바 그 아름다운 이름을 비방하지 아니하느냐

에이브러햄 링컨(Abraham Lincoln)은 "하나님은 이렇게 많이 평범한 인간을 창조하셨으니 반드시 평범한 인간을 사랑하실 것이다"라고 말하였다. 기독교는 항상 가난한 사람들에게 특별한 메시지를 전해 왔다. 예수께서는 나사렛 회당에서 하신 최초의 설교에서 "하나님은 가난한 사람에게 복음을 전하게 하시려고 내게 기름을 부으셨다"(눅 4:18)라고 주장하셨다. 예수가 하나님이 선택한 분인가 아닌가 하는 요한의 난처한 물음에 대하여 예수께서는 "가난한 자에게 복음이 전파된다"(마 11:5)라는 말을 최고점으로 하시며 대답하셨다. 산상 설교의 첫 번째 축복은 실로 "심령이 가난한 자는 복이 있나니 천국이 그들의 것임이요"(마 5:3)라는 약속의 축복이었다. 누가도 "가난한 자는 복이 있나니 하나님의 나라가 너희 것임이요"(눅 6:20)라고 단정하고 있다.

전도 기간 중 예수께서는 회당에서 추방되어 길가와 언덕과 바닷가로 나가게 되셨다. 따라서 사태의 본질상 예수의 선교 대상은 평범한 남녀로 이루어진 평범한 군중이었다. 초대교회 시대에서 노방 설교자가 설교한 것은 이러한 군중에 대한 것이었다. 사실 기독교의 메시지는 전적으로 하나님 외에는 아무것도 중요한 것이 없다는 것이었다. 바울은 고린도 사람들에게 "형제들아 너희를 부르심을 보라 육체를 따라 지혜로운 자가 많지 아니하며 능한 자가 많지 아니하며 문벌 좋은 자가 많지 아니하도다"(고전 1:26)라고 편지를 썼다. 이것은 그리스도와 교회가 위대함과 풍성함과 지혜와 능력이 결핍해 있다는 것이 아니다. 우리는

전술한 바와 같이 반대적인 속물근성을 경계하지 않으면 안 된다.

그러나 복음이 가난한 사람에게 많은 것을 주었고 부한 사람에게서는 많은 것을 요구하였다는 것과 교회로 몰려온 사람들이 가난한 사람들이었다는 것은 단순한 사실이다. 사실 예수의 말씀을 기쁘게 들은 사람들은 평범한 사람들이었다. 그러므로 어느 부자 청년 관리는 많은 재산을 가지고 있었기 때문에 슬퍼하면서 떠나갔던 것이다. 야고보는 부한 사람들에게 복음의 문을 닫고 있는 것은 아니다. 그런 일과는 관계가 없다. 그는 다만 그리스도의 복음은 가난한 사람들에게 특별히 귀중한 것이며, 환영해 주는 사람이 한 사람도 없는 사람을 환영한다는 것이 복음서에 쓰여 있으며, 이 세상에 무가치하다고 간주하는 사람에게 복음은 가치를 부여한다는 것을 말하고 있을 뿐이다.

야고보가 살고 있던 사회에서는 어떤 사건에도 부한 사람이 가난한 사람을 억압하였다. 그들은 가난한 사람들을 법정으로 끌어냈다. 이것이 빚 때문이라는 것은 의심할 바가 없다. 사회적 신분이 아주 낮은 사람들은 너무나 가난했기 때문에 거의 생활할 수 없을 정도였다. 그리하여 고리대금업자가 많이 생겨났으며 그들은 착취를 일삼았다. 고대 세계에는 긴급 채무자의 옷깃을 붙잡고 거의 숨통이 막힐 정도로 해서 문자 그대로 법정으로 끌고 갔다. 이것이 부한 자가 가난한 사람에게 행한 태도다. 그들은 동정심을 가지고 있지 않았다. 그들이 실행하고자 생각하는 것은 가장 작은 것이었다. 야고보가 비난하고 있는 것은 부한 사람들이 아니다. 동정심이 없는 부한 사람들의 행위다.

크리스천이란 명칭을 오용하는 사람은 부한 사람들이다. 크리스천(Chritian)이란 명칭은 아마도 이교도들이 안디옥에서 그리스도의 제자들을 최초로 그렇게 부른 데서 생겼을 것이다. 그리고 이 명칭은 처음에는 희롱하는 뜻에서 부른 별명이었을 것이다. 이 명칭은 세례 받은 날에 크리스천 위에 선언된 그리스도의 이름이었을 것이다. 야고보가 **일컫는다**라는 뜻으로 사용한 말은 흥미 있는 **에피칼레이스다이**(epikaleisthai)라는 언어다. 이것은 결혼에 의하여 남편의 이름을 사용할 수 있게 된 아내에 대하여 쓰는 말이다. 또한 자식이 그 부친의 이름을 계승할 때 쓰는 말이다. 크리스천, 즉 기독교인은 그리스도의 이름을 이어받아서 그리스도의 이름을 따라 불린다. 그것은 마치 그리스도와 결혼하였다든가 그리스도의 가족으로 태어나서 그리스도화된 것과 같다고 할 수 있다.

부한 사람이나 소유주들은 기독교인이란 이름을 모욕하는 이유를 많이 가지고 있었다고 생각된다. 기독교인이 된 노예는 새로운 **독립성**을 가졌다고 생각된다. 기독교인이 된 노예는 더 이상 그의 주인의 권력 앞에 굽실굽실하지 않게 되었다. 형벌이 그를 공포에 빠뜨리지도 못하였다. 그는 새로운 인간성을 지니고 그의 주인과 대면할 수 있었다. 그는 새로운 **정직함**을 가지게 되었다. 이것은 그를 다시 더 좋은 노예로 만들었을 것이나 한편, 그는 이미 옛날과 같이 까다로운 행위와 인색한 부정직함을 가진 주인의 도구는 안 될 것이다. 그는 새로운 예배 감각을 가지게 되었다. 그리고 주일에는 하나님의 백성과 같이 예배에 참여하기 위하여 단호하게 일을 중지하게 되었다. 노예의 소유주들이 기독교인의 명칭을 모욕하며 그리스도의 이름을 저주하는 이유는 여러 가지 경우에서 발견할 수 있었으리라고 생각된다.

고귀한 율법

야고보서 2:8-12

8너희가 만일 성경에 기록된 대로 네 이웃 사랑하기를 네 몸과 같이 하라 하
신 최고한 법을 지키면 잘하는 것이거니와 9만일 너희가 사람을 차별하여 대
하면 죄를 짓는 것이니 율법이 너희를 범법자로 정죄하리라 10누구든지 온
율법을 지키다가 그 하나를 범하면 모두 범한 자가 되나니 11간음하지 말라
하신 이가 또한 살인하지 말라 하셨은즉 네가 비록 간음하지 아니하여도 살
인하면 율법을 범한 자가 되느니라 12너희는 자유의 율법대로 심판 받을 자
처럼 말도 하고 행하기도 하라

이 기사와 전술한 기사와의 사이에 있는 사상의 관련성은 다음과 같다. 야고보는 교회에 들어오는 부한 사람에게 특별한 관심을 가지는 사람을 비난해 왔

다. 그런 사람은 "그러나 율법은 네 몸과 같이 네 이웃을 사랑하라고 말하고 있다. 따라서 나는 교회에 나온 사람을 환영할 책임이 있다"고 대답했을지 모른다. 이때 야고보는 "매우 좋다. 당신이 자신을 사랑함과 같이 그 사람을 사랑하기 때문에 환영하고 있다면 그리고 자신이 받고 싶다고 생각한 환영의 뜻을 그 사람에게 보이고 있다면 그것은 훌륭한 일이다. 그러나 그 사람이 부한 사람이기 때문에 특별한 환영을 그에게 보여 준다면 그것은 차별 대우하는 것이며 잘못이다. 그것은 율법을 지키는 정신에서는 멀리 떨어져 있으며 사실은 율법을 파괴하고 있다. 당신은 이웃을 사랑하고 있지 않다. 사랑한다면 가난한 사람을 무시하지는 않을 것이다. 당신이 사랑하는 것은 재물이다." 그러면 그 사람은 "그것은 율법이 명령할 것은 아니다"라고 답변하게 될 것이다.

야고보는 우리 자신과 같이 우리의 이웃을 사랑하라는 위대한 명령을 **고귀한 율법**이라고 부른다. 이 말에는 여러 가지 의미가 있을 수 있다. 그것은 율법 중의 최고 부분인 **탁월한 미점**의 율법을 의미할 것이다. 그것은 **왕 중의 왕에 의하여 부여된** 율법, 즉 유례가 없는 왕의 율법을 의미할 것이다. 그것은 이 위대한 명령이 **모든 율법의 왕**이라는 것을 의미할 것이다. 즉, 이 율법의 빛 안에서 다른 모든 율법이 사용되며 평가되며 적용된다는 것을 의미할 것이다. 그것은 또한 **모든 왕을 만들어 주는 율법**이며 **모든 왕에게 적합한 율법**을 의미한다고도 할 수 있다.

기독교인은 하나님께 속한 왕국의 제사장이다(계 1:6). 이 위대한 율법을 지킨다는 것은 자기 자신의 왕이 되는 것이며 또한 사람들 가운데서 왕이 되는 것이다. 이것은 왕에게 적합한 율법이며 사람들을 왕으로 만들 수 있는 율법이다.

야고보는 하나님의 율법에 대한 위대한 원칙을 기록해 나간다. 율법의 어느 부분을 침범하여도 그는 율법의 침범자가 된다. 그런데 유대인은 율법을 일련의 독립된 명령으로 간주하는 경향이 있었다. 이러한 명령 중 하나라도 지키면 채권을 얻는 것이며 하나라도 범하게 되면 빚을 지게 되는 것이다. 그러므로 사람이 대차 대조표를 작성하듯이 명령을 지키는 경우에는 가산되고 명령을 범한 경우에는 공제할 수 있었다. 다음과 같은 랍비의 말이 있다. "율법을 하나라도 성취하는 사람에게는 좋은 것이 약속된다. 그 사람의 수명은 연장되며 땅을 유업으로 받게 될 것이다." 그리고 많은 랍비들이 "안식일은 모든 계명보다 중하다. 이것을 지키는 것은 율법 전체를 지키는 것이다"라고 확신하였다. 이러한 사고 방식에 의하면 사람이 얼마의 율법을 지키고 다른 율법을 범했다 하여도 아직 채권란의 잔고가 남아 있으므로 적자는 면하는 셈이 된다.

그러나 야고보의 견해대로 율법 **전체**가 하나님의 뜻이다. 어떤 부분을 범하여도 하나님의 뜻을 침해하는 것이며 따라서 죄의 책임을 지게 된다. 이것은 완전한 진실이다. 율법의 어느 부분을 범했다 하더라도 원리적으로 율법의 침범자가 된다. 이 세상의 법률에서도 사람이 하나의 법률을 범하면 범죄자가 된다. 야고보는 주장한다. "당신이 다른 방면에서 아무리 좋았다 하더라도 문제가 되지 않는다. 당신이 사람들을 차별 대우하였다면 하나님의 뜻에 어긋나는 행위를 한 것이 되며 하나님의 율법을 범한 것이 되며 범죄자가 되는 것이다."

여기에 적절하며 실천적인 위대한 진리가 있다. 이것을 좀더 단편적으로 말할 수 있다. 사람은 많은 점에서 아니 거의 모든 점에서 선한 인간이 될 수 있다. 그러나 오직 하나의 잘못으로 인하여 전체를 손상시킬 수 있다. 사람은 그의 행위가 도덕적이며 그의 언어가 순결하며 그의 종교 생활도 경건할 수 있다. 그러나 한편 고집이 세며 독선적이며 완고하며 무정할 수도 있다. 그리고 이렇게 되면 모든 좋은 점도 나쁜 영향을 주는 잘못으로 인하여 손상을 받게 된다.

우리가 선한 일을 많이 함으로써 많은 악한 일을 저지하였다고 주장하더라도 모든 것을 손상시키는 것, 즉 모든 선한 것을 공허하게 만드는 것이 우리 안에 흔히 있다는 것을 기억해 두는 편이 좋다.

자유의 율법과 긍휼의 생활

야고보서 2:13

13 긍휼을 행하지 아니하는 자에게는 긍휼 없는 심판이 있으리라 긍휼은 심판
을 이기고 자랑하느니라

야고보는 이 부분의 마지막에 와서 독자들에게 기독교인의 생활에 대한 두 가지 위대한 사실을 상기시키고 있다.

I. 기독교인은 자유의 율법 아래에서 생활하고 있다. 그리고 자유의 율법에 의하여 심판을 받게 된다. 야고보가 의도한 것은 다음과 같다. 바리새인이나 정통파 유대인과 달리 기독교인은 타율적으로 부과된 규칙이나 규율의 전체적 계열의 외면적 압력에 의하여 그 생활이 지배되는 인간은 아니다. 사실 그는 사랑이라는 내적인 강제력에 의하여 지배된다. 즉, 기독교인은 내부에 있는 사랑에 의하여 스스로 지배하고 스스로 실천한다.

그는 하나님을 사랑하고 사람을 사랑하는 길, 즉 바른 길을 따른다. 그것은 외면적인 율법이 그렇게 할 것을 그에게 강요하기 때문이 아니라 또 그렇게 하도록 공포를 두는 형벌의 위협 때문이 아니다. 또한 그의 내부에 있는 인간이 만든 율법에 의하여 지배되는 것이 아니라 하나님이 주신 사랑에 의하여 다스려진다.

II. 기독교인은 긍휼을 보여 주는 자만이 긍휼을 발견할 것이라는 사실을 항상 기억하지 않으면 안 된다. 이것은 성경 전체에 일관된 원리다. 시편 기자는 "자비로운 자에게는 주의 자비로우심을 나타내시며…"(시 18:25)라고 말하였다. 벤 시락(Ben Sirach)은 "당신에게 행한 이웃의 허물을 용서해 주어라. 그렇게 하면 당신의 죄도 용서를 받을 것이다. 타인에게 원한을 품고 있으면서 주께 용서를 구하겠는가?"(집회서 28:2–5)라고 기록하였다.

예수께서는 "긍휼히 여기는 자는 복이 있나니 그들이 긍휼이 여김을 받을 것임이요"(마 5:7)라고 말씀하셨다. "너희가 사람의 잘못을 용서하면 너희 하늘 아버지께서도 너희 잘못을 용서하시려니와 너희가 사람의 잘못을 용서하지 아니하면 너희 아버지께서도 너희 잘못을 용서하지 아니하시리라"(마 6:14–15). "비판을 받지 아니하려거든 비판하지 말라 너희가 비판하는 그 비판으로 너희가 비판을 받을 것이요"(마 7:1–2). 예수께서는 용서할 줄 모르는 종에게 내린 징계에 대하여 말씀하시고 그 비유를 다음과 같은 말로 끝맺으셨다. "너희가 각각 마음으로부터 형제를 용서하지 아니하면 나의 하늘 아버지께서도 너희에게 이와 같이 하시리라" (마 18:22-35).

성경 전체의 교훈은 긍휼을 베푸는 자가 긍휼을 얻게 될 것이라는 데 일치하고 있다. 더 나아가서 야고보는 마지막으로 긍휼은 심판을 이긴다고 했다. 이것은 야고보가 긍휼을 나타낸 사람은 그의 긍휼이 자신의 죄를 지워 버릴 것을 심판의 날에 발견할 수 있다는 것을 의미한 말이다.

신앙과 행위

야고보서 2:14-26

14내 형제들아 만일 사람이 믿음이 있노라 하고 행함이 없으면 무슨 유익이
있으리요 그 믿음이 능히 자기를 구원하겠느냐 15만일 형제나 자매가 헐벗고
일용할 양식이 없는데 16너희 중에 누구든지 그에게 이르되 평안히 가라, 덥
게 하라, 배부르게 하라 하며 그 몸에 쓸 것을 주지 아니하면 무슨 유익이 있
으리요 17이와 같이 행함이 없는 믿음은 그 자체가 죽은 것이라 18어떤 사람은
말하기를 너는 믿음이 있고 나는 행함이 있으니 행함이 없는 네 믿음을 내게
보이라 나는 행함으로 내 믿음을 네게 보이리라 하리라 19네가 하나님은 한
분이신 줄을 믿느냐 잘하는도다 귀신들도 믿고 떠느니라 20아아 허탄한 사람
아 행함이 없는 믿음이 헛것인 줄을 알고자 하느냐 21우리 조상 아브라함이
그 아들 이삭을 제단에 바칠 때에 행함으로 의롭다 하심을 받은 것이 아니냐
22네가 보거니와 믿음이 그의 행함과 함께 일하고 행함으로 믿음이 온전하게
되었느니라 23이에 성경에 이른바 아브라함이 하나님을 믿으니 이것을 의로
여기셨다는 말씀이 이루어졌고 그는 하나님의 벗이라 칭함을 받았나니 24이
로 보건대 사람이 행함으로 의롭다 하심을 받고 믿음으로만은 아니니라 25또
이와 같이 기생 라합이 사자들을 접대하여 다른 길로 나가게 할 때에 행함으
로 의롭다 하심을 받은 것이 아니냐 26영혼 없는 몸이 죽은 것같이 행함이 없
는 믿음은 죽은 것이니라

이 구절은 각 부분을 상고해 보기 전에 전체적으로 취급하지 않으면 안 될 내용이다. 이 기사는 야고보와 바울이 완전히 모순된다는 것을 보여 주기 위하여 사용된 기사이기 때문이다. 바울이 강조하고 역설한 것은 사람이 오직 신앙에만 의하여 구원을 얻는다는 것과 행위는 전혀 구원을 얻는 일에 작용하지 않는다는 것이다. "그러므로 사람이 의롭다 하심을 얻는 것은 율법의 행위에 있지 않고 믿음으로 되는 줄 우리가 인정하노라"(롬 3:28). "예수 그리스도를 믿음으로 말미암는 줄 알므로 우리도 그리스도 예수를 믿나니… 율법의 행위로써는 의롭다 함을 얻을 육체가 없느니라"(갈 2:16). 야고보는 바울과 다른 것을 가끔 논할 뿐 아니라 단연 모순된 것까지도 논하고 있다. 이것이 우리가 연구해야 할 문제다.

I. 야고보의 강조점이 사실상 신약성경에서 보편적으로 강조한 점이라는 사실에 우선 주목하는 것이 좋다. 사람들이 회개에 합당한 열매를 맺지 않으면 안 된다는 것이 세례 요한의 설교 내용이었다(마 3:8; 눅3:8). 사람은 사실 자신의 훌륭한 행위를 보여 줌으로써 회개의 현실성을 증명해야 한다는 것이다.

사람은 타인이 자신의 선한 행실을 보고 하나님께 영광을 돌리며 살아야 한다는 것이 예수의 설교 내용이었다(마 5:16). 예수께서는 주장하시길, 사람은 그 열매를 보고 알 수 있다는 것과 입으로만 나타낸 신앙은 하나님의 뜻을 실제로 행함으로써 신앙 자체를 나타낸 신앙의 자리를 결단코 차지할 수 없다는 것이었다(마 7:15-21).

그리고 이 강조점은 바울 자신에게도 없는 것은 아니다. 다른 것은 그만두고라도 바울처럼 기독교의 윤리적 의미를 강조한 교사는 거의 없었다 하여도 과언이 아니다. 바울의 서신은 교리적이거나 신학적인 것이거나 할 것 없이 기독교의 표현을 행위로써 강조하는 윤리적 부분으로 반드시 끝맺는다. 일반적인 습관과는 다르게 바울은 거듭거듭 그가 행위에 부여한 중요성을 분명하게 하고 있다. 그는 말하기를 하나님은 각 사람에게 그 행한 대로 보응하신다고 한다(롬 2:6). 그는 각 사람이 자기 일을 하나님께 직고하게 될 것이라고 주장한다(롬 14:12). 그는 사람들에게 어둠의 일을 벗고 빛의 갑옷을 입으라고 권고한다(롬 13:12). 그는 모든 사람은 각각 자기가 일한 대로 자기의 상을 받을 것이라고 말한다(고전 3:8). 그는 우리가 다 반드시 그리스도의 심판대 앞에 나타나게 된다고 경고한다(고후 5:10). 기독교인은 옛 사람과 그 행위를 벗어 버려야 한다(골 3:9).

기독교인의 생활의 일부로서 바울이 행위에 부여한 중요성을 직접 이해하지 않고는 누구라도 바울의 서신을 읽을 수는 없다. 기독교가 윤리적으로 증거되어야 한다는 사실은 신약성경 전부를 통한 기독교 신앙의 기본적 부분이다.

II. 이상의 사실은 의심할 바가 없지만 아직 야고보가 마치 바울과 모순된 것과 같이 이해되고 있다는 사실은 남아 있다. 진술한 모든 것에도 바울의 주요한 강조점은 은혜와 신앙이며 야고보의 주요한 강조점은 행위와 일이기 때문이다. 그러나 이 사실은 말하지 않을 수 없다. 즉, 야고보는 바울의 주의를 비난하고 있지 않다는 것이다. 그가 비난하고 있는 것은 바울 주의의 곡해다.

바울의 근본적인 입장을 하나의 문장으로 요약한다면 "주 예수를 믿으라 그리하면 너와 네 집이 구원을 받으리라"(행 16:31)는 말이 될 것이다. 그러나 우리가 이 요구에 부착시킨 의의는 **믿는다**는 말의 의미에 전적으로 의존하고 있다. 신념에는 두 가지 종류가 있다. 순수한 지적 신념이 있다. 이 신념은 이지로써 사실을 받아들이는 것으로 이루어져 있다. 예를 들면 직각 삼각형의 사변에 대응하는 각은 다른 두 개 변에 대응하는 각의 합체와 같다는 것을 나는 믿는다. 그것이 진실이라는 것을 나는 의심하지 않는다. 증명해야 한다면 증명할 수도 있다. 그러나 그것은 나의 생명과 나의 생활에 아무런 변화를 가져다주지는 못한다. 나는 그것을 인정하지만 그것이 나에게 아무런 효과를 주지 못한다.

한편 나는 6+6=12라는 것을 믿고 있다. 따라서 나는 6펜스짜리 초콜릿 두 개를 살 때 1실링 이상을 지불할 것을 단호히 거부할 것이다(영국의 화폐 1실링은 12펜스에 해당한다—옮긴이주). 나는 이 사실을 인정한다. 그리고 그것에 따라 나의 생활의 방향을 정한다. 나는 이 사실을 나의 지성뿐 아니라 생활과 행동의 모든 부분에 도입한다.

야고보가 반론을 펴고 있는 것은 사실은 첫째 종류의 신념을 말하는 것이다.

즉, 어떤 사실을 자신의 생활에 영향을 끼치게 하는 일이 없이 그 사실만을 인정하는 것을 말한다. 마귀도 지적으로는 하나님의 존재를 확신하고 있다. 사실 마귀들은 하나님 앞에서 떨고 있다. 사람들도 마귀와 다를 바가 없다. 그들의 신념은 조금도 그들을 변화시키지 못한다.

바울이 가지고 있던 신앙은 두 번째 종류의 신념이다. 예수를 믿는다는 것은 그 신념을 생활의 여러 부분과 장소에 도입하여 신념으로 생활하는 것이다.

바울 주의를 곡해하여 매우 효과적인 **믿는다**는 말을 빼 버린다는 것은 쉬운 일이다. 그러나 그것은 진정한 바울 주의가 아니라 야고보가 비난하고 있는 바울 주의에 대한 오해나 곡해다. 야고보는 실천 없는 신앙 고백을 비난하고 있다. 그는 기독교를 전 인격에 의하여 용납하는 것과 정반대되는 지적인 용납을 비난하고 있다. 이 비난에는 바울도 전적으로 동의했을 것이다.

III. 이 사실을 인정한다 하더라도 야고보와 바울 사이에는 아직 차이가 있다. 그들은 **기독교인의 생활의 시기**를 다르게 잡았다. 바울은 아주 **최초의 시기**에 시작한다. 그는 사람은 자력으로는 하나님의 용서를 획득할 수 없음을 주장하고 있다. 즉, 자신을 하나님과의 바른 관계에 둔 사람은 없다는 것이다. 그 도입 단계는 하나님의 자유스러운 은혜에 의하여 주어진다. 사람은 예수 그리스도로 자신에게 주어진 용서를 받아들일 수 있을 뿐이다. 사람은 하나님께로 가는 길을 열어 주신 하나님의 편의를 받아들일 수 있을 뿐이다. 그 도입 단계는 오로지 하나님의 행위와 하나님의 주도권에 의해서만 야기된다고 하여도 틀림없다.

야고보는 퍽 후기에 시작한다. 야고보는 이미 **신앙고백을 하고 있는 기독교인**을 취급하고 있다. 그 사람은 이미 자신이 용서 받은 자라는 것을 공언하고 있는 사람이며 이미 하나님과의 바른 관계에 있음을 공언하고 있는 사람이다. 이와 같은 사람은 새로운 피조자이기 때문에 새로운 생활을 해야 한다고 야고보는 말하고 있다. 그 사람은 **의롭게 되었다**. 그 사람은 지금 **성화된 것**을 보이기 위하여 전진해야 한다. 여기에 대해서도 바울은 전적으로 동의했을 것이다.

행위로 구원을 얻을 수 있는 사람이 없다는 것은 사실이다. 그러나 마찬가지로 행위를 낳지 않고 구원을 얻을 사람도 없다. 여기에 최선의 비유는 위대한 사람의 비유다. 사랑을 받는 사람은 자신이 사랑 받을 만한 가치가 없음을 전적으로 확신하고 있다. 그에게는 이 위대한 특권을 받을 만한 공로는 없다. 그러나 그는 그 사랑을 받을 만한 가치가 있도록 전 생애를 보내기 원하며 사랑을 받을 만한 가치가 있는 종류의 사람이 되고자 노력하려고 굳게 결심한다. 그는 사랑을 획득할 수는 없다. 그러나 그는 **사랑을 받을 만한 가치가 있는 사람**이 되도록 반드시 힘쓸 것이다. 그렇게 하지 않는다면 그는 사랑이 무엇인지를 모르는 것이다.

그러므로 야고보와 바울의 차이는 출발점의 차이다. 바울은 누구라도 하나님의 용서를 획득하거나 그 용서를 받을 만한 가치가 없다는 위대한 근본적인 사실에서 출발하고 있다. 야고보는 신앙 고백을 한 기독교인으로서 출발하여 사람은 그 행위에 의하여 기독교를 증명하지 않으면 기독교인이 아니라고 주장한다. 우리는 행위에 **의하여** 구원을 얻는 것이 아니다. 우리는 행위를 **위하여** 구원을 얻는다. 이상의 진리는 기독교인 신앙생활의 쌍벽을 이룬 진리다.

바울의 강조점 전체는 최초의 진리에 속해 있고 야고보의 강조점 전체는 두 번째 진리에 속해 있다. 야고보와 바울은 실제로 서로 모순하지는 않다. 그들은 서로 보충하고 있다. 양자의 메시지는 완성된 기독교 신앙에서 근본적인 것이다. 찬송가에 다음과 같은 노래가 있다.

> 이 신앙과 희망을 가진 모든 이에게
> 거룩한 행위로 충만하게 하라.
> 그리하여 신앙은 빛나는 미덕으로
> 진실한 것임이 증명되리라.

신앙 고백과 실천

야고보서 2:14-17

14내 형제들아 만일 사람이 믿음이 있노라 하고 행함이 없으면 무슨 유익이 있으리요 그 믿음이 능히 자기를 구원하겠느냐 [15]만일 형제나 자매가 헐벗고 일용할 양식이 없는데 [16]너희 중에 누구든지 그에게 이르되 평안히 가라, 덥게 하라, 배부르게 하라 하며 그 몸에 쓸 것을 주지 아니하면 무슨 유익이 있으리요 [17]이와 같이 행함이 없는 믿음은 그 자체가 죽은 것이라

야고보가 참을 수 없는 것은 실천이 없는 신앙 고백과 행위와 다른 언어다. 그는 생생한 예화를 선택하여 자신이 하고 싶은 뜻을 보여 주고 있다. 어떤 사람이 입을 옷이나 먹을 양식이 없다면, 그리고 소위 그의 친구가 곤경에 빠진 그에게 동정을 나타냈을 때 동정하는 말만으로 그치고 그의 불행을 감소시키는 아무런 노력을 하지 않는다면 그것이 무슨 유익을 가져오겠는가? 동정을 실제적인 원조로 바꾸는 노력과 행위가 없는 믿음은 죽은 믿음이라고 말한다. 이것은 특별히 유대인에게 호소하는 구절이 되었을 것이다.

I. 유대인에게 구제는 최고로 중요한 일이었다. 유대인에게는 의와 구제는 완전히 동일함을 의미한다는 것을 이 경우에 말해 주고 있다. 구제는 사람이 하나님께 심판을 받을 때 그 사람의 방파제가 된다고 생각되었다.

벤 시락(Ben Sirach)은 "물은 타오르는 불길을 끌 것이며 구제는 죄를 속량한다"고 쓰고 있다(집회서 3:30). 토빗서(Tobit)에는 "구제하는 일에 열중하는 사람은, 나는 구제로 인하여 당신의 낯을 보게 되리라고 쓰여 있는 그대로 하나님의 얼굴을 볼 것이다"라고 쓰여 있다(4:8-10). 예루살렘 교회 지도자들이 바울이 이방인을 전도하는 일에 동의할 때 바울에게 준 한 가지 권고는 가난한 사람들을 잊어서는 안 된다는 것이었다(갈 2:10). 이와 같은 실천적 원조에 대한 강조는 위대하고도 아름다운 유대적 경건의 특징 중 하나라고 할 수 있다.

II. 동정과 연민과 구제가 전혀 이질적이란 것이 그리스 종교의 경향이었다. 스토아학파는 **아파데이아**(apatheia)를 목표로 삼았다. **아파데이아**란 감각과 감정을 완전히 결여시키는 것이다. 인생의 목적은 평온이다. 감정은 평온을 방해한다. 완전한 평온에의 길은 모든 감각과 감정을 멸절시키는 일이다. 연민은 사람이

삶의 목적으로 삼아야 할 초월적이며 철학적인 평온에 대한 방해에 불과하다. 그러므로 에픽테토스(Epictetus)는 신의 명령에 불복종하는 자만이 슬픔과 연민을 느낄 것이라고 쓰고 있다(제요〈Discourses〉 3:24, 43).

로마의 시인 베르길리우스(Vergil)는 그의 〈농사시(Georgics)〉(2:498)에서 더할 나위 없이 행복한 사람을 묘사할 때, 행복한 사람이란 그의 마음에 연민이 결여되어 있는 것이 특징이라고 말하고 있다. 그는 가난한 사람을 위한 연민이나 애통해 하는 사람을 위한 슬픔을 가지지 않는다. 이러한 감정이 자신의 평온을 뒤흔들어 놓기 때문이다. 여기에 유대인의 관점과 대립되는 점이 있다. 스토아학파에게 축복이란 자신의 철학적, 호원성과 평온 속에 싸여 있음을 의미한다. 그러나 유대인에게 축복이란 타인의 불행 속에 능동적으로 참여하는 것을 의미한다.

III. 이 주제를 이해하려고 한 야고보의 방법은 근본적으로 옳은 일이다. 훌륭한 감정적 체험만 되풀이할 뿐, 그 감정을 행동에 옮기려고 애쓰지 않는 일 이상으로 위험한 일은 없다. 언제나 훌륭한 감정에만 사로잡혀 있는 사람은 그의 감정 영역을 벗어나서 행동으로 표현하지 못한다는 것은 흔히 경험하는 사실이다. 어떤 의미에서 적어도 연민과 동정을 행동으로 옮기지 못한다면 연민과 동정을 느낄 권리를 가질 수 없다고도 말할 수 있다. 감정이란 사치스러운 것이 아니다. 감정이란 노력과 수고와 훈련과 희생이라는 대가를 지불하고 인생이란 직물을 짜내는 것이 되어야 한다.

양자택일이 아니라 양자 모두를

야고보서 2:18-19

18어떤 사람은 말하기를 너는 믿음이 있고 나는 행함이 있으니 행함이 없는
네 믿음을 내게 보이라 나는 행함으로 내 믿음을 네게 보이리라 하리라 19네
가 하나님은 한 분이신 줄을 믿느냐 잘하는도다 귀신들도 믿고 떠느니라

여기서 야고보는 앞으로 있을 반대론을 취급하고 있다. 즉, "믿음은 훌륭한 것이다. 그리고 행위도 훌륭한 것이다. 양자는 모두 참된 종교가 완벽하게 현실적으로 진지하게 표현된 모습이다. 그러나 한 사람이 양자 모두를 소유할 필요는 없다. 어떤 사람은 믿음을 갖게 될 것이고 또 다른 사람은 행위를 갖게 될 것이다. 그렇다면 당신은 당신의 행위를 계속 행하라. 나는 나의 믿음을 계속 유지하겠다. 결국 우리는 모두 각각 제 나름대로 참된 종교를 가지게 되는 것이다"라는 반대론자에 대하여 야고보는 생각하고 있다.

믿음과 행위 중 어느 한쪽을 가질 수 있다는 것과 믿음과 행위 중 양자택일할 수 있음이 기독교의 표현이라는 것이 반대론자의 견해다. 그러나 야고보는 그 어느 쪽도 취하지 않을 것이다. 야고보가 이해하고 있는 대로 믿음이냐 그렇지 않으면 행위냐의 경우가 아니라, 믿음과 행위를 모두 필요로 한다는 경우다. 오늘날 사람들이 양자택일이 아니라 모든 면에서 양자 모두를 살리는 현대적인 중요성을 가지고 있다는 것은 틀림없는 사실이다.

1. 균형이 잡힌 인생은 "사상"과 "행동"이 반드시 일치한다. 어떤 사람을 **사상적 인간**이나 **행동적 인간**이냐로 결정짓는다는 것은 흥미를 끌게 하는 일이며 흔히 있는 일이다. 사상적 인간은 위대한 사상을 고찰하기 위하여 서재에 앉아 있을 것이다. 행동적 인간은 위대한 행동을 행하기 위하여 사회에 진출할 것이다. 그러나 그것은 잘못된 일이다. 사상가는 그의 사상을 행동에 옮기지 않으면 반쪽 인생에 불과하다. 사람들과 함께 전쟁터에 나가며 사람들과 함께 활동 무대에 참여하지 않는다면 사람들을 행동으로까지 고무시킬 수는 없을 것이다.

키플링(Kipling)은 다음과 같이 말하고 있다.

> 아아, 영국은 하나의 정원이다. 이러한 정원은 나무 그늘에나 앉아서 "아아, 얼마나 아름다우냐"라고 감탄하는 것 가지고는 이루어지지 않는다. 우리보다 훌륭한 사람들이 노동 생활을 시작하여 부러진 식사용 나이프로 정원의 통로에서 잡초를 뽑아 버린 데서 이루어졌다.

행동적 인간도 그의 행동의 기초가 되는 위대한 영원적 원리를 통달하기 전에는 진실한 행동적 인간이라고는 말할 수 없다.

II. 균형이 잡힌 인간은 반드시 "기도"와 "노력"이 수반된다. 여기에서도 인간을 두 가지 계급으로 분할시키려는 충동을 받게 된다. 즉, 종신토록 경건하게 은둔 생활을 보내고자 원하는 성자들과 먼지와 한낮의 무더위 속에서 애써 일하는 노동자들이다. 그러나 이러한 분할은 마땅한 것이 못 된다.

마틴 루터(Martin Luther)는 어떤 수도사와 아주 가까운 친구 사이였다고 한다. 그 수도사는 루터와 같이 종교 개혁의 필요성을 완전히 이해하고 있었다. 그래서 그들은 하나의 타협을 보았다. 루터는 세상에 나아가 전장에서 싸우기로 했다. 그 수도사는 루터의 개혁이 성공되기를 시간마다 기도하기 위하여 암자에 남기로 했다. 그러나 어느 날 밤 그 수도사는 꿈을 꾸었다. 꿈속에서 그는 누구의 도움도 없이 다만 혼자서 무한히 광대한 밭의 추수를 하는 불가능한 일에 열중하고 있는 외로운 농부를 보았다. 그 고독한 농부가 뒤를 돌아보았을 때 수도사가 그의 얼굴을 보니 그것은 마틴 루터의 얼굴이었다. 그리하여 그는 암자를 떠나 기도하는 일도 버리고 그를 도와주기 위하여 출발해야 할 것을 깨닫게 되었다. 물론 노령이거나 몸이 약하기 때문에 기도 외에는 아무것도 할 수 없는 사람들이 있다는 것도 사실이다. 그리고 그런 사람들의 기도는 참으로 능력이 있으며 지지력이 있다. 그러나 기도가 노력의 대용품이 될 수 있다고 일반 사람이 생각한다면 그 사람의 기도는 단순히 도피의 수단에 지나지 않는다. 기도와 노력은 손을 잡고 병행하지 않으면 안 된다.

III. 균형이 잡힌 사람에게는 반드시 "신앙"과 "행위"가 함께 있다. 신앙이 신앙을 증명하며 논증할 수 있는 것은 오직 행위를 통해서만 할 수 있다. 그리고 행위가 시도되며 수행되는 것은 오직 신앙을 통해서만 될 수 있다. 신앙은 행동까지 넘쳐흐르도록 운명지어져 있다. 그리고 사람이 신앙을 가질 때에는 행동은 단지 하나님이 그에게 부여한 위대한 동기와 위대한 원리 안에서 시작될 뿐이다.

누구나 균형 잡히기를 원하며 경건함과 봉사의 생애를 효과적으로 보내고 싶다면, 우리는 그것을 **양자택일**이란 용어로 생각할 것이 아니라 언제나 **양자 모두**를 택한다는 용어로 생각해야 한다.

신앙의 입증

야고보서 2:20-26

[20]아아 허탄한 사람아 행함이 없는 믿음이 헛것인 줄을 알고자 하느냐 [21]우리
조상 아브라함이 그 아들 이삭을 제단에 바칠 때에 행함으로 의롭다 하심을
받은 것이 아니냐 [22]네가 보거니와 믿음이 그의 행함과 함께 일하고 행함으
로 믿음이 온전하게 되었느니라 [23]이에 성경에 이른바 아브라함이 하나님을
믿으니 이것을 의로 여기셨다는 말씀이 이루어졌고 그는 하나님의 벗이라
칭함을 받았나니 [24]이로 보건대 사람이 행함으로 의롭다 하심을 받고 믿음으
로만은 아니니라 [25]또 이와 같이 기생 라합이 사자들을 접대하여 다른 길로
나가게 할 때에 행함으로 의롭다 하심을 받은 것이 아니냐 [26]영혼 없는 몸이
죽은 것같이 행함이 없는 믿음은 죽은 것이니라

야고보는 자신이 역설하고 있는 관점에서 두 예증을 들고 있다. 아브라함은 신앙의 위대한 모범이다. 그의 신앙은 하나님의 표면상의 요구인 이삭을 기쁜 마음으로 바친 것으로 입증되었다. 라합은 유대인의 성도 얘기 중에 나오는 유명한 인물이었다. 그녀는 약속의 땅을 정탐하기 위하여 보냄을 받은 정탐꾼들을 숨겨 주었다(수 2:1-21). 그 후 전설에 의하면 그녀는 유대교로 개종한 후 여호수아와 결혼하여 에스겔과 예레미야를 포함한 많은 제사장과 선지자의 직계 조상이 되었다고 한다. 그녀가 실제로 신앙을 가지고 있음을 입증한 것은 정탐꾼들에 대해 그녀가 접대하는 행동이었다.

바울도 야고보도 여기서는 옳다. 아브라함이 신앙을 가지지 않았다면 하나님의 소명과 부르심에 응할 수는 없었을 것이다. 라합도 신앙을 가지지 않았다면

자신의 장래와 이스라엘의 운명을 동일시하는 위험을 무릅쓸 수는 없었을 것이다. 신앙은 실로 아브라함과 라합의 행동을 일으키는 동기였다. 그렇지만, 아브라함이 끝까지 하나님께 복종할 용의가 없었다면 그의 신앙은 비현실적인 것이 되고 말았을 것이다. 그리고 라합이 정탐꾼을 돕기 위하여 여러 가지 위험을 무릅쓸 용의가 없었다면 그녀의 신앙은 무익한 것이 되고 말았을 것이다.

이와 같은 두 가지 예는 전적으로 그리고 최종적으로 신앙과 행위가 상반되지 않았다는 것을 보여 준다. 사실상 이 둘은 분리할 수 없는 것이다. 신앙 없이 행동에 옮긴 사람은 지금까지 한 사람도 없다. 그 사람의 신앙이 그 사람을 행동으로 옮기게 하지 못한다면 그것은 참된 신앙이 아니다. 신앙과 행위는 인간이 하나님을 체험하는 양면이라고 할 수 있다.

The Letters of James 03

교사의 함정

야고보서 3:1

[1]내 형제들아 너희는 선생된 우리가 더 큰 심판을 받을 줄 알고 선생이 많이 되지 말라

초대교회에서 교사는 가장 중요한 인물이었다. 교사에 대하여 이야기하는 곳에서는 어디서나 그의 명예에 대해서도 이야기했다. 안디옥 교회에서는 교사가 바울과 바나바를 제1차 전도 여행에 파송한 선지자와 동급으로 취급하였다(행 13:1). 교회 중에 큰 은사를 가지고 있는 사람들의 명단을 열거할 때 바울은 교사를 사도와 선지자 바로 다음에 들고 있다(고전 12:28; 엡 4:11참조).

사도들과 선지자들은 항상 여행을 하고 있었다. 그들의 활동 무대는 모든 교회였다. 그들은 일정한 교회에 오랫동안 머물러 있지 않았다. 그러나 교사는 개체 교회 안에서 일하였다. 그리고 교사가 절대적으로 중요한 이유는 기독교에 개종한 사람들을 기독교 복음의 모든 사실로 교육하며, 기독교 신앙으로 교화하는 임무를 교사들이 맡고 있기 때문이다. 교사가 자신의 신앙과 지식을 처음으로 교회에 출석하는 사람들에게 마음에 새기도록 지도한다는 것은 교사로서 두

려움을 자아낼 만큼 커다란 책임이 아닐 수 없다.

신약성경에서 우리는 그의 책임과 과업을 수행하지 못하여 거짓 교사가 된 사람들을 훑어 볼 수가 있다. 기독교를 일종의 유대교로 전환시키려고 한 교사들이 있었다. 그들은 할례를 행하며 율법을 지키려 했다(행 15:1-5). 다른 사람은 가르치면서도 자신은 자신이 가르친 진리를 행하지 않는 교사, 즉 그들의 교훈과 그들의 생활이 서로 모순되는 교사들이 있었다. 그리고 그들이 말하는 신앙을 손상시키는 교사들이 있었다(롬 2:17-29). 자신의 참모습을 알기 전에 가르치기부터 먼저 한 사람이 있었다(딤전 1:6-7). 군중의 악한 욕망을 선동하는 거짓 교사들이 있었다(딤후 4:3). 그러나 이와 같은 거짓 교사를 제외하고라도 가르친다는 것은 누구에게나 위험한 직업이라는 것이 야고보의 확신이다. 교사의 도구는 언어이며 그의 무기는 혀다. 로푸스(Ropes)가 말한 것처럼 야고보는 "교사의 책임과 교사가 사용하지 않으면 안 될 도구의 위험한 성격"을 지적하는 데 관심이 있었다.

기독교의 교사는 위험천만한 상속을 받았다. 기독교 교회 안에서 교사는 유대교회 안의 랍비에 해당하는 지위를 차지하였다. 위대하며 성인다운 랍비들이 많이 있었다. 그러나 랍비는 그의 인격이 파멸될 만한 방법으로 대우를 받았다. 랍비라는 이름의 뜻은 "나의 위대한 분"이다. 그는 가는 곳마다 어디서나 최고의 경의로써 대우를 받았다. 랍비에 대한 의무는 부모에 대한 의무보다 앞선다는 것이 실제로 적용되었다. 부모는 우리를 이 세상에 태어나게 했을 뿐인 데 반하여 교사는 다가올 세상의 생애로 인도해 주기 때문이다.

어떤 사람의 부모와 랍비가 함께 적에게 포로가 되었다면 먼저 랍비를 속량하지 않으면 안 된다. 랍비와 부모가 동시에 원조를 청해 온다면 먼저 랍비를 돕는 것이 의무였다. 랍비는 가르치는 데 대한 보수로 금전을 받는 것이 허용되지 않았으며, 자신의 세속적인 직업에 종사하여 일상생활의 필요를 충당하도록 되어 있었다는 것이 사실이다. 그러나 랍비를 가족으로 영접하여 여러 모로 보살펴 주며 뒷바라지를 해 준다는 것은 특히 경건하고도 공적 있는 업무라고 생각했었다. 예수께서 말씀하신 것처럼 랍비가 정신적 폭군이 되며, 경건으로 겉을 단장하며, 어떤 잔치에서도 높은 자리에 앉기를 좋아하며, 다른 사람에게 공공연하게 추종과 찬사를 받기를 즐겨하는 인간이 된다는 것은 쉬운 일이었다(마 23:4-

7). 어떤 교사라도 "독선가"가 될 위험은 가지고 있다. 이 이상으로 정신적이며 지적인 교만을 산출하는 직업은 없다.

모든 교사가 피해야 할 두 가지 위험이 있다. 교사의 직무상 교사는 연소자 또는 믿음이 어린 사람들을 가르치게 될 것이다. 따라서 교사의 생애 중 두 가지 일을 피하기 위하여 싸우지 않으면 안 된다. 교사는 자신의 의견도 아니며 자신의 선입관도 아닌 진리를 가르치는 일에 항상 유의하지 않으면 안 된다. 교사가 진리를 왜곡시키고 진리에 대하여 하나님의 해석이 아닌 자신의 해석을 가르친다는 것은 숙명적으로 빠지기 쉬운 오류다.

교사는 항상 자신의 생활과 자신의 교훈이 모순되지 않도록 주의하지 않으면 안 된다. 그리고 교사는 "내가 하는 대로 행하라"는 대신에 "내가 말하는 대로 행하라"고 교훈하지 않도록 주의하지 않으면 안 된다. 교사는 그의 제자나 학생들이 교사의 인품을 보고 도저히 그가 말하는 것을 들을 마음이 나지 않을 정도의 생활 태도를 취해서는 안 된다. 유대교의 랍비들은 스스로 이렇게 말했다. "학문하는 것이 기초가 되는 것이 아니라 실행하는 것이 기초가 된다. 말이 많은 곳에 죄도 많다"(조상들의 격언〈Sayings of the Father〉 1:18).

교사는 자신의 선택에 의하여 특별한 직무를 맡게 된다는 것과 따라서 특별한 책임을 지게 된다는 일과 그 책임을 감당하지 못하였을 때 더 많은 비난을 받게 된다는 것에 대하여 야고보는 경고하고 있다. 야고보가 편지를 써서 보낸 사람들은 교사의 명성과 지위와 명예를 탐하고 있었다. 이런 사람들에게 야고보는 교사로서 책임을 결코 잊어서는 안 된다고 요구하였다.

보편적인 위험

야고보서 3:2

2우리가 다 실수가 많으니 만일 말에 실수가 없는 자라면 곧 온전한 사람이라 능히 온 몸도 굴레 씌우리라 여기서 야고보는 유대교의 사상과 문학에 내포되어 있는 두 가지 이념을 기록하고 있다.

I. 어떠한 죄도 범하지 않은 사람은 이 세상에는 없다. 야고보가 사용하고 있는 말은 **미끄러져 넘어진다**는 뜻이 있다. 위대한 항해자 피셔 경(Lord Fisher)은 "인생은 밀감 껍질로 싸여 있다"고 말하였다. 죄를 계획적으로 범한다는 것은 흔한 일이 아니고 대부분의 죄는 우리가 방심했을 때 미끄러져 넘어진 결과다. 이 죄의 보편성은 성경 전체에서 찾아볼 수 있다. 바울은 "의인은 없나니 하나도 없으며…. 모든 사람이 죄를 범하였으매 하나님의 영광에 이르지 못하더니…"(롬 3:10, 23)라고 인용하고 있다. 요한은 "만일 우리가 죄가 없다고 말하면 스스로 속이고 또 진리가 우리 속에 있지 아니할 것이요"(요일 1:8)라고 말한다. 전도자는 "선을 행하고 전혀 죄를 범하지 아니하는 의인은 세상에 없기 때문이로다"(전 7:20)라고 말하였다. 유대의 현인은 "삶을 영위한 사람 중에 악한 행위를 하지 않은 사람은 한 사람도 없으며, 신앙인 중에 과오를 범하지 않은 사람은 한 사람도 없다"(에스드라2서 8:35)라고 말하고 있다.

인간 생활을 자랑스럽게 여길 여지는 없다. 이 세상에는 부끄러운 오점을 가지지 않은 사람은 없기 때문이다. 이교의 저작자들도 죄에 대해서는 동일한 확신을 가지고 있다. "사적 생활에서나 공적 생활에서 죄를 범한다는 것은 인간의 본성이다"라고 투키디데스(Thucydides)는 말하였다. 세네카(Seneca)는 "우리는 모두 죄를 범한다. 어떤 사람은 무거운 죄를, 어떤 사람은 가벼운 죄를"(은혜에 대하여〈On Clemency〉 1:6)라고 말하였다. 모든 사람들이 죄의 노예가 되어 있다.

II. 말에 의한 죄만큼 범하기 쉬운 죄는 없으며, 위태로운 결과를 초래하는 죄는 없다. 이것도 유대교 사상에 속한다. 예수 자신은 사람들에게 자신이 말한 모든 언어에 대하여 해명하지 않으면 안 될 것이라고 경고하였다. "네 말로 의롭다 함을 받고 네 말로 정죄함을 받으리라"(마 12:37). "유순한 대답은 분노를 쉬게 하여도 과격한 말은 노를 격동하느니라… 온순한 혀는 곧 생명 나무이지만 패역한 혀는 마음을 상하게 하느니라"(잠 15:1-4).

《집회서(*Ecclesiasticus*)》의 저자이며 시락(Sirach)의 아들 예수께서는 유대교의 모든 저자들 중에서도 말의 나쁜 영향력의 위협에 대하여 매우 인상적인 표현을 했다. "영예와 치욕이 말하기 여하에 달렸다. 사람의 혀가 그의 함정이다. 고자질하는 사람으로 불리지 말라. 비난하기 위한 혀를 대기시키지 말라. 그것으로 너는 악평과 치욕과 불명예를 상속 받을 것이다. 두 혓바닥을 놀리는 죄인이 바로 이렇게 될 것이다"(집회서 5:13-6:1). "입으로 죄를 범하지 않은 사람이 복 있는 사람이다"(14:1). "말로써 범죄하지 않은 사람이 있겠는가?"(19:15) "내가 입으로 뜻하지 않은 실패를 하지 않고, 나의 혀가 나를 파멸시키지 않도록 누가 나의 입 앞에 파수꾼을 세우며 누가 나의 입술에 지혜의 봉인을 해 주겠는가?"(22:27)

그는 매우 훌륭하게 그리고 정열적으로 말하고 있기 때문에 전부를 인용하기에 가치 있는 긴 문장이 있다.

> 요설가(饒舌家)와 이중 혀를 가진 자는 저주를 받으라. 그들은 수많은 평화로운 사람들을 파멸시켰기 때문이다. 험담을 하는 혀는 많은 사람을 불안하게 만들며, 여러 나라에 추방시키며 강력한 도시를 파괴하고 고귀한 집들을 무너뜨렸다. 그것은 사람들의 힘을 분열시켰으며 강한 나라들을 멸망시켰다.
> 험담을 하는 혀는 정숙한 여인들을 시집에서 추방시켰으며 그들의 노고에 대한 대가도 박탈해 버렸다. 그런 혀에 귀를 기울이는 자에게는 휴식이 없으며 평화롭게 지낼 수도 없을 것이다. 그리고 안정을 가져다줄 친구도 가질 수 없을 것이다. 채찍으로 때리는 것은 몸에 자국을 남기나 혀로 때리는 것은 뼈를 꺾는다. 많은 사람이 칼날에 죽었으나 혀로 인하여 멸망한 사람의 수가 더 많다.
>
> 그런 혀에서 자신을 방위한 사람은 행복하다. 그리고 그런 비방에 말려들지도 않고 그런 멍에를 메지도 않고 그런 사슬에 매이지도 않은 사람은 행복하다. 그 멍에는 쇠로 만들어졌고 그 사슬은 청동으로 되었다. 그런 혀에 의한 죽음은 흉악한 죽음이다. 그런 죽음보다는 묘지로 가는 편이 더 낫다.
>
> 자, 그러면 당신의 소유지에 가시 울타리를 두르고 금과 은을 지키며, 당신의 말을 저울에 달아서, 당신의 입술에 굴레를 씌워 당신의 입에 문빗장을 달도록 하여라. 당신을 넘어뜨리기 위하여 기다리고 있는 자의 손에 떨어져서 죽음에

이르지 않기 위하여 혀로 인한 잘못을 범하지 않도록 조심하여라(2:13-26).

자신은 혀로 인한 위험을 경고 받지 않았다고 장담할 수 있는 사람은 없다. 누구도 자신이 그런 위험에서 완전히 피했다고 말할 수는 없다.

작으나 강한 것

야고보서 3:3-5상

[3]우리가 말들의 입에 재갈 물리는 것은 우리에게 순종하게 하려고 그 온 몸
을 제어하는 것이라 [4]또 배를 보라 그렇게 크고 광풍에 밀려가는 것들을 지
극히 작은 키로써 사공의 뜻대로 운행하나니 [5]이와 같이 혀도 작은 지체로되
큰 것을 자랑하도다 보라 얼마나 작은 불이 얼마나 많은 나무를 태우는가

혀는 지체 중에서도 아주 작은 부분이기 때문에 그렇게 야단법석을 떤다든지 대단히 중요한 것에 소속시킨다든지 할 필요가 없다고 주장하며 야고보가 말하는 혀의 위험에 반대하는 논쟁이 있었던 것 같다.

이 논쟁과 싸우기 위하여 야고보는 두 가지 묘사를 사용하고 있다.

I. 우리가 말의 입에 재갈을 물리는 것은 말의 입을 제어할 수 있다면 말 전체를 제어할 수 있다는 것을 알기 때문이다. 그러므로 야고보는 혀를 제어하게 되면 몸 전체를 제어할 수 있으나 혀를 제어하지 못한다면 인생 전체를 잘못된 방향으로 이끌어 가게 될 것이라고 했다.

II. 혀는 신체 중에서 매우 작은 지체라 할 수 있다. 키는 선박의 크기와 중량에 비교한다면 아주 작은 것이지만 그 작은 키를 조종함에 따라 키잡이는 항로를 바꿀 수도 있으며 안전하게 항해할 수도 있다. 이전에 아리스토텔레스는 기

계 공학에 대하여 말할 때 전적으로 같은 묘사를 했다. “키는 작다. 그리고 선박의 가장 뒤쪽에 붙어 있다. 그러나 이런 작은 키를 한 사람의 힘으로—그리고 약간의 힘을 가지고도—거대한 선체를 움직일 수 있다.”

키는 작은 물건이지만 선박 전체의 항로를 결정할 수 있다. 혀도 작은 것이지만 몸 전체의 방향과 그 사람의 인생 항로를 결정할 수 있다.

필론(Philo)은 마음을 가리켜 인생을 몰고 가는 전차 조종수 또는 키잡이라고 불렀다. 마음이 모든 말과 감정을 제어하며 그 마음 자체가 그리스도에 의하여 제어될 때 인생은 안전하다.

야고보가 여기서 침묵은 웅변보다 낫다고 말하지 않은 일에 주목할 필요가 있다. 그는 대화가 금지되어 있는 수도원 생활을 권장하고 있는 것은 아니다. 그가 강조하고 있는 것은 혀를 제어하라는 것이다. 그리스의 아리스티푸스(Arstippus)는 현명한 말을 했다. “쾌락을 극복한 사람은 쾌락을 즐기지 않은 사람이 아니다. 그는 기수가 말을 제어하는 것같이 또는 키잡이가 배를 몰아 자신이 원하는 방향으로 항해하는 것같이 쾌락을 즐긴 사람이다.” 어떤 물건을 폐기한다는 것은 그것을 잘 사용하는 것의 대용이 될 수는 없다. 야고보는 겁쟁이의 침묵을 주장하는 것이 아니라 말을 현명하게 사용할 것을 강조하고 있다.

파괴적인 불

야고보서 3:5하-6

5이와 같이 혀도 작은 지체로되 큰 것을 자랑하도다 보라 얼마나 작은 불이
얼마나 많은 나무를 태우는가 6혀는 곧 불이요 불의의 세계라 혀는 우리 지
체 중에서 온 몸을 더럽히고 삶의 수레바퀴를 불사르나니 그 사르는 것이 지
옥 불에서 나느니라

혀가 일으키는 손해는 산불이 일으키는 손해와 비등하다. 산불의 묘사는 성경

가운데 많이 있다. 하나님이 악한 자들을 바람에 날리는 검불 같게 하시고 하나님의 폭풍이 삼림을 사르는 불과 같이, 산에 붙는 불길같이 그들을 좇아 달라는 것이 시편 기자의 기도였다(시 83:13-14). 이사야는 "대저 악행은 불 타오르는 것 같으니 곧 찔레와 가시를 삼키며 빽빽한 수풀을 살라 연기가 위로 올라가게 함과 같은 것이라"(사 9:18)고 묘사하고 있다. 스가랴는 "나무 가운데에 화로 같게 하며 곡식단 사이에 횃불 같게 하리니"(슥 12:6)라고 말하고 있다. 이 묘사는 팔레스타인의 유대인에게는 잘 알려진 묘사였다. 건조기가 되면 빈약한 잡초나 우거진 가지 덤불은 불쏘시개같이 마른다. 불이 붙으면 화염은 멈출 줄 모르는 파도처럼 퍼져 나간다.

혀가 불과 같다는 묘사는 유대적인 묘사다. 잠언 기자는 "불량한 자는 악을 꾀하나니 그 입술에는 맹렬한 불 같은 것이 있느니라"(잠 16:27)라고 말하고 있다. "던지고 당기는 것 같은 갑작스러운 말다툼은 불을 붙게 한다"(집회서 18:11).

혀가 줄 수 있는 손해가 불과 같다는 것에는 두 가지 이유가 있다.

1. 그것은 널리 울려 퍼지는 일이다. 혀의 위험성은 그것이 멀리 있는 것까지 손해를 끼칠 수 있다는 데 있다. 마을과 거리의 한쪽 모퉁이에서 일어난 말은 반대쪽 끝에 있는 사람에게까지 손해와 슬픔과 고통과 상심을 던져 주고 겨우 그친다.

유대교의 랍비는 다음과 같은 묘사를 하고 있다. 사는 것과 죽는 것이 혀의 수중에 있다. 혀가 손을 가졌을까! 아니다. 그러나 혀는 손처럼 사람을 죽인다. 손은 단지 아주 가까운 곳에 있는 자만 죽인다. 혀는 화살과 같다고 한다. 그것은 멀리 있는 자까지도 죽일 수 있기 때문이다. 화살은 사십 보, 오십 보 거리의 사람을 죽인다. 그러나 혀에 대해서는 사람들은 하늘에 그들의 입을 두고, 그들의 혀는 땅을 휩쓴다고 말한다. 혀는 온 땅을 뒤덮고 하늘까지 이른다.

이것이야말로 혀의 위험성을 보여 준다. 화살은 손으로 막을 수 있다. 자신을 쏘려는 자가 앞에 있기 때문이다. 그러나 사람은 악의 있는 말을 퍼뜨려서 자신이 알지 못하는 사람이나 수천 킬로미터나 떨어져 있는 사람에게까지 중상적이며 근거 없는 말을 되풀이하여 무한한 손해를 끼치며 상처를 준다. 혀가 도달할 수 있는 광대한 영역이야말로 혀의 최대한 위험이 된다.

II. 혀는 전적으로 제어할 수 없다. 팔레스타인의 불쏘시개같이 바삭 마른 수풀이나 덤불에 산불이 났을 경우에 갑자기 손쓰기란 거의 불가능하다. 누구라도 혀의 해독을 통제할 수는 없다. "다음 세 가지는 돌이킬 수가 없다—쏘아 버린 화살, 말해 버린 말, 잃어버린 기회." 한 번 입에서 나간 말을 돌아오게 할 수는 없다. 소문을 없애는 것만큼 불가능한 일은 없다. 쓸데없는 말이나 악의에 찬 이야기들을 말소하는 일만큼 불가능한 일은 없다. 사람은 어떠한 말을 하기 전에 일단 입에서 나온 말은 자신이 통제할 수 없다는 사실을 상기하지 않으면 안 된다. 그리고 그 말을 다시 돌아오게 할 수 없기 때문에 그 말에 대한 책임을 성실하게 지지 않으면 안 된다는 것을 생각해야 한다.

몸 안의 타락

야고보서 3:5하-6(계속)

이 이야기에는 특별히 어려운 두 어구가 있기 때문에 약간 긴 설명을 가하지 않으면 안 된다.

I. KJV에 혀는 "불의의 세계의 일부분"이라고 번역되었다. 이것은 오역된 말이다. 이것은 **악한 세계**를 의미하는 **불의 세계 그 자체**라고 해야 옳다. 혀는 우리의 몸 안의 악한 세계 전체를 표현하고 있다.

이 어구는 그리스어로 **호 코스모스 데스 아디키아스**(ho Kosmos tes adikias)다. 이 가운데서 **코스모스**란 말의 의미를 알면 그 뜻을 더 잘 이해할 수 있을 것이다. **코스모스**는 두 가지 뜻을 지니고 있다.

1. **코스모스**는 **장식**이란 의미가 있다. 이것은 거의 사용하지 않는 의미이기는 하다. 그러므로 이 어구는 혀는 "**악의 장식**" 이라는 의미로 생각할 수 있다. 혀는

숙명적으로 악을 매력적으로 만들 수 있는 기관이라는 의미가 될 것이다.

사람이 악한 일에 무엇인가 이유를 붙일 수 있는 것은 혀를 통해서다. 사람이 자신이 행한 일을 정당화하기 위하여 변명을 하며 방어를 하며 발뺌을 하려고 하는 것은 혀에 의해서다. 다른 사람에게 죄를 범하도록 설득하며 유혹하며 선동할 수 있는 것도 혀에 의해서다. 이 의미가 훌륭한 내용을 지니고 있다는 것은 의심할 바 없다. 그러나 이 어구가 정말로 그런 의미인지는 전적으로 신뢰할 수 없다.

2. **코스모스**는 **세계**라는 뜻이 있다. 신약성경의 전체적 용법에는 **코스모스**라는 말이 세계(이 세상)를 의미하고 있으니 **악한 세계**라고 번역함도 가능한 일이다. 이 세상은 성령을 받을 수 없다(요 14:17). 예수가 자신을 나타내신 것은 "제자들에게" 였으며 이 세상에는 아니다(요 14:22). 이 세상은 예수를 미워하였으며 그의 제자들까지도 미워하였다(요 15:18-19). 예수의 나라는 이 세상이 아니었다(요 18:36). 바울은 이 세상의 지혜를 비난하고 있다(고전 1:20). 기독교인은 이 세상과 타협해서는 안 된다(롬 12:2).

코스모스가 이런 의미로 사용되는 경우에는 **하나님이 없는 세계**, 하나님에 대하여 무지한 세계, 때때로 하나님께 적의를 품는 세계를 뜻한다. 따라서 혀를 악한 **코스모스**라고 부른다면 그것은 혀가 하나님이 없는 몸의 일부라는 것을 뜻한다. 제어할 수 없는 혀는 하나님께 적의를 품고 있으며 하나님을 알지 못하는 세상과 같다. 그것은 하나님께 불순종하며 하나님을 멸시하며 하나님께 반역하는 우리의 일부분이다.

II. 둘째로 어려운 어구는 KJV에 "인생 항로(트로코스 게네세오스-trochos geneseōs)"라고 번역한 어구다. 이 어구는 자의적으로는 **인생의 차바퀴**를 의미한다. 고대인들은 인생을 서술하는 데 네 종류의 다른 방법으로 차바퀴라는 묘사를 사용하였다.

1. 차바퀴는 둥글며 완전히 일체가 된 원이다. 따라서 인생의 차바퀴는 **인생의 전체성**, 인생이 내포하고 있는 모든 것을 의미한다고 할 수 있다.

2. 차바퀴는 끊임없이 움직이고 있다. 차바퀴의 어느 지점도 위로 올라왔다, 아래로 내려갔다 하며 항상 움직이고 있다. 따라서 인생의 차바퀴도 인생의 **영**

고성쇠와 흥왕몰락을 나타낸다. 이런 의미로 본다면 이 어구는 끊임없이 무상한 흐름에 흘러가는 운명의 차바퀴를 의미하고 있다고 말해도 좋을 것이다.

3. 차바퀴는 순환적인 것이다. 그것은 끊임없이 동일한 원을 그리며 제자리에 돌아오고 있다. 따라서 차바퀴는 인생의 **순환적인 반복**을 나타내게 되었다. 그것은 아무런 진보도 없이 같은 일을 영원히 반복하는, 존재의 싫증나는 순환이며 아무런 변화도 없는 세대의 교체다.

4. 이 어구에는 독특한 술어적 용법이 있다. 오르페우스(Orpheus)교에서는 탄생과 재생을 믿고 있었다. 인간의 혼은 태어나서는 죽게 되고 그리고 다시 재생하는 것이라고 믿어 왔다. 그리고 인생의 목적은 죽고 나고, 다시 나고 죽고 하는 끝이 없는 영원한 단조로운 삶에서 도피하는 일이었다. 그러므로 어느 경지까지 도달한 오르페우스교의 무당은 "나는 슬픔에 가득 찬 싫증나는 차바퀴에서 탈출하였다"라고 말할 수 있었다. 이런 의미에서 인생의 차바퀴는 영원토록 죽었다가 다시 살아나는 권태로운 발로 디디는 수레(단조로운 일)라고 표현할 수 있다.

야고보가 오르페우스교의 재생설을 알고 있었다고는 결코 생각되지 않는다. 기독교인이 목적도 없는 순환론적인 인생을 생각하고 있었다는 것도 전혀 있을 수 없는 일이다. 그리고 기독교인이 인생의 영고성쇠를 두려워하고 있었다는 것도 있을 수 없는 일이다. 따라서 이 구절은 **인생 전체**를 의미하고 있었던 것이라 생각된다. 그러므로 야고보가 말하는 것은, 혀는 인생 전체를 멸망시킬 파괴적인 불을 붙일 수 있으며, 혀 그 자체가 지옥의 불로 타고 있다는 것이다. 여기에 참으로 혀의 위험이 있다.

길들일 수 없는 것

야고보서 3:7-8

[7]여러 종류의 짐승과 새와 벌레와 바다의 생물은 다 사람이 길들일 수 있고
길들여 왔거니와 [8]혀는 능히 길들일 사람이 없나니 쉬지 아니하는 악이요 죽
,

이는 독이 가득한 것이라

인간에게 봉사케 하기 위해 동물을 길들인다는 생각은 때때로 유대 문학에 나오는 생각이다. 우리는 창조의 이야기 속에서 이런 생각을 볼 수 있다. 하나님은 인간에게 "바다의 물고기와 하늘의 새와 땅에 움직이는 모든 생물을 다스리라"(창 1:28)고 말씀하셨다. 사실 야고보는 아마도 이 구절을 염두에 두고 있었을 것이다.

동일한 약속이 노아에게 되풀이되었다. "땅의 모든 짐승과 공중의 모든 새와 땅에 기는 모든 것과 바다의 모든 물고기가 너희를 두려워하며 너희를 무서워하리니 이것들은 너희의 손에 붙였음이니라"(창 9:2). 《집회서(*Ecclesiasticus*)》의 저자도 같은 취지를 반복해서 말한다. "하나님은 모든 피조물 안에 인간에 대한 공포심을 불어넣었다. 그리하여 인간에게 짐승들과 새들을 지배하도록 했다"(집회서 17:4). 시편 기자도 동일한 입장에 서서 생각하였다. "주의 손으로 만드신 것을 다스리게 하시고 만물을 그 발아래 두셨으니 곧 모든 소와 들짐승이며 공중의 새와 바다의 물고기와 바닷길에 다니는 것이니이다"(시 8:6-8).

로마인들은 자기 집 뜰(atrium)에 있는 연못에 물고기를 길들여 기르고 있었다. 뱀은 아이스쿨라피우스(Aesculapius)의 문장이었다. 그의 신전에는 길들인 뱀이 기어다녔다. 그것은 신이 수육한 동물이라고 생각하고 있었다. 병에 걸린 사람들은 밤에 아이스쿨라피우스 신전 안에서 잤다. 길들인 뱀 가운데 한 마리가 수면 중인 병자 위로 기어오르면 신의 치유의 손이 닿았다고 생각하였다.

야고보가 깨달은 것처럼 인간의 재주는 모든 들짐승을 길들일 수 있으나 혀만은 길들일 수 없다. 길들인다는 것은 제어하여 유용하고 유익한 것으로 만든다는 뜻이다. 사람은 돕는 사람 없이 혼자의 노력으로는 혀를 길들일 수 없다는 것이 야고보의 주장이다.

축복과 저주

야고보서 3:9-12

9이것으로 우리가 주 아버지를 찬송하고 또 이것으로 하나님의 형상대로 지
음을 받은 사람을 저주하나니 10한 입으로 찬송과 저주가 나오는도다 내 형
제들아 이것이 마땅하지 아니하니라 11샘이 한 구멍으로 어찌 단 물과 쓴 물
을 내겠느냐 12내 형제들아 어찌 무화과나무가 감람 열매를, 포도나무가 무
화과를 맺겠느냐 이와 같이 짠 물이 단 물을 내지 못하느니라

우리는 인간의 본성에는 분열이 있다는 것을 체험으로 너무나 잘 알고 있다. 인간 속에는 유인원(類人猿)의 본성과 천사의 본성이 있으며, 영웅의 본성과 악당의 본성이 있으며, 성자의 본성과 죄인의 본성이 있다. 이러한 모순이 혀에 나타난 것 이상으로 명백하게 나타나 있는 것은 어디에도 없다고 야고보는 확신한다.

우리가 혀로 하나님을 찬미한다고 야고보는 말한다. 이것은 유대인에게 특별히 이해가 잘 되는 것이었다. 하나님의 이름이 불렸을 때 유대인은 언제나 "하나님을 찬송할지어다"라고 응답해야 한다. 경건한 유대인은 하루에 세 번씩 **쉐모네**(Shemoneh)와 **에스레**(Esreh)를 되풀이해야 한다. 이것은 찬미문(Eulogies)이라고 불리는 열여덟 개 유명한 기도이며, 각 기도의 첫머리는 "찬송하리로다. 오 하나님이여"라는 말로 시작된다. 하나님은 실로 유로게토스(eulogētos)이시다. 이 말의 뜻은 **찬송을 받으실 분**, 즉 영속적으로 찬송을 받으실 분을 의미한다.

자주 그리고 경건하게 하나님을 찬송하던 그 입과 그 혀가 동포를 저주하며 욕할 수 있는 입과 혀가 된다. 야고보에게 이것은 부자연스러운 일이 아닐 수 없었다. 그것은 단 물과 짠 물을 함께 솟게 하는 샘과 같이 부자연스러우며, 나무에 전혀 상반되는 성질의 열매를 동시에 맺는 것과 같은 부자연스러운 일이다. 이러한 일은 어딘가 부자연스러우며 잘못된 것이지만 슬프게도 이런 일은 어디에도 볼 수 있는 일이다.

베드로는 "내가 주와 함께 죽을지언정 주를 부인하지 않겠나이다"(마 26:35)라고 말할 수 있었다. 그런데 그는 곧바로 같은 혀로 예수를 부인하고 맹세하며 저주할 수도 있었다(마 26:69-75). "소자들아 서로 사랑하라"고 말한 요한은 일찍이 사마리아의 마을을 불살라 버리기 위하여 하늘에서 불을 내려 달라고 간구하기도 하였다(눅 9:51-56). 성자나 사도의 혀마저도 전혀 다른 사실을 말할 수도 있는 것이다.

존 번연(John Bunyan)은 웅변가란 "밖에서는 성자이며 가정에서는 악마"라고 했다. 많은 사람이 타인에 대해서는 완전하게 정중한 말씨로 이야기한다. 그리고 사랑과 온유에 대하여 설교까지 한다. 그러나 가정에 돌아와서 가족에게는 불친절과 성급한 분노와 초조함을 가지고 욕을 퍼붓는 것이다.

같은 사람이 일요일에는 경건하게 말하고, 월요일에는 노무자의 무리를 저주한다는 사실은 널리 알려진 사실이다. 같은 사람이 하루는 매우 경건한 소감을 말했는가 하면 다음날에는 아주 수상한 이야기를 되풀이하는 일이란 모르는 사람이 없는 사실이다. 한 여인이 종교적인 집회에서는 상냥하고 훌륭한 말을 했으나 밖에 나가서는 악의에 찬 소문으로 다른 사람의 명성을 말살해 버린다는 일도 흔히 듣는 이야기다.

야고보는 이러한 일을 해서는 안 된다고 말하였다. 스트리크닌(strychnine)이나 아편 같은 마취제가 있다. 이것들은 약이 될 수도 있고 독이 될 수도 있다. 그러나 의사에 의하여 현명하게 조제된다면 사람에게 유익을 줄 수 있다.

혀는 축복할 수도 있고 저주할 수도 있다. 혀는 상처를 줄 수도 있고 위로할 수도 있다. 혀는 가장 아름다운 말을 할 수도 있고 가장 불결한 말을 할 수도 있다. 혀가 모순된 말을 하지 않게 하고 하나님이 듣고자 하는 말만을 끊임없이 하도록 해야 한다는 것을 이해한다는 것은 인생에서 가장 어려운 책임의 하나인 동시에 가장 명백한 책임의 하나이기도 하다.

교사가 되어서는 안 되는 인간

야고보서 3:13-14

[13]너희 중에 지혜와 총명이 있는 자가 누구냐 그는 선행으로 말미암아 지혜
의 온유함으로 그 행함을 보일지니라 [14]그러나 너희 마음속에 독한 시기와
다툼이 있으면 자랑하지 말라 진리를 거슬러 거짓말하지 말라

야고보는 여기서 이 장의 처음 부분으로 되돌아간다. 그의 논증은 다음과 같다. "너희 중에 참된 지자(현인)나, 참된 교사가 되고자 원하는 사람이 있는가? 있다면 그 사람의 마음속에 통제력으로 온유함이 자리잡고 있다는 것을 모든 사람에게 증명할 수 있도록 아름답고 우아한 생활을 하게 하라. 왜냐하면, 그가 확실히 이기적이며 사적인 야심으로 움직일 경우에는 그가 요구하는 일로 인하여 그의 거만함을 알 수 있으며, 그가 하고 있는 모든 것이 스스로 가르치고자 하는 진리를 배반하고 있다는 것을 알게 된다."

이 기사에서 야고보는 두 개의 재미나는 단어를 사용하고 있다. 그가 시기란 뜻으로 사용한 단어는 **젤로스**(Zēlos)다. 헬라어의 **젤로스**는 매우 상징적인 단어다. 그것은 나쁜 말로만 한정되어 있지는 않다. 그것은 사람이 훌륭하고 아름다운 그림에 접했을 때 느끼는 고상한 긴장감을 의미할 수도 있으며 때때로 그런 뜻으로 사용되기도 한다. 그러나 고상한 긴장감과 비천한 질투나 시기 사이에는 아주 좁은 분계선이 있을 따름이다.

야고보가 **이기적인 야심**(당파심)이란 뜻으로 사용한 단어는 **에리데이아**(eritheia)다. **에리데이아**도 반드시 나쁜 의미만을 가진 단어는 아니었다. 그것은 원래 **삯주고 빌리는 방적기**란 뜻으로 여직공들이 사용하는 말이었다. 그러다가 임금을 얻기 위해 하는 일을 뜻하는 말로 되었다. 즉, 전적으로 돈을 벌기 위해 행해지는 일을 의미하는 말이 되었다. 그리고 그것이 정치의 영역에 들어와서는 다른 것은 일체 배제하고 자신을 위한 것만을 생각하는 당파심이란 의미의 말이 되었다. 그 목적을 달성하기 위해서는 음모와 책략을 꾀하여 어떠한 수단이라도

사용한다는 의미의 말이 된 것이다.

학자와 교사는 언제나 이중적인 유혹을 받게 된다.

I. "교만"이라는 유혹을 받게 된다. 교만은 랍비에게 붙어다니는 죄였다. 유대교의 위대한 교사들은 그것을 잘 알고 있었다. 선조들의 명언 가운데 "교만한 마음으로 결단을 내리는 자는 어리석은 자며 악한 자며 자만심이 가득한 자다"라는 말이 있다. 어느 현자는 다음과 같은 현명한 충고를 했다. "당신의 동료가 당신의 의견을 받아들이든가 아닌가는 동료의 결정 여하에 달렸다. 자신의 의견을 동료에게 강요한다는 것은 자신을 위한 것은 되지 못한다."

교사나 설교자처럼 항상 영적인 위기에 놓여 있는 사람도 드물다. 그들은 그들의 말이 경청되도록 습관화되었다. 그들은 그들의 말이 받아들여지는 데 습관화되었다. 그들은 사람들의 말을 듣는 것보다는 사람들에게 말하는 습관을 가졌다. 셰익스피어가 말한 대로 그들은 무의식중에 다음과 같이 말하는 경향이 있다.

"나는 선지자다.
내가 입을 열 때에는,
개가 짖지 않도록 하라."

교사나 설교자로서 겸손하게 지내기란 매우 어려운 일이다. 그러나 아무리 어렵더라도 절대적으로 필요한 일이다.

II. "혹독함"에 대한 유혹을 받게 된다. 우리는 "학자의 토론이 정열을 뿜게 한다"는 것을 쉽게 알 수 있다. **신학의 증오**(odium the ologicum)란 말은 유명하다. 토마스 브라운(Thomas Browne) 경은 학자간의 야만적 싸움에 대하여 "학자들은 평화적 인물이다. 그들은 무기를 가지고 있지 않다. 그러나 그들의 혀는 악티어스(Actius)의 면도날보다도 날카롭다. 그들의 펜은 아주 먼 곳까지 미치며 우리보다도 더 큰 소문을 퍼트린다. 나는 동정이 없는 펜의 광폭함보다는 오히려 바실

리스코포에 맞아 죽는 것을 원한다"라고 썼다.

필립 릴리(Philip Lilley)는 스튜어트(H. F. Stewart) 박사가 예수회(Jesuits) 회원들과 파스칼(Pascal)과의 논쟁의 모양을 기술한 것을 재록하고 있다. 스튜어트 박사는 이 논쟁이 스티븐슨(Stevenson)의 작품 〈유괴〉에 나오는 앨런 브렉(Alan Breck)의 격투를 상기시킨다고 말하였다. 브렉은 갑판 위에서 맹약단의 승무원들과 싸워 그들을 쳐부셨다.

"그의 손에 잡힌 검은 도망치려는 적의 가운데로 수은과 같이 번쩍거렸으며 그가 검을 휘두를 때마다 하나씩 하나씩 울부짖으며 쓰러졌다."

이 세상에서 가장 어려운 일 중의 하나는 격분하지 않고 논쟁하는 일이며 상처를 입히지 않고 논쟁하는 일이다. 다른 사람에게 괴로움을 주지 않고 동시에 자기 자신의 신념을 충분히 이해시킨다는 것은 간단한 일이 아니다. 그러나 이것이야말로 기독교의 교사나 학자가 지녀야 할 첫째 되는 필수 요건이다.

우리는 이 기사 가운데서 가르칠 때 잘못을 범하게 되는 네 가지 특징을 찾아낼 수 있다.

I. 그것은 "광신적"인 태도다. 그가 고집하고 있는 진리는 합리적인 확신에서 나온 것이 아니고 오히려 균형을 잃은 폭력에 의하여 지지를 받고 있다.

II. 그것은 "혹독한" 태도다. 그의 반대자를 설득해야 할 친구로 보기보다는 오히려 파멸시켜야 할 원수로 간주하고 있다.

III. 그것은 "이기적 야심"이다. 결국에 가서는 진리를 나타내는 데보다는 자기 자신을 나타내는 데 더 열중하며, 진리의 승리보다는 자기 자신의 승리에 더 많은 관심을 품게 된다.

IV. 그것은 "교만"이다. 그의 전체적 태도는 자신의 무지에 대한 겸손보다는 자신의 지식에 대한 자랑이다. 참된 학자는 자신이 알고 있는 것보다도, 자신이 모르고 있는 것이 더 많다는 것을 잘 인식하고 있을 것이다.

그릇된 종류의 지혜

야고보서 3:15-16

[15]이러한 지혜는 위로부터 내려온 것이 아니요 땅 위의 것이요 정욕의 것이
요 귀신의 것이니 [16]시기와 다툼이 있는 곳에는 혼란과 모든 악한 일이 있음
이라

이 지독하고 거만한 지혜는 참된 지혜와는 전적으로 다른 지혜다. 야고보는 처음에 지혜 자체의 양상을 설명하고 다음에 지혜의 결과에 대하여 기술하고 있다. 그 지혜 안에 세 가지 사실이 있다.

I. 그것은 세상적인 것이다. 그것의 표준은 세상의 표준이다. 그것의 근거는 세상적인 근거다. 세고를 세상적인 표준으로 측정한다. 그것의 목적은 이 세상적인 목적이다.

II. 그것은 자연인이 갖고 있는 특징이다. 여기서 야고보가 사용한 단어는 번역하기 힘든 단어다. 그것은 **프수케**(psuchē)라는 말에서 온 **프수키코스**(Psuchikos)라는 단어다. 고대인들은 인간을 세 부분—몸, 혼, 영으로 나누었다. 몸(쏘마, sōma)은 우리의 육체와 피와 골격으로 되었다. 혼(프수케, psuchē)은 동물도 가지고 있는 자연적인 생명이다. 그것은 동물적인 생명 이상의 것은 아니다. 영(프뉴마, pneuma)은 인간만이 가지고 있다. 그것은 인간을 동물과 구별되게 하며, 인간을 이성적인 피조물로 만들며, 인간을 하나님께 가까운 것으로 한다.

이것은 우리를 약간 혼란시킨다. 우리는 고대인들이 **영**이란 말을 사용한 것과 완전히 동일한 의미로 **혼**이란 말을 사용하는 습관이 있기 때문이다. 그런데 실제로는 **혼**이란 말은 인간에게만 특별히 있는 것이 아니라 생명을 가지고 있는 모든 동물에 공통적으로 있는 생명을 의미한다.

야고보의 말은 이 그릇된 종류의 지혜란 동물적인 지혜에 지나지 않는다는 것

이다. 그것은 동물이 먹이를 얻거나 살아남기 위하여 물어뜯으며 으르렁거리는 지혜밖에 되지 않는다. 그릇된 종류의 지혜는 인간과 동물이 공통적으로 가지고 있는 지혜이며 인간의 본질 중에서 저차원적인 부분에 속한 것이다.

III. 마지막으로 야고보는 그릇된 지혜란 악마적이라고 말한다. 그것의 근원은 하나님이 아니고 악마다. 그것은 하나님이 기뻐하실 만한 인간의 상황을 산출하는 것이 아니라 악마가 기뻐할 만한 인간의 상황을 산출한다.

그리고 야고보는 이 거만하고 지독한 지혜의 결과에 대하여 기술하고 있다. 여기서 가장 주목해야 할 일은 그것이 혼란을 야기시킨다는 것이다. 즉, 사람들을 결합시키는 대신에 분열시키며, 평화를 낳는 대신에 투쟁을 낳으며, 친교를 맺는 대신에 사적인 관계를 붕괴시킨다.

의심할 바 없이 지혜 있는 사람은 있다. 그는 예리한 두뇌에 말 잘하는 혀를 가지고 있다. 그러나 그는 위원회에서도 교회에서도 어느 단체에서도 말썽을 부리며, 사람들을 분열시키며, 투쟁을 격화시키며, 문제를 일으키며, 인간관계를 방해하는 영향을 준다. 인간이 소유하고 있는 지혜는 신적인 지혜라기보다 악마적인 지혜다. 그런 사람은 하나님의 사업에가 아니라 악마의 사업에 고용되어 있다는 것을 기억하는 일이 온당하다. 인간을 분열시키는 모든 세력은 하나님의 의지에 대항하는 세력이며 악마의 사업을 이룹게 하는 세력이라고 하여도 좋을 것이다.

참된 지혜(1)

야고보서 3:17-18

17오직 위로부터 난 지혜는 첫째 성결하고 다음에 화평하고 관용하고 양순하며 긍휼과 선한 열매가 가득하고 편견과 거짓이 없나니 18화평하게 하는 자들은 화평으로 심어 의의 열매를 거두느니라 유대인의 지혜자는 항상 참된 지혜가 위에서 내려온다는 것에 동의하고 있다. 그것은 인간이 달성한 것이 아니고 하나님의 선물이었다. 《지혜서》에는 이 지혜를 "하나님의 힘의 숨결, 전능자의 영광이 깨끗하고 완전하게 발로한 것이다"(솔로몬의 지혜 7:25)라고 했다. 같은 책에 "주의 왕좌에 있는 지혜를 나에게 주시오"(9:4)라고 기원하고 있다. 그리고 다시 "당신의 거룩한 하늘에서 그것(지혜)을 보내 주시오. 영광의 보좌에서 내려 주시오"(9:10)라고 기원하고 있다.

벤 시락(Ben Sirach)은 "모든 지혜는 주께서 내려온다. 그것은 항상 하나님의 곁에 있다"(집회서 1:1)라는 문장으로 그의 저서의 첫머리를 장식하였다. 그리고 그는 지혜에게 "나는 지극히 높은 자의 입에서 나왔다"(집회서 24:3)라고 말하게 했다. 이구동성으로 유대인의 지혜자들은 지혜는 위에서, 하나님에게서 인간에게 내려온 것이라는 데 동의하였다.

야고보는 이 지혜란 말을 서술할 때 여덟 개 단어를 사용하고 있다. 그리고 하나하나의 낱말에는 그 속에 중요한 묘사를 내포하고 있다.

1. 참된 지혜는 "성결"이다. 헬라어로는 **하그노스**(hagnos)다. **하그노스**라는 말의 어원적 뜻은 **신 앞에 나가기에 충분한 깨끗함**이다. 이 말은 최초에는 의례적인 의미밖에는 갖고 있지 않았다. 그것은 사람이 바른 의례적인 깨끗함을 충분히 행하였다는 의미에 지나지 않았다. 예를 들면, 에우리피데스(Euripides)는 그의 극시 중의 한 인물에게 "나의 손은 깨끗하다. 그러나 나의 마음은 그렇지 못하다"라고 말하게 할 수 있었다. 이 단계에서 **하그노스**(hagnos)는 의례적인 것을 보여 준 것이고 도덕적인 깨끗함을 반드시 보여 준 것은 아니다.

그러나 시대의 흐름에 따라 이 말은 혼자서 신 앞에 나아갈 수 있는 도덕적 깨끗함을 보여 주게 되었다. 에피다우루스(Epidaurus)에 있는 아이스쿨라피우스(Aesculapius)의 신전 입구에는 다음과 같은 문이 있었다. "신성한 신전에 들어가고자 하는 사람은 깨끗하지(hagnos) 않으면 안 된다. 깨끗하다는 것은 성스러운 사상을 품고 있는 마음을 가지는 것이다."

참된 지혜는 표면에 드러내기 위해서가 아닌 동기에서 깨끗해졌기 때문에 하나님을 뵙기에 충분하리만큼 깨끗해진 지혜를 말한다. 이 세상의 지혜는 하나님의 눈에서 도피하기를 원할 것이다. 그러나 참된 지혜는 하나님의 정밀한 조사를 견딜 수 있다.

II. 참된 지혜는 "에이레니코스(eirēnikos)"다. 우리는 이 단어를 **평화적인 것**이라고 번역한다. **에이레네**(eirēnē)는 평화를 의미한다. 그리고 **에이레네**가 인간에 대해 사용된 때의 기본적 의미는 **인간과 인간**, 또는 **인간과 하나님과의 올바른 관계**를 말한다. 참된 지혜는 올바른 관계를 자아내는 지혜다.

인간과 인간 사이를 갈라놓으며 동포에 대해서는 우월감을 가지고 임하는 따위의 영리하면서도 가슴을 찌르는 것 같은 말로 다른 사람에게 상처를 입히고 기뻐하는 따위의 잔인한 지혜가 있다. 또 성결과 하나님의 충성에서 사람을 꾀어내는 따위의 비열하고 악한 지혜가 있다. 그러나 참된 지혜는 언제나 인간을 서로 화목시키며 하나님께 더욱 가까이 가게 하는 지혜다.

III. 참된 지혜는 "에피에이키스(epieikēs, 관용)"다. 신약성경의 헬라어 중에서 이 단어가 가장 번역하기 어려운 낱말이다. 아리스토텔레스는 이것을 "성문법 이상의 것"이라고 정의했다. 그는 또 "정의이며, 정의 이상의 것"이라고 정의했다. 그러고는 "법률 자체가 부정하게 되었을 때 사실을 바르게 하기 위하여 간섭하는 것"이라고 정의했다.

에피에이케스한 사람이란 법률을 문구대로 엄격하게 적용하는 것이 도리어 실제에서는 잘못이 되는 경우를 알고 있는 사람이다. 그는 엄격한 정의감에서 사람을 비난할 수 있는 완전한 원리를 보유하고 있는 경우에라도 어떻게 용서해 줄 것인지를 알고 있는 사람이다. 그는 고르게 조절할 줄 하는 사람이다. 자신의 권리를 주장하지 않을 경우를 알고 있는 사람이다. 이 세상에는 규칙이나 법령보다 위대한 것이 있다는 것을 항상 기억하고 있는 사람이다.

이 내용을 영어로 번역해 내기란 불가능한 일이다. 매튜 아놀드(Matthew Arnold)는 이것을 "도리를 잘 분별하는 마음"이라고 불렀다. 그것은 자신에게 해 줄 것을 원하는 친절한 배려를 다른 사람에게 베푸는 능력이다.

참된 지혜(2)

야고보서 3:17-18(계속)

IV. 참된 지혜는 "유페이데스(eupeithēs)"다. 여기서 우리는 두 가지 의미 중에서 어느 하나를 선택하지 않으면 안 된다.

1. **유페이데스**는 **언제라도 복종할 수 있다**는 것을 의미한다. 생활에 대한 윌리엄 로(William Law)의 제일 법칙은 "하나님의 뜻을 행함으로 영원한 행복을 얻기 위해서는 나는 나의 손에 오직 한 가지 일만을 가진다는 것을 마음속 깊이 간직하는 것"이라고 했다. 이런 뜻에서 이 말을 이해한다면 참된 지혜자란 하나님의 음성이 자신에게 주어질 때에는 언제나 하나님께 복종할 각오가 섰으며 그것을 기쁜 마음으로 행한다는 것을 의미한다.

2. **유페이데스**는 변하기 쉽다거나 약하다는 의미가 아니며 그렇다고 고집불통이라는 의미도 아니다. 이성의 호소에 기쁜 마음으로 경청하는 것 또는 **설득하기 쉬운 것**을 의미한다. 이 말이 **에피케이스**(epieikēs)라는 말 다음에 있는 경우에는 아마도 두 번째의 의미를 가지고 있다고 생각된다. 참된 지혜는 준엄하거나 엄격하거나 모든 호소를 외면하는 것이 아니다. 그것은 기쁘게 듣고 기쁘게 설득당하며 슬기롭게 응할 경우를 잘 알고 있다는 것을 의미한다.

V. 다음으로 두 단어를 함께 취급한다. 참된 지혜는 넘치는 **긍휼**과 **선한 열매**다. **엘레오스**(eleos, 긍휼)는 기독교 사상에 전적으로 새로운 의미를 부여한 말이다. 기독교인들은 **엘레오스**를 **부당하게 고통을 받고 있는 사람에 대한 동정**이라고 정의하였다. 그러나 기독교의 **엘레오스**는 그 이상의 의미를 지니고 있다.

1. 기독교 사상에서 **엘레오스**는 비록 그 고통이 그 사람의 과실에 의한 것이라 하더라도, 그 고통을 받고 있는 사람에 대한 연민을 의미하고 있다. 기독교인의 동정은 하나님의 동정을 반영한다. 그리고 하나님의 동정은 인간이 부당하게 고통을 받고 있을 때만이 아니라 자기 자신의 죄악이나 과실에 의하여 고통을 받

을 때 인간에게 베푸는 동정이다.

우리는 어떤 사람이 고통을 받고 있을 때 "그것은 그 사람 자신의 과실이 원인이다. 뿌린 씨는 거두지 않으면 안 된다"라고 말하기 쉬우며 따라서 그 사람에 대한 책임은 없다고 생각하기 쉽다. 그러나 기독교의 긍휼은 비록 그 사람 자신이 괴로움을 끌어들였다 하더라도 고통 중에 빠져 있는 사람에게 연민을 베풀어 주는 것을 말한다.

2. 기독교 사상에서 **엘레오스**는 선한 열매를 맺는 긍휼을 의미한다. 즉, 실제적인 도움을 나타내는 긍휼이다. 기독교의 동정은 단순한 감정이 아니다. 기독교의 동정은 행동이다. 기독교의 동정은 단순히 어떤 사람을 불쌍하다고 느낄 뿐 아니라 불쌍히 여김과 동정을 행동에 옮기는 것이다. 그 사람을 돕지 않고서는 진정으로 그 사람을 동정한다고는 할 수 없다.

VI. 참된 지혜는 "아디아크리토스(adiakritos)", 즉 "편벽이 없는 것"이다. 이것은 참된 지혜가 흔들리거나 주저하거나 동요하지 않는다는 것을 의미한다. 그것은 자기 자신의 마음을 알고, 방향을 선택하고, 그것을 지키는 것을 의미한다. 변하지 않는 어떤 확신을 가지고 있음을 의미한다.

무슨 일에든지 결단을 내리지 않는 것이 영리하다고 생각하는 사람들이 있다. 그들은 넓은 마음에 대하여 말한다. 그들은 판단을 중지하는 데 대하여 말한다. 그러나 기독교의 지혜는 예수 그리스도를 통하여 하나님이 우리에게 주신 기독교적 확신 위에 기초를 두고 있다.

VII. 참된 지혜는 "아누포크리토스(anupokritos)", 즉 "거짓이 없는 것"이다. 기독교의 지혜는 포즈를 취하거나 연기를 하는 것은 결코 아니다. 자신의 목적 달성을 위하여 속임수를 쓸 수는 없다. 위장을 해 진정한 목적이나 동기를 숨기는 지혜는 아니다. 기독교의 지혜는 정직한 것이다. 진실을 속이거나 꾸미지는 않는다. 자기 자신의 목적 달성을 위하여 연기를 하는 일은 결단코 없다.

최후로 야고보는 모든 기독교 교회와 모든 기독교 단체와 모든 기독교 성도들이 기억하고 마음에 명기하지 않으면 안 될 것을 말하고 있다. KJV에는 헬라어가 정확하게 글자의 의미대로 번역되어 있다. "의의 열매는 평화를 만들어 내는 사람들에 의하여 평화 속에서 심게 된다." 이것은 고도로 압축된 문장이다. 한 가지 사실을 기억하는 것으로 시작하자.

평화(에이레네, eirēnē)는 인간과 인간과의 사이에 올바른 관계를 맺는 것을 뜻한다. 그것은 동지들 서로가 끊임없는 우정과 친교를 가지고 있는 인간의 상태를 의미한다. 그러므로 야고보는 다음과 같이 말하고 있다.

"우리는 선량한 인생이 가져다주는 열매와 보수와 성과를 거둬들이도록 하자. 그러나 풍부한 수확을 거둘 수 있는 열매는 인간과 인간과의 사이에 이루어진 바른 관계라는 영역 이외의 다른 어떤 영역에서는 결단코 맺어질 수 없는 열매다. 올바른 관계는 의의 보수만이 자랄 수 있는 옥토가 된다. 이러한 씨를 뿌리고 그 보수를 거둬들이는 사람들만이 그의 생애의 사업에서 올바른 관계를 산출해 온 사람들이다."

결국 서로가 불화하는 분위기 속에서는 좋은 것을 자라게 할 수는 없다. 단체이거나, 교회이거나, 어떤 집단이거나, 괴로움과 투쟁이 있는 곳에서는 의의 씨가 결코 성장하지 않으며 아무런 보수도 나오지 않는 불모지이며 빈약한 토양이다. 인격적인 관계를 방해한 사람이나, 투쟁과 괴로움을 벗는 데 책임이 있는 사람은 하나님의 생명으로 사는 사람들에게 하나님이 주시는 보수를 스스로 거절해 버린 사람이다.

인간과 인간과의 바른 관계가 없이는 의는 존재할 수 없다. 그리고 의에 반항하는 인간의 노력은 모두 헛것이며 보수도 없다.

The Letters of James 04

인간의 쾌락이냐, 하나님의 뜻이냐

야고보서 4:1-3

[1]**너희 중에 싸움이 어디로부터 다툼이 어디로부터 나느냐 너희 지체 중에서**
싸우는 정욕으로부터 나는 것이 아니냐 [2]**너희는 욕심을 내어도 얻지 못하여**
살인하며 시기하여도 능히 취하지 못하므로 다투고 싸우는도다 너희가 얻지
못함은 구하지 아니하기 때문이요 [3]**구하여도 받지 못함은 정욕으로 쓰려고**
잘못 구하기 때문이라

야고보는 여기서 독자 앞에 기본적인 질문을 던져 주고 있다. 인생의 목표는 하나님의 뜻에 순종하는 것인가? 그렇지 않으면, 이 세상의 쾌락을 위하여 자기 자신의 욕망을 만족시키는 것인가? 그는 쾌락을 인생의 방침으로 삼는다면 투쟁과 미움과 분열 이외의 다른 것을 산출하기란 불가능하다고 경고한다.

과도로 쾌락을 추구한 결과는 **폴레모이**(polemoi)와 **마카이**(machai)라고 야고보는 말한다. **폴레모이**는 전쟁이며 **마카이**는 투쟁이다. 그리고 과도의 쾌락 추구와 열병적(熱病的)인 욕구는 전쟁과 같은 장시간에 걸친 원한을 산출하며 투쟁과 같은 증오의 돌발적인 폭발이나 충돌을 산출한다고 말한다. 고대의 도덕가들은 전적으로 야고보에게 동의했을 것이다.

인간 사회를 들여다보면 우리는 때때로 경쟁적인 증오와 전투적인 싸움으로 소란한 집단을 본다. 필론(Philo)은 "평화시에라도 인간 상호간에 행해지는 계속적인 전쟁을 생각해 보라. 그것은 민족간에, 국가간에, 그리고 도시간에만 있는 것이 아니라, 사적인 가정간에도 있으며, 다시 더 말한다면 모든 개인간에도 현존한다. 인생의 사건들이 맹렬하게 내습했기 때문에 흥분되어 있는 사람들의 혼속에 깃들어 있는 형용할 수 없이 사나운 폭풍우를 고찰해 보라. 너희는 이러한 폭풍우 속에서 평온을 즐길 수 있을 것인가, 그리고 이렇게 소용돌이치는 바다의 물결 한가운데서 누가 평정을 유지할 수 있을 것인가"라고 썼다.

이 쉬지 않는 지독한 항쟁의 근원은 욕망 그것밖에는 없다. 필론(Philo)은 욕망이 탐욕을 금하는 것으로 십계명은 최고 정점에 도달한다. 욕망은 혼이 갖고 있는 모든 정열 가운데서 최악의 것이 되기 때문이다고 지적하였다. "인간관계를 파괴하고 자연적인 선의를 절망적인 적의로 바꾸어 놓는 것은 정욕 때문이 아닌가? 저 위대하고 인구가 많은 나라들이 내란으로 인하여 황폐되어 있지 않은가? 육지와 바다는 해전과 육전에 의하여 새로운 재난으로 언제든지 꽉 차 있지 않은가? 비극 중에서도 악명 높은 전쟁은… 하나의 근원에서 흘러나왔기 때문이다—그것은 욕망이다. 그 욕망이 돈 때문인지 또는 명예 때문인지 아니면 쾌락 때문인지는 몰라도, 이러한 일들이 뒤덮여져서 인생의 경주는 발광으로 달리고 있다."

루키아노스(Lucian)는 "인간에게 닥쳐오는 모든 악—혁명과 전쟁, 모략과 대학살—은 욕망에서 솟아난다. 이 모든 것은 생의 원천보다도 더 맹렬한 욕망을 지니고 있다"고 했다. 플라톤은 "전쟁과 혁명과 투쟁의 유일한 원인은 육체이며 그 욕망 이외 아무것도 아니다"라고 했다. 키케로는 "개인뿐 아니라 가족 전체를 망쳐 버리는 것은 만족을 모르는 욕망이며 그것은 국가마저도 파멸시킨다. 욕망에서 증오와 분열과 알력과 소란과 전쟁이 일어난다"고 했다. 욕망은 인생을 파멸시키며 인간을 분열시키는 모든 악의 뿌리가 된다.

신약성경은 이 세상의 쾌락에 대한 이와 같은 지나친 욕망은 항상 영적인 생활에 결정적 위험을 가져다준다는 것을 명백히 하고 있다. 좋은 씨를 질식시키는 것은 이 세상의 생활에 대한 염려와 재물과 향락이다(눅 8:14). 사람은 정욕과 행락의 종이 될 수 있다. 그렇게 되면 악독과 투기를 일삼은 가증스러운 자가 된다(딛 3:3).

인생의 최종적인 선택은 자기 자신을 기쁘게 할 것인가, 아니면 하나님을 기쁘시게 할 것인가의 둘 중 하나다. 인간이 자기 자신을 기쁘게 하는 것을 첫째 목적으로 삼는 세계는 야만적이며 분열된 전장에 불과한 세계다.

쾌락이 지배적인 생활의 결과

야고보서 4:1-3(계속)

쾌락이 지배적인 생활은 불가피한 결과를 초래한다.

1. 쾌락은 인간을 함께 넘어뜨린다. 야고보가 알고 있는 대로 욕망이란 그 특성으로 보아 원래 싸우는 힘이다. 야고보는 욕망이 한 인간 내부에서 싸우는 것을 의미한다는 것을 말하려고 한 것이 아니라—그것도 사실이기는 하지만—욕망이 인간 상호간에 싸움을 붙인다는 것을 말하려고 했다. 기본적인 욕망은 모두 같은 사물, 즉 돈, 권력, 명성, 이 세상의 재난, 육체적 욕망의 충족 등을 구하는 것이다. 모든 인간이 각각 같은 사물을 획득하려고 다툴 때 인생은 불가피하게 경쟁 사회가 된다. 사람들은 한 가지 것을 강하게 움켜잡기 위하여 서로서로 짓밟는다. 사람들은 애타게 소유하고 싶은 것을 위해서는—그것이 물질이거나 사람이거나를 막론하고—경쟁 상대를 말살해 버리는 일 같은 것을 능히 할 수 있을 것이다.

하나님의 뜻에 대한 복종은 인간을 통합한다. 인간은 서로 사랑하고 봉사해야 한다는 것이 하나님의 뜻이기 때문이다. 쾌락을 갈망하는 데 굴복하면 인간은 분열된다. 쾌락은 인간을 한 가지 것을 획득하기 위한 살인적인 대립과 경쟁과 투쟁 속에 몰아넣기 때문이다. 하나님의 뜻에 순종하는 것은 근본적으로 자기

부인이며 쾌락의 뜻에 복종하는 것은 근본적으로 자기 본위다.

II. 쾌락을 갈망하는 것은 인간을 부끄러운 행위로 몰고 가며 시기와 질투와 적의를 품게 한다. 그리고 다시 살인까지도 범하게 한다. 사람은 어떤 행위를 실행에 옮기기 이전에 마음에 어떤 충동적인 감정을 보유하고 있을 것이다. 그리고 사람들은 쾌락에 대한 욕망이 일으키는 자극적인 일에서 자신을 억제할 수는 있을 것이다. 그러나 그의 마음에 쾌락에 대한 욕망이 깃들어 있는 한 그는 결단코 안전하다고는 말할 수 없다. 그 욕망은 언제 파괴적인 행동을 폭발시킬지 모른다.

그 과정은 매우 간단하며 극히 무서운 것이다. 사람은 무엇인가 갈망하게 된다. 그 욕구는 그의 생각을 지배하기 시작한다. 그는 깨어 있을 때에는 무의식적으로 그것을 생각하게 되고, 자고 있을 때에는 그것을 꿈꾸고 있다는 것을 깨닫게 된다. 그것은 **지배적 감정**(행위의 동기가 되는 감정)이 되기 시작한다. 다음에 그는 그것을 손에 넣기 위하여 상상력을 동원하여 계획과 설계를 짜기 시작한다. 이 계획과 설계 안에는 그것을 반대하는 자를 제거해 버릴 상상적인 방법도 포함되어 있다. 이러한 계획은 모두 사람의 마음과 생각과 가슴 속에서 충분히 성숙해 간다. 그리고 어느 날 이 상상력이 행동으로 불타게 된다. 사람은 자신이 원하는 것을 수중에 넣기 위하여 무서운 과정을 밟고 있다는 것을 깨닫게 된다.

이 세상의 범죄는 모두 욕망에서 생긴다. 욕망은 처음에는 마음속에 있는 감정에 지나지 않던 것이, 오래도록 충분히 양육을 받은 다음에는 결국에 가서 행동으로 옮겨지게 된다.

III. 쾌락에 대한 욕망은 기도의 문을 닫게 한다. 기도가 단순히 자신의 욕망을 만족시키기 위해서만 행해진다면 그 기도는 근본으로 이기적인 것이 된다. 따라서 하나님이 그 기도에 응답하시기란 불가능하다. 그 기도에 응답해 주신다는 것은 사람에게 죄를 범하는 길을 열어 주는 결과밖에 되지 않기 때문이다.

기도의 진정한 목적은 "당신의 뜻대로 하시옵소서"라고 하나님께 아뢰는 것이다. 쾌락이 지배적인 것이 된 사람의 기도는 "나의 욕망이 충족되기를 원하나이다"이다. 기도할 때 욕망을 채우기 위한 도움을 구한다고 하면 그 사람은 하나님이 응답할 수 없는 기도를 하나님께 드리는 것이 된다. 이기적인 인간이 올바른 기도를 드린다는 것이 거의 불가능하다는 것은 인생에서 엄연한 사실이다. 인생의 중심에서 자기 자신을 옮겨 버리고 인생의 중심에 하나님을 모시기 전까지는 결단코 올바른 기도를 드릴 수는 없다.

이 세상의 삶에서 우리는 사적인 욕망이 아니면 하나님의 뜻 중 어느 것 하나를 자신의 주요한 목표로 선택하지 않으면 안 된다. 그리고 우리가 사적인 욕망을 자신의 주요한 목표로 선택하게 된다면 그것으로 우리는 자기 자신을 목표와 하나님에게서 분리시키게 된다.

하나님에 대한 배신

야고보서 4:4-8상

[4]간음한 여인들아 세상과 벗된 것이 하나님과 원수 됨을 알지 못하느냐 그런
즉 누구든지 세상과 벗이 되고자 하는 자는 스스로 하나님과 원수 되는 것이
니라 [5]너희는 하나님이 우리 속에 거하게 하신 성령이 시기하기까지 사모한
다 하신 말씀을 헛된 줄로 생각하느냐 [6]그러나 더욱 큰 은혜를 주시나니 그
러므로 일렀으되 하나님이 교만한 자를 물리치시고 겸손한 자에게 은혜를
주신다 하였느니라 [7]그런즉 너희는 하나님께 복종할지어다 마귀를 대적하라
그리하면 너희를 피하리라 [8]하나님을 가까이 하라 그리하면 너희를 가까이
하시리라

KJV에는 이 기사를 실제보다 더욱 어렵게 번역하고 있다. KJV에는 이 경고가 **간부**(姦夫)와 **간부**(姦婦)에게 행해졌다. 원전에는 이 단어가 여성형으로만 나타나 있다. 즉, 남성형인 **간부**(姦夫)는 거기에 삽입해서는 안 된다. 더 나아가서 이 말은 문자적인 의미에서 이해하고자 한 것이 아니다. 여기서의 언급은 육체적인 간음에 대한 것이 아니고 영적인 간음에 대한 것이다. 전체의 개념은 이스라엘

의 남편으로서 야훼(Jahweh)와 하나님의 신부로서 이스라엘이라는 구약성경의 관념에 기초를 두고 있다.

이와 같은 묘사는 구약성경에서는 일반적인 것이다. "너를 지으신 이가 네 남편이시라 그 이름은 만군의 여호와이시며…"(사 54:5). "이스라엘 족속아 마치 아내가 그의 남편을 속이고 떠나감같이 너희가 확실히 나를 속였느니라 여호와의 말씀이니라"(렘 3:20). 남편으로서 야훼와 아내로서 이스라엘 민족이라는 관념은 구약성경에서 육체적인 간음이라는 말을 사용하여 영적인 배신을 표현해 주고 있다. 이방의 신들과 계약을 맺으며 그 신들에게 희생을 바치며 이방인들과 혼인을 하는 것은 이방의 신들을 사모하여 간음을 행하는 것이다(출 34:15-16). "백성은 그 땅으로 들어가 음란히 그 땅의 이방 신들을 따르며 일어날"(신 31:16) 날이 장차 올 것이라는 것은 모세에게 내린 하나님의 경고다. 하나님은 음녀같이 하나님을 멀리 떠난 자들을 멸망시키신다(시 73:27)는 것이 시편 기자의 경고다. 백성이 음행하여 하나님을 떠난다는 것이 호세아의 불평이었다(호 9:1).

신약성경에서 "악하고 **음란**한 세대"라고 말한 것은 이와 같은 의미에서 한 것이다(마 12:39, 16:4; 막 8:38). 그리고 이 전체의 묘사가 기독교 사상에 들어와서는 그리스도의 신부로서 교회라는 개념이 되었다(고후 11:1-2; 엡 5:24-28; 계 19:7, 21:9).

이러한 표현 형식은 섬세한 현대인의 귀에는 불쾌감을 줄 것이다. 그러나 하나님의 신부로서 이스라엘과, 이스라엘의 남편으로서 하나님이란 묘사에는 매우 귀중한 진리가 내포되어 있다. 그것은 하나님께 불순종한다는 것이 결혼의 맹세를 깨뜨리는 것과 같다는 의미가 된다. 또한 모든 죄는 사랑을 배신하는 것이라는 뜻이 된다. 즉, 우리와 하나님과의 관계는 왕과 신하 또는 주인과 노예 같은 소원(疎遠)한 관계가 아니라 남편과 아내 같은 친밀한 관계를 의미한다.

죄는 사랑에 대한 배신이며, 우리가 죄를 범했을 때에는 결혼한 사람이 배우자를 냉담하게 계획적으로 버릴 때 그 상대방의 마음을 아프게 하는 것처럼 하나님의 마음을 아프게 한다는 의미가 있다.

세상에 대한 우정과 하나님에 대한 적의

야고보서 4:4-8상(계속)

이 기사에서 야고보는 이 세상에 대한 사랑은 하나님에 대한 적의이며 따라서 이 세상의 친구는 하나님의 적이라고 말한다. 야고보가 말하는 것을 이해한다는 것은 중요한 일이다.

I. 이 말은 이 세상을 향한 증오와 경멸을 뜻하는 것이 아니다. 자연계에 존재하는 모든 것을 더럽게 보거나 지상을 음산한 사막과 같이 간주하는 관점에서 말하는 것은 아니다.

친구와 함께 교외를 산책하던 청교도의 이야기가 있다. 친구가 길가에 있는 매우 사랑스러운 꽃을 보고 "얼마나 사랑스러운 꽃인가!" 라고 말한 데 대하여 그 청교도는 "나는 타락한 죄 많은 세상에는 사랑스러운 것이라곤 하나도 없다는 것을 배웠다" 고 대답하였다. 이러한 것이 야고보의 견해는 아니다. 야고보는 이 세계가 하나님의 피조물이라는 것에 동의하고 있었다. 그리고 예수와 같이 야고보도 세계에 있는 아름다움과 사랑스러움을 기뻐했을 것이다. 이 기사는 모든 피조물에 대한 경멸적인 고소장으로 읽어서는 안 된다.

II. 신약성경에서 우리는 흔히 "코스모스(Kosmos)"라는 말을 "하나님에게서 떠나 있는 세상"이라는 의미로 보았다. 즉, 불경건한 세상, 하나님을 무시하는 세상, 하나님의 표준을 경멸하는 세상, 자신의 방법으로 하고자 하는 세상, 하나님의 방법을 거부하는 세상 등으로 사용하고 있다는 것은 이미 보아온 바와 같다. 야고보가 말하는 뜻을 예증하기에 알맞은 신약성경의 기사가 두 군데 있다. 바울은 "육신의 생각은 하나님과 원수가 되나니… 육신에 있는 자들은 하나님을 기쁘시게 할 수 없느니라" (롬 8:7-8)고 쓰고 있다. 바울이 말하려는 것은 순전히 인간적인 표준에 의하여 모든 것을 평가하려고 고집하는 사람들과 그들의 관심이 순전히 인간적인 흥미뿐인 사람들은 필연적으로 하나님과 불화한다는 의미다.

두 번째 기사는 문학 중에서 기독교 생활에 대하여 가장 통렬하고 비극적인 비문의 하나라고 할 수 있다. "데마는 이 세상을 사랑하여 나를 버리다"(딤후 4:10). 여기에 나타난 이념은 세상적이라는 것이다. 세상적인 사람은 경건할 수는 없다. 사람의 생애를 물질적인 사물에 바쳤다면 그 사람은 절대로 자신의 생애를 하나님께 드릴 수는 없다. 그런 의미에서 이 세상에 그의 생애를 바친 사람은 하나님과 원수가 된다.

III. 이 문장의 최선의 주해는 예수의 말씀이다. "한 사람이 두 주인을 섬기지 못할 것이니"(마 6:24).

이 세상의 사물과 시간에 대한 일에 대하여 두 가지 태도가 있다. 이 세상의 사물에 몸을 바치고 그 가운데 빠져서 지배를 받게 된다면 이 세상은 우리의 주인이 된다. 그러나 이 세상의 사물을 동포에게 봉사하기 위하여 사용하고, 자기 자신의 영원을 위하여 준비한다면 이 세상은 우리의 주인이 아니라 우리의 노예가 된다. 사람은 이 세상을 이용하든가 이 세상에 이용당하든가 둘 중 어느 하나가 될 것이다. 이 세상을 자신의 노예로 삼든가 이 세상을 자신의 폭군으로 받아들이든가다.

이 세상을 하나님께 봉사하는 것과 인간에게 봉사하는 것에 사용한다면 사실 하나님과 벗이 된다. 그렇게 하는 것이 하나님께서 생각하셨던 이 세상의 진정한 모습이기 때문이다. 이 세상을 인생의 사령관, 독재자로서 사용한다면 하나님과 원수가 되는 일이다. 그것이야말로 하나님께서 이 세상의 참모습이 아니라고 생각하셨던 바이기 때문이다.

하나님은 질투심 많은 연인

야고보서 4:4-8상(계속)

5절은 굉장히 어려운 구절이다. 먼저 성경을 인용하면서 시작한다. 그러나 사실은 인용한 부분이라고 생각되는 대목은 성경 안에는 없다. 그래서 이것은 야고보가 성경이라고 인정한 것으로 현재는 없어져 버린 어느 책에서 인용하였든지, 구약성경 전체에 흐르고 있는 영원한 의미를 그가 하나의 문장으로 축소시켜 특정한 부분을 인용한 것이든지 어느 한쪽이 될 것이라 추측된다.

더욱이 KJV는 어렵다. "우리 속에 거하는 영은 시기하기 위하여 갈망한다"는 이런 문장은 인간의 영에 대한 비난이라고 생각할 수 있다. 그러나 이렇게 번역하는 것은 거의 불가능한 일이다. 결국은 같은 의미가 되지만 두 가지로 번역하는 방법이 있다. "그(하나님)는 우리 속에 거하게 하신 영의 헌신을 시기하기까지 우리 마음의 완전한 헌신을 사모한다"이다. 어떤 경우에라도 하나님은 연적에 대하여 참지 못하는 질투심이 많은 연인이며 인간의 마음속에 다른 어떤 사랑이라도 깃들기를 허락하지 않는 연인이다.

구약성경에서는 하나님께 **질투심 많은**이라는 말을 적용하는 것을 결코 두려워하지 않았다. 모세는 백성에게 하나님께 관한 일을 말할 때 "그들이 다른 신으로 그의 질투를 일으키며"(신 32:16)라고 했다. 모세는 하나님이 "그들이 하나님이 아닌 것으로 내 질투를 일으키며"(신 32:21)라고 하는 말을 들었다. 예배에 대한 그의 유일하고 바른 주장 가운데서 십계명의 하나님은 "나 네 하나님 여호와는 질투하는 하나님"(출 20:5)이라고 말씀하셨다. "너는 다른 신에게 절하지 말라 여호와는 질투라 이름하는 질투의 하나님임이니라"(출 34:14). 스가랴는 하나님이 "만군의 여호와가 이같이 말하노라 내가 시온을 위하여 크게 질투하며 그를 위하여 크게 분노함으로 질투하노라"(슥 8:2)고 말씀하시는 것을 들었다.

질투는 헬라어의 **젤로스**(Zēlos)라는 말에서 나왔으며 **젤로스**는 그 속에 뜨겁게 불타고 있는 열이라는 개념을 가지고 있다. 이것은 하나님이 인간을 그와 같은 열정으로, 즉 인간의 마음속에 다른 어떤 사랑이 깃드는 것을 참을 수 없을 정도의 열정을 가지고 사랑하고 있다는 것을 보여 준다.

질투심 많은이라는 말은 오늘날 하나님과 결부시키기에는 곤란을 느끼는 말이다. 이 말이 저급한 의미를 가지고 있는 것은 명백한 사실이지만 그 배후에는 하나님이 인간 혼의 연인이 된다는 위대하며, 귀중하며, 놀라운 진리가 내포되어 있기 때문이다.

사랑은 모든 인간 가운데 산포되며, 모든 하나님의 자녀 위에 미치지 않으면 안 된다는 관념이 있는 한편, 사랑은 한 사람에게 배타적인 헌신을 하며 그런 헌신을 요구하는 관념이 있는 것이다. 같은 시간에는 한 사람밖에는 사랑할 수 없다는 것은 심원한 진리다. 그렇지 않다고 생각하는 사람이 있다면 그는 사랑의 참된 의미를 모르는 사람이다.

야고보가 말하고 있는 뜻은 하나님은 인간의 마음속에 경쟁 상대가 존재하는 것을 참지 못하는 질투심 많은 연인으로 우리에게서 이 세상의 모든 집착을 버린 참된 사랑을 받기 원하신다는 뜻이다.

겸손의 영광과 교만의 비극

야고보서 4:4-8상(계속)

야고보는 이 질투심 많은 연인으로서 하나님의 묘사에 대한 거의 피할 수 없는 반발에 대답하기 위하여 전진한다. 하나님이 그런 분이라면 인간은 어떻게 하나님이 요구하시는 헌신을 할 수 있을 것인가? 야고보의 대답은 하나님이 위대한 요구를 하신다면 하나님은 그것을 성취하기 위한 위대한 은혜를 우리에게 주시며 그 요구가 위대하면 할수록 하나님이 주시는 은혜도 위대하다는 것이다. 오직 하나님의 은혜만이 우리를 하나님의 사랑에 응답하게 할 수 있게 한다.

그러나 이 은혜는 일정한 특징이 있다. 사람이 은혜의 필요를 인식하기까지는 그리고 겸손하게 도움을 청하기 위하여 하나님 앞에 나아오기까지는 은혜를 받을 수는 없다. 그러므로 하나님이 교만한 자를 물리치시고 겸손한 자에게 은혜를 아낌없이 주신다는 진리는 불변의 사실로 존재하게 될 것이다. "하나님은 교만한 자를 물리치시고 겸손한 자에게 은혜를 주신다." 이것은 잠언 3장 34절의 인용이다. 이 문장은 베드로전서 5장 5절에도 인용되었다.

그러면 이 **교만**이란 어떤 것인가? **교만**이란 말은 **휴페레파노스**(huperèphanos)다. 이 글자의 뜻은 **다른 사람들 위에 자신을 올려놓는 사람**을 말한다. 그리스 사람마저도 이 교만을 싫어하였다. 테오파라투스(Theophrastus)는 이것을 "모든 사람에 대한 절대적인 경멸"이라고 서술하였다. 기독교인 저술가 테오플액트(Theophlact)는 이것을 "모든 악의 본거지이며 극치"라고 불렀다.

이 교만의 현실적인 위협은 그것이 마음에 속한 것이라는 데 있다. 그것은 확실히 **오만 불손**을 뜻한다. 모든 동료에 대한 광범한 경멸이 그 사람의 마음속에 있는 동안에는 그것으로 인하여 괴로움을 받는 사람들은 풀이 죽어서 비굴하게 생활하게 된다.

이 교만은 세 가지 이유 때문에 그 사람 자신을 하나님에게서 막아 버린다.

I. "교만은 자신의 부족을 모른다." 교만은 자신을 매우 찬양하기 때문에 충당해야 할 자기 부족을 인식하지 못하면서도 의기양양하게 자기 만족의 길을 걷는다.

II. "교만은 스스로의 독립을 고집한다." 누구의 은혜도 입고자 하지 않는다. 하나님의 은혜까지도 거부한다. 인간이거나 하나님이거나 그 어느 것에도 의지하려고 하지 않는다.

III. "교만은 자신의 죄를 인정하지 않는다." 자기 자신이 옳다는 생각으로 점령되어 있기 때문에 자신은 죄 가운데 있으며 그곳에서 구원 받지 않으면 안 된다는 것을 결단코 인정하지 않는다.

이와 같은 교만은 도움을 받아들일 수는 없다. 도움이 필요하다는 것을 알지 못하며 따라서 구하는 일이 없기 때문이다. 교만은 자신을 사랑할 뿐 하나님을 사랑하지 않는다.

그러나 야고보가 역설하고 있는 겸손은 비굴한 행동이 아니다. 여기에 두 가지 커다란 특징이 있다.

I. 겸손은 인간이 악마에게 단호한 태도를 취한다면 악마도 결국에는 비겁한 자에 지나지 않다는 것을 안다. "마귀는 기독교인과 씨름할 수는 있으나 기독교인을

넘어뜨릴 수는 없다"라고 허마스(Hermas)는 말하였다. 이것은 기독교인이 기뻐하는 진리다. 베드로도 같은 말을 하고 있기 때문이다(벧전 5:8-9).

이것에 대한 위대한 실례와 교훈은 예수 자신이 시험 받은 사실이 바로 그것이다. 그 가운데서 예수께서는 마귀가 상처를 받는다는 것을 보여 주셨다. 마귀는 정복할 수 없는 것이 아니다. 마귀는 하나님의 말씀에 직면하게 되면 예수가 하나님의 말씀으로 마귀와 대결하였을 때처럼 결국은 도망쳐 버리고 말 뿐이다. 기독교인은 겸손을 가지고 있다. 그것은 유혹자와의 싸움을 자기 자신의 능력으로가 아니라 하나님의 능력에 의하여 싸울 수 있다는 것을 알고 있는 겸손이다.

II. 겸손은 최고의 특권, 즉 하나님께 가까이 갈 수 있다는 특권을 가지고 있음을 안다. 기독교인은 자신이 하나님께 가까이 갈 수 있다는 것을 알고 있으며 하나님이 언제나 자신에게 가까이 오실 수 있다는 것도 알고 있다. 이것은 굉장한 사건이다. 하나님께 가까이 갈 수 있는 권리는 고대의 질서에서는 제사장에게만 부여된 권리였기 때문이다. 제사장들만이 하나님께 가까이 갈 수 있는 사람들이었다(출 19:22). 제사장의 직무는 죄에 더럽혀진 사람들을 위해 하나님께 가까이 가는 일이다(겔 44:13).

그러나 예수 그리스도의 공로로 누구든지 하나님의 보좌 앞에 나아갈 수 있으며 필요할 때에는 도와주시는 긍휼과 은혜를 얻을 수 있게 되었다(히 4:16). 대제사장만이 지성소에 들어갈 수 있는 시대가 있었다. 그러나 우리는 지금 새로운 영생의 길을 얻었으며 하나님께 가까이 갈 수 있다는 보다 나은 희망을 가지고 있다(히 7:19).

확실히 기독교인은 겸손을 가지고 있어야 한다. 그러나 그것은 불굴의 용기를 주는 겸손이며, 두려워하며 떠는 성도들에게 하나님의 길이 열려 있다는 것을 겸손하게 알고 있는 겸손이다.

경건한 성결

야고보서 4:8하-10

8죄인들아 손을 깨끗이 하라 두 마음을 품은 자들아 마음을 성결하게 하라
9슬퍼하며 애통하며 울지어다 너희 웃음을 애통으로, 너희 즐거움을 근심
으로 바꿀지어다 10주 앞에서 낮추라 그리하면 주께서 너희를 높이시리라

야고보의 사상에서 기독교의 윤리적 요구는 결코 소멸하지 않는다. 그는 은혜에 대하여 말하였다. 그 은혜는 하나님이 겸손한 자에게 주신 것이며, 하나님이 사람에게 하나님의 위대한 요구를 감당할 수 있도록 부여해 주신 것이다. 그러나 야고보는 간구하거나 수동적으로 받아들이거나 하는 것 이상에 필요한 무엇이 있다는 것을 확실히 말해 준다. 그는 도덕적인 노력이 무엇보다 필요하다는 것을 확신하고 있다.

그는 **죄인들**에게 호소하였다. 그 단어는 **하마르톨로스**(hamartōlos)이며 완고한 죄인, 악인, 죄를 범하기 쉽고, 죄가 명백해졌고 죄인으로 악명 높은 사람을 의미한다. 쉬다스(Suidas)는 **하마르톨로이**(hamartōloi)란 말을 "법률에 불복종하는 집단 속에서 살기를 선택하는 무리, 타락한 생활을 사랑하는 무리"라고 정의하였다. 이 개혁은 외적인 행위와 내적인 욕망을 내포하게 될 것이다. 그는 깨끗한 손과 청결한 마음, 양자를 요구하고 있다(시 24:4).

손을 깨끗이 하라는 구절은 재미있는 말이다. 이것은 원래 의례적인 깨끗함 이상의 뜻을 보여 주지는 않았다. 즉, 하나님께 예배하기 위하여 의례적으로 깨끗하게 물로 씻는 예배적이며 외견적인 깨끗함을 말한다. 제사장은 성전 봉사에 들어가기 전에 목욕을 해야 했다(출 30:19-21; 레 16:4). 정통파 유대인은 의례적으로 식사 전에 손을 씻지 않으면 안 되었다(막 7:3).

그러나 인간은 하나님께서 외견상의 깨끗함 이상의 것을 요구하고 있음을 이해하게 되었다. 그리하여 이 문구는 도덕적인 성결을 나타내게 되었다. "내가 무죄하므로 손을 씻을 것이다"라고 시편 기자는 말하고 있다(시 26:6). 이사야의

요구는, 사람은 "스스로 씻으며 스스로 깨끗케" 해야 한다는 것이며, 악행을 그치는 것과 동일한 것이라 했다(사 1:16). 디모데에게 보낸 편지에서는 사람은 거룩한 손을 들어 하나님께 기도할 것을 권하고 있다(딤전 2:8).

이 구절의 역사가 바로 그것이 하나님의 요구가 무엇인지를 깊이 파헤쳐 준 의식임을 보여 준다. 사람들은 이 용어를 외견상의 씻음 또는 예배적이며 의례적인 씻음으로 생각하기 시작하여 나중에는 하나님의 요구가 예배적인 요구만이 아니라 도덕적인 요구라는 것을 이해하는 것으로 끝났다.

성경적 사상은 네 가지 성결을 요구한다. **입술**의 성결을 요구한다(사 6:5-6). **손**의 깨끗함을 요구한다(시 24:4). **마음**의 성결을 요구한다(시 73:13). **이성**의 깨끗함을 요구한다(약 4:8). 성경의 윤리적 요구는 인간의 언어와 행위와 감정과 사상 전부가 깨끗해져야 한다는 것이다. 인간은 내적으로도 외적으로도 성결해야 한다. 마음이 깨끗한 자만이 하나님을 볼 수 있기 때문이다(마 5:8).

경건한 슬픔

야고보서 4:8하-10(계속)

야고보의 요구에 나오는 경건한 슬픔은 "애통하는 자는 복이 있나니 그들이 위로를 받을 것임이요"(마 5:4; 눅 6:20-26)라는 예수의 말씀에 소급한다. 우리는 이 기사 중에서 야고보가 말하려고 하지 않은 것까지 용납해서는 안 된다. 야고보는 기독교인의 생활의 즐거움을 부정하는 것은 아니다. 인간은 어둡고 그늘진 세계에서 우울에 뒤덮인 생활을 해야 한다고 요구하는 것도 아니다.

그는 두 가지 일을 하고 있다. 그는 경솔하게가 아니라 진지하게 역설하고 있으며 더욱이 그는 날 때부터 청교도적인 욕망을 가지고 태어난 사람의 열정을 가지고 강조하고 있다. 야고보는 기독교인의 생활의 종착점에 대하여 쓰고 있는 것이 아니라 **출발점**에 대하여 서술하고 있다.

그는 세 가지 사실을 요구하고 있다.

I. 야고보는 "고생"이라고 부를 수 있는 것을 요구한다. 이 말의 동사는 **탈라이포레인**(talaiporein)이며, 그것은—투키디데스(Thucydides)가 사용하고 있는 대로—식량이 떨어지고 폭풍우가 불어도 피신할 장소마저 없는 군대 경험을 묘사할 수 있는 말이다. 야고보는 낭비적인 사치와 나약한 안일에서 자발적으로 손을 떼라고 요구하고 있다.

그는 이 세상을 사랑하고 있는 사람들에게 말하고 있다. 그는 사치와 안일함으로 모든 생활을 판단하는 표준을 삼지 말라고 강조하고 있다. 학자를 배출시키는 것은 훈련이다. 운동선수를 만드는 것은 엄격한 트레이닝이다. 이 세상과 그 선물을 바르게 사용하는 방법을 알고 있는 기독교인을 낳게 하는 것은 슬기로운 절제다.

II. 야고보는 사람들에게 애통하기를 요구하며 그 웃음을 슬픔으로, 그 즐거움을 근심으로 바꿀 것을 요구하고 있다. 여기서 야고보는 실로 기독교인의 생활의 처음 단계를 기록하고 있다. 기독교인의 생활은 하나님과 자신의 죄에 직면함으로 시작된다. 그리고 그것은 겁나게 하며 슬프게 하는 체험이다. 웨슬레(Wesley)가 킹스 우드(Kings Wood)의 광부들에게 설교하였을 때 광부들은 울지 않을 수 없어서 먼지투성이인 얼굴에 여러 줄기의 눈물자국을 냈다. 그러나 이것이 결코 기독교인 생활의 종국은 아니다.

죄의 인식으로 인한 무서운 슬픔은 죄를 용서 받았다는 감동적인 즐거움으로 옮겨간다. 단지 제2단계로 옮겨가기 위해 사람은 제1단계를 통과하지 않으면 안 된다. 야고보가 요구하고 있는 것은 자기 충족적이며, 쾌락을 애호하며, 자기만족적이며, 무분별한 독자들에게 자신들의 죄에 직면해 보고 그것을 부끄럽게 여기며, 비통하게 느끼며, 두려움을 품어 보라는 것이다. 사람들은 그렇게 함으로써만 은혜에 도달할 수 있으며 지상의 즐거움보다 더욱 큰 기쁨에 전진할 수 있기 때문이다.

III. 야고보는 사람들에게 울어야 한다고 말한다. 여기서 야고보가 **동정의 눈물**에 대하여 생각하고 있었다고 말하는 것은 지나친 견해라고 할 수는 없을 것이다. 이 시대까지 부유한 열락 애호가들은 철저한 이기적인 생활을 영위해 왔다. 그들은 어느 시인의 "이 세상의 눈물의 비"라는 표현에 대해서는 알아차리지도 못했을 것이며 완전히 무감각했을 것이다. 야고보는 그러한 사람들은 눈물을 흘려야 할 상태에 처해 있음을 알아야 하며 다른 사람의 슬픔과 눈물과 고통과 궁핍이 자신들의 연락과 안락과 투구를 분쇄한다는 사실과 자기 동포들의 궁핍에 대하여 새로운 감각을 발전시켜 나아가야 한다는 것을 알아야 한다고 주장하고 있다. 사람은 그리스도가 그것 때문에 죽은 인간성의 통렬한 결핍과 절규를 인식하기까지는 기독교인이 될 수는 없다.

이리하여 야고보는 잠자코 있는 혼(魂)을 일으키기 위하여 선택한 적합한 말로써 독자들이 연락의 길을 절제의 길로 바꾸게 될 것과 자신의 죄를 인식하고 그것 때문에 애통하게 될 것과 이 세상의 슬픔과 궁핍과 울음을 자각하게 될 것을 요구하고 있다.

경건한 겸손

야고보서 4:8하-10(계속)

야고보는 결론으로 경건한 겸손을 요구하고 있다. 성경 전체에는 겸손한 자만이 하나님의 축복을 알 수 있다는 확신이 흐르고 있다. 하나님은 겸손한 자를 구원하실 것이다(욥 22:29). 교만은 그 사람을 낮아지게 할 것이고 영적으로 겸손한 사람은 영예를 얻을 것이다(잠 29:23). 하나님은 높고 거룩한 곳에 거하시나 겸손하고 통회한 영을 가진 자와 함께 계신다(사 57:15). 주를 경외하는 사람들은 주 앞에서 그의 혼을 겸손하게 할 것이며 사람이 하나님 앞에서 은총을 발견하게 된다면 그 사람이 위대하면 위대한 것만큼 마땅히 스스로 겸손하게 된다(집회서 2:17, 3:17). 그리고 예수 자신도 반복하여 스스로 겸손한 자만이 높임을 받는다는 것을 명백히 하고 있다(마 23:12; 눅 14:11).

인간은 자기 자신의 무지를 인식할 때에만 하나님의 인도를 구할 수 있다. 인간은 자기 자신의 내용의 빈곤을 인식할 때에만 하나님의 은혜의 풍성함을 간구하게 될 것이다. 사람은 필요한 일에 대한 자신의 연약함을 인식할 때에만 하나님의 힘을 의지하게 될 것이다. 사람은 혼자 힘으로는 인생을 이겨 나아갈 수 없다는 것을 인식할 때에만 모든 인생을 주관하시는 주 앞에 무릎을 꿇게 될 것이다. 인간은 자신의 죄를 인식할 때에만 구주와 하나님의 용서의 필요를 인식하게 될 것이다.

인생에는 다른 모든 죄의 기반이라고 할 수 있는 근본적인 죄가 있다. 그것은 우리는 피조물이며 하나님은 창조주라는 것을 망각한 죄다. 사람이 그 근본적인 피조성을 인식한다면 그 근본적인 무력함을 인식하게 될 것이고 따라서 그 무력함을 보충할 수 있는 근원으로 돌아가게 될 것이다.

이러한 의존성은 실제로 유일한 독립성을 낳게 한다. 인간은 자기 자신의 힘으로써가 아니고 하나님의 능력에 의지하여 인생에 직면하여 인생을 승리로 끌어 올려 주기 때문이다. 그러나 인간이 하나님에게서 고립되었다고 생각하고 있는 한 그는 조만간 좌절과 패배의 길에 서게 된다.

타인을 판단한 죄

야고보서 4:11-12

11형제들아 서로 비방하지 말라 형제를 비방하는 자나 형제를 판단하는 자는
곧 율법을 비방하고 율법을 판단하는 것이라 네가 만일 율법을 판단하면 율
법의 준행자가 아니요 재판관이로다 12입법자와 재판관은 오직 한 분이시니
능히 구원하기도 하시며 멸하기도 하시느니라 너는 누구이기에 이웃을 판단
하느냐

야고보가 여기서 **거칠게 말한다**든지 **악하게 말한다**라는 말에 사용한 단어는 **카탈랄레인**(Katalalein)이라는 동사다. 보통 이 동사는 현재 그곳에 없는 사람을

비방하는 것, 그곳에 없기 때문에 변명할 수 없는 사람을 비판하며 모욕하며 중상하는 것을 의미한다. 이런 중상과 모욕과 험담의 죄는 성경 전체에서 비난 받고 있다. 악한 자에 대한 시편 기자의 고발이 있다. "앉아서 네 형제를 공박하며 네 어머니의 아들을 비방하는도다"(시 50:20). 시편 기자는 하나님이 "자기의 이웃을 은근히 헐뜯는 자를 내가 멸할 것이요"(시 101:5)라는 말을 듣고 있다.

바울 서신에는 **카탈랄리아**라는 명사가 **험담**이라고 번역되어 있다. 바울은 이것을 이교 세계의 속죄될 수 없는 악의 특징 가운데 하나로 나열하고 있다(롬 1:30). 그리고 이것은 분쟁 중에 있는 고린도 교회 안에 있는 것이 아닌가 하고 바울이 두려워하고 있는 죄목 가운데도 있다(고후 12:20). 이상 두 기사 가운데서 **카탈랄리아**라는 말이 **수군수군하는 말**과 직접적으로 관련이 있다는 것은 주목할 만한 일이다. **카탈랄리아**라는 말은 한 모퉁이에 모여 작은 모임을 만들고서는 그 자리에 없기 때문에 변명할 수 없는 사람의 명성과 좋은 평판을 파괴시키기 위하여 믿을 만한 그리고 듣기에 재미있는 소문을 수군거리는 자들의 죄다. 이와 똑같은 죄를 베드로도 비난하고 있으나 그 경우에는 비방이라고 번역되었다(벧전 2:1).

이런 까닭에 이것은 보편적으로 비난을 받고 있는 죄다. 이 경고는 매우 필요한 것이다. 무책임하고 악의 있는 뒷공론의 죄만큼 성경에서 용서 없이 비난하고 있는 죄는 없다는 것을 사람들은 쉽사리 인식하지 못한다. 보통 사람에게 솔깃한 뜬소문만큼 즐거움을 맛보게 하는 것은 없다. 중상적인 이야기를 말하거나 듣는 일은—특별히 유명한 사람에 대해서는—모두 황홀한 가운데서 행하는 일이다. 그러나 우리는 하나님이 이것에 대하여 어떻게 생각하실 것인지를 기억해 두어야 할 것이다.

야고보는 이 죄를 두 가지 근본적인 이유에서 비난하고 있다.

I. 그것은 존귀한 율법에 대한 위반이다. 그 존귀한 율법이란 우리가 이웃을 우리의 몸과 같이 사랑해야 한다는 것이다(약 2:8; 레 19:18). 이웃을 중상하며 악하게 말하면서 그 이웃을 내 몸같이 사랑할 수는 없다. 그런데 율법을 깨뜨리고 그것을 깨뜨렸다는 것을 알고 있다면 자기 자신을 율법 위에 올려놓은 것이 된

다. 즉, 자기 자신을 율법의 심판자로 만든 셈이다. 율법을 재판하는 자리에 앉아 자신의 의지를 율법보다도 구속력이 많게 만들었다.

그러나 인간의 의무는 율법을 재판하는 것이 아니라 율법에 복종하는 것이다. 그러므로 이웃을 비방하는 사람은 자기 자신을 율법의 심판자로 임명하고 자신에게 율법을 깨뜨리는 권리를 부여하는 셈이 된다. 따라서 비난을 받게 된다.

II. 그것은 하나님의 대권에 대한 침해다. 이웃을 비방하는 것, 이웃을 비판하고 중상하고 모욕하는 것은 사실상 자기 자신을 재판 받게 만드는 것이 된다. 다른 어떤 사람이라도 재판할 권리를 가진 사람은 없다. 재판할 권리는 오직, 하나님에게만 속해 있다.

구원할 수 있고 멸망시킬 수 있는 일은 오직 하나님만이 하신다. 이 위대한 하나님의 대권은 성경 전체에 나타나 있다. "내가 죽이기도 하며 살리기도 하며"(신 32:39)라고 하나님은 말씀하신다. "여호와는 죽이기도 하시고 살리기도 하시며"(삼상 2:6)라고 한나는 기도 가운데서 말하고 있다. 이스라엘 왕은 나아만이 문둥병을 고쳐 달라고 요구하였을 때, "내가 사람을 죽이고 살리는 하나님이냐"(왕하 5:7)라고 대답하며 놀람을 표시하였다. 최악의 경우에 놓여 있더라도 몸만을 죽일 뿐인 인간을 두려워하지 말고 몸과 영혼을 함께 멸할 수 있는 하나님을 두려워해야 한다는 것이 예수의 경고다(마 10:28). 시편 기자가 지적한 대로 생과 사에 필요한 것을 소유하고 있는 것은 하나님뿐이다(시 68:20).

다른 사람을 재판한다는 것은 하나님에게만 허용되어 있는 권리를 자신이 빼앗는 것이 된다. 그리고 그 사람은 하나님의 대권을 전적으로 빼앗는 무모한 인간이다.

이웃을 비방한다는 것은 그렇게 중대한 죄가 아니라고 할 수 있을지 모른다. 그러나 성경은 이것을 모든 죄 가운데서도 최악의 죄로 간주하고 있다. 그것은 존귀한 율법을 위반했을 뿐만 아니라 하나님의 권리를 침해했기 때문이다.

그릇된 확신

야고보서 4:13-17

13들으라 너희 중에 말하기를 오늘이나 내일이나 우리가 어떤 도시에 가서
거기서 일 년을 머물며 장사하여 이익을 보리라 하는 자들아 14내일 일을 너
희가 알지 못하는도다 너희 생명이 무엇이냐 너희는 잠깐 보이다가 없어지
는 안개니라 15너희가 도리어 말하기를 주의 뜻이면 우리가 살기도 하고 이
것이나 저것을 하리라 할 것이거늘 16이제도 너희가 허탄한 자랑을 하니 그
러한 자랑은 다 악한 것이라 17그러므로 사람이 선을 행할 줄 알고도 행하지
아니하면 죄니라

여기서 다시 야고보는 독자들이 잘 알고 있는 당시의 상황을 묘사하고 있다. 그들은 자신들의 모습을 여기서 찾아볼 수 있을 것이다. 유대인은 고대 세계에서 대무역상이었다. 그리고 고대 세계에서는 유대인에게 상업적 재능을 발휘할 많은 기회가 부여되었다. 이 시기에는 모든 도시를 건설하기 시작하였다. 때때로 도시 건설자가 도시에 거주할 시민을 모집할 때 유대인은 무조건 시민권을 받게 되었다. 유대인이 와서 사는 곳에는 돈과 무역이 같이 왔기 때문이다.

이 묘사는 지도를 펴 보고 있는 사람에 대한 묘사다. 그 사람은 지도상의 어느 한 지점을 가리키며 "여기는 대무역을 잘할 수 있는 새로운 도시 같다. 그곳으로 가서, 그리고 도시 선설자와 한패가 되어 1, 2년 머물면서 장사하여 재물을 벌자, 그리고 부자가 되어 돌아오자" 라고 말한다. 야고보의 대답은 어떤 사람이라도 미래에 대해 지속적이며 확신적인 계획을 수립할 권리를 가지고 있지 않다는 것이다. 누구라도 한 발 앞에 일어날 일을 알 수 없기 때문이다. 인간은 계획할 수는 있으나 처리하는 것은 하나님이시다. 그것은 미래는 하나님의 수중에 있기 때문이다.

미래에 대한 근본적인 불확실성은 만민의 마음속에 깊이 새겨져 있는 사실이다. 히브리인의 지혜자는 "너는 내일 일을 자랑하지 말라 하루 동안에 무슨 일

이 일어날는지 네가 알 수 없음이니라"(잠 27:1)고 썼다. 예수께서는 재물이 많은 어리석은 사람에 대한 이야기를 했다. 그는 재산을 모으고 미래를 위한 계획을 세웠으나 그날 밤 자신의 영혼이 없어질 것은 망각하고 있었다(눅 12:16-21).

벤 시락(Ben Sirach)은 "조심성 있게 일하고 악에 악식하여 부자가 된 사람이 있다. 그는 다음과 같은 보수를 얻게 된다. '나는 편하게 되었다. 이제부터 이 재산으로 살게 될 것이다' 라고 말하지만 그는 무엇이 다가오고 있는지를 알지 못한다. 죽음이 가까이 오고 있다. 그리고 그는 그 모든 것을 다른 사람에게 남기고 죽지 않으면 안 된다"(집회서 11:18-19)라고 썼다. 세네카는 "내일 일마저도 뜻대로 할 수 없는데 일생의 계획을 세운다는 것은 얼마나 어리석은 일인가"라고 말하였다. 그리고 다시 "누구나 내일을 약속할 만한 화려한 친구가 있는 사람은 없다"라고 했다.

랍비들의 잠언에 다음과 같은 것이 있다. "내일을 위해 염려하지 말라. 너희는 하루에 어떤 일이 일어날는지 알지 못하기 때문이다. 내일까지 생명이 있을지 알 수 없다." 데니스 매카일(Dennis Mackail)은 제임스 배리(James Barrie) 경의 친구였다. 그는 배리가 노인이 되었을 때 "배리 옹은 얼마 동안의 기일이 있는 사회적 행사에는 출석한다는 약속을 결코 하지 않았다" 고 말하였다. 그는 "노인의 앞날은 짧다"라고 거듭거듭 말하고 있었다.

야고보는 계속해서 말한다. 이 인생의 불확실성은 공포에 기인한 것이거나 행동을 하지 않는 데 기인한 것은 아니다. 그것은 미래의 불안정성에 기인한 것이다. 이것이 우리가 전적으로 하나님께 의존하고 있다는 것을 용납하고 인식하는 이유다. 하나님께 의존하여 자신의 계획을 세운다는 것은 진실한 마음을 가진 인간의 특징이다. 바울은 고린도인들에게 "주께서 허락하시면 내가 너희에게 속히 나아가서"(고전 4:19)라고 썼다. "주께서 허락하시면 얼마 동안 너희와 함께 머물기를 바람이라"(고전 16:7).

크세노폰(Xenophon)은 "하나님의 뜻이라면 이 모든 일이 이루어질 것이다. '하나님의 뜻이라면' 이라고 쓰인 문구를 가끔 보았을 때 수상하게 여기는 사람이 있다면 나는 그 사람이 일찍이 인생의 위기를 체험했을 때에는 그렇게까지는 수상하게 여기지 않았다는 것을 그 사람에게 알게 하리라" 고 쓰고 있다. 플라톤은 소크라테스와 알키비아데스(Alcibiades)와의 대화를 이야기해 준다. 알키비아데스가 "당신이 원한다면 나는 그렇게 하겠습니다"라고 말하니, 소크라테스는 "알키비아데스군, 그 말은 올바르게 말한 것이 아니오. 자네는 어떻게 말했어야 할 것인가? 자네는 마땅히 '하나님이 그렇게 원하신다면' 이라고 말했어야 할 것이오"라고 대답하였다.

미누키우스 펠릭스(Minucius Felix)는 "'하나님이 그것을 허락한다.' 이렇게 말하는 것이 보통 사람에게는 자연스러운 일이다"라고 쓰고 있다. 아랍인 사이에는 전통적으로 "인샬라(Inshallah)—알라(Allah) 신의 뜻이라면"이라는 표현이 어디서나 들린다. 유대인의 용어법에는 이것과 관련된 문구가 없다는 것은 기이한 일이다. 이런 용어법을 유대인은 배우지 않으면 안 된다.

참 기독교인의 길은 미래의 불확실성으로 공포에 떨거나, 그것에 마비되어 아무것도 하지 않고 지내는 것이 아니라 우리의 미래와 모든 계획을 하나님의 수중에 맡기는 것이다. 그리고 항상 우리의 계획이 하나님 안에 있지 않을 수도 있다는 것을 기억하는 일이다.

이것을 기억하고 있지 않는 사람은 오만불손의 죄가 있다. 이 말은 **알라조네이아**(Alazoneia)다. **알라조네이아**란 말은 어원적으로 떠돌아다니는 돌팔이 의사가 병이 낫지 않았는데도 나았다고 하며, 자신이 하지 않은 것이라도 자랑하는 것을 말한다. **알라조네이아**란 말에는 자신이 가지고 있지 않은 것을 가지고 있다고 말하며 할 수도 없는 것을 자랑하는 사람의 특징이 있다. 미래는 인간의 수중에는 없다. 누구도 오만하게 미래를 결정할 힘을 가지고 있다고 주장할 수는 없다.

야고보는 경고로써 이 장을 끝맺는다. 사람이 나쁜 짓인 줄 알면서도 그것을 계속 행한다면 그것은 죄다. 야고보는 실제로 "너희에게 경고한다. 진리는 너희의 눈앞에 놓여 있다"라고 확신적인 습관을 계속한다는 것은 이미 미래가 자신의 손안에 있지 않고 하나님의 손안에 있다는 것을 들어서 알게 된 사람에게는 죄가 된다고 말하고 있다.

The Letters of James

05

부(富)의 무가치성

야고보서 5:1-3

[1]들으라 부한 자들아 **너희**에게 임할 고생으로 말미암아 울고 통곡하라 [2]**너희**
재물은 썩었고 **너희** 옷은 좀먹었으며 [3]**너희** 금과 은은 녹이 슬었으니 이 녹
이 **너희**에게 증거가 되며 불같이 **너희** 살을 먹으리라 **너희**가 말세에 재물을
쌓았도다

이 장의 처음 여섯 구절 안에서 야고보는 두 개 목적을 가지고 있다. 첫째로, 그는 이 세상의 모든 부의 궁극적인 무가치성을 보여 주는 것을 목적으로 하고 있다. 둘째로, 그는 부를 가진 자들의 밉살스러운 특징을 보여 주는 것을 목적으로 하고 있다. 그의 목적은 독자에게 이 세상의 사물에 그들의 희망과 목적과 욕망을 두는 것을 피하게 하는 데 있다.

야고보는 부한 사람에게 "당신이 자신이 하고 있는 행위를 알고 있다면 주의 날이 임할 때 당신 위에 내려질 심판의 두려움 때문에 당신은 울며 통곡할 것이다"라고 말하고 있다. 이 묘사의 효과는 야고보가 **통곡한다**는 말에 사용한 단어에 의하여 강화된다. 그것은 동사로 **올롤루제인**(Ololuzein)이라는 의성어(擬聲語)

다. 이 말은 발음 그 자체에 의미가 있다. 그것은 단순히 통곡한다는 의미보다 더 강한 뜻을 가진 **울며 부르짖는다**는 의미가 있다. 구약성경에는 **애곡한다**고 가끔 번역된다. 그것은 하나님의 심판을 받는 사람들의 광란적인 공포를 묘사한 것이다(사 13:6, 14:31, 15:2–3, 16:7, 23:1, 14, 65:14; 암 8:3). 지옥의 망령들의 고통을 체험하고 있는 사람들을 묘사하는 말이 바로 이 말이라고 할 수 있을 것이다.

이 기사 전체에 쓰인 용어는 생생하며 회화적이며 주의 깊게 선택되어 있다. 동방에는 재산으로서 중요한 것이 세 종류가 있다. 야고보는 그것들 하나하나에 부패에 대한 용어를 사용하고 있다. 곡식이 있다. 그것은 썩는(세페인, Sēpein) 재산이다. 의복이 있다. 동방에서는 의복이 재산이다. 요셉은 형제들에게 갈아입을 의복을 주었다(창 45:22). 아간이 이스라엘 민족에게 재해를 가져오고 자신과 자신의 가족을 죽음에 몰아넣게 한 것은 아름다운 바빌론의 의복 때문이었다(수 7:21).

삼손이 수수께끼를 푸는 자에게 준다고 약속한 것은 의복이었다(삿 14:12). 나아만이 이스라엘의 선지자에게 선물로 가져갔으며, 게하시가 그의 영혼에 범죄하면서 손에 넣은 것은 의복이었다(왕하 5:5, 22).

나는 다른 사람의 돈이나 의복을 탐하지 않았다는 것이 바울의 주장이었다(행 20:33). 이 의복들은 대단히 화려하기 때문에 벌레의 먹이가 될 것이다(**세토부로토스** Sētobrōtos, 마 6:19 참조). 이 세상의 불가피한 부패가 최후에 가서는 정점에 도달한다. 즉, 그들의 금과 은까지라도 녹이 슬어서 전체가 못쓰게 되고 말 것이다(카티아스다이 Katiasthai).

거기서 문제점은 금과 은이 실제로는 녹이 슬지 않는다는 데 있다. 그런데 야고보는 이 비유를 통하여 최고로 귀중하고 외견상으로는 파괴할 수 없는 것 같이 보이는 물건이라 하더라도 부패하고 붕괴하는 운명에 놓이게 된다는 것을 가장 생생한 방법으로 경고하고 있다.

이 녹은 지상의 모든 것은 영원성이 없고 궁극적으로는 모두 무가치하다는 증거가 된다. 다시 말해 이것은 매우 무서운 경고다. 이러한 물건에 대한 욕망은 인간의 육신과 영혼을 삼켜 버리는 무서운 녹과 가공할 암과 같다는 것이다.

다음에 냉혹하며 무서운 풍자가 있다. 이러한 물건에만 열중하는 사람이 자신을 위하여 쌓아 둔 것은 마지막에는 실로 훌륭한 보화이기는 하나, 그가 소유한 유일한 보화는 그를 소탕해 버릴 맹렬한 불인 것이다.

물질적인 것에 집중한다는 것은, 부패한 것 또는 시체 같은 망상에 집중하는 것밖에 되지 않는다는 것이 야고보의 확신이다. 그렇게 하는 것은 바로 자신이 산출하는 파멸과 재해에 세력을 집중시키는 것이 된다.

성경의 사회적 정열

야고보서 5:1-3(계속)

아무리 졸렬한 독자라 할지라도 성경 전체에 빛나고 있는 사회적 정열에 인상받지 않은 사람은 없을 것이다. 플라톤은 모든 도시는 부자와 빈자 간의, 가진 자와 가지지 못한 자 간의 끝없는 내전이며 영원한 전투라고 말하였다.

성경만큼 집요한 정열을 가지고 부정직과 이기적인 부를 비난하고 있는 책은 없다. 아모스서는 맥화딘(J. E. McFadyen)에 의하여 궁궐에서 포학과 겁탈을 쌓는 자들을 비난하고 있다(암 3:10). 그는 가난한 자를 밟는 자들과, 다듬은 돌로 지은 집과 아름다운 포도원을 가진 자들을 비난하고 있다. 하나님의 진노로 인하여 결코 그것들을 향유하지는 못할 것이다(암 5:11). 저울을 속이며, 되를 속이며, 은으로 가난한 자를 사며, 신 한 켤레로 빈궁한 자를 사며, 가난한 자에게 밀의 찌꺼기를 속여서 넘겨 버리는 자들에게 아모스는 분노를 퍼붓고 있다. "내가 그들의 모든 행위를 절대로 잊지 아니하리라"(암 8:4-7)고 하나님은 말씀하신다. 이사야는 가옥에 가옥을 더하며 전토에 전토를 더하는 것으로 대재산을 쌓아 올린 사람들에게 경고하고 있다(사 5:8). 지혜자는 재물을 의지하는 자는 패망할 것이라고 주장하였다(잠 11:28).

신약성경에서 누가는 "화 있을진저 너희 부요한 자여"라는 예수의 말씀을 인용하고 있다(눅 6:24). 재산이 있는 자는 하나님의 나라에 들어가기가 어렵다(눅 18:24). 부는 시험이며 올무다. 부한 자는 어리석고 해로운 욕심에 빠지기 쉽다.

이 욕심은 파멸과 멸망을 가지고 온다. 돈을 사랑하는 것이 일만 악의 뿌리가 되기 때문이다(딤전 6:9–10).

동일한 내용이 중간 시대문서에도 나온다. "부정하게 은과 금을 얻는 자에게 화가 있다. …그들은 그의 재산과 더불어 멸망할 것이며 그들의 영혼은 부끄러움을 당하고 불붙는 화로 속에 던져질 것이다"(에녹서 97:8). 지혜서에는 지혜자가 의인들의 생활 방식과 비교해서 이기적인 부자들의 생활 방식을 말하게 한 잔인한 대사가 있다. "자, 오너라. 그리하여 지금 있는 좋은 것을 즐겨보자. 청춘의 정열로써 피조물을 이용하자. 값진 포도주와 향료로 가득 차게 하자. 봄철의 꽃을 사라지지 말게 하자. 그것이 시들기 전에 장미의 화관을 쓰자. 우리의 향락만이 있게 하여라. 모두 빠짐없이 주연에 참석하자. 어디에나 열락의 표식을 남겨 놓자. 그것이 우리의 몫이요 우리의 운명이다. 가난하고 의로운 자를 압제하자. 과부를 돌보지 말자. 나이 먹은 노인의 흰 머리를 존경하지 말자. …의인들을 빠뜨리기 위하여 숨어서 기다리자. 그는 우리의 방해자로서 우리의 행동을 비난하며, 율법을 비판하는 우리를 책망하여 우리의 불명예와 생활 방식의 죄를 비난하기 때문이다"(벤시락의 지혜 2:6–12).

사회 사상에서 불가사의한 것 중의 하나는 어찌하여 종교가, 적어도 기독교가 "서민의 아편"이라고 인정을 받게 되었으며 기독교가 어찌하여 이 세상을 부정하고 오는 세상에만 관심을 갖는 초속세적인 존재로서 인정을 받게 되었는가 하는 것이다. 성경처럼 불타는 사회적 정열을 가진 문서는 없다. 이처럼 사회적 부조리와 사회적 부정에 대하여 폭발적이면서 동정적으로 말해 주는 문서는 없다.

부자와 빈자 사이의 커다란 격차가 하나님의 율법과 하나님의 의지에 대한 능동적이며 무서운 위반이라는 것을 심각하게 자각하고 있는 문서는 성경 외에는 없다. 사실 성경만큼 강력한 사회적 기동력을 증명해 준 문서는 없다. 성경은 부 자체를 비난하고 있지는 않다. 그러나 부의 책임과 이 세상의 물질로써 풍성한 축복을 받고 있는 사람을 둘러싼 위험에 대하여 이처럼 엄격하게 주장하고 있는 문서는 없다.

이기적 방법과 그 결과

야고보서 5:4-6

[4]보라 너희 밭에서 추수한 품꾼에게 주지 아니한 삯이 소리 지르며 그 추수
한 자의 우는 소리가 만군의 주의 귀에 들렸느니라 [5]너희가 땅에서 사치하고
방종하여 살륙의 날에 너희 마음을 살찌게 하였도다 [6]너희는 의인을 정죄하
고 죽였으나 그는 너희에게 대항하지 아니하였느니라

여기에는 이기적인 부자의 생활 방법에 대한 비난과 그러한 생활 방법의 결과에 대한 경고가 있다.

I. 이기적인 부자는 부정하게 부를 획득하였다. 노동자는 임금을 받기에 합당하다는 것을 성경은 항상 명백하게 말한다(눅 10:7; 딤전 5:18). 팔레스타인의 날품팔이 노동자는 항상 기아선상에서 허덕이고 있었다. 임금이 적어서 노동자가 저축한다는 것은 불가능하였다. 임금이 하루라도 지불되지 않으면 문자 그대로 노동자와 그의 가족은 굶지 않으면 안 되었다. 이것이 바로 성경의 자비로운 율법이 재삼재사 노동자에게 임금을 빨리 지불할 것을 강조하는 이유다. "곤궁하고 빈한한 품꾼은… 학대하지 말며 그 품삯을 당일에 주고 해 진 후까지 미루지 말라 이는 그가 가난하므로 그 품삯을 간절히 바람이라 그가 너를 여호와께 호소하지 않게 하라 그렇지 않으면 그것이 네게 죄가 될 것임이라"(신 24:14-15). "품꾼의 삯을 아침까지 밤새도록 네게 두지 말며"(레 19:13). "이웃에게 이르기를 갔다가 다시 오라 내일 주겠노라 하지 말며"(잠 3:28). "불의로 그 집을 세우며 부정하게 다락방을 지으며 자기의 이웃을 고용하고 그의 품삯을 주지 아니하는 자에게 화 있을진저"(렘 22:13). "품꾼의 삯에 대하여 억울하게 하는 자는" 하나님의 심판 아래에 있다(말 3:5).

"이웃에게서 땀 흘려 얻은 빵을 탈취하는 것은 그를 죽이는 것과 같다. 품꾼을 속여 뺏는 자는 그의 창조주에게서 속여 뺏는 자이기 때문에 준엄한 보복을 받

게 될 것이다. 그 사람은 피를 흘리게 한 자의 형제이기 때문이다"(집회서 34:22). "너를 위해 일해 준 자의 삯을 지체하지 말고 즉시 지불하여라"(토빗서 4:14).

성경의 율법은 노동자의 헌장처럼 생각되기도 한다. 성경의 사회적 관심은 모세오경에 쓰여 있다. 그리고 예언서에도 지혜문학에도 쓰여 있다. KJV에서는 속아 빼앗긴 자의 부르짖음이 **사바오스**(Sabaoth)의 주의 귀에 들렸다고 말하고 있다. **사바오스**의 주는 만군의 주를 의미한다. 그리고 만군의 별과 천적인 힘을 가진, 하늘의 만군이다. 손으로 별을 잡고 천사에게 명령을 내리는 우주의 주가 노동자의 권리에 관심을 갖고 있다는 것이 성경의 모든 부분에서 발견되는 교훈이다.

II. 이기적인 부자는 그의 부를 이기적으로 사용한다. 그들은 호사하며 연락하며 살아간다. **호사한다**고 번역된 단어는 **트루페인**(truphein)이다. **트루페인**은 **파괴한다**는 의미의 어근에서 온 말이다. 이것은 결국에는 인간의 도덕적 소질을 천천히 약화시키고 파괴하는 호사를 묘사한 말이다. 이것은 육체의 힘과 영혼의 힘을 파괴시키고 무기력하게 만드는 사치를 묘사한 말이다.

연락한다고 번역된 말은 **스파탈란**(Spatalan)이다. 이것은 매우 나쁜 말로서 음란, 호색, 분방(奔放)한 방탕 생활을 의미한다. 이기적인 부자가 자기 개인의 안락만을 위하여, 자기 욕망의 충족만을 위하여 자신의 재산을 허비하고 동포에 대한 모든 책임을 망각해 버렸다는 일에 대한 비난이다.

III. 누구든지 어떤 길을 선택한다면 그 길의 종말도 선택하는 셈이 된다. 특별히 살찐 가축의 종말은 연회를 위해 도살당하는 것이다. 호사하며 연락에 빠져서 사는 것을 추구하는 무리는 가축처럼 심판의 날을 위하여 자신을 살찌게 하는 따위의 인간이다. 그들의 쾌락의 종말은 탄식이며 그들의 사회의 종국은 죽음이다. 이기주의는 항상 영혼을 죽음으로 끌고 간다.

IV. 마지막으로 야고보는 그들이 대항하지도 않는 의인을 죽였다고 말한다. 이것이 누구를 지칭하는지는 의문이다. 아마도 예수에 대한 언급인 것 같다. "너희가 거룩하고 의로운(**디카이오스** dikaios) 이를 거부하고 도리어 살인한 사람을 놓아 주기를 구하였다"(행 3:14). 유대인은 의로운 자를 배척하였지만 하나님은 유대인의 의로운 자를 이해하도록 선택하였다는 것이 바울의 선언이다(행 22:14).

그리스도가 우리의 죄를 위하여 고난을 받으셨고 의인이 불의한 자를 위하여 고통을 받았다고 베드로는 말하고 있다(벧전 3:18). 주의 고난의 종은 저항을 하지 않았다. 그는 입을 열지 않았으며, 털 깎는 자 앞에 있는 양같이 잠잠하였다(사 53:7)라는 기사를 베드로는 예수를 묘사하는 데 인용하고 있다(벧전 2:23).

이기적인 부자들이 가난한 자와 의인을 압박하는 일은 그리스도를 다시 십자가에 못 박게 하는 일이며, 그리스도의 백성을 해치는 일은 그리스도에게 또 하나의 상처를 입히는 것과 같다고 야고보가 말하는 내용이라 해도 좋을 것이다. 이기적으로 산다는 것은 그리스도를 다시 찌르는 것이 된다.

야고보가 의인에 대하여 말했을 때, 예수에 대하여 생각하고 있었던 것이 아니라 선인을 본능적으로 싫어하는 사악한 인간에 대하여 생각하고 있었는지도 모른다. 우리는 이미 벤 시락의 지혜의 글에서 부한 자의 행위에 대한 기사를 인용하였다. 그 기사의 뒤에 다시 다음과 같은 기사가 계속된다. "그(의인)는 하나님을 안다고 고백하며 자신을 주의 아들이라고 불렀다. 그는 우리의 생각을 책망하기 위해 태어났다. 우리는 그를 보기에도 감당할 수 없다. 그의 생활은 다른 사람의 생활과 다르며 그의 행동은 별다른 풍조를 띠고 있기 때문이다. 그는 우리를 사기꾼으로 여기며 더럽다고 우리와 어울리기를 꺼린다. 그는 의로운 자의 최후는 행복하다고 표명하며, 하나님을 자신의 아버지로 자랑한다. 그의 말이 사실인지 아닌지를 보기로 하자. 그가 어떤 최후를 마치겠는지 실험해 보자. 의로운 자가 하나님의 아들이라면 하나님은 그를 도와주며 원수의 손에서 구원할 것이다. 그를 경멸하고 괴롭혀서 시험해 보자. 그러면 그의 온유함을 알 수 있으며, 그의 인내를 시험할 수가 있다. 그에게 수치스러운 죽음의 선고를 내리자. 그 자신의 말대로 존귀를 받을 것이기 때문에"(벤 시락의 지혜 2:13-30). 이상의 말들은 그의 악으로 인하여 맹목적이 된 인간의 말이라고 지혜자는 말한다.

알키비아데스(Alcibiades)는 소크라테스의 친구였다. 알키비아데스는 그의 위대한 재능 때문에 때때로 방탕하며, 무모하며, 퇴폐적인 생활을 했다. 그리고 소크라테스에게 가끔 말하였다. "소크라테스, 나는 당신을 싫어합니다. 당신을 만날 때마다 내가 어떠한 사람인지를 일깨워 주기 때문입니다." 악한 사람은 자진해서 선한 사람을 배제한다. 자신이 어떠한 사람이며 어떠한 사람이 되지 않으면 안 된다는 것을 선한 사람이 생각나게 해 주기 때문이다.

주의 재림을 기다린다

야고보서 5:7-9

7그러므로 형제들아 주께서 강림하시기까지 길이 참으라 보라 농부가 땅에
서 나는 귀한 열매를 바라고 길이 참아 이른 비와 늦은 비를 기다리나니 8너
희도 길이 참고 마음을 굳건하게 하라 주의 강림이 가까우니라 9형제들아 서
로 원망하지 말라 그리하여야 심판을 면하리라 보라 심판주가 문밖에 서 계
시니라

초대교회는 예수 그리스도의 재림이 가까웠다는 기대 속에 살았다. 그래서 야고보는 남은 수년 간을 인내로써 기다리라고 독자에게 권고하고 있다. 농부는 이른 비와 늦은 비가 올 때까지 그의 추수를 기다리지 않으면 안 된다.

이른 비와 늦은 비는 성경 여러 곳에 언급되어 있다. 팔레스타인의 농부들에게는 그런 비가 매우 중요하기 때문이다(신 11:14; 렘 5:24; 욜 2:23). 이른 비는 10월 하순과 11월 상순에 오는 비다. 이 비가 안 오면 뿌려진 씨가 전혀 싹트지 않는다. 늦은 비는 4월과 5월의 비다. 이 비가 안 오면 곡식이 충분히 성숙하지 못한다. 농부는 자연이 그 활동을 일으킬 때까지 참고 기다릴 필요가 있다. 기독교인은 그리스도의 재림까지 참고 기다릴 필요가 있다.

기독교인들은 재림을 기다리는 기간 중에는 신앙을 굳게 다져야 한다. 자신들 사이에 일어나는 여러 가지 곤란한 사태에 대하여 서로 비난해서는 안 된다.

그렇게 한다면 기독교인에게 서로 비판하지 말라고 금한 계명을 깨뜨리는 것이 되기 때문이다(마 7:1). 계명을 깨뜨린다면 견책을 받게 될 것이다. 야고보는 예수의 재림이 가까웠다는 것을 의심하지 않았다. 심판자가 문밖에 서 계신다고 야고보는 말한다. 이 말은 예수께서 사용하신 비유를 그대로 사용한 것이다(막 13:29; 마 24:33).

초대교회의 오해는 우연히 일어난 것이다. 예수 그리스도는 그 사람들의 세대에는 다시 오시지 않았다. 그러나 그 중심에 있는 근본적인 진리를 이해하기 위하여, 재림에 대한 신약성경의 교훈을 모아 본다는 것은 흥미 있는 일이 될 것이다.

예수 그리스도의 재림을 기술할 때 신약성경에서는 세 가지 다른 언어를 사용하고 있다는 것에 먼저 주목해 본다.

I. 가장 보편적인 말이 "파루샤(parousia)"다. 이 말은 그대로 영어로 사용되었다. 이 말은 마태복음 24장 3, 27, 37, 39절, 데살로니가전서 2장 19절, 3장 13절, 4장 15절, 5장 23절, 데살로니가후서 2장 1절, 고린도전서 15장 23절, 요한일서 2장 28절, 베드로후서 1장 16절, 3장 4절에 사용되어 있다. 보통 쓰는 통속적인 헬라어로는, 누군가가 거기에 있다든지, 도착했든지 하는 것을 나타내는 일반적인 낱말이다. 그러나 이 밖에 두 가지 용법이 있다. 그 하나는 전문적인 언어가 된 것으로 군대에 의하여 나라가 침략 당할 때 사용되었다. 또 하나는 특별히 왕이나 행정 장관이 나라 안에 있는 지역을 방문하는 일에 사용되었다. 그러므로 이 말이 예수에 대해 사용되었을 때에는 예수 그리스도의 재림 **파루샤**(parousia)는 하늘에서 오는 지상으로의 침입과 백성의 궁극적인 복종과 예찬을 받기 위한 왕의 내림을 의미한다.

II. 신약성경은 예수의 재림에 대하여 "에피파네이아(epiphaneia)"라는 말도 사용하고 있다(딛 2:13; 딤후 4:1; 살후 2:9). 보통 헬라어로 이 단어는 두 가지 특수한 용법을 갖고 있다. 그것은 신이 예배자에게 현현하는 것에 사용된다. 그리고 로마의 황제권을 얻은 황제의 즉위식에 대해서도 사용된다. 그리하여 이 말이 예수에게 사용될 때에는 예수의 **에피파네이아**, 즉 예수의 재림은 하나님이 그의 백성에게 나타나는 것을, 다시 말해 하나님을 대망하고 있는 사람들에게나, 하나님에게 반역하고 하나님을 모독하고 있는 사람들에게 아울러 나타나는 것을 의미한다. 이때 하나님은 최후의 원수를 복종시키는 것으로써 우주의 왕좌에 최종적으로 오르시게 된다.

III. 마지막으로 신약성경은 예수의 재림에 대해 "아포칼룹시스(apokalupsis)"라는 말을 사용하고 있다(벧전 4:13). **아포칼룹시스**라는 말은 보통 헬라어로 **쓴 것을 벗기다** 또는 **발가벗기다**라는 의미가 있다. 이 말이 예수의 재림에 대해 사용될 때에는 예수의 내림이 발가벗기는 것, 완전히 모든 것을 나타내 보이는 것, 권력의 덮개를 벗기는 것을 의미하며 하나님의 영광이 사람들에게 임하는 것을 의미한다.

여기에 일련의 중대한 묘사가 있다. 예수 그리스도의 재림은 왕의 도래다. 그것은 하나님이 자신의 백성에게 현현하는 것이며 영원한 그의 왕좌에 오르는 것이다. 그것은 하나님이 하늘의 영광스러운 충일한 광채를 이 세상에 돌리는 것이다.

왕의 도래

야고보서 5:7-9(계속)

그러면 재림에 대한 신약성경의 가르침을 간결하게 수록해 보기로 한다. 이렇게 함으로써 우리는 그것의 여러 가지 용법을 통하여 전체적 개념을 파악해 볼 수 있을 것이다.

I. 신약성경에 의하면 그리스도의 재림에 대한 그날과 그때를 알고 있는 사람은 아무도 없다는 것이 명백하다. 사실 예수 자신마저도 그 시기를 알지 못할 만큼 비

밀로 되어 있다. 그것은 하나님만, 오직 하나님만 알고 계신다(마 24:36; 막 13:32).

이 기본적인 사실에서 한 가지 일이 명백해진다. 재림의 시기에 대한 인간의 억측은 무용한 것일 뿐 아니라 모독하는 것이 된다. 예수 그리스도에게마저도 숨겨져 있는 지식이며, 하나님의 마음속에만 간직하고 있는 지식을 얻을 수 있는 사람은 어디에도 없기 때문이다.

II. 신약성경이 재림에 대하여 말하고 있는 것은 그것이 번개가 번쩍임같이 갑자기 임하며 또는 밤에 도적같이 예기치 않을 때 임한다는 것이다(마 24:27, 37, 39; 살전 5:2; 벧후 3:10). 재림이 이루어졌을 때에는 늦어서 준비할 수가 없기 때문에 사람은 항상 준비하고 있지 않으면 안 된다는 것이다.

이렇기 때문에 신약성경은 재림에 대한 인간의 마음가짐을 당부하고 있다.

I. 사람은 항상 깨어 있지 않으면 안 된다(벧전 4:7). 사람은 그의 주인이 멀리 떠나, 언제 집에 돌아올지 모르는 종과 같아서 주인이 아침에 돌아오든지 낮에 돌아오든지 밤에 돌아오든지 간에 모든 것을 준비하고 있지 않으면 안 된다(마 24:36-51).

II. 재림이 아무리 늦더라도 실망하거나 망각해서는 안 된다(벧후 3:4). 하나님은 시간에 대하여 인간과 같은 관념을 가지고 있지 않으시다. 하나님에게는 천 년이 하루와 같다. 비록 세월이 흘러가도 하나님은 그의 계획을 변경하거나 포기하시지 않는다.

III. 인간은 자신에게 주어진 시간을 왕의 도래를 준비하는 시간으로 사용하지 않으면 안 된다(벧전 4:7). 사람들은 정신을 차리고 있어야 한다. 사람들은 스스로 거룩함에 흠이 없어야 한다(살전 3:13). 하나님의 은혜에 의하여 사람들은 어둠의 일을 벗어 버리고, 빛의 갑옷을 입어야 한다. 이제는 그날이 가까웠기 때문이다(롬 13:11-14).

사람들은 자신에게 주어진 시간을 사용하며 부끄러움이 아닌 기쁨을 가지고 왕의 내림을 환영할 수 있어야 한다.

IV. 그때가 임하였을 때 사람들은 친교 가운데에서 발견해야 한다. 베드로는 재림의 사상을 사랑하는 것과 서로 친절히 접대하라고 권고하고 있다(벧전 4:8-9). 바울은 모든 것을 사랑으로 행하라고 명하고 있다—마라나타(Maranatha) 즉, 주께서 오시느니라(고전 16:14, 22). 주께서 가까우셨기 때문에 우리의 **관용**을 모든 사람에게 알리지 않으면 안 된다고 바울을 말한다(빌 4:5).

KJV에 **관용**이라고 번역된 말은 헬라어로는 **에피에이케스**(epieikes)다. 그것은 정의를 요구하기보다는 용서를 베풀 마음의 준비가 된 영을 의미한다. 히브리서 기자는 상부상조와 기독교인 상호간 친교와 상호 격려를 요구하고 있다. 그것은 그날이 가까웠기 때문이다(히 10:24-25).

신약성경에는 그리스도의 내림을 전망하면서 우리는 자기 동포와 바른 인격관계를 유지하지 않으면 안 된다는 확신이 있다. 신약성경은 누구라도 동포간의 불화를 바로잡지 않고 침대에 들거나 하루를 마쳐서는 안 된다고 권하고 있다. 그리스도께서 밤중에 오실지 모르기 때문이다.

V. 요한은 재림을 사람들이 그리스도 안에 거하도록 권고하는 이유로서 사용하고 있다(요일 2:23). 확실히 그리스도와 만나기 위한 최선의 준비는 생애의 나날을 그리스도와 가까이 생활하는 것이다.

재림에 부수되는 많은 상상적 표현이 유대적인 상상적 표현이며 고대 유대인의 심중에 있었던 종말에 대한 전통적 체계의 일부라는 것을 우리는 잘 알고 있다. 우리는 글자의 뜻대로는 이해할 수 없는 많은 것이 거기에 있다는 것을 알고 있다. 그러나 재림에 대한 당시의 모든 묘사의 배후에 있는 위대한 진리는 이 세상에는 목적이 없고 목표가 없고 계획이 없는 것이 아니라 어떤 곳을 향하여 진행하고 있으며, 모든 피조물이 진행하는 저쪽에 신적인 결과가 있다는 진리다.

승리를 위한 인내

야고보서 5:10-11

[10]형제들아 주의 이름으로 말한 선지자들을 고난과 오래 참음의 본으로 삼으
라 [11]보라 인내하는 자를 우리가 복되다 하나니 너희가 욥의 인내를 들었고
주께서 주신 결말을 보았거니와 주는 가장 자비하시고 긍휼히 여기시는 이
시니라

우리가 이제부터 경험하지 않으면 안 될 일을 다른 사람이 벌써 경험했다는 것을 아는 것은 항상 위로가 된다. 야고보는 선지자나 하나님의 사람들이 참고 견디지 않았다면 그들의 일을 할 수도 없었을 것이며 그들의 증거를 세우지도 못했을 것이라는 것을 독자에게 상기시켜 준다. 야고보는 예수 자신이 말씀하신, "끝까지 견디는 자는 복이 있다. 그가 구원을 얻을 것이기 때문이다"라는 말씀을 독자에게 상기시킨다.

그리고 그는 욥의 예를 인용한다. 욥에 대해서는 사람들이 가끔 회당에서 이야기를 듣는다. 우리는 일반적으로 욥의 인내를 말한다. 사실 KJV에서도 **인내**라는 말로 번역되어 있다. 그러나 인내는 너무나 수동적인 말이다.

욥은 인내에 강했다는 의미가 있다. 그의 파란만장한 생의 드라마를 본다면, 그는 자신에게 일어난 일에 대하여 정열을 기울여 저항하고, 소위 그의 친구들의 인습적이며 정통적인 논쟁에 대하여 정열적으로 질문을 던지고, 하나님이 자신을 잊었거나 버리지 않았나 하는 두려운 생각에 몸을 떨며 고민하였다는 것을 알 수 있다. 욥이 말한 것처럼 정열적인 말로 이야기한 사람은 거의 없다. 욥은 쏟아져 나오는 많은 의문이 있었다. 그러나 그 의문이 그의 가슴을 찢는 것 같은 고뇌의 의문인데도 하나님에 대한 신앙을 결코 잃지 않았다는 것은 위대한 사실이다. "그가 나를 죽인다 하여도 나는 그를 의뢰하리라"(욥 13:15). "지금 나의 증인이 하늘에 계시고 나의 중보자가 높은 데 계시니라"(욥 16:19); "내가 알기에는 나의 대속자가 살아 계시니"(욥 19:25).

욥이 진정으로 위대한 것은 그의 마음을 찢는 모든 일이 있었는데도 그의 신앙과 하나님을 의지하는 일을 결코 잃지 않았다는 사실에 있다. 욥의 인내는 비굴하고 수동적이며 맹목적인 복종이 아니다. 욥은 투쟁하였으며 의문을 품었으며 때로는 반항까지 했으나 그의 신앙의 불길은 마음속에서 결코 꺼지는 일이 없었다.

욥에 대하여 사용한 언어는 신약성경의 위대한 말, **휴포모네**(hupomone)다. 이 말은 수동적인 인내가 아니라, 의문과 슬픔과 불행의 파도를 헤치고 나아갈 수 있으며, 신앙에 대적하는 세력보다도 더 강한 신앙을 확보할 수 있는 용감한 정신을 기술한 말이다.

그의 생애에 아무런 불만이나 의혹이 생겨나지 않은 신앙이 있을지 모른다. 그러나 더 위대한 신앙은 폭발할 것 같은 불만을 품고 의혹 때문에 괴로워하면서도 여전히 신앙을 지켜 나아가는 그런 신앙이다. 욥의 신앙은 바로 이렇게 궁극적인 면까지 확보할 수 있는 신앙이다. "여호와께서 욥의 만년에 욥에게 처음보다 더 복을 주시니"(욥 42:12).

하나님이 우리를 잊어버리시지나 않았나 하고 생각할 때가 여러 번 있을 것이다. 그러나 우리가 신앙의 그루터기를 붙잡고 있다면, 인생의 종말에 가서는 하나님이 참으로 친절하시며 매우 자비하시다는 것을 알게 될 것이다.

맹세의 불필요와 어리석음

야고보서 5:12

12내 형제들아 무엇보다도 맹세하지 말지니 하늘로나 땅으로나 아무 다른 것으로도 맹세하지 말고 오직 너희가 그렇다고 생각하는 것은 그렇다 하고 아니라고 생각하는 것은 아니라 하여 정죄 받음을 면하라

여기서 야고보는 예수의 산상 설교의 교훈을 되풀이하고 있다(마 5:33-37). 이

것은 초대교회 시대에는 대단히 필요한 교훈이었다. 야고보는 우리의 소위 상말이나, 현대적 의미의 서약에 대하여 생각하고 있는 것이 아니다. 우리가 맹세를 세운다고 부르는 것을 생각하고 있으며, 맹세로 인한 언명과 약속과 기획을 절대적으로 대하는 것을 생각하고 있다. 고대 세계에서는 두 가지 악한 행위가 있었다.

I. 특히 유대 세계에서는 맹세가 구속적인 맹세와 무구속적인 맹세로 구분되어 있었다. 그 구분은 이런 것이었다. 하나님의 이름을 직접 사용한 맹세는 확실히 구속력이 있다고 생각하였으나, 하나님의 이름을 직접 언급하지 않은 맹세는 구속력이 없다고 여겼다. 일단 하나님의 이름이 단정적으로 사용되면, 하나님은 그 거래의 능동적인 동참자가 되지만 하나님의 이름이 사용되지 않았을 경우에는 하나님은 동참자가 되지 않는다는 생각이었다. 이 결과로 사람들은 회피할 수 있는 맹세를 하는 데 익숙한 사람이 되었다. 그리고 구속력이 없는 맹세를 잘 해 내는 것이 노련하고 영리한 행위가 되고 말았다. 확실히 이것은 맹세로써 어떤 일을 확인하고자 하는 행위 전체를 조롱하는 것이 되었다.

II. 당시에는 맹세하는 일이 빈번히 이루어지고 있었다. 이런 일 자체가 전적으로 잘못된 일이다. 그 이유의 하나는, 맹세란 자주 사용되지 않을 때 그 가치를 인정받게 된다. 맹세가 특히 인상에 남게 되는 것은 그것이 예외적인 특성이 있기 때문이다. 따라서 맹세가 흔히 쓰는 상투어가 되고 나면 맹세가 마땅히 받아야 할 경의를 받지 못하게 된다. 그리고 그 이유의 다른 하나는 맹세가 성행하는 행위란, 거짓말의 유행과 협잡과 허위와 사기 행위가 성행된다는 증거밖에 안 되기 때문이다.

정직한 사회에서는 맹세가 필요하지 않다. 사람이 맹세를 하지 않으면 안 되는 것은, 자신이 진실을 말하여도 믿어 주지 않을 때뿐이다. 맹세의 성행은 그 자체가 허위의 성행을 증명해 준다.

이 일에 대하여 고대의 저자들은 도덕적인 면에서 거의 완전하게 예수와 일치한다. 필론(Philo)은 "자주 맹세를 한다는 것은 위증과 불경건을 낳게 한다"고 말하고 있다. 맹세를 자주하면 할수록 사람들은 그 맹세를 가볍게 인정하게 된다. 유대인 랍비는 "스스로 맹세하는 일에 익숙해지지 말라. 조만간 거짓 맹세를 하게 될 것이기 때문이다"라고 했다.

에세네(Essene)파는 맹세를 일체 금지하였다. 그들은 다른 사람이 자신에게 진실을 말하라고 하면서, 맹세하기를 요구해 온다면 자신은 벌써 신뢰할 가치가 없다고 낙인이 찍혔으며, 이미 비난의 대상이 되었다고 생각하였다.

그리스의 위인들은 어떤 언명에 대한 최선의 보증은 맹세가 아니고 그것을 행하는 인격이라고 믿고 있었다. 그리고 자신에 대해서는 누구라도 맹세하기를 요구하지 않게 하며, 자신이 항상 진실을 말한다는 것을 사람들에게 믿게 하는 것이 이상적이라 할 수 있다.

신약성경의 견해는 모든 말이 하나님 앞에서 행해진 것이기 때문에 모든 말은 진실이어야 한다는 것이다. 그리고 신약성경에 의하면 기독교인은 맹세를 할 필요가 전혀 없는 사람이라는 명예를 받을 만한 인물이어야 한다는 것이다. 신약성경은 맹세를 전적으로 비난하는 것이 아니다. 사람들이 때로는 맹세를 해야만 겨우 믿을 수 있는 거짓 인간으로 전락해 가는 경향을 몹시 슬퍼하고 있는 것이다.

찬송하는 교회

야고보서 5:13-15

13너희 중에 고난당하는 자가 있느냐 그는 기도할 것이요 즐거워하는 자가
있느냐 그는 찬송할지니라 14너희 중에 병든 자가 있느냐 그는 교회의 장로
들을 청할 것이요 그들은 주의 이름으로 기름을 바르며 그를 위하여 기도할
지니라 15믿음의 기도는 병든 자를 구원하리니 주께서 그를 일으키시리라 혹
시 죄를 범하였을지라도 사하심을 받으리라

여기에 초대교회의 특유한 몇 가지 지배적인 특징이 전개되어 있다.

초대교회는 **찬송하는** 교회였다. 항상 찬송할 수 있는 태세가 갖추어져 있는 것이 초대교회의 특징이었다. 고린도 교회의 집회에 대한 바울의 기록 중에 불가결한 부분으로 찬송이 있다(고전 14:15, 26). 바울이 이방인에게 전도하러 가는 것이 하나님의 은혜라고 생각하였을 때 그는 시편 기자의 기쁨에 충만한 시구를 생각하였다. "그러므로 내가 열방 중에서 주께 감사하고 주의 이름을 찬송하리로다"(롬 15:9; 시 18:49 참조). 시와 찬송과 신령한 노래들로 서로 화답하여 마음으로 주께 노래하며 찬송하는 것이 기독교인의 특징이었다(엡 5:19).

감사하는 마음이 생길 때 그들은 노래하지 않을 수 없었다. 그리스도의 말씀이 그들 속에 거하여 그들은 서로 시와 찬송과 신령한 노래로 가르치며, 권면하며, 주님께 감사한 마음으로 찬양하였다(골 3:16). 하나님의 긍휼과 은혜에 대한 찬미의 노래가 그들의 입술에서 넘쳐 나오는 것은 기독교인의 마음속에 기쁨이 있기 때문이다.

이교 세계가 항상 슬프고, 권태롭고, 무서운 세계였다는 것은 사실이다. 매튜 아놀드(Matthew Arnold)는 이교도 세계의 싫증남과 권태로움을 시로 표현했다.

> 그 완고한 이방 세계에 혐오와 숨은 증오가 덮였다.
> 깊은 권태와 싫증난 욕망이 인생을 지옥으로 만들었다.
> 그 싸늘한 홀 안에는 사나운 매의 눈을 한 로마의 귀족이 누워 있다.
> 그는 아피아(Appia) 가도를 미친 듯 멀리 말을 몰았다.
> 그는 잔치를 베풀고 마시고 또 마셨다.
> 그는 머리에 화관을 썼다.
> 안일하게 빠르게 무위의 시간이 흘렀다.

여기에 이교의 분위기가 흐르고 있다. 이 권태로운 분위기와는 대조적으로 기독교인의 주장은 기뻐 찬미하는 것이다. 존 번연은 네 사람의 가난한 늙은 부인들이 볕이 잘 드는 문 앞에 앉아서 서로 이야기하는 것을 보고 받은 인상을 "나는 마치 즐거움이 그 늙은 부인들에게 이야기하게 하는 것 같았다"라고 말했다.

순교자 빌니(Bilney)는 속죄의 은혜의 신비를 터득했을 때 "그것은 마치 캄캄한 밤이 갑자기 환해지는 것 같았다"라고 말하였다. 북극 지방의 초대 감독이며 현대 선교 활동의 위대한 개척자인 아치볼드 랑 플레밍(Archibald Lang Fleming)은 에스키모 사냥꾼의 이야기를 다음과 같이 말하고 있다. "당신이 오기 전에는 길은 캄캄하였고 우리는 두려웠다. 그러나 지금 우리는 두려워하지 않는다. 암흑은 사라지고 우리가 예수의 길을 걸을 때 모든 것이 광명해지기 때문이다."

교회는 항상 찬송하는 교회였다. 비티니아(Bithynia)의 총독 플리니(Pliny)는 주후 111년에 로마의 황제 트라얀(Trajan)에게 기독교라는 신흥 종교에 대하여 보고하였는데 그 글 가운데서 그는 "기독교인들은 특정한 날에 새벽부터 모여서 집회하며 하나님으로서 그리스도에게 번갈아 찬미하는 습관이 있다"라고 썼다.

정통적인 유대교 회당에서는 주후 70년 예루살렘 함락 이후, 음악이 없어졌다. 그것은 그들이 예배할 때에는 그 비극이 상기되기 때문이다. 그러나 교회에는 초기부터 현재까지 찬송가라는 음악이 있어 왔다. 기독교인은 무한한 사랑을 기억하면서 현재의 영광을 즐기면서 살아가기 때문이다.

병 고치는 교회

야고보서 5:13-15(계속)

여기서 초대교회의 또 하나의 커다란 특징을 보게 된다. 초대교회는 병 고치는 교회였다. 이것은 교회가 유대교의 전통을 계승한 것이다. 유대인은 병이 나면 의사에게 가지 않고 랍비에게 갔다. 그러면 랍비는 기름—그리스인 의사 갈렌(Galen)이 말한 "약 중의 약"—을 병자에게 주고 기도하였다. 초대교회만큼 병자에 대하여 헌신적으로 돌봐 준 교회는 드물 것이다.

순교자 저스틴(Justin)은 무수한 악귀가 들어서 다른 주술사들이 고치지 못하였고, 모든 의약으로도 효력을 보지 못한 사람들이 기독교인에 의하여 나음을 받았다고 쓰고 있다. 2세기 저술가 이레나이우스(Irenaeus)는 지금도 안수함으로써 병자는 고침을 받고 건강하게 된다고 말하고 있다. 3세기 중엽의 저술가 터툴리아누스(Tertullianus)는 토르파키온(Torpacion)이라는 기독교인의 손으로 기름을 붓는 것에 의하여 로마 황제 알렉산더 세베루스(Alexander Severus)까지도 고침을 받았으며 황제는 그것을 감사하게 생각하여 토르파키온을 그의 궁중에 맞아들여 그가 죽을 때까지 귀빈으로 대우하였다고 말하고 있다.

교회 관리에 대한 초기의 책 중 하나는 **히폴리투스**(Hippolytus)의 법전이다. 이것은 2세기 말 아니면 3세기 초까지 소급된다. 어떤 사람이 신유의 은사를 실제로 소유하고 있다면 하나님에게서 받은 것이라는 사실이 조사 결과 명확하게 된 경우에는 신유의 은사를 받은 그 사람은 장로로 임명되어야 한다는 것이 그 책에 기록되어 있다. 그 책에는 지방 감독의 성별식에 사용되었던 고상한 기도가 있으나 그 기도의 한 구절에 "주여 이 사람에게 악마의 사악한 힘의 쇠사슬을 끊고 모든 병자를 고치며, 속히 그의 발 밑에 사탄을 굴복시킬 능력을 주시옵소서"라는 말이 있다.

클레멘트의 편지(Clementne Letters)에 집사의 책임이 기록되어 있다. 거기에는 "교회의 집사들을 지적으로 활동시키며 감독의 눈으로 일하게 하라. …그들에게 육체의 병이 있는 자를 찾아내게 하며 그들 병자들의 일을 모르는 교회의 사람들에게 알리고, 교회의 사람들에게 병자를 방문하게 해 그들의 부족한 점을 충족시키게 하도록 하라"는 규칙이 있다. 클레멘트(Clement)의 제1서간에는 "병자를 고쳐 주시고, 약한 자를 일으켜 주시며, 마음이 약한 자에게 원기를 주시옵소서"라는 교회의 기도가 있다.

아주 초기의 교회 법전에는, 각 교회는 병중에 있는 여자의 간호를 위하여 적어도 한 사람의 과부를 임명하지 않으면 안 된다고 기록되어 있다. 수세기 동안 교회는 계속해서 병자를 고치는 수단으로 기름을 바르는 것을 사용해 왔다. 사실 기름 바름과 기름 부음의 성례는 초기 수세기 동안 항상 병 고치는 수단으로 설정되어 왔으며 현재 로마 가톨릭 교회가 행하고 있는 것과 같은 죽음을 위한 준비는 아니었다는 것에 주목한다는 것은 중요한 일이다. 주후 852년까지 기름 바름의 성례는 죽음을 준비하기 위하여 집행되는 종유식(種油式)은 아니었다.

교회는 항상 병자를 보살펴 주었다. 그리고 교회 안에는 언제나 신유의 은사가 있었다. 사회적 복음은 기독교의 부록은 아니다. 그것은 기독교인 신앙과 생활의 근본적 요소가 된다.

기도하는 교회

야고보서 5:16-18

16그러므로 너희 죄를 서로 고백하며 병이 낫기를 위하여 서로 기도하라 의
인의 간구는 역사하는 힘이 큼이니라 17엘리야는 우리와 성정이 같은 사람이
로되 그가 비가 오지 않기를 간절히 기도한즉 삼 년 육 개월 동안 땅에 비가
오지 아니하고 18다시 기도하니 하늘이 비를 주고 땅이 열매를 맺었느니라

이 기사 중에는 유대교의 세 가지 기본적인 이념이 있다.

1. 모든 병의 원인이 죄라는 이념이다. 질병과 고통이 있는 곳에는 틀림없이 죄가 있다는 것이 유대인에게 깊이 뿌리 박혀 있는 신념이었다. 랍비들은 "범죄가 없는 곳에는 죽음이 없고, 죄악이 없는 것에는 고통이 없다"고 말하였다. 그러므로 사람은 누구나 병을 고치기 전에 먼저 하나님에게서 죄를 용서 받아야 한다고 랍비들은 믿고 있었으며 그렇게 가르쳤다. 랍비 알렉산드라이(Alexandrai)는 "하나님이 그 사람의 모든 죄를 용서해 줄 때까지 병석에서 일어날 사람은 아무도 없다"고 했다. 이것이 예수가 중풍병자에게 "작은 자야 네 죄 사함을 받았느니라"(막 2:5)고 하시며 병 고치는 일을 시작하신 이유다.

유대인은 항상 고통과 죄를 동일시하였다. 오늘날 우리는 이와 같이 기계적으로 동일시할 수는 없다. 그러나 여기에 진실이 있다. 즉, 사람은 누구나 하나님 앞에 의롭게 되기까지는 영혼과 마음과 육체가 건강하다고 생각할 수는 없다는 것이다. 하나님과 올바른 관계는 인간의 생활과 존재의 모든 부분의 건강에 대한 전제 조건이 된다.

II. 죄의 고백은, 특히 죄를 범한 본인에게는 하나님에 대해서와 마찬가지로 인간에게 대해서도 하는 것이 효과적이라는 이념이 있다. 실제로 죄의 고백은 사람들에게 하는 것보다 하나님께 하는 편이 더 쉽다. 죄 안에는 그것을 제거하는 데 두 장벽이 있다. 하나는 우리와 하나님 사이에 세워진 장벽이고 또 하나는 우리와 동포 사이에 세워진 장벽이다. 우리가 이 두 장벽을 제거해 버리고자 한다면 죄의 고백을 양자에게 하지 않으면 안 된다. 사실 이렇게 하나님과 인간 모두에게 고백하는 것이 모라비아 교회(Moravian Church)의 습관이었다. 그리고 웨슬레는 그런 습관을 모라비아 교회에서 초기 메소디스트 조직에 도입시켰다. 그들은 "병을 고치기 위하여 서로 자신의 죄를 고백하였으며 서로 기도하기 위하여 주 2, 3회씩 집회를 가졌다."

이 원리는 확실히 지혜를 가지고 사용하지 않으면 안 되는 원리다. 서로 죄를 고백한다는 것은 좋은 결과보다는 헤아릴 수 없는 상처를 주는 경우가 더 있을 것이라는 것이 틀림없는 진실이기 때문이다. 그러나 무엇인가 잘못을 범하였기 때문에 장벽이 세워졌다면 사람은 하나님과 동포와의 관계를 바르게 하지 않으면 안 된다.

III. 무엇보다도 이 기사는, 유대인은 기도의 힘에 한계를 두지 않았다는 것을 알게 해 준다. 그들은 기도하는 사람은 강철 같은 벽으로 그의 집을 둘러싼다는 격언을 가지고 있다. 그들은 "참회는 어떤 일을 할 수 있다. 그러나 기도는 모든 것을 할 수 있다"고 말하였다. 그들에게 기도는 하나님의 능력에 직면하는 것이었다. 기도는 하나님의 능력과 은혜가 인생의 고뇌와 문제와 질병을 담당하기 위해 내려오는 통로다.

기도가 유대인에게 그런 것이라면 기독교인에게는 얼마나 더욱 중요한 것이 되겠는가? 테니슨(Tennyson)은 이렇게 썼다.

> 기도로 이 세상이 꿈꾸던 이상의 것이 수행되었다. 그런고로 당신의 음성을 나에게 밤낮으로 샘처럼 솟게 하라. 자신과 자신이 친구라고 부르는 사람들을 위해 하나님을 알고도 기도의 손을 들지 않는다면 인간은 그 두뇌에 맹목적으로

> 생명의 불을 붙이는 것, 누가 이런 인간을 양과 염소보다 낫다 부르겠는가? 이 지구 전체는 하나님의 발 주위의 금 사슬에 의하여 감겨진 길이다.

유대인이 이해한 것처럼 그리고 사실이 그런 것처럼 인생의 병을 고치기 위해서는 우리는 하나님과 바른 관계에 있을 필요가 있으며 사람과 바른 관계에 있을 필요가 있다. 그리고 우리는 하나님의 자비와 능력을 기도를 통하여 모든 사람에게 임하게 할 필요가 있다.

이 기사를 끝내기 전에 우리는 주목해야 할 하나의 흥미 있는 전문적 사실이 있다. 여기서 엘리야를 기도의 힘의 모범으로 인용한다. 그가 열심히 기도하였기 때문에 3년 6개월 동안 비가 내리지 않았다. 그가 다시 기도하였더니 비가 내렸다고 기록되어 있다. 이 해설은 유대교의 랍비적 주석이 성경의 의미를 전개시킨 좋은 예가 된다. 이 이야기 전부는 열왕기상 17장과 18장에 있다. **3년 6개월**—이 기간은 누가복음 4장 25절에도 인용되어 있다—은 열왕기상의 추론이다. 다시 말해 구약성경의 이야기는 엘리야 자신이 가뭄을 가져왔다는 데 많은 말을 낭비하지는 않았다. 단지 가뭄이 있을 것을 예언하였다고 했을 뿐이다. 구약성경의 이야기는 가뭄이 생긴 것도 그친 것도 엘리야의 기도 덕택이라고 말하지는 않는다. 그는 단순히 가뭄이 있을 것과 그칠 것을 전해 준 선지자에 불과하다.

그러나 랍비는 항상 성경을 현미경 밑에서 연구하였다. 열왕기상 17장 1절에 엘리야의 말이 기록되어 있다. "이스라엘의 하나님 여호와께서 살아 계심을 두고 맹세하노니 내 말이 없으면 수 년 동안 비도 이슬도 있지 아니하리라."

기도에 대한 유대인의 태도는 **하나님 앞에 서 있는** 자세다. 1절에서 랍비들은 가뭄이 엘리야의 기도의 결과였다고 지적하는 데 착안하게 된 것이다. 열왕기상 18장 42절에는 엘리야가 갈멜 산에 올라가 **땅에 엎드려** 얼굴을 무릎 사이에 넣었다고 기록되어 있다. 여기서 랍비들은 다시 괴로워하며 기도하는 모습을 보았다. 그리하여 가뭄을 그치게 한 것은 엘리야의 기도였다고 귀납할 것을 느꼈다. 이러한 것에 의하여 랍비들은 성경의 교훈을 직접적인 말씀에서뿐 아니라 추론을 해서도 발견하였다는 것을 알 수 있다.

실행해야 할 진리

야고보서 5:19-20

[19]내 형제들아 너희 중에 미혹되어 진리를 떠난 자를 누가 돌아서게 하면 [20]너
희가 알 것은 죄인을 미혹된 길에서 돌아서게 하는 자가 그의 영혼을 사망에
서 구원할 것이며 허다한 죄를 덮을 것임이라

이 기사 중에서는 기독교 진리의 특이하고도 위대한 특징이 나타나 있다. 기독교의 진리는 그곳에서 행동으로 **옮겨 나오는** 것을 말한다. 기독교의 진리는 단순히 지적, 철학적, 명상적, 추상적인 것이 아니다. 기독교의 진리는 항상 도덕적인 진리다. 따라서 기독교의 진리는 사람이 단순히 견해를 달리했다는 것이 아니라 거기에서 사람이 행동을 일으킬 수 있는 것이어야 한다.

이 사실은 진리와 관련하여 신약성경에서 사용한 여러 가지 표현을 보면 매우 명확하게 된다. 진리는 사람이 **사랑하지 않으면 안 되는 것**이다(살후 2:10). 사람이 **순종하지 않으면 안 되는 것**이다(갈 5:7). **사람이 그 생활 가운데서 행하지 않으면 안 되는 것**이다(고후 4:2). 그것은 **사랑 안에서 참된 생활을 하지 않으면 안 되는 것**이다(엡 4:15). **그것은 증거하지 않으면 안 되는 것**이다(요 18:37). 그것은 **진리에 속한 줄을 알고 마음을 굳세게 하지 않으면 안 되는 것**이다(요일 3:19). **자유를 주는 것**이다(요 8:32). **예수 그리스도에 의하여 보내진 성령**의 선물이다(요 16:13).

가장 명백한 것은 요한복음 3장 21절에 있는 언급이다. 여기에는 **진리를 따르는 자**라는 구절이 있다. 결국 **기독교의 진리는 실행하지 않으면 안 되는 진리**라는 말이다. 그리스도의 진리는 지적인 운동이 아니다. 마음으로 추구할 대상이 될 만한 것도 아니다. 학문적인 사건도 아니다. 또는 지식이나, 의견이나, 토론이나, 논쟁의 내용도 아니다.

기독교의 진리는 항상 도덕적인 진리다. 항상 행동을 나타내게 하는 진리다. 단순한 지성적인 과정이 아니다. 생활의 방법인 것이다. 연구해야 할 것이 아니라, 실행해야 할 것이다. 기독교의 진리는 마음으로만 복종할 것이 아니라 전 생

활을 통하여 복종해야 할 것이다. 단순히 생각하고만 있으면 되는 것이 아니라 그것에 의하여 살아가야 할 것이며 그 이상의 것이다. 기독교의 진리는 단순히 연구회나 토론 그룹에서 취급될 사건이 아니다. 기독교의 진리는 인생에 직접 관계되는 사건인 것이다.

인간 최고의 업적

야고보서 5:19-20(계속)

야고보는 이 서신에서 신약성경 중 가장 크고 가장 뛰어난 사상을 가지고 완결을 짓고 있다. 이 사상은 성경에 여러 번 나타나 있는 사상이다. 한 사람이 잘못을 저지르고 곁길로 갔다고 하자. 그래서 친구인 기독교인이 그 사람을 잘못된 길에서 구원하여 바른 길로 돌아오게 했다고 하자. 그의 형제를 구원한 사람은 단지 형제의 영혼만 구원한 것이 아니라, 자기 자신의 많은 죄를 가리게 된 것이기도 하다. 환언하면 다른 사람의 영혼을 구원한다는 것은 자기 자신의 영혼을 구원하는 가장 확실한 방법인 것이다.

오리게네스(Origenes)가 죄의 용서를 얻기 위해 필요한 여섯 가지 방법을 지적하는 설교에서 훌륭한 문장을 보여 주었다고 마이어는 말하고 있다. 사람은 세례와 순교와 구제(눅 11:41)와 다른 사람의 죄를 용서하는 것(마 6:14)과 사랑(눅 7:47)과 죄인을 악한 길에서 개심시키는 것에 의하여 자신의 죄를 용서 받을 수 있다. 하나님은 다른 형제를 하나님께 인도하는 그릇이 된 사람에게 많은 용서를 주실 것이다.

성경 전체에 빛나고 있는 하나의 사상이 있다. 예레미야는 "네가 만일 헛된 것을 버리고 귀한 것을 말한다면 너는 나의 입이 될 것이라"(렘 15:19)고 말하고 있다. 다니엘은 "지혜 있는 자는 궁창의 빛과 같이 빛날 것이요 많은 사람을 옳은 데로 돌아오게 한 자는 별과 같이 영원토록 빛나리라"(단 12:3)고 쓰고 있다. 젊은 디모데에게 준 충고는 "네가 네 자신과 가르침을 살펴 이 일을 계속하라 이것을 행함으로 네 자신과 네게 듣는 자를 구원하리라"(딤전 4:16)는 것이다.

유대인 조상들의 격언이 있다. 즉, "누구든지 다른 사람을 의롭게 하는 자는 죄가 그 사람을 이기지 못한다"는 것이다. 알렉산드리아의 클레멘트(Clement)는 참 기독교인은 그의 이웃이 자기 자신의 구원에 이득을 가져온다는 것을 인정하는 사람이라고 말하고 있다. 극단적으로 전도열에 불타 있는 부인이 윌바포스(Willerforce)에게 질문한 사실이 전해지고 있다. 윌바포스는 노예들에게 자유를 획득케 해 준 사람이었다. 그 부인은 그에게 "당신은 과연 영혼의 구원을 받았는가"라고 물었다. 그는 "부인, 나는 다른 사람들의 영혼을 구원하기에 바빴기 때문에 나 내 일을 생각할 여유가 없었다오"라고 대답하였다.

다른 사람의 생애에 광명을 가져다준 사람은 자기 자신도 그것의 혜택을 입지 않을 수 없다고 한다. 마찬가지로 다른 사람의 생애를 하나님께 인도한 사람은 자기 자신의 생애를 하나님과 격리시킬 수는 없을 것이다. 하나님이 주실 수 있는 최고의 명예는 다른 사람을 하나님께 인도한 사람에게 주어진다. 그렇게 한 사람은 곧 인류의 구주이신 예수 그리스도의 사업에 동참한 사람이기 때문이다.

복음과 역사의 향기-한국기독교역사박물관

【연 혁】

2001년 개관 전시회
"기독교와 한글 : 기독교, 잠든 한글을 깨우다" 개최

2002년 제2회 전시회
"두고 온 교회, 돌아갈 고향 : 북한교회 역사자료전" 개최

2003년 제3회 전시회
"한국 초대교회 신앙생활" 개최

2004년 제4회 전시회
"민족과 함께한 복음선교 120년" 개최

2005년 제5회 전시회
"한국 기독교 신앙위인 120인" 개최

2006년 제6회 전시회
기독교 사회복지자료
"사랑의 실천, 사회봉사의 향기" 개최

2007년 제7회 전시회
평양 장대현교회 복원
"옛 사진으로 읽는 새로운 역사" 개최

2008년 제8회 전시회
"푸른 눈에 비친 백의민족" 개최

■ 개관시간
월~토요일(공휴일 포함)
오전 10시~오후 5시
(점심시간 : 12:00~13:00)

■ 휴관일
주일은 쉽니다. / 정초, 구정, 성탄절

■ 단체관람
20명 이상 단체 관람은 전시관이 협소하여 사전에 연락을 주시면 준비에 도움이 되겠습니다.

■ 사료 이용안내
후원회원에게는 사료의 열람과 복사의 편의를 제공합니다.

■ 관람은 무료입니다.

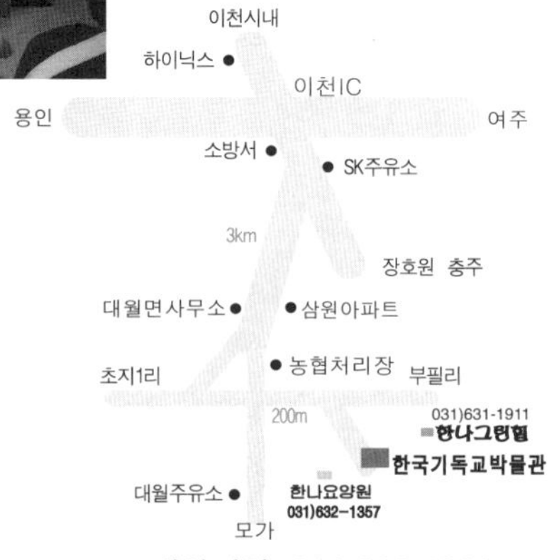

한국기독교역사박물관은 한국 교회의 밝은 미래를 보여 줄 뜻있는 좋은 전시회로 여러분의 후원에 보답하겠습니다.

예약전화 : 031-632-1391

The Korean Church History Museum
재단법인 한국기독교역사박물관

경기도 이천시 대월면 초지1리 474-2
Tel : 031-632-1391, 1392(Fax)
홈페이지 : www.kchmuseum.org
E-mail : kch19@hanmail.net